W0261078

R. Salfeld · J. Wettke

Die Zukunft des deutschen Gesundheitswesens

Springer

Berlin
Heidelberg
New York
Barcelona
Hongkong
London
Mailand
Paris
Singapur
Tokio

Rainer Salfeld · Jürgen Wettke

Die Zukunft des deutschen Gesundheitswesens

Perspektiven und Konzepte

Mit 67 Abbildungen und 6 Tabellen

Springer

Dr. jur. Rainer Salfeld
McKinsey & Company
Prinzregentenstraße 22
80538 München
Deutschland

Dr. rer. nat. Jürgen Wettke
McKinsey & Company
Königsallee 60c
40027 Düsseldorf
Deutschland

ISBN-13: 978-3-642-63982-1 Springer-Verlag Berlin Heidelberg New York

Die Deutsche Bibliothek-CIP-Einheitsaufnahme

Salfeld, Rainer:
Die Zukunft des deutschen Gesundheitswesens : Perspektiven und Konzepte / Rainer Salfeld ; Jürgen Wettke - Berlin ; Heidelberg ; New York ; Barcelona ; Hongkong ; London ; Mailand ; Paris ; Singapur ; Tokio : Springer, 2001
ISBN-13: 978-3-642-63982-1 e-ISBN-13: 978-3-642-59459-5
DOI: 10.1007/978-3-642-59459-5

Springer-Verlag Berlin Heidelberg New York
ein Unternehmen der BertelsmannSpringer Science+Business Media GmbH

Softcover reprint of the hardcover 1st edition 2001

Satz: Cicero Lasersatz, Dinkelscherben

Gedruckt auf säurefreiem Papier SPIN: 10784478 22/3130 5 4 3 2 1 0

Geleitwort

In Arbeitswelt und Privatleben spüren Menschen tagtäglich die Veränderungen, die sich auf Grund einer »Zeitwende« ergeben. Ursachen für die vielfältigen Umbrüche in unseren Gesellschaften sind u. a. in der zunehmenden Globalisierung und den Entwicklungen bei den Medien und Kommunikationstechnologien auszumachen.

Allerdings haben sich in den vergangenen Jahrzehnten auch das Menschenbild in unserer Gesellschaft und das Selbstverständnis des Individuums verändert. Mitarbeiter und Bürger möchten nicht mehr als »Befehlsempfänger« behandelt werden, sondern selbst Verantwortung übernehmen, mitgestalten und mitreden.

Von diesen Entwicklungen sind alle Gesellschaftsbereiche in unterschiedlicher Intensität betroffen. Auch die Entscheidungsträger und Verantwortlichen auf allen Ebenen im Gesundheitswesen werden sich den Herausforderungen einer »Zeitwende« stellen müssen. Dabei stehen dem Gesundheitswesen Umbrüche bevor, die in ihrer ganzen Tragweite noch wenig beachtet werden.

Der demografische Wandel in fast allen Industriegesellschaften geht mit dem Auftauchen einer so genannten »vierten Lebensphase« einher – derjenigen der Hochbetagten. Heute leben bereits 7.000 100-Jährige und fast 80.000 90-Jährige in unserem Land; der Anteil der über 60-Jährigen wird demnächst auf 30% der Bevölkerung steigen. Lag die Lebenserwartung der Deutschen vor 100 Jahren bei durchschnittlich 42 Jahren, sind es heute fast 78 Jahre. Mehr als 70 Jahre davon, so sagt der World Health Report 2000, erlebt der durchschnittliche Mitbürger bei voller Gesundheit.

Dass dies so ist, hat natürlich mit den Fortschritten in der medizinischen Heilkunst zu tun. Aber ohne eine gesetzliche solidarische Krankenversicherung, wie sie in Deutschland etwa seit dem Ende des 19. Jahrhunderts besteht, hätte die Medizin diese Wirkung kaum entfalten können. Täglich vertrauen Millionen von Bürgern ihre Gesundheit und ihr Leben unserem Gesundheitssystem an. Von der sicheren Geburt eines gesunden Säuglings bis zu einer menschlichen und würdevollen Betreuung der Älteren steht das System der staatlichen Gesundheitsfürsorge in der Verantwortung, das ganze Spektrum diagnostischer und therapeutischer Leistungen allen Bürgern unmittelbar zugänglich zu machen.

Die öffentliche und politische Diskussion der vergangenen Jahre legt jedoch zunehmend die Grenzen unseres Gesundheitssystems offen. Alle Beteiligten beklagen sich: Patienten über vermeintlich oder tatsächlich vorenthaltene Leistungen, Ärzte über deutlich rückläufiges Einkommen, Kassen über Defizite, Industrie und Politik über zu hohe Lohnnebenkosten. Das zunehmende Durchschnittsalter der Bevölkerung und der Fortschritt der medizinischen Heilkunst werden diese Probleme noch verschärfen. Es erscheint tragisch, wenn Erfolge bei der Bekämpfung von Volkskrankheiten wie z. B. dem Schlaganfall vor allem unter dem Gesichtspunkt der Finanzierbarkeit bewertet werden, statt ihre lebenserhaltende und lebensverbessernde Wirkung zu feiern.

Nicht sehr wünschenswert erscheint jedenfalls die Zukunftsvision einer Gesundheitsfürsorge, die auf der einen Seite nur noch aus Fragmenten der solidarischen Krankenversicherung besteht, auf der anderen Seite jedoch ein hoch leistungsfähiges, aber privat finanziertes und damit für viele unzugängliches System bereithält. Soll diese Zweiklassenversorgung verhindert werden, so muss parallel zur Weiterentwicklung der Medizin auch das deutsche Gesundheitssystem weiterentwickelt werden. Denn nur so können wir dafür sorgen, dass der Mensch als wichtigstes Element des Gesundheitssystems auch im Mittelpunkt bleibt – als Patient, als Angehöriger, als Mitarbeiter.

An ehrlichem Bemühen aller Beteiligten mangelt es nicht: Der Gesetzgeber hat seit 1989 mehrere große Gesetzeswerke verabschiedet, deren Anspruch jeweils eine langfristigere Reform des Gesundheitswesens war. Die Ärzte haben ihre Vorschläge auf vielfältige Weise artikuliert, die Krankenkassen und -versicherungen zeigen sich aufgeschlossen gegenüber neuen Lösungen, und auch Patientengruppierungen nehmen über eine wachsende Zahl von Selbsthilfegruppen an der Diskussion teil.

Dennoch ist die große Reform bislang nicht gelungen. Es bedarf neuer Denkmodelle und innovativer Lösungsansätze, um verkrustete Strukturen und althergebrachte Hierarchien aufzubrechen. Die Bürger in unserem Land erwarten und wollen Veränderungen. Dieser Druck wird die Verantwortlichen im Gesundheitsbereich zum Handeln zwingen.

Die Recherchen zum diesjährigen Carl-Bertelsmann-Preis »Reformen im Gesundheitswesen« der Bertelsmann Stiftung haben gezeigt, wie viel wir aus einem Vergleich zwischen den Gesundheitssystemen lernen können. Ein Umdenk- und Lernprozess wird schneller vonstatten gehen, wenn Know-how und erfolgreiche Lösungen aus dem Ausland – beispielsweise den Niederlanden oder der Schweiz – bewertet und adaptiert werden können.

Gleichzeitig brauchen wir in unserem eigenen Land eine breite Diskussion durch ausgewiesene Experten. Deshalb ist es ganz besonders zu begrüßen, wenn Rainer Salfeld und Jürgen Wettke Perspektiven und Konzepte zur Diskussion stellen – umso mehr, als es sich nicht nur um individuelle Standpunkte der Autoren, sondern um die institutionellen Erfahrungen von McKinsey handelt.

Gerade weil die Diskussion bislang so sehr von den unterschiedlichen Interessen der Beteiligten geprägt ist, ebnen unabhängige Sachverständige am ehesten den Weg zu dem so notwendigen sachlichen Gedankenaustausch.

Ich hoffe, dass dieses Buch Impulse für die Fortentwicklung des Gesundheitswesens in der Bundesrepublik gibt und allen, die gestaltend am Gesundheitssystem beteiligt sind, zu tragfähigen Entscheidungen verhilft. Am Ende wird jeder von uns als Bürger dieses Landes davon profitieren, wenn das System der gesetzlichen solidarischen Krankenversicherung mit den Erfolgen der Medizin Schritt halten kann.

Gütersloh, im September 2000 Liz Mohn

Vorwort

Allein in den letzten 10 Jahren gab es mindestens ein halbes Dutzend größere Eingriffe des Gesetzgebers in unser Gesundheitssystem. Dass es damit ausreichend therapiert ist, kann im Ernst niemand behaupten. Im Gegenteil: Die Diskussion, wie unserem Gesundheitswesen besser zu helfen wäre, hat sich mit jedem Eingriff eher noch verstärkt. Selbst den Experten fällt es mittlerweile schwer, den Überblick über die Grundströmungen, Zusammenhänge und Wechselwirkungen der verschiedenen Reformversuche zu behalten.

Mit diesem Buch möchten wir den Mitwirkenden am Gesundheitswesen helfen, den Überblick zu bewahren oder wieder zu gewinnen. Die einzelnen Artikel geben Antworten auf die Frage nach dem Zustand und der Zukunft des deutschen Gesundheitssystems – mit dem Wissen um die vielen Fassetten dieses komplexen Themas. Dabei haben wir versucht, den unterschiedlichen Perspektiven der Beteiligten Rechnung zu tragen, auch wenn sich dadurch zwangsläufig abweichende Bewertungen ergeben. Im Sinne der notwendigen Diskussion über die Zukunft des deutschen Gesundheitswesens ist dies durchaus gewollt und der Suche nach besseren Lösungen dienlich.

Uns geht es nicht um eine geschlossene, ideale Gesamtlösung, sondern um das Ausloten des Lösungsraums – wir sind überzeugt, dass sich viele der Probleme unseres heutigen Gesundheitssystems trotz der immer wieder ins Feld geführten starken Regulierung lösen lassen, und möchten dazu einige praktikable Wege aufzeigen. Gleichzeitig wollen wir aber auch mit Daten und Fakten einige hartnäckige Vorurteile und falsche Annahmen über das deutsche Gesundheitssystem ausräumen. Und wir möchten einen Blick über die Grenzen werfen, vor allem in die Schweiz und die Niederlande, um nach Anregungen zu suchen. Denn das deutsche Gesundheitssystem verdient eine erfolgreiche Zukunft – für alle zugänglich, leistungsfähig und finanzierbar.

Wir danken an dieser Stelle allen Autoren, die zu diesem Buch beigetragen haben: unseren Beraterkolleginnen und -kollegen von McKinsey und vor allem Herrn Privatdozent Dr. Thomas Mansky von den HELIOS Kliniken und Herrn Dr. Dieter Paffrath von der AOK Westfalen-Lippe für ihren Beitrag zum DRG-System. Für das Projektmanagement und die redaktionelle Unterstützung danken wir Herrn Dr. Klaus Böcker, Herrn Jürgen Raspel und Frau Katrin Wagner.

Düsseldorf, im Herbst 2000 — Rainer Salfeld, Jürgen Wettke

Inhaltsverzeichnis

Perspektiven zum deutschen Gesundheitssystem

Rainer Salfeld und Jürgen Wettke

Das deutsche Gesundheitssystem hat trotz aller Kritik in den Medien durchaus einen guten Ruf. Die Versicherten in Deutschland schätzen den hohen Standard von Behandlung und Pflege und für kundige Beobachter im Ausland ist die Gesundheitsversorgung in Deutschland vorbildlich in Reichweite und Abdeckung, sogar luxuriös im Leistungsumfang.

Trotzdem landet das deutsche Gesundheitswesen im jüngsten World Health Report der Weltgesundheitsorganisation WHO nur abgeschlagen auf Platz 25, weit hinter dem erstplatzierten Frankreich und dem Zweiten Italien und auch hinter Großbritannien (Platz 18).

Ein Hauptgrund für das enttäuschende Ergebnis ist das schlechte Abschneiden beim Faktor »Gesundheitsstatus der Bevölkerung«. Gemessen am Maßstab der WHO, dem DALE (Disease Adjusted Life Expectancy), haben die Menschen in den südlicheren Ländern Europas wie Frankreich, Spanien, Italien und Griechenland, aber auch in England oder Schweden eine um durchschnittlich 1–3 Jahre höhere Lebenserwartung bei voller Gesundheit; Deutschland rangiert hier – trotz unseres weltweit einmaligen Angebots an Kur- und Rehabilitationsleistungen – nur auf Platz 22.

Weit vorn steht das deutsche Gesundheitssystem hingegen bei der Qualität der Leistungserbringung – hier wird es nur von 3 Ländern übertroffen: den USA, der Schweiz und Luxemburg. Der Preis dafür ist ein im Vergleich mit anderen Ländern überproportional hoher Aufwand, so dass Deutschland bei der Effizienz des Gesundheitssystems nur auf Platz 25 landet.

Die Beurteilung der WHO hat unter den Experten für viel Gesprächsstoff gesorgt, aber die Diskussionen ranken sich vornehmlich um die Fairness der Bewertungskriterien und die Vergleichbarkeit der Daten. Die eigentlich wichtigen Fragen lauten jedoch: Was ist an unserem Gesundheitssystem tatsächlich verbesserungswürdig? Wie kann seine langfristige Finanzierbarkeit sichergestellt werden? Warum ist trotz eines überdurchschnittlichen Gesundheitssystems nur ein unterdurchschnittlicher Gesundheitsstatus festzustellen?

Vor allem um die ersten beiden Fragen geht es in diesem Buch. Wir möchten die Diskussion um die Weiterentwicklung des deutschen Gesundheitssystems voranbringen – mit Fakten und Erfahrungen aus unserer Beratungspraxis, mit Hinweisen auf Defizite und mit Lösungsideen.

Politische Antworten sind dazu gefragt, vor allem aber die Initiative der Beteiligten und ihre Aufgeschlossenheit gegenüber besseren Lösungen, selbst wenn sie an vermeintlichen Besitzständen rühren.

Die Qualität des Gesundheitssystems weiter verbessern

Auch wenn das deutsche Gesundheitssystem in wichtigen Aspekten schon zur Spitzengruppe gehört: Es lässt sich weiter verbessern. Man kann von Vorbildern lernen. Laut WHO sind dies die USA (wenngleich dort die hohe Leistungsqualität nicht allen Bürgern zugute kommt), die Schweiz und Luxemburg. Vergleicht man deren Systeme, so findet man viele Ideen, wie sich aktuelles medizinisches Wissen schneller in die Praxis umsetzen lässt, wie eine gleichmäßig hohe Behandlungsqualität zu sichern ist und wie der Patient zum verantwortlichen und informierten Mitgestalter des Behandlungsablaufs werden kann.

Schnelle Umsetzung des aktuellen medizinischen Wissens. Das hohe Qualitätsniveau der medizinischen Versorgung wird dann zu halten sein, wenn Diagnose und Therapie stets auf der Höhe des wissenschaftlichen Fortschritts in der Medizin sind.

Wie es *nicht* sein sollte, zeigt das Beispiel der minimalinvasiven Chirurgie. Diese Technik wurde in Deutschland entwickelt und war zu Beginn der neunziger Jahre bereits in vielen Publikationen dokumentiert. Aber während die neue Technik z. B. in den USA Furore machte, ließ sie sich im hiesigen Finanzierungssystem der stationären und ambulanten Budgets kaum kostendeckend anwenden. Zwar brachte sie den Patienten gesundheitliche Vorteile und den Arbeitgebern den wirtschaftlichen Vorteil einer schneller wiederhergestellten Arbeitsfähigkeit, doch dies konnte die finanziellen Nachteile bei den Leistungserbringern nicht aufwiegen. Erst der Wettbewerb unter den Kliniken und die bessere Information der Patienten verhalf der minimalinvasiven Chirurgie zum »Rückimport« aus den USA und zum Durchbruch auch in Deutschland.

Dass sich solche Versäumnisse nicht wiederholen, ist auch das Anliegen verschiedener Stiftungen und Organisationen wie etwa der Stiftung Deutsche Schlaganfall-Hilfe und der Deutschen Multiple Sklerose Gesellschaft. Sie setzen sich seit langem dafür ein, neue medizinische Erkenntnisse zu fördern, sie Ärzten und Patienten nahe zu bringen und ihnen in der Praxis zum Durchbruch zu verhelfen – häufig gegen institutionelle Widerstände, die ihre Ursache im Finanzierungssystem haben. Solche Widerstände abzubauen und ein Anreizsystem zu schaffen, das neue Diagnose- und Therapieansätze nicht ausbremst, sondern fördert, ist eine der vornehmlichsten Aufgaben bei der Neugestaltung des Gesundheitssystems.

Gleichmäßig hohe Behandlungsqualität. Während in vielen europäischen Ländern verbindliche Therapierichtlinien für die wichtigsten Indikationen gängig sind, stößt dieser Ansatz in Deutschland auf enorme Widerstände. Medizinische Schulen streiten über die Ausgestaltung solcher Richtlinien und viele Leistungserbringer sehen allein schon im Grundgedanken solcher Standards einen Eingriff in die Behandlungs- und Ausbildungsfreiheit.

Therapierichtlinien und standardisierte Abläufe sorgen dafür, dass *alle* Patienten nach dem Stand der Medizin optimal behandelt werden – nicht nur der überwiegende Teil. Sicherlich veranlasst jeder Arzt subjektiv das Beste im Sinne seines Patienten. Doch kann er sicher sein, dass dies auch objektiv das Optimum an Diagnose und Therapie ist? In diesem Sinne wären Richtlinien und Standards ein Gewinn für die Qualität des Gesundheitswesens – nicht als Bevormundung der Leistungserbringer, sondern als Hilfe zum Erfolg der Behandlung.

Patienten als wohlinformierte Mitgestalter. In den USA und der Schweiz hat der »mündige Patient« nicht nur die Möglichkeit, den besten Leistungserbringer zu wählen, sondern er hat auch die dafür notwendige Informationsbasis. Kliniken veröffentlichen beispielsweise umfangreiche statistische Daten über die Qualität ihrer Leistungserbringung. In Deutschland dagegen gibt es kaum qualifizierte Informationen über Diagnostik und Therapiemöglichkeiten, und selbst wenn es sie gäbe, hätten die Patienten kaum Zugang dazu. Auch in umgekehrter Richtung mangelt es an Informationsfluss: Patientenspezifische Daten, etwa in Form einer elektronischen Patientenakte, sind in Deutschland nur in Frühstadien von Modellversuchen vorhanden, so dass Doppelerhebungen und -untersuchungen unvermeidlich sind.

Eine deutliche Verbesserung der Versorgungsqualität verlangt also auch viel mehr Transparenz von Qualität und Kosten. Der in vielen Aspekten vorbildliche Datenschutz in Deutschland steht dem allerdings mit seinen restriktiven Regelungen für Gesundheitsdaten im Wege. So sind Krankenkassen heute kaum in der Lage, ambulante und stationäre Daten von Patienten zu einer elektronischen Patientenakte zusammenzuziehen. Ein Ausweg könnten elektronische Patientenakten sein, die Serviceerbringer im Internet anlegen, auf die aber nur der Patient selbst, der von ihm autorisierte Arzt und die von ihm autorisierte Krankenkasse Zugriff hat. Gleichzeitig sollten die sehr restriktiven Regelungen insbesondere der Standesorganisationen entfallen, die den Leistungserbringern eine objektive Darstellung ihres Qualitätsstandards erschweren.

Die langfristige Finanzierbarkeit sicherstellen

In nahezu allen Staaten der europäischen Gemeinschaft gab und gibt die Einnahmen-Ausgaben-Schere im Gesundheitssystem Anlass zu politischen Interventionen – so auch in Deutschland. Die »Kostenexplosion im Gesundheitswesen« steht auch heute noch am Beginn jeder politischen Debatte zur Rechtfertigung staatlicher Interventionen.

Betrachtet man aber die Ausgabenentwicklung im deutschen Gesundheitssektor genauer, so erweist sich die Behauptung einer Kostenexplosion als falsch:

- Absolut gesehen liegt Deutschland mit einem Anteil der Gesundheitsausgaben am Bruttosozialprodukt von 10,5% zwar höher als einige andere europäische Staaten, aber noch um mehr als 3 Prozentpunkte unterhalb des Vergleichswerts der Vereinigten Staaten.
- Seit 1995 sind die additiven Ausgaben der gesetzlichen und der privaten Krankenversicherungen nominal nahezu konstant, wenn man von einer Kostensteigerung im Jahr 1999 absieht, die durch die Absenkung der Zuzahlung für Arzneimittel verursacht wurde.

Also keine »Explosion« der Kosten. Allerdings leidet die gesetzliche Krankenversicherung (GKV) in Deutschland, die den Großteil der Finanzierung des Systems sicherstellen muss, unter einem Einnahmenproblem. Ihre Einnahmen sind an die Grundlohnsumme gekoppelt, so dass bei steigenden Arbeitslosenzahlen die durchschnittlichen Einnahmen pro Versicherten sinken. Der durchschnittliche Beitragssatz der gesetzlichen Krankenversicherung ist zwischen 1980 und 2000 von 11,4 auf fast 13,5% gestiegen; dies belastet die Kaufkraft der Arbeitnehmer und – über die Lohnnebenkosten – die internationale Wettbewerbsfähigkeit der deutschen Wirtschaft.

Bekommt die Bevölkerung als Gegenwert eine qualitativ hochwertige Versorgung? Bevor man über Einschränkungen des Leistungskatalogs nachdenkt, sollte man alle Möglichkeiten ausloten, die Einnahmen auch ohne Beitragserhöhungen zu verbessern und die Ausgaben auch ohne Leistungseinbußen zu senken.

Einnahmen ohne Beitragserhöhungen steigern. Ein drastisches Umdenken auf der Einnahmeseite könnte dazu führen, dass wesentliche Beitragssenkungen möglich sind. Mehrere Ansatzpunkte bieten sich an:

Erstens könnten die Einnahmen für die gesetzliche Krankenversicherung nicht nur auf den Lohn aus abhängiger Arbeit, sondern auch auf andere Einkommensarten bezogen werden – etwa Vermietung und Verpachtung oder Kapitalvermögen. Während die Lohnquote in den letzten 10 Jahren von 58 auf 52% zurückging, stieg der Anteil anderer Einkünfte am Gesamteinkommen stetig an. Schon der Aspekt der Gerechtigkeit spräche dafür, die Lohneinkünfte nicht länger als einzige Bemessungsgrundlage zu verwenden.

Zweitens könnte die kostenlose Mitversicherung von Familienangehörigen auf den Prüfstand gestellt werden.

Drittens wäre über die Obergrenze für eine Pflichtmitgliedschaft in der GKV zu sprechen. In steuerfinanzierten Modellen tragen alle Einkommensgruppen unabhängig von ihrer Einkommenshöhe prozentual in gleicher Weise zur solidarischen Krankenversicherung bei. In Deutschland dagegen werden hohe Einkommen nur unterproportional belastet.

Und schließlich wäre auch daran zu denken, an die Stelle des heutigen Modells »ein Preis – ein Leistungspaket« ein Angebot zu setzen, das modular aufgebaut ist und dem Versicherten die Wahl lässt, welche Zusatzpakete er über ein für alle verpflichtendes Basispaket hinaus erwerben möchte. Damit verbunden könnte auch eine Selbstbeteiligung (wie bei der privaten Krankenversicherung schon heute üblich) eingeführt werden, die sich für den Versicherten beitragsmindernd auswirkt. Solche Selbstbehalte würden im Übrigen auch die diversen Zuzahlungsregelungen etwa bei Arzneimitteln überflüssig machen.

Viele dieser Ansätze mögen radikal erscheinen. Und es bedarf einer systematischen Analyse, um die guten von den schlechten Ideen zu unterscheiden. Auf mittlere Sicht muss es aber möglich sein, neue Finanzierungswege zu diskutieren, ohne sich gleich dem Vorwurf auszusetzen, man wolle die Solidarität des gesetzlichen Versicherungssystems aushebeln. Denn die jetzige Finanzierungsformel der gesetzlichen Krankenversicherung lässt sich schon wegen der demografischen Trends nur noch wenige Jahre halten.

Ausgaben ohne Leistungseinbußen senken. Wenn man in Deutschland die Frage der Effizienzreserven im Gesundheitssystem anspricht, wird man mit einem

Schwall von Vorwürfen überschüttet. Schnell werden polemische Argumente wie frühzeitiger Patiententod, englische Verhältnisse und Einschränkung der Freiheitsgrade ins Feld geführt. Wer aber, wie wir, in diesem Gesundheitssystem arbeitet, weiß um dessen Unzulänglichkeiten und Verbesserungsmöglichkeiten.

Für eine wirklich spürbare Effizienzverbesserung reichen allerdings marginale Veränderungen nicht aus. Die in Jahrzehnten verkrusteten Strukturen im deutschen Gesundheitssystem müssen aufgebrochen werden. Das betrifft vor allem 3 Themenkomplexe:

1. *Aufgabe der Trennung von ambulanter und stationärer Versorgung.* In Deutschland sind die ambulante und die stationäre Versorgung deutlich voneinander getrennt. In den unterschiedlichen Finanzierungssystemen und Interessen der Beteiligten geht die Transparenz von Kosten und Leistungen ebenso unter wie Anreize für deren ganzheitliche Optimierung. Will man systematisch und auf Dauer bessere Qualitätsstandards erreichen und unnötige Kostensteigerungen vermeiden, so wird man die »Mauer« zwischen ambulanter und stationärer Versorgung weiter abbauen und auch zu einer sinnvollen finanziellen Verknüpfung der einweisenden Ärzte und der Kliniken kommen müssen.
   Dies ist einer der Grundgedanken von integrierten Netzwerken der Leistungsanbieter – ihre Entwicklung steckt in Deutschland allerdings noch in den Kinderschuhen. Erste Ergebnisse aus Modellversuchen sind viel versprechend; sie zeigen, dass die *ganzheitliche* Optimierung der Versorgungsqualität, die Transparenz der medizinischen Daten und die Kontrolle der Kosten tatsächlich funktionieren.
2. *Mehr Dynamik im Krankenhaussektor durch Aufgabe der eingefrorenen Budgets.* Die Budgetierung des Krankenhaussektors ist als Steuerungsinstrument ein Notbehelf. Sie schreibt unbefriedigende Strukturen fort, statt ihre Verbesserung zu fördern. Was das System braucht, ist statt Nivellierung mehr Dynamik: Hervorragende Krankenhäuser müssten gefördert, schlecht geführte Häuser gemieden oder sogar geschlossen werden.
   Dafür sind neue Lösungen gefragt. Die Einführung von Diagnosis Related Groups (DRGs) als Preismodell für normierte Leistungsumfänge ist ein Schritt in die richtige Richtung. Ergänzend muss aber noch ein flexibles Instrument zur Steuerung der Leistungsmenge eingeführt werden, das die heutigen starren Budgets ablöst. Es kann sowohl auf Marktmechanismen beruhen, die bei Leistungsempfängern oder bei -erbringern ansetzen, als auch durch einen hoch flexiblen regulatorischen Eingriff realisiert werden.
3. *Veränderung des Anreizsystems im ambulanten Bereich.* Die heutige Vergütungsstruktur führt im ambulanten Bereich zu einer ungewollten Mengenausweitung (Stichwort: Hamsterrad-Effekt). Hier sind Korrekturen nötig – nicht nur um Kosten zu vermeiden. Vielmehr geht es auch um den Schutz der Patienten vor Doppeluntersuchungen und nicht notwendigen Therapien. Und es ist den Ärzten auch auf Dauer nicht zuzumuten, ständig mehr »Menge« erzeugen zu müssen, nur um ihre Einnahmen stabil zu halten.

Zahlreiche Gesetze zur Gesundheitsreform waren die politische Antwort auf die Probleme der gesetzlichen Krankenversicherung. In erster Linie ging es in allen

Reformen um die Beitragsstabilität. Die Kostendämpfung hat sich zumindest in den zurückliegenden 5 Jahren als recht erfolgreich erwiesen. Die Deregulierung blieb jedoch auf halbem Wege stehen: Der gewollte Wettbewerb zwischen den Kassen findet zunehmend statt; der Wettbewerb zwischen Leistungserbringern – vor allem stationären Einrichtungen – bleibt jedoch stark eingeschränkt.

Von Initiativen auf europäischer Ebene sind keine entscheidenden Lösungsbeiträge zu erwarten. Im Gegenteil: Die Neuordnung des Gesundheitssystems bleibt auf absehbare Zeit eine nationale Aufgabe. Denn die Leistungserbringung, die Finanzierungssysteme, die Organisationsstrukturen und die Interessen der Beteiligten sind so unterschiedlich, dass eine Angleichung auf diesem sensiblen Gebiet äußerst schwierig sein dürfte – nicht zu vergessen die Sprachbarrieren auf Seiten der Patienten.

Es ist Zeit für strukturelle, qualitative Verbesserungen im Gesundheitssystem – mit diesem Anspruch ist die Gesundheitsreform 2000 angetreten, vieles davon wurde aber in der politischen Auseinandersetzung um Besitzstände geopfert. Die Hoffnungen auf eine entschlossene Integration von ambulanter und stationärer Versorgung beispielsweise wurden enttäuscht.

Die schlechte Platzierung in der eingangs erwähnten WHO-Studie sollte als Aufforderung und Chance begriffen werden, in Deutschland ein neues Modell einer solidarischen Krankenversicherung zu entwickeln, das selbst zum Vorbild wird. Das wird nur gelingen, wenn alle Beteiligten die Phase der Besitzstandsverteidigung überwinden und gemeinsam an neuen Lösungen arbeiten. Der Staat kann und sollte dafür Anreize schaffen. Aber er kann nicht die Initiative der Marktteilnehmer ersetzen, die mit Weitsicht, Mut und Beharrlichkeit das Gesundheitssystem weiterentwickeln wollen.

Integrierte Versorgung in Deutschland: potemkinsches Dorf oder Zukunft des Gesundheitswesens?

Axel Baur und Klaus Böcker

Mehr Wettbewerb im Gesundheitssystem bedeutet mehr Wahlmöglichkeiten für den aufgeklärten, gesundheitsbewussten Krankenversicherten von morgen. Er wird sich eher den überregionalen Netzangeboten der Gesundheitsversorgung zuwenden, die breiter gefächert und weniger einschränkend sind als lokale Arztnetze, die im Ernstfall womöglich die freie Arztwahl und damit den Zugang zur medizinisch besten Behandlungsoption behindern. Deshalb hat »integrierte Versorgung« nur eine Chance, wenn sie sich den Slogan »mehr medizinische Qualität bei gleichem Preis« auf die Fahne schreibt – und nicht »Preisnachlass durch Einschränkung«. Der Versicherte bleibt seinem Arztnetz treu, wenn ihm die Integration seiner Versorgung einen deutlichen Qualitäts- und/oder Servicezuwachs bietet – selbst wenn das etwas mehr kostet.

Wirksame und erfolgreiche Arztnetze sind weit mehr als lockere Interessengemeinschaften. Sie müssen einige Voraussetzungen erfüllen: Sie müssen die richtige Netzgröße einhalten, mit Netzkrankenhäusern (die konkurrenzfähige Fallkosten bieten) effektiv zusammenarbeiten, die Koordination der Netze »professionalisieren«, elektronische Patientenakten einsetzen und ihre gebündelte Einkaufsmacht nutzen – von Arzneimitteln bis hin zum Praxisstrom. Nicht zuletzt müssen sie möglichst alle Beteiligten (Versicherte, Hausärzte, Krankenhäuser und Krankenkassen) an den Einsparungen teilhaben lassen – dies ist letztlich der einzige dauerhaft wirksame Anreiz zur Teilnahme am Netz.

Das Konzept der integrierten Versorgung

Seit mindestens 10 Jahren wird in Deutschland unter der verheißungsvollen Bezeichnung »integrierte Versorgung« mit Verbesserungskonzepten experimentiert – auf dem Reißbrett ebenso wie in sehr unterschiedlichen Modellversuchen. Dahinter steht in erster Linie die Hoffnung, die »transsektorale Verzahnung« zu verbessern. Mehr als 400 so genannte Arztnetze gingen daraus bislang hervor: Zweckzusammenschlüsse niedergelassener Ärzte mit oder ohne Krankenhausbeteiligung. Abertausende Diskussionen wurden geführt über die richtige Definition von Qualitätsmedizin, über neue Therapiestandards und »schmerzlose« Einsparpotentiale. Aber nach wie vor ist nicht geklärt, was diese Bemühungen tatsächlich an Qualitätsverbesserungen oder Einsparungen bewirkt haben – wichtige Fragen, wenn es um die Zukunft der integrierten Versorgung geht.

Für gute Zukunftsaussichten integrierter Versorgung spricht, dass der deutsche Gesetzgeber dieser Versorgungsform einen hohen Stellenwert bei den begonnenen Reformbemühungen einräumt. »Mehr Effizienz und Qualitätsorientierung im Gesundheitssystem durch verstärkte Kooperation, Koordination und Integration der Sektoren, d. h. ›ambulant vor stationär‹ und ›Rehabilitation vor Pflege‹«, so lautet eines der wichtigsten erklärten Ziele der Regierungskoalition. Dieses Ziel ist bereits in der GKV-Gesetzesreform 2000 im SGB V im § 140 a–f fixiert. Ermöglicht werden soll dies durch eine Vielzahl von Ansätzen:

- integrierte sektorenübergreifende Versorgungsverträge zwischen Krankenkassen und Leistungserbringern – bei freiwilliger Beteiligung der Versicherten;
- Öffnung der Krankenhäuser für ambulante Behandlungen schwerer Krankheitsbilder mit kompliziertem Verlauf und zur Erbringung hoch spezialisierter Leistungen;
- verbesserte Möglichkeiten zur Vereinbarung differenzierter und bedarfsgerechter Fristen für die vor- und nachstationäre Behandlung in Krankenhäusern;
- Erweiterung des Katalogs ambulant durchführbarer Operationen;
- Anbindung der vertragsärztlichen Notfallversorgung an Krankenhäuser (nur im Gesetzesentwurf – später nicht mehr im Gesetz verankert, die Regierung hat allerdings erkannt, dass hier Verbesserungen möglich sind);
- Stärkung der hausärztlichen Versorgung und der »Lotsenfunktion« des Hausarztes;
- verbesserte Kommunikation zwischen Hausärzten, Fachärzten und den anderen Leistungserbringern durch erweiterte Dokumentationsbefugnisse des Hausarztes und zeitnahe Übermittlung von Befunden und Berichten;
- Sicherung eines angemessenen Honoraranteils für Hausärzte im Rahmen des Honorarverteilungsmaßstabs;
- Ermöglichung finanzieller Anreize für Versicherte, die freiwillig auf eine Direktinanspruchnahme von Fachärzten – ohne vorherige Konsultation ihres Hausarztes – verzichten.

Integrierte Versorgung – Wunsch und Wirklichkeit

Das Interesse am Thema der integrierten Versorgung nimmt in Deutschland stark zu – verknüpft mit der Hoffnung, für weniger Geld eine »bessere Medizin« anbieten zu können, wie es in den USA und der Schweiz in den vergangenen Jahren zeitweilig gelang. Würden z. B. röntgenologische Doppeluntersuchungen reduziert oder sogar völlig vermieden, so wäre dies nicht nur wirtschaftlich vorteilhaft, sondern würde auch die Versicherten vor überflüssigen, schädlichen Strahlenexpositionen bewahren.

Doch einige Faktoren sprechen auch dagegen, dass sich die integrierte Versorgung durchsetzen wird. Dazu gehört die Angst vor Versorgungsmodellen, die ökonomische Prinzipien über das medizinisch maximal Machbare stellen. Das bekommen die Anbieter maximalintegrierter Versorgung (so genannter Health Management Organizations, HMOs) in den USA in jüngster Zeit zu spüren: Ihre

Versicherten reagieren empfindlich, wenn plötzlich der Eindruck entsteht, die Mitgliedschaft in einem Arztnetz könne sie u. U. im Ernstfall von der besten verfügbaren Behandlung ausschließen.

USA – Vorreiter Nummer 1 in Sachen integrierte Versorgung

In den USA traten so genannte Managed Care Organizations (MCOs) als Anbieter integrierter Versorgungsleistungen Ende der achtziger Jahre einen wahren Siegeszug an. Das Spektrum reicht mittlerweile von eng gestrickten Lokalnetzen, in denen ein Hausarzt als Wächter über den Facharztzugang mit wenigen Vertragskliniken zusammenarbeitet, bis hin zu überregionalen Netzen mit diversen Wahlmöglichkeiten für die Versicherten, dann allerdings mit erheblicher Selbstbeteiligung für den anspruchsvollen Patienten, der außerhalb des Netzes medizinische Leistungen in Anspruch nimmt.

Lokale und überregionale Modelle von integrierter Versorgung erwiesen sich anfänglich als recht profitabel. Doch in den vergangenen 5 Jahren führten vor allem rechtliche Änderungen zu erheblichen Kostensteigerungen und die Gewinnspannen wurden so eng, dass nur noch die besten Anbieter kostendeckend im Markt agieren konnten (Abb. 1).

Dennoch waren 1999 schon 89% aller krankenversicherten US-Amerikaner in mehr oder minder straff reglementierten medizinischen Versorgungsnetzen eingeschrieben.

Doch gerade die straff organisierten Arztnetze, die zwar generell am billigsten für den Kunden sind, aber kaum Optionen für externe Leistungen lassen, wachsen nicht mehr. Immer mehr Versicherte misstrauen ihren integrierten Versorgungssystemen und deren ökonomisch denkenden Vertragshausärzten. Spätestens im Krankheitsfall versuchen viele Mitglieder, sich mit Hilfe unabhängiger

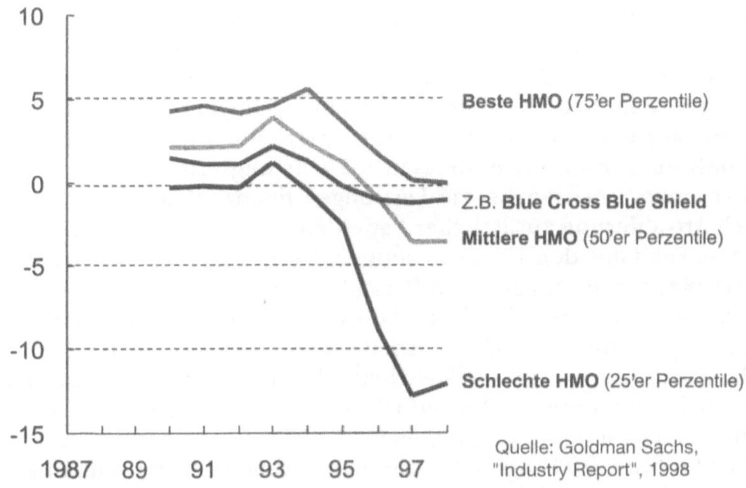

Abb. 1. Profitabilität von Anbietern integrierter Versorgung in den USA, 1987–1998

Verfahren	USA gesamt	HMOs	Differenz
Bypass-Operationen	650	330	49%
Cholezystektomie	600	380	37%
Herzkatheter	1.200	850	29%

Haupttreiber der Kostenreduktion
- Präzertifizierung
- Stufendiagnostik und -therapie
- Anreize für Netzärzte

Quelle: Analyse McKinsey USA

Abb. 2. Einfluss von integriertem Gesundheitsmanagement auf die Nachfrage nach ausgewählten medizinischen Leistungen in den USA (Rate der Leistungen pro 100.000 Einwohner/Stand 1998)

Quellen über die aktuellen diagnostischen und therapeutischen Möglichkeiten zu informieren und verlangen dann Zutritt zur medizinisch besten Alternative – unabhängig vom Preis. Und immer öfter setzen sie ihre Ansprüche sogar gerichtlich durch. Die Neumitgliederzahlen entwickeln sich rückläufig.

Angesichts solcher für viele unerwarteter Veränderungen stellt manch ein Verfechter der »managed care« à la USA der frühen neunziger Jahre nun erschrocken fest, dass Netze mit zu vielen Regelschlupflöchern finanziell gesehen die Mühe nicht wert sind. Und das US-Gesundheitssystem ist trotz »managed care« immer noch das teuerste der Welt, gemessen in Prozent vom Bruttosozialprodukt.

Die US-Erfahrungen zeigen aber auch, dass integrierte Versorgung mit konsequentem Management deutlich dazu beitragen kann, die Ressourcen effizienter zu nutzen und dadurch insgesamt die Gesundheitskosten zu senken (Abb. 2).

Ein weiterer Schluss liegt nahe: Anbieter integrierter Versorgung bleiben nur so lange erfolgreich, wie ihnen 2 Aufgaben gelingen: erstens müssen sie greifbare Vorteile aus dem »Vernetztsein« für ihre Kunden wirksam als Wettbewerbsvorteil nutzen, und zweitens müssen die Leistungserbringer im Netz wegfallende, bisher einkommenswirksame Leistungen finanziell kompensieren können, etwa durch Attrahierung zusätzlicher Patienten.

Das Fazit aus den US-Erfahrungen: Netzärzte müssen dauerhaft an den Einsparerfolgen ihres integrierten Versorgungsnetzes beteiligt werden – sonst stabilisieren sie ihre Einkünfte durch Leistungsausweitung oder Fallvermehrung. Von den Erfolgsfaktoren der US-Arztnetze setzen 3 bei der Ärzteschaft an:

- die Präzertifizierung der Mehrheit aller medizinischen Leistungen, außer von Notfallmaßnahmen – das reduziert im Sinne der Patienten überflüssige Leistungen und steigert die Effizienz;
- eine Stufung der Diagnostik und Behandlungsschritte mit Hilfe von verbindlichen Behandlungsleitlinien – auch dies wirkt sich günstig auf die Effizienz aus;

- vielleicht der wichtigste Faktor: überzeugende finanzielle Anreize für effizientes Vorgehen, besonders bedingt durch Kopfpauschalensysteme, die Effizienzgewinne transparent machen und sparsamen Einsatz von Ressourcen direkt belohnen.

Vorreiter Nummer 2: die Schweiz

Die Schweizer Modellversuche mit integrierter Versorgung haben es aus deutscher Perspektive noch eindrucksvoller belegt – und scheinen eher übertragbar als US-Erfahrungen: Die Fallkosten lassen sich um bis zu 34% senken, wenn »ambulant« und »stationär« besser miteinander kommunizieren und besser verzahnt sind, und wenn gleichzeitig die »Gatekeeper-Funktion« des Hausarztes gestärkt wird. Die Fallkostenersparnis entspricht einer Prämiensenkung von ca. 20% pro Versicherten. Deshalb haben die Versicherten solche Modelle auch schnell angenommen. Prognosen besagen, dass bereits in etwa 3 Jahren ein Viertel der Schweizer Bevölkerung freiwillig in solchen integrierten Versorgungssystemen eingeschrieben sein wird.

Die Schweiz hat allerdings zurzeit noch das zweitteuerste Gesundheitssystem der Welt (Abb. 3).

Und es lässt sich noch nicht abschließend klären, ob die Veränderungen im Schweizer Gesundheitssystem eine starke Zunahme der Risikoselektion seitens der Krankenversicherungen bewirkt haben – mit allen längerfristigen sozialen Risiken, die damit verbunden sind.

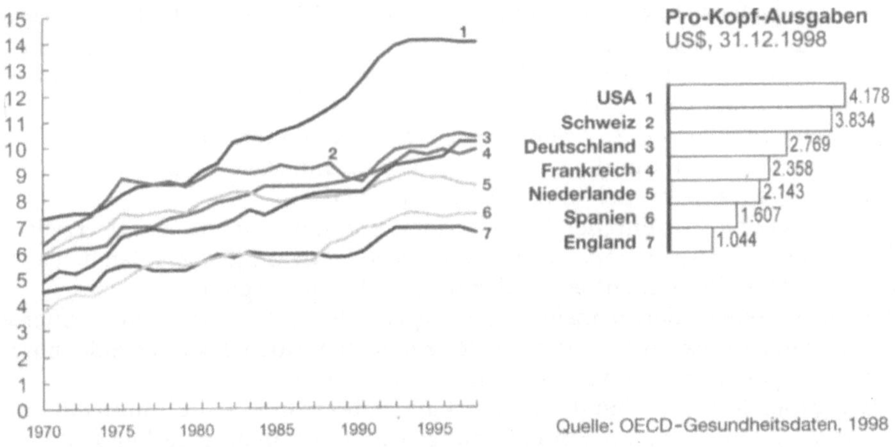

Abb. 3. Entwicklung der Gesundheitsausgaben weltweit (in Prozent des Bruttosozialprodukts)

Nachzügler Deutschland

Die Beteiligten am Gesundheitssystem der Bundesrepublik Deutschland haben natürlich nicht tatenlos zugesehen: Mehrere hundert dezentrale Netzversuche gibt es bereits hierzulande, mit teils unterschiedlichen Zielen.

Häufige Ziele von Arztnetzen

- ... hinsichtlich ihrer Struktur:
  - Verbesserung der Notfallversorgung und der allgemein-ärztlichen Versorgung,
  - Steigerung der ambulant durchgeführten Untersuchungen und Eingriffe,
  - verbesserte und beschleunigte Dokumentation von Befunden (und Vermeidung von Doppeluntersuchungen),
  - gemeinsame Patientenschulungen,
  - Erprobung neuer Honorarformen.
- ... hinsichtlich ihrer Systemeffizienz:
  - Reduktion von Krankenhauseinweisungen,
  - Senkung der Arzneimittelkosten,
  - Senkung der Verweildauer im Krankenhaus.

Aber messbare Erfolge sind bis heute rar. Die meisten Netze sind regional begrenzt, aber dort für jeden Arzt offen, unabhängig von Qualitäts- oder Effizienzkriterien. Die Anzahl mitwirkender Ärzte in den Modellversuchen liegt zwischen ca. 20 und 1.800. Und nur sehr wenige arbeiten fest mit selektierten Krankenhäusern zusammen (Prosper, Herdecke, CHIN, MQR, AKIS und MQM).

Erste partielle Erfolge hinsichtlich messbar erschlossener Effizienzreserven werden zwar mündlich kommuniziert, jedoch bisher nur spärlich veröffentlicht:

- Der Qualitätszirkel Hessen erreichte 1998 eine 11%ige Reduktion der Medikamentenverordnungen bei den ins Arztnetz eingeschriebenen über 65-jährigen Patienten. Im gleichen Zeitraum stiegen die Medikamentenverordnungen im Landesdurchschnitt für diese Patientengruppe um 28%. Leider wurden die Controllingparameter nicht hinreichend publiziert.
- Die »vernetzten Praxen« der KV Südbaden und der AOK Konstanz erzielten Änderungen der Krankenhauseinweisungen von –3,4% (gemessen an den ausgestellten Notfallscheinen) je Krankenhaus in der Netzregion.
- Das Qualitätsnetz Berlin meldete im vergangenen Jahr eine nicht bezifferte Senkung der Arzneimittelkosten der Netzpatienten. Doch das Netz leidet unter der relativ geringen Zahl von netzwilligen Versicherten.
- Das Prosper-Netz der Bundesknappschaft in Bottrop erzielte innerhalb von nur 9 Monaten ca. 6.000 Einschreibungen und veröffentlichte kürzlich eine erfreulich hohe Netzzufriedenheit der Versicherten. Gleichzeitig konnten die Gesamtkosten des Netzpatientenkollektivs im Vergleich zu einem vor Beginn des Modellversuchs bestimmten, nicht netzgebundenen Vergleichskollektiv für das erste Quartal des Modellversuchs messbar gesenkt werden – durch Verkürzung der Verweildauern und Reduzierung der Einweisungsquote. Die Nachhaltigkeit dieser Ergebnisse ist allerdings noch nicht nachgewiesen.

Einige Arztnetze berichteten auch über kurzfristig messbare Verweildauer- und Arzneimittelkostensenkungen. Oft ließen sich diese Effekte jedoch nicht eindeutig auf die Netzverzahnung zurückführen.

Zu den größten Herausforderungen gehört es also, vermeintliche ökonomische Vorteile von Arztnetzen qualitativ und quantitativ zu erfassen. Ein Beispiel hierfür ist: Oft werden positive Effekte eines Arztnetzes auf eine Reduzierung der lokalen Krankenhausverweildauer zurückgeführt und sogar mit Zahlen belegt – aber ein etwaiger Anstieg der Wiedereinweisungsquote oder andere gegenläufige Effekte bleiben ungeprüft. Am ehesten geeignet als Ansatz zur Messung der Netzerfolge ist ein Vergleich der Gesamtkostenentwicklung aller netzeingeschriebenen Versicherten mit der eines nicht netzgesteuerten Patienten- bzw. Versicherten-Vergleichskollektivs – wie weiter unten noch erläutert.

Alle bisherigen Netze sind mit dem Ziel angetreten, sowohl die Kosten zu senken als auch die Qualität der Patientenversorgung zu erhöhen. Wenngleich praktisch jedes in Deutschland etablierte Netz durchaus inkrementelle Verbesserungen erzielen konnte, fehlt nach wie vor ein gesamtheitliches Erfolgskonzept – deutliche Qualitätsverbesserungen für Netzpatienten sind bisher nicht sichtbar. Immerhin belegen die Schweizer Erfahrungen, dass wenigstens keine Qualitätsverschlechterungen zu erwarten sind. Aber die hoch gesteckten Erwartungen, die bisher an die integrierte Versorgung geknüpft wurden, haben sich bis dato kaum erfüllt.

Barrieren auf dem Weg zur integrierten Versorgung in Deutschland

In Deutschland könnten 80% der Diabetiker ambulant behandelt werden. Doch dazu müsste es Systeme geben, die dem niedergelassenen Arzt Anreize für eine vollständige ambulante Versorgung bieten. Zurzeit ist es für ihn jedoch günstiger, aufwendige, behandlungsintensive Patienten in den wesentlich teureren stationären Bereich zu überweisen. Für Abhilfe sorgten zeitweilig Diabetes-Strukturverträge, die eine adäquate Entlohnung der ambulanten Leistungen ermöglichten. Sie wurden aber durch das Solidaritätsstärkungsgesetz konterkariert: Der außerhalb des Budgets vereinbarte Fixbetrag wurde durch Zwangseinbindung in das ambulante Budget fast halbiert.

Ein weiteres Beispiel macht deutlich: Bei chronischer Herzinsuffizienz (CHF) könnte eine intensive ambulante Betreuung teure stationäre Aufenthalte vermeiden helfen; bessere Begleitung, Information und Aufklärung reduzieren die Kosten, die durch Wiederaufnahme von CHF-Patienten ins Krankenhaus entstehen.

Aber in Deutschland gibt es tiefe Gräben zwischen ambulanter und stationärer Versorgung. Der niedergelassene Arzt erhält keine Anreize für eine intensive Zusammenarbeit mit stationären Leistungserbringern – im Gegenteil: Aus seiner Interessenlage heraus ist es günstiger, schwierige und betreuungsintensive Fälle ins Krankenhaus zu überweisen. Denn sie belasten sein gedeckeltes ambulantes Budget, ohne für Zusatzeinkünfte zu sorgen. Krankenhäuser haben auf der anderen Seite kein Interesse, die Patienten frühzeitig aus der stationären Behandlung zu entlassen, da sie dann das Budgetziel an Pflegetagen nicht erreichen könnten und den Umsatz bei gleich bleibenden Kosten senken.

Zu den beiden wichtigsten Barrieren der integrierten Versorgung zählen das Fehlen adäquater Anreize und die mangelnde Kommunikation. Hinzu kommen weitere, auch in anderen Systemen auftretende Schwierigkeiten wie die fehlende Kosten-/Leistungstransparenz und der schwierig zu führende Erfolgsnachweis.

Inadäquate Anreizsysteme

Sowohl im niedergelassenen Bereich als auch in nichtspezialisierten Krankenhausabteilungen wird das Handeln mitgeprägt durch das Bestreben, Besitzstände zu wahren. Deshalb erweist es sich für die meisten Arztnetze als verhängnisvoll, dass die Anreize zur aktiven Teilnahme in der Grundkonzeption vernachlässigt wurden. In manchen Fällen empfanden die Netzärzte die eingeführten Anreizsysteme von vorneherein als ungerecht, da sie zu wenig an die tatsächlichen Bemühungen des Arztes/Krankenhauses oder Patienten um mehr Effizienz gekoppelt waren. Oft wurden die Anreizzahlungen zudem nicht separat ausgewiesen oder nur sehr stark verzögert geleistet. Solange finanzielle Anreize fehlen oder sich kaum spürbar auswirken, werden Netzärzte kaum bereit sein, strukturelle Veränderungen zu unterstützen.

Das größte Hemmnis bei der Ausgestaltung wirksamer Anreizsysteme waren in der Vergangenheit die kassenärztlichen Vereinigungen. Sie wandten sich stets gegen eine »Spaltung der niedergelassenen Ärzteschaft« durch Separatverträge zwischen Ärztegruppen und Krankenkassen – und damit auch gegen einen echten Leistungs- und Effizienzwettbewerb. Die Vetomöglichkeit der kassenärztlichen Vereinigungen war bis vor kurzem lückenlos rechtlich verankert. Mit ihrem Abrechnungsmonopol und -wissen hätten sie eine treibende Kraft in der Entwicklung von integrierten Versorgungssystemen sein können, wenn sie diese Stärken den Krankenkassen – sozusagen als Dienstleistung – zur Verfügung gestellt hätten.

So hätten schon vor Jahren pauschale Vergütungssysteme oder Arztgruppenbudgets entwickelt und erprobt werden können. Erst in jüngster Zeit konnte im Rahmen des so genannten Münchener Modells erstmalig in Deutschland mit einem Fallpauschalen-Entgeltsystem im Rahmen eines Arztnetzes experimentiert werden. Konkrete Ergebnisse stehen allerdings noch aus.

Aus allen Modellversuchen mit integrierter Versorgung in Deutschland lässt sich ablesen, dass auch die Anreize für partizipierende *Versicherte* einen Geld- bzw. Sachwert bieten müssen; ideelle Werte reichen für eine Teilnahme an den integrierten Versorgungsformen kaum aus. Dies belegen auch Fokusgruppen, die im Zusammenhang mit solchen Modellprojekten durchgeführt wurden. Beitragsrückerstattungen, aber auch Sachwerte (wie z.B. die Ausgabe von Blutdruck-Heim-Messgeräten) würden mit großer Sicherheit die Teilnahmebereitschaft von Versicherten erhöhen. Viele Versicherte ließen sich auch motivieren, wenn Qualitätsverbesserungen im Netz deutlich spürbar würden.

Ein weiterer hemmender Faktor für deutsche Arztnetze: Zwischen der Effizienz von benachbarten Krankenhäusern können Welten liegen – die Fallkosten für die Behandlung vergleichbarer Fälle variieren um bis zu 60%. Wichtigste Gründe sind der unterschiedlich hohe Einsatz von Personal pro Fall, Unterschiede in den Tarifstrukturen und die individuelle Organisation vieler Abläufe. Arztnetze sind starke »Einkaufsgemeinschaften«, besonders wenn sie ihr Einweisungsverhalten koordinieren. Das könnten sie nutzen, um die Krankenhäuser zu mehr Effizienz und einer gewissen Umverteilung besonders der Leistungen mit langen Wartezeiten zu bewegen. Auch hier gilt: Die Voraussetzung sind Kostentransparenz und passende Anreize, mit eingespielten Gepflogenheiten zu brechen.

Kommunikationsmängel in integrierten Versorgungsnetzen

Integrierte Versorgungsmodelle können, wie verschiedene Beispiele vor allem aus den USA zeigen, durch den Einsatz von elektronischen Medien die Kommunikationsflüsse deutlich verbessern.

Dem stehen allerdings in Deutschland diverse datenschutzrechtliche Besonderheiten entgegen. Mit dem Argument, die sensiblen medizinischen Daten der Patienten hinreichend schützen zu müssen, wird passioniert an althergebrachten Beschränkungen festgehalten, selbst wenn dies auch zum Nachteil des Patienten sein kann. Zwar wurde durch die Gesundheitsreform 2000 versucht, einige Neuerungen des Sozialgesetzbuches herbeizuführen, die etwa für integrierte Versorgungssysteme eine einheitliche Dokumentation vorschreiben. Doch die Datenschutzvorschriften wurden parallel nicht hinreichend gelockert, so dass die meisten Projekte zur elektronischen Kommunikation weiterhin erheblich blockiert sind. So ist etwa die transsektoral austauschbare, elektronische Patientenakte nur umsetzbar, wenn alle Patienten eines Arztnetzes explizit einwilligen.

Erfolgsfaktoren für integrierte Versorgung

Die Beschreibung der Hindernisse auf dem Weg zu einer integrierten Versorgung offenbart gleichzeitig bereits die Erfolgsfaktoren. Vor allem sind dies wirksame Anreizsysteme für die Ärzte wie für die Versicherten. Zu diesem Zweck muss die Anzahl der Ärzte im Netz begrenzt werden – ist sie zu hoch, so zementiert das Netz eher den Status quo der Leistungserbringer, statt lokalen bzw. regionalen Qualitätswettbewerb unter den Ärzten im Sinne der Gesundheit wie auch Kostendämpfung zu fördern. Allerdings bedeutet dies für die nicht teilnehmenden Ärzte, dass sie bei größerer Akzeptanz des Netzes mit einem Punktwertverfall, also auch mit Einkommensrückgängen rechnen müssen.

Weitere Erfolgsfaktoren sind eine professionelle Koordination des Netzes, der Einsatz von Therapieleitlinien und eine intensive, effiziente Kommunikation.

Netzumfang und Netzpartner

Neben der Zahl der beteiligten Ärzte ist auch die Frage von großer Bedeutung, ob Krankenhäuser in ein integriertes Versorgungsnetz hineingehören. Wenn ja, lassen sich dadurch jahrzehntealte sektorielle Grenzen endlich im Konsens nach Qualitäts- und Effektivitätskriterien bewerten und ggf. aufheben. Solchen Modellen steht meist der Argwohn niedergelassener Fachärzte im Wege, die befürchten, viele Leistungen bzw. Verdienstmöglichkeiten an die Krankenhäuser zu verlieren. Ist hingegen kein Krankenhaus im Netz, so müssen die Krankenhäuser in der Netzregion um die Treue ihrer Zuweiser bangen, die dann versuchen, ihr Leistungsspektrum z. B. durch vermehrtes ambulantes Operieren zu erweitern.

Die wenigen bisher erfolgreichen integrierten Versorgungsnetze haben sich durch eine Vielzahl von Einzel- und Gruppenverträgen zwischen den Beteiligten abgesichert. Diese Verträge beziehen sich auf die Ziele des Netzes und das Verhältnis der Ärzte zu anderen Leistungserbringern, zur Kassenärztlichen Vereinigung und zur Krankenkasse.

Solche Verträge können auch die Netzärzte verpflichten, ihre patientenbezogenen Daten – natürlich nach Einwilligung des Patienten – im Bedarfsfall an andere Netzärzte bzw. Netzkrankenhäuser weiterzugeben. So werden alle Leistungserbringer im Netz zu einer vollständigen Dokumentation der erbrachten und der verordneten Leistungen einschließlich Arznei-, Heil- und Hilfsmittel veranlasst. Vertraglich können auch der Umfang der Kommunikationspflicht sowie Standards, Prozesse, Inhalte und Frequenzen der Kommunikation geregelt werden. Außerdem dienen Verträge dazu, die Akzeptanz der Leitlinien, die Angleichung des Verordnungsverhaltens an Positivlisten sowie die Patientensteuerung sicherzustellen. Darüber hinaus werden Serviceleistungen, die Teilnahme an Qualitätszirkeln und Netzkonferenzen festgelegt.

Im Gegenzug kann in den Verträgen mit Krankenkassen festgelegt sein, wie Ausschüttungen bei eventuellen Einsparungen sowie die Beteiligung der einzelnen Parteien zu handhaben sind.

Wirksame, professionelle Koordination

Je besser die Steuerung der Patienten- und Informationsflüsse und die Zusammenarbeit zwischen den Ärzten funktioniert, desto erfolgreicher kann ein Netz sein. Deshalb ist die Koordination des Netzes so wichtig. Die Netzwerkkoordination leistet im Idealfall ein Team, das sich aus einem Manager mit solidem medizinischen Wissen und einem »back office« zusammensetzt, dessen Aufgabe darin besteht, die riesigen anfallenden Datenmengen auszuwerten und für den Netzwerkmanager aufzubereiten. Der nutzt die Daten in koordinierenden Gesprächen mit den niedergelassenen Ärzten und ggf. Krankenhausärzten, um die Wirkungen ihres Handelns transparent zu machen. So können Vergleiche zwischen den Arztpraxen herangezogen, die individuelle Effektivität anhand bezifferbarer Grundlagen diskutiert und ggf. Veränderungen vereinbart werden.

Benötigt wird zudem eine Controllinginfrastruktur. Bisher wurde dies über getrennte Budgets für Arztnetze erreicht, die mühsam unter Federführung bzw. Aufsicht der kassenärztlichen Vereinigungen ausgehandelt werden mussten. Dies verteuerte oft noch die lokale medizinische Versorgung zu Lasten der beteiligten Krankenkassen.

Eine bislang selten angewandte, aber in vielen Fällen praktikable Alternative ist, die Kostenentwicklungen inner- und außerhalb der integrierten Versorgungsstruktur miteinander zu vergleichen, um so die Effizienzsteigerung nachzuhalten

– und im Nachhinein zwischen den beteiligten Ärzten, Krankenkassen und natürlich auch den Patienten aufzuteilen.

Damit ein solcher Vergleich möglich wird, müssen risikoadjustierte Gruppen gebildet werden. Diese Gruppen können durch eine Segmentierung der Versicherten nach ihren demografischen Daten (z. B. Alter, Geschlecht, Arbeiter oder Angestellter) und früheren Kostengrößen (z. B. Krankenhausaufenthalte, Arzneimittel, Rezeptkosten, Arztbesuche) herausgearbeitet werden. Den Versicherten eines Netzes kann auf diese Weise ein Segment gegenübergestellt werden, das im Mittel die gleiche Kostenentwicklung aufweist. Ein solcher Datenvergleich ermöglicht eine recht zuverlässige Vorhersage der zukünftigen Kosten. Außerdem erlaubt er eine Beurteilung des wirtschaftlichen Ergebnisses ohne Ausweisung eines ausgegliederten Budgets und ohne Verzerrung durch eine Risikoselektion. Doch die Methode erfordert mathematisch-statistisches Know-how – die meisten der heutigen, eher pragmatisch von der Basis aus konzipierten Arztnetze wären damit überfordert.

Einsatz von Therapieleitlinien

Ein weiterer Schlüssel zu besser koordinierter, effizienterer Diagnostik und Therapie innerhalb eines integrierten Versorgungssystems sind so genannte Therapieleitlinien. In den USA sind sie seit Jahren gängig und auch in Deutschland werden sie zunehmend eingesetzt. Sie regeln für häufige Krankheitsbilder die Aufgabenverteilung entlang der Behandlungskette, vom Allgemeinarzt über den Facharzt bis zur Krankenhausabteilung. Sie enthalten z. B. Arzneimittelempfehlungen, die eine kostengünstigere Pharmakotherapie ermöglichen.

Im Idealfall werden die Leitlinien nicht von außen aufgestülpt, sondern die Netzärzte entwickeln sie selbst, damit die Besonderheiten der Region berücksichtigt werden und die Mehrheit der Netzärzte sich darin wiederfindet. Sinnvoll sind Leitlinien vor allem für häufige Krankheitsbilder mit hohem Verordnungsvolumen, großer Behandlungsbreite – und großer Wahrscheinlichkeit eines Konsenses über die optimale Behandlung.

Häufige und effiziente Kommunikation

Ein wichtiger Erfolgsfaktor für Arztnetze ist die Kommunikation der niedergelassenen Ärzte untereinander und mit ihren Kollegen im Krankenhaus. Die elektronische Vernetzung ist dafür die effiziente technische Plattform; der Wille der Beteiligten zu diesem regelmäßigen Austausch muss für eine wirksame Nutzung sorgen. Der ungestörte Informationsfluss entlang der Behandlungskette macht die Zusammenhänge der Einzelentscheidungen transparent – darunter auch die Kostenwirkung in den vor- und nachgelagerten Stufen – und fördert damit Kostenbewusstsein und Kosteneffizienz.

Ein Kernelement dieses Kommunikationskonzepts ist die elektronische Patientenakte. Sie ermöglicht einen direkten Zugriff auf externe Befunde, Arztbriefe, Röntgenbilder oder Laborbefunde. In Deutschland beschäftigen sich zurzeit verschiedene Projekte mit derartiger elektronischer Kommunikation; es bleibt zu hoffen, dass sie auch zu einheitlichen Datensicherheitsstandards führen und so den Weg für aus Datenschutzsicht akzeptable Programme frei machen. Dafür gelten 3 wesentliche Kriterien:

1. *Schutz vor absichtlichem und zufälligem Missbrauch gespeicherter oder zu übertragender Daten.*
   Hier spielen die Art (synchron/asynchron) und Tiefe der Verschlüsselung ebenso eine Rolle wie die Vergabe und Speicherung der benötigten Schlüssel. Auch die Kommunikation ausschließlich in abgeschlossenen Intranets erhöht die Sicherheit.
2. *Verbleib der Datenhoheit beim Patienten.*
   Er muss entscheiden können, wer auf seine Daten Zugriff hat. Er kann dies vorab als einmalige, generelle Einwilligung tun; die Entscheidung muss aber auch für jeden Einzelfall möglich sein.
3. *Beschränkung der Zugriffsrechte auf einen eingegrenzten Kreis Berechtigter.*
   Im Falle eines Programmfehlers darf selbst der Systemadministrator keinen Zugang zu den Patientendaten haben.

Ausblick: die integrierte Versorgung der Zukunft

Die integrierte Versorgung ist sicherlich einer der besten Ansätze auf dem Weg zu einer optimierten Versorgung der Patienten, aber bestimmt nicht der Stein der Weisen. Auch ohne tief greifende gesetzliche Veränderungen der Rahmenbedingungen für integrierte Versorgung können lokale Arzt-Krankenhaus-Netze die Kosteneffizienz der örtlichen medizinischen Versorgung erhöhen. Denn bereits hier kommt es zu einer Verlagerung von stationär zu ambulant, Doppeluntersuchungen werden vermieden, die Arzneimittelverschreibung harmonisiert etc. Dadurch verbessert sich im Idealfall auch die Qualität der medizinischen Leistungen. Denn Über-Diagnostik und -Therapie sind weder gesundheitsförderlich noch für den Patienten attraktiv.

Eine weitaus tief greifendere Integration der Versorgung für den Versicherten innerhalb der Versorgungskette ist ebenfalls denkbar – etwa durch die Einbeziehung von Präventionsleistungen, ambulante Reha oder die Fokussierung auf einzelne Krankheitsbilder wie z. B. onkologische Krankheitsgruppen. So sind einige Arztnetze derzeit bemüht, die Versorgung weiter zu integrieren, indem sie stationäre Rehabilitationsmaßnahmen durch ein integriertes ambulantes Reha-Konzept ersetzen. Das entlastet die Krankenversicherungsbudgets (ein ambulanter Reha-Tag kostet nur die Hälfte eines gewöhnlichen Reha-Tages) und steigert gleichzeitig die Qualität der medizinischen Versorgung. Denn der Patient wird in seiner heimatlichen Umgebung wesentlich schneller genesen als in einem fremden Reha-Kurort.

Je weiter die Integration reicht, desto stärker wirkt sich das wichtigste Hindernis aus: die derzeitigen gesetzlichen Rahmenbedingungen. Sie lassen den Krankenkassen fast keine Verhandlungsspielräume, um mit den Leistungserbringern individuelle Versorgungsverträge einzugehen und verhindern so auch finanzielle Anreize für Ärzte und Krankenhäuser, kostenbewusster zu handeln.

Der Grundgedanke der integrierten Versorgung erweist sich bei konsequenter Umsetzung als richtig – das konnte in Hochkostenländern wie der Schweiz und den USA gezeigt werden. Auch in Deutschland werden Modelle einer integrierten Versorgung an Bedeutung gewinnen. Über eines müssen sich die Leistungserbringer aber im Klaren sein: In einer solchen integrierten Versorgung gibt es einen Leistungs- und Kostenwettbewerb; es wird Gewinner geben, aber auch Verlierer, vor allem unter den nicht zu überzeugenden Einzelkämpfern und den qualitativ schwächeren Ärzten und Krankenhäusern.

E-Health in Deutschland – Entwicklung einer neuen Welt

Axel Baur, Sven Dethlefs, Georg van Husen und Monika Merbecks

Zu Risiken und Nebenwirkungen fragen Sie Ihr Internet. Healtheon-WebMD-Net-doktor – ohne .com oder .de geht offenbar im Gesundheitswesen bald nichts mehr. Neue Geschäftsmodelle lassen manch einen auf ungeahnte Wachstumspotentiale hoffen. Was verbirgt sich hinter »Gesundheit aus dem Netz«?

Gesundheit im Internet

»E-Health« – der Begriff steht für die Verbreitung und Vermarktung sämtlicher Fassetten des Themas Gesundheit im Internet und über Telekommunikation. Bis vor kurzem noch strotzte diese Branche vor Vitalität: Aktien von Internetanbietern rund um die Medizin stiegen im Jahr 1999 im Schnitt um 150%. Der Fantasie der Investoren waren Flügel gewachsen angesichts eines Ausgabenbereichs, der in den Industriestaaten 8–14% des Bruttosozialprodukts ausmacht, und eines Umsatzpotentials von rund US$ 370 Mrd. im Jahr 2004 für das gesamte E-Health-Geschäft in den USA.

Zu denen, die der Fantasie der Anleger frische Nahrung gaben, gehört Dr. C. Everett Koop: Im Frühjahr 1999 wurde der Vorkämpfer der Anti-Raucher-Kampagne und ehemals höchste Beamte im amerikanischen Gesundheitswesen (Surgeon-General) Internet-Multimillionär. Seine Anteile an Drkoop.com erzielten beim Börsengang an der National Association of Securities Dealers Automated Quotation (NASDAQ) US$ 56 Mio. – bei einem Unternehmensumsatz von nur US$ 43.000 und einem Verlust von US$ 9 Mio. Und all dies mit einer vermeintlich simplen Geschäftsidee: Koop und seine Firma bieten Online-Antworten auf allgemeine Gesundheitsfragen. Mit diesem Konzept hat der 82-Jährige es unter die Top-50-Jungunternehmer in der Internetausgabe des TIME-Magazins geschafft.

Seit dem Frühjahr 2000 hat sich die Euphorie merklich gelegt. Drkoop.com kämpft inzwischen mit Liquiditätsproblemen, die Aktie fiel nach einem Hoch bei US$ 36,88 im Juli 1999 auf nunmehr US$ 0,81 im August 2000. Die E-Health-Aktien blieben also von der allgemeinen Kurskorrektur des Internetbereichs nicht verschont.

War das das schnelle Ende einer neuen Ära? Wohl kaum. Auch im neuen Jahrhundert wird E-Health eine zentrale Rolle bei der Weiterentwicklung des Gesundheitswesens spielen. Die Ineffizienz des heutigen Gesundheitssystems, die starke Zersplitterung des Marktes bei zugleich hohem Informations- und

Integrationsbedürfnis sämtlicher Marktakteure bietet geradezu ideale Voraussetzungen für den Erfolg von E-Health. Das Angebot im Internet ist dementsprechend umfangreich und verwirrend: Unter dem Stichwort »Gesundheit« findet man mit einer Internetsuchmaschine ca. 1,3 Mio. Seiten zu diesem Thema – Tendenz steigend. Diese Dynamik ist ungewöhnlich für eine Branche, die sich mit der Einführung moderner Informationstechnologien eher schwer getan hat und deren Markt sich bislang evolutionär und nicht revolutionär entwickelte. Grund genug, die Vielzahl von Angeboten und Geschäftsmodellen näher zu betrachten.

Den Trend bei E-Health bestimmen heute 3 Geschäftsmodelle:

1. *Markt*
   Virtuelle Geschäfte, wie Online-Apotheken oder Medizinprodukteanbieter, bieten ihre Produkte über das Internet an. Die Umsätze dieser elektronischen Kaufhäuser stammen direkt aus dem Produktverkauf (Online-Händler) oder aus einer Transaktionsgebühr für die Vermittlung eines Kauf- bzw. Verkaufsauftrags (Online-Marktplatz).
2. *Inhalte/Foren*
   »Content sites« bieten medizinische Informationen und ein Forum für Diskussionen. Das Angebot dieser Seiten reicht vom medizinischen Lexikon über Tipps zum Umgang mit Allergien bis hin zu professionellen wissenschaftlichen Informationen für Ärzte. Sie bieten Patientengruppen Selbsthilfe- und Diskussionsforen. Die Umsatzquelle dieser Informationsseiten ist oft Sponsoring oder Werbung, da sich der kostenpflichtige Abruf von Informationen im Internet bislang nicht durchsetzen konnte.
3. *Vernetzung*
   Patienten, Ärzte, Apotheken und Krankenkassen werden über das Internet untereinander vernetzt. Eine Variante ist die Telemedizin, z. B. die Überwachung des Herzrhythmus über eine permanente Verbindung mit dem Patienten. Anbieter solcher Lösungen generieren ihren Umsatz aus dem Verkauf der dafür notwendigen Technologie oder einer Dienstleistungsgebühr.

Markt – alles von Körperlotion bis Skalpell

Auf dem elektronischen Markt im Internet werden Geschäfte im Gesundheitswesen abgewickelt – entweder zwischen Unternehmen (B2B; Business to Business) oder Händlern und Privatkunden (B2C; Business to Consumer). Das Marktpotential für den elektronischen Handel wird auf EUR 100 Mrd. in Europa geschätzt – und ist dementsprechend die attraktivste Fassette von E-Health. Das Geschäftsmodell Markt kommt in 2 Varianten vor: Online-Händler und Online-Marktplatz.

Der Online-Händler bietet einen Produktkatalog an, aus dem der Kunde seine Einkaufsliste zusammenstellt und den Bestellauftrag elektronisch an den Händler schickt. Die Auslieferung erfolgt meist bereits am nächsten Tag. Vom Online-Handel profitieren sowohl der Händler als auch der Kunde: Der Kunde kann im virtuellen Geschäft oftmals etwas billiger einkaufen als im physischen. Sowohl Kunde als auch Anbieter ziehen ihre Vorteile aus der Möglichkeit zur Personalisierung des Einkaufs: Der Betreiber des Online-Handels kann Surf- und Einkaufsverhalten seiner Kunden analysieren und ihnen daraufhin individuelle Angebote machen, bei denen die Kaufwahrscheinlichkeit recht hoch ist. Der Kunde freut sich über den Service, der Online-Händler über höheren Umsatz. Ausführliche Produktinformationen, Kommentare anderer Kunden sowie individualisierte Sonderangebote runden das Angebot ab.

Das Internet offeriert zudem neue Einkaufsformen, die in der Offline-Welt nur schwer zu realisieren sind: Wenn z. B. mehrere Kunden ihre Bestellungen online bündeln, drücken sie durch höhere Ordermengen den Preis. Dies funktioniert u. a. bei mercateo.de; Sammelbesteller werden mit Rabatten zwischen 5 und 10% belohnt. Höhere Einsparungen sind nur auf Auktionen möglich – und zwar bis zu 40%. Allerdings ist der Aufwand für die Teilnahme an einer Auktion nicht unerheblich und nur ein kleiner Teil der Produktpalette eignet sich überhaupt für Auktionen – wer möchte schon Körpermilch und Kräutertee ersteigern.

Der Online-Händler verdient über die Marge des verkauften Produktes. Sein Ziel ist es, einen Kunden möglichst an seine Web-Seite zu binden – immerhin ist der Werbeaufwand zur Gewinnung eines Neukunden immens – er beläuft sich auf rund DM 80. Meist aber geht die Rechnung nicht auf: Nur durchschnittlich 1,3% der Kunden kaufen ein zweites Mal bei einer Web-Seite ein.

Auch die Ordergrößen bereiten so manchem Händler Kopfschmerzen. Da die Auslieferung innerhalb eines Tages per Postversand durch Dienstleister wie Post Express oder UPS erfolgt und mit hohen Kosten verbunden ist, sollte die Auftragsgröße entsprechend hoch sein. Bei Kosten von DM 12 je Auslieferung muss der Kunde mehr bestellen als nur eine Packung Aspirin, sonst kommt der Online-Händler nicht auf seine Kosten. Doch gerade die hochpreisigen Produkte wie verschreibungspflichtige Arzneimittel sind vom Online-Handel ausgenommen – das deutsche Arzneimittelgesetz lässt den Internethandel bislang nicht zu. Deutsche Online-Händler wie VitaGo.de können daher nur all die Produkte anbieten, die der Kunde auch in einer Drogerie kaufen könnte.

Die Schwierigkeiten, mit denen Online-Händler zu kämpfen haben, halten den Markt in Bewegung: Derzeit verändert sich die Anzahl der Händler kontinuierlich durch Kooperationen und neue Geschäftseröffnungen. Im Sommer 2000 warben etwa 70–80 Anbieter in Deutschland um Kundschaft.

Auf Grund der Probleme im Geschäft mit Endverbrauchern wenden sich neue Internetgeschäfte zunehmend an Geschäftskunden: Arztpraxen und Krankenhäuser haben hohe Bestellvolumen und erteilen entsprechende Aufträge. Das Geschäft mit Geschäftskunden weist einen wesentlichen Unterschied zu dem mit Endverbrauchern auf: Es gibt in der Regel keine festen Preise. Daher eignet sich hier vor allem das Geschäftsmodell des Marktplatzes. Ein Marktplatz im Internet bietet Verkäufern und Käufern eine Plattform zum Handeln – ähnlich einer Börse. Die Warenauslieferung übernimmt der Verkäufer. Der Marktplatz tritt also nicht selbst als Verkäufer auf wie VitaGo.de. Er vermittelt nur das Geschäft und bekommt dafür eine Transaktionsgebühr – seinen Umsatz –, der sich in der Regel an der Höhe des Auftragswertes orientiert. Die Transaktionsgebühr beläuft sich auf 0,1–10% des Auftragswertes, kann aber in Einzelfällen auch darüber liegen: Zum Beispiel sind bei Plattformen, auf denen mit gebrauchten Investitionsgütern gehandelt wird, Transaktionsgebühren von bis zu 20% möglich.

Die Höhe dieser Gebühren hängt von 2 Faktoren ab: von der Wertschöpfung der Plattform und vom Wettbewerb. Weil der Wettbewerb noch deutlich zunimmt, werden die Transaktionsgebühren sinken. Darin besteht auch das größte Problem der Online-Marktplätze: Da die relativ niedrige Transaktionsgebühr die einzige Umsatzquelle ist, müssen große Mengen über einen Marktplatz gehandelt werden, um kostendeckend zu arbeiten. Selbst bei Märkten mit einem Umsatzvolumen von DM 100 Mrd. bleiben bei 0,1% Transaktionsgebühren nur DM 100 Mio. übrig – wohlgemerkt für alle Marktplätze zusammen. Der Markt wird sich konsolidieren müssen und nur wenige Marktplätze können pro Segment übrig bleiben. Trotz allem hat das Marktplatzmodell seine Existenzberechtigung. Es ist grundsätzlich dann sinnvoll, wenn in einem genügend großen Markt – z. B. dem des Medizingerätehandels – viele Käufer (Arztpraxen und Krankenhäuser) auf viele Verkäufer treffen. Dies sorgt meist für Preisintransparenz, die der Marktplatz zu beseitigen versucht: Die Preise aller Verkäufer werden online vergleichbar gemacht.

Nun ist also ein Ende der über Jahrzehnte hinweg gepflegten Preisintransparenz des Handels in Sicht – dank der auf den deutschen Markt drängenden Portale für den Verbrauchsmaterialienbedarf des Krankenhauses. Die Marktplätze wollen die traditionelle Wertschöpfungskette vom Hersteller über den Zwischenhandel zum Krankenhaus neu definieren. Hierbei kristallisiert sich in den USA der Kampf mehrerer Marktplatzmodelle um den günstigsten Einkauf für Krankenhäuser heraus: Ein Marktplatz der traditionellen Zwischenhändler macht die darauf zusammengefassten Händler online vergleichbar. Dafür investieren die größten US-Händler US$ 100 Mio., denn sie stehen in direkter Konkurrenz zu einem Marktplatz der Medizinproduktehersteller solcher Größen wie Johnson & Johnson und Baxter International. Die Medizingerätehersteller wollen über ihren Marktplatz direkt, also unter Ausschluss des Handels, an die Krankenhäuser verkaufen. Ihnen gegenüber steht ein Handelsplatz der großen Krankenhausketten, die ihre Einkaufsmacht im Internet zur Verhandlung besserer Preise bündeln wollen.

Angesichts so mancher Schwierigkeiten und der Vielzahl von Anbietern stellt sich die Frage: Wie wird es weitergehen und wer wird das Rennen machen? Paradoxerweise könnten zu den Opfern des Konkurrenzkampfes ausgerechnet die Internet-Pioniere gehören, die alles in Gang gesetzt haben – z. B. Neoforma.com oder Medibuy.com. Neoforma.com hat ein überzeugendes Produktangebot und kompletten Service und über 200 integrierte Händler und Hersteller, machte aber im Jahr 1999 bei US$ 80.000 Umsatz ca. US$ 60 Mio. Verlust. Der Börsenkurs des Unternehmens sackte von US$ 74 auf US$ 7 im Mai 2000. Neoformas Problem: zu kleine Orders von niedergelassenen Ärzten, aber kein Zugang zu den großen Ordervolumen der Arzt- und Krankenhausnetze. Die Gewinnung großer Ordervolumen, z. B. großer Klinikketten wie der Rhönkliniken AG, wird auch in Deutschland eine große Rolle für die Durchsetzung des Online-Handels spielen.

Bewerkstelligt werden kann dies auf mehreren Wegen. Pioniere auf dem Gebiet der elektronischen Transaktionen sind die GloMediX AG, das krankenhausportal.de und medicalcolumbus.de. Durch den Einsatz modernster Informationstechnologien hat die GloMediX AG einen Online-Marktplatz für Hersteller von Medizinprodukten, Krankenhäuser, Reha-Kliniken sowie andere medizinische Einrichtungen geschaffen. Dieser Marktplatz bietet neben der Abwicklung von Transaktionen marktrelevante Informationen und ermöglicht es den Marktteilnehmern, direkt miteinander zu kommunizieren. Das krankenhausportal.de sieht seinen Vorteil in der Integration der Datenverarbeitungssysteme der Krankenhäuser: Durch eine enge Verzahnung können Kunden gebunden und Prozesskosten gesenkt werden. Ziel von Medical Columbus ist es, Informationen über Produkte für das Gesundheitswesen so aufzubereiten, dass sie Krankenhäusern in übersichtlicher und strukturierter Form zur Verfügung stehen. Im Mittelpunkt der Aktivitäten steht die Datenbank über medizinisches Verbrauchsmaterial, der Medical Columbus Navigator. Der Medical Columbus Navigator stellt die auf diesem Markt verfügbaren Produkte in einheitlicher und damit vergleichbarer Form dar.

Für deutsche Anbieter hat die relativ geringe Größe des heimischen Marktes die Konsequenz, von Beginn an in europäischen Dimensionen denken zu müssen. Welche Geschäftsmodelle sich durchsetzen werden, ist bislang nicht abzusehen. Sicher ist, dass nur bei großen Auftragsvolumina und einer engen Kundenbindung die Gewinnschwelle überschritten werden kann. Das beste Mittel zur Kundenbindung ist sicherlich die Verknüpfung der IT-Systeme mit denen der Kunden.

Inhalte/Foren – Wissen ist das beste Rezept

Auf Web-Seiten mit Inhalten und Foren – im Amerikanischen als »content sites« bezeichnet – findet der Nutzer Forschungsergebnisse zu Krankheiten und Medikamenten sowie weitere Informationen, etwa zu Kliniken und Versicherungen; in Diskussionsforen kann er sich mit anderen Patienten austauschen oder Experten befragen. Ferner enthalten diese Seiten eine Fülle von Links (direkte Verbindungen zu anderen Web-Seiten), vor allem zu den Seiten der Online-Händler.

Das Spektrum reicht von allgemeinen Gesundheitsseiten wie netdoktor.de bis zu hoch spezialisierten Seiten für ausgesuchte Patientengruppen. Lange blieb unklar, wie diese Seiten die Kosten für das Schreiben der Inhalte sowie für die notwendige Werbung wieder einspielen können. Das Anbieten von Werbefläche allein reicht nicht aus – die Bannerpreise sinken beständig. Zwar können bei klar definierten Zielgruppen bis zu EUR 100 pro 1.000 Besucher für ein Banner erzielt werden, aber die Zielgruppen sind so klein, dass der Gesamtumsatz in der Regel die Kosten für die aufwendige Erstellung der Inhalte nicht abdeckt. Hinzu kommt, dass sich schon heute weniger als 1% der Surfer von Bannerwerbung zum Durchklicken verleiten lassen, und diese Rate dürfte noch sinken.

Doch Not macht erfinderisch – die Anbieter suchen nach alternativen Umsatzquellen, z.B. Sponsoring. Das italienische Zahnärzte-Portal geodent.com finanziert sich über Klubmitgliedschaften. Die Zahnärzte können die dort eingestellten wissenschaftlichen Artikel nur lesen, wenn sie Mitglied im geodent-Klub sind. Die Mitgliedschaften bezahlt die Dentalindustrie, sie nutzt dies als Werbegeschenk für ihre Kunden, die Zahnärzte. Diese Form der indirekten Finanzierung ist oft die einzige Möglichkeit, mit Inhalteseiten dauerhafte Umsätze einzuspielen.

Frei von solchen Umsatzsorgen unterhalten Pharmaunternehmen oft Web-Seiten für spezielle Patientenzielgruppen. Gerade wenn die Patientengruppe für eine eigene Vertriebsmannschaft zu klein ist, kann ein solches Angebot sogar Kosten sparen. Auf der firmeneigenen Homepage kann man nicht nur alles Wissenswerte über eine bestimmte Krankheit finden, z. B. multiple Sklerose, sondern auch über das neueste Medikament des entsprechenden Unternehmens gegen diese Krankheit.

Mit Inhalteseiten sind in Deutschland auch Akteure präsent, die nicht auf den Gesundheitsbereich beschränkt sind, etwa die Verlagsgruppe Bertelsmann/Springer. Sie tritt mit gleich 3 Portalen im Internet auf, 2 für professionelle Nutzer und eines für private Surfer: An Ärzte wendet sich HOS Multimedica, das von einem Tochterunternehmen der Verlagsgruppe Bertelsmann/Springer betrieben wird und das Mitte 1997 aus der Fusion von Burdas HOS (Health Online Service) und Multimedica entstand. Deutschlands rund 34.000 Ärzte können nicht nur auf aktuelle Informationsangebote zugreifen, sondern auch in einem Shop für Praxisbedarf ordern. Apo-line ist ein Online-Dienst mit Informationen für Apotheker, Lifeline ist das Web-Portal der Verlagsgruppe für den Endverbrauchermarkt. Unternehmen wie Bertelsmann oder der Quintessenz Verlag haben gegenüber den reinen Internetunternehmen einen unbestreitbaren Vorteil – sie können ihre Inhalte mehrmals anbieten, nämlich als traditionelles Druckerzeugnis und online.

Vom finanziellen Aspekt einmal abgesehen, stehen die Zeichen für Inhalteseiten durchaus gut, bedingt durch Änderungen im Patientenverhalten: Während bis etwa Anfang der achtziger Jahre der Arzt zumeist bedingungslos als medizinische Autorität anerkannt wurde, betrachtet der mündige Patient von heute medizinische Leistungen als eine Dienstleistung neben anderen. Mit dem Selbstbewusstsein sind auch seine Anforderungen gewachsen. In Amerika ist es längst nicht mehr ungewöhnlich, dass Patienten mit einem Internetausdruck zum Arzt kommen und gezielte Fragen zu ihrer Krankheit stellen – als hätten sie sich das Motto von Dr. Koop zu Eigen gemacht: »Das beste Rezept ist Wissen«. Diese Fassette von E-Health ermöglicht es mithin den Patienten, eine aktivere Rolle zu übernehmen – was seinerseits das Verhalten der behandelnden Ärzte verändert, schon weil sie mit dem Wissensstand ihrer Online-informierten Patienten Schritt halten müssen.

Langfristig werden die reinen Inhalteseiten aber in weitere Geschäftsfelder wie die des Marktes hineinwachsen müssen, um mit den finanziellen Problemen fertig zu werden. Auf einer Informationsseite werden dann medizinische Güter verkauft werden, um weitere Umsatzquellen zu erschließen. Unklar bleibt, ob der Kunde diesem Ansatz folgen wird, denn er kann sowieso durch einen Klick von seiner Informations- zu seiner Einkaufsseite wechseln. Hier ist also die Schnelligkeit des Internets Segen und Fluch zugleich – es kommt nur auf die Perspektive an.

Vernetzung – Breitbandwirkung auf den Gesundheitssektor

Die Vernetzung des deutschen Gesundheitssystems ist schon lange erklärtes Ziel aller Beteiligten. Ganz einfach ist dieses Vorhaben aber nicht: Die medizinischen Daten eines Patienten sind auf mehrere Versorgungsebenen verteilt, die nicht miteinander verknüpft sind. Bei Bedarf werden die Daten daher nicht oder nicht schnell genug beim behandelnden Arzt zusammengeführt. Dieses Problem wird lösbar, wenn die verschiedenen Versorgungsebenen durch informationstechnische Aufbereitung der Patientendaten und schnelles Übertragen auf einer Plattform zusammengeführt werden. Der Sachverständigenrat für die Konzertierte Aktion im Gesundheitswesen geht von einer Einsparung von insgesamt DM 25 Mrd. aus dem 250-Mrd.-DM-Etat der gesetzlichen Krankenversicherung (GKV) aus, falls tatsächlich alle überflüssigen Labortests und Doppeluntersuchungen vermieden würden.

So weit die Theorie. In der Praxis steht auf dem Weg in das vernetzte Gesundheitssystem ein großes Hindernis: deutsche Ärzte stehen der Nutzung des Internets in ihrer Praxis reserviert gegenüber. Ganze 14 Jahre dauerte es, um den Anteil der Praxen mit PC-Systemen von 1,5 auf 72,6% (1999) zu erhöhen. Im Jahr 2000 sind immer noch fast ein Viertel aller vertragsärztlichen Praxen nicht mit einem PC-System ausgestattet. Nach einer Umfrage von Gemini Consulting im Jahr 1999 haben 28,4% der niedergelassenen Ärzte einen Internetanschluss in der Praxis.

Die Einführung eines PC-Systems stellte sicherlich einen größeren Schritt dar als die Verlegung eines Internetanschlusses: Selbst das Angebot eines Online-Dienstleisters an eine Gruppe von Ärzten, ihnen kostenfrei PC-Systeme bereitzustellen, konnte die Ärzte nicht dazu bringen, das Angebot des Dienstleisters zu nutzen – die Installation eines ISDN-Anschlusses erschien ihnen als zu mühsam.

Andere Länder sind mit der Vernetzung von Ärzten schon einen Schritt weiter. In Kanada z. B. haben einige Provinzen mehrere Jahre und eine Menge Geld in die Vernetzung von Ärzten und Krankenhäusern investiert. Der Aufwand hat sich gelohnt: Heute haben ca. 60% der Ärzte Zugang zu der technologischen Infrastruktur. Genutzt wird das System allerdings nur in ca. 5% der Fälle, weil die entsprechende Software-Standardisierung fehlt.

Ermutigende Ansätze gibt es aber bereits auch in Deutschland. Im medizinischen Netz »Prosper« der Bundesknappschaft werden Patientendaten mit Hilfe der elektronischen Patientenakte ausgetauscht; die Nexus AG bietet elektronische Patientenakten an. In solchen Akten können alle wichtigen Informationen über einen Patienten gespeichert werden, etwa Anamnese, Allergien oder Röntgenbilder. Doppeluntersuchungen sollen so vermieden und eine bessere Behandlung durch einen umfassend informierten Arzt ermöglicht werden. Die Bundesknappschaft will mit der Vernetzung die Kosten besser managen, die Rhönkliniken versprechen sich vom Einsatz der elektronischen Patientenakte der Nexus AG effizientere interne Klinikabläufe. Das senkt nicht nur die Kosten, sondern befreit auch den Arzt von lästigen Verwaltungstätigkeiten – er bekommt mehr Zeit für seine eigentliche Aufgabe, die Behandlung seiner Patienten. Während die Bundesknappschaft eine eigene technische Lösung entwickelt hat, verspricht die Nexus AG, dass ihre Software auf allen im Gesundheitswesen eingesetzten EDV-Systemen laufen kann. Dies ist eine wichtige Voraussetzung, um irgendwann einmal über ein komplett vernetztes System zu verfügen.

Vernetzt werden außer Ärzten und Krankenhäusern auch Patienten mit ihren Behandlern. Medtronic bietet beispielsweise ab Anfang 2001 an, dass ihre Herzschrittmacher telemetrisch überprüft werden können. Dies erspart nicht nur dem Patienten den Gang zum Arzt, sondern auch Kosten. Fuß fassen können solche Methoden aber nur, wenn die starren deutschen Vergütungsregeln aufgehoben werden und Ärzte eine telemetrische Schrittmacherüberwachung adäquat abrechnen können. Konsequent zu Ende gedacht, ergibt sich hier sogar die Möglichkeit, dass ein Hersteller selbst die Überwachung seiner Produkte übernimmt und damit erstmals die Chance zum »direkten« Patientenkontakt hat.

In technischer Hinsicht scheinen also eine Menge Möglichkeiten zu bestehen, die Vernetzung voranzutreiben. Aber mit dem zunehmenden Einsatz des Internets im Gesundheitsbereich, etwa der angesprochenen elektronischen Speicherung sensibler Patientendaten, häufen sich rechtliche Fragen und Probleme. Patientenrechte müssen gewahrt bleiben. Juristische Richtlinien zu diesem Themenkomplex sind von der Deutschen Gesellschaft für Medizinrecht in Einbeck vorgelegt worden. Die von der Rechtsprechung entwickelten und im Berufsrecht verankerten Grundsätze zur unzulässigen Fernbehandlung wirken sich z. B. auf den Einsatz der Telemedizin aus. So sind telechirurgische Eingriffe derzeit unzulässig, bei denen das Behandlungsgeschehen von einem Arzt dominiert wird, der nicht selbst vor Ort eingreifen kann.

Im Rahmen der G-8-Global-Healthcare-Application (GHAP)-Konferenz stellten sich Experten den Fragen zu erforderlichen Gesetzesanpassungen im Bereich »healthcare in the information age«. Es wurden u. a. 3 Kernforderungen aufgestellt:

1. Um eine gleich bleibende Qualität der medizinischen Dienstleistung sicherzustellen, sollte ein internationaler »code of good practice in telemedicine« etabliert werden. Er sollte insbesondere Themen wie technische Zuverlässigkeit, organisatorische Elemente und gesonderte Dokumentation aufgreifen.
2. Datenschutz und Datensicherheit müssen gewährleistet sein. Mit der EU-Datenschutz-Richtlinie ist bereits der erste Schritt zu einem weltumspannenden Datenschutz getan. Das reicht aber noch nicht aus, denn die informationellen Selbstbestimmungsrechte der Patienten können, insbesondere aus Artikel 25 der EU-Datenschutz-Richtlinie, nicht ausreichend gesichert werden. Die Richtlinie kann jedoch in nationale Gesetze umgesetzt werden. Dabei müssen nach Ansicht der Experten konkrete Rechte zur Überprüfung des Schutzniveaus, zur Auskunft über Datenflüsse und Schadenersatzmöglichkeiten abgesichert werden.
3. Haftungsfragen bei telemedizinischen Anwendungen können nach anzuwendendem Recht und Gerichtsstand nicht immer sicher vorhergesagt werden. Zu beschließende Vereinbarungen sollten so angelegt sein, dass übermäßige Haftungsrisiken des Arztes ebenso vermieden werden wie unzumutbare Beschränkungen des Patientenschutzes.

Darüber hinaus ist die Zuverlässigkeit der Daten in den bereits bestehenden elektronischen Patientenakten noch nicht hoch genug. Hier müssen Anreizsysteme entwickelt werden, die den niedergelassenen Arzt sowie den Krankenhausarzt motivieren, die Daten in hoher Qualität in die elektronischen Patientenakten zu stellen.

Und wie steht es um die Akzeptanz der Vernetzung durch die Betroffenen? Erstaunlicherweise ist die Sorge der Ärzte größer als die der Patienten, gläsern zu werden. Dem Patienten liegt seine bestmögliche Versorgung am Herzen, selbst wenn seine Daten dazu ein Stück weit zusammengeführt werden. Er weiß: Als bedingt gläserner Patient kann er darauf vertrauen, dass im Notfall jeder Arzt weltweit auf seine medizinischen Daten zugreifen kann. Das Datenschutzgesetz ermächtigt den Versicherten ausdrücklich dazu, seine Daten für eine elektronische Verwendung freizugeben. Und wie berechtigt ist die Sorge der Ärzteschaft? Zumindest der gewollt gläserne Arzt kann profitieren: Er kann gegenüber Patienten und Versicherungen die Teilnahme an Qualitätssicherungsmaßnahmen und die Einhaltung von Qualitätsstandards und Leitlinien demonstrieren.

Etablierte Akteure gegen junge Start-ups

Wie auch in anderen Branchen sind es junge Start-up-Unternehmen, die den Gesundheitssektor mit den verschiedensten Nutzungsmöglichkeiten von E-Health erobern. Anders als die etablierten Unternehmen im Gesundheitsmarkt müssen diese Start-ups mit neuen Geschäftskonzepten Kunden gewinnen. Sie können nicht an gewachsene Beziehungen zu Kunden oder Versicherten anknüpfen.

Nachdem Pionierunternehmen vorgeführt haben, welche Möglichkeiten das Internet dem Gesundheitssektor bietet, haben auch zahlreiche etablierte Beteiligte im Gesundheitswesen beschlossen, in dieser neuen Welt Präsenz zu zeigen. Ein Beispiel von vielen sind die Krankenkassen. Sie nutzen ihre Internetpräsenz vor allem im Leistungsmanagement sowie bei der Mitgliedergewinnung. Hilfsmittel werden von virtuellen Geschäftsstellen online bestellt, Heil- und Kostenpläne online bearbeitet. Auch in die integrierte Versorgung können sich Krankenkassen mit Therapiestandards und Qualitätsstatistiken online einschalten.

Gegenüber den Versicherten setzen gesetzliche und private Krankenkassen unterschiedliche Akzente: Die gesetzlichen Krankenkassen stellen zurzeit im Internet hauptsächlich Informationen über die Kasse und medizinische Angaben bereit. Die privaten Krankenversicherungen betreiben fast ausschließlich Marketing von Versicherungspolicen. Die Internetangebote der einzelnen Kassen werden sehr unterschiedlich genutzt. Die meisten Besucher lassen sich auf die Homepage locken, indem der Inhalt kontinuierlich aktualisiert wird. Wer das beherzigt, kann durchaus 300.000–400.000 Besuche pro Monat verzeichnen, wie dies bei der Barmer Ersatzkasse der Fall ist.

Die traditionellen Unternehmen können, anders als ihre Konkurrenten, die reinen Internet-Start-ups, die traditionelle Domäne Offline-Bereich als solide Ausgangsbasis nutzen. Ihr über viele Jahre hinweg aufgebautes Wissen um die Kundenbedürfnisse und etablierten Kundenbeziehungen werden den Nachteil des späteren Starts ins Internet ausgleichen. Gegenüber der Kombination aus dem Offline-Kundenzugang und neuen Online-Angeboten der großen etablierten Spieler im Gesundheitswesen werden möglicherweise die Internet-Start-up-Pioniere letztendlich das Nachsehen haben. Voraussetzung dafür ist allerdings, dass die »Großen« ihre Marktmacht konsequent und aggressiv nutzen.

Die Anforderungen, denen sich heute ein E-Geschäft in der »new economy« stellen muss, sind mindestens genauso hoch wie einst in der »old economy«. Nur wer es versteht, die traditionellen Grundsätze beim Unternehmensaufbau mit den spezifischen Herausforderungen der »new economy«, z. B. der Technologie, zu verbinden, wird langfristig ein erfolgreiches E-Geschäft aufbauen können.

E-Health ist Chance und Risiko zugleich. Wer die Herausforderungen annimmt und die Chancen der E-Health nutzt, wird zu den Gewinnern gehören. Das bedeutet: Alle Beteiligten können davon profitieren, nicht zuletzt die etablierten Anbieter. Mit ihrer Marktmacht und den gewachsenen Kundenbeziehungen können sie ein Steuermann bei der Entwicklung des Internets im deutschen Gesundheitswesen werden.

Das Gesundheitswesen wird jedenfalls durch E-Health gewinnen: Die *Kostenträger* organisieren eine bessere Mittelallokation und Versorgung; frei werdende Mittel können für präventive Maßnahmen und Innovationen oder zur Beitragssenkung genutzt werden. Die *Leistungserbringer* sind durch effizienteres Leistungs- und Ressourcen-Management wettbewerbsfähiger, z. B. durch den kostengünstigen Einkauf von Verbrauchsmaterialien via Internet. In die Ausbildung in Gesundheitsberufen – vor allem der Mediziner – wird die Telematik integriert werden. Ärzte profitieren von den neuen Entwicklungen, z. B. der Simulation von Operationen in 3-D-Bildern, Hersteller von Medizinprodukten und pharmazeutische Unternehmen werden ihre Produkte über das Internet effizienter distribuieren und ihre Produktionsmittel kostengünstig über das Internet beschaffen.

Außerdem lassen sich durch den konsequenten Einsatz der elektronischen Medizin im Gesundheitswesen deutliche Kostensenkungen weit schneller erreichen als durch Einzelkämpfe mit althergebrachten Mitteln oder durch staatliche Regulierungsversuche. Wie alle Veränderungen im Gesundheitswesen wird aber auch die elektronische Medizin Zeit brauchen, bis sie sich einen festen Platz erobert hat. Daher müssen die Protagonisten dieser Entwicklung einen langen Atem haben – auch in finanzieller Hinsicht. Wer den mitbringt, hat allerdings die Chance, die Zukunft des Gesundheitswesens maßgeblich mitzugestalten. Wer nicht von Anfang an dabei ist, wird mit dem »neuen« Gesundheitswesen so zurechtkommen müssen, wie andere es gestaltet haben.

Prügelknabe Risikostrukturausgleich – seine Funktion und seine Zukunft

Helmut Becker, Jochen Messemer, Georg Nederegger und Matthias Weidinger

»RSA« (Risikostrukturausgleich) – wohl kaum ein Schlagwort steht so in der Diskussion. Was aber liegt hinter diesen 3 Buchstaben? Dieses Kapitel soll dem Leser helfen, den RSA besser zu verstehen. Es erklärt die Funktionsweise des RSA sowie seine wirtschaftlichen Auswirkungen auf die Krankenkassen, beleuchtet die Folgen der Erweiterung auf die neuen Bundesländer und liefert Vorschläge für die weitere Entwicklung des RSA.

Hintergrund des Risikostrukturausgleichs

In den vergangenen Jahren hat sich der Wettbewerb in der gesetzlichen Krankenversicherung (GKV) grundlegend gewandelt: Seit 1996 können fast alle Versicherten ihre GKV frei wählen.[1] Umgekehrt haben die Krankenkassen jetzt die Möglichkeit, beinahe jeden in der GKV Versicherten als Kunden zu gewinnen.

Allerdings war mit der Einführung der Wahlfreiheit ein Risiko verbunden: Insbesondere die bisher geschlossenen Kassen fürchteten, ihre so genannten guten Risiken[2] an Wettbewerber zu verlieren. Durch diese auch als Risikoselektion bezeichnete Abwerbung hätten die dann zurückbleibenden Versicherten die mit dem schlechteren Risiko verbundenen höheren Durchschnittskosten tragen müssen. Die Politik sah in einer solchen Belastung der Versicherten mit schlechtem Risiko einen Verstoß gegen eines der tragenden Grundprinzipien der GKV: das Solidaritätsprinzip.

Ihre Antwort war der RSA. Der RSA soll Wettbewerb ermöglichen, Risikoselektion allerdings vermeiden. Dafür muss das System Vor- und Nachteile zwischen den Krankenkassen ausgleichen, die in den unterschiedlichen Versichertenstrukturen und den damit verbundenen Auswirkungen auf die Leistungsausgaben und die Beitragseinnahmen begründet sind. Die relative Risikobelastung aller Krankenkassen sollte auf gleichem Niveau liegen, ohne den Reiz zu wirtschaftlichem Handeln zu nehmen.

Heute, 4 Jahre nach der Liberalisierung, kann man dem RSA ein positives Zeugnis ausstellen. Er hat sich – bei aller teilweise nachvollziehbaren Kritik – in

[1] Ausnahmen sind die Bundesknappschaft, See-Krankenkasse und Landwirtschaftliche Krankenversicherung.

[2] »Gute Risiken« sind Versicherte mit einem geringen Krankheitsrisiko und einem hohen Einkommen.

den vergangenen Jahren bewährt. Der Wettbewerb der Krankenkassen drehte sich überwiegend um das beste Ausgabenmanagement. Der RSA und der Kontrahierungszwang (gesetzliche Krankenkassen dürfen Versicherungsanträge nicht ablehnen) erschwerten die Risikoselektion. Damit hat der RSA seine primäre Aufgabe erfüllt. Der RSA muss sich allerdings weiterentwickeln. Die drohende Zunahme der Risikoselektion durch einzelne Kassen kann durch eine pragmatische Verbesserung vermieden oder zumindest erschwert werden.

Wie funktioniert der Risikostrukturausgleich?

Der RSA ist ein komplexes System und auf den ersten Blick nur wenigen »Eingeweihten« und Experten zugänglich. Deshalb wird hier zunächst auf das Grundkonzept des RSA eingegangen. Die Anpassungen, die im Zuge des gesamtdeutschen RSA vorgenommen werden müssen, sind im zweiten Teil des Kapitels skizziert.

Das Grundkonzept: 4 Parameter – 732 Kombinationen

Grundlagen des RSA sind 4 einfach messbare Parameter. In jüngster Zeit wurde der RSA durch die GKV-Gesundheitsreformgesetze ergänzt. Sie stellen die Weichen für einen gesamtdeutschen RSA. Bis zu seiner Verwirklichung werden allerdings noch Jahre vergehen. Die neuen Gesetze führten zusätzliche Grundelemente ein, die für die Funktionsweise des RSA von Bedeutung sind.

Der RSA bemisst das Risiko einer gesetzlichen Krankenversicherung. Anhand von Risikoparametern wird jeder Versicherte einer Risikogruppe (RSA-Gruppe) zugeordnet. Die Verteilung der Versicherten einer Krankenkasse auf die RSA-Gruppen wird als Versichertenstruktur bezeichnet. Sie beschreibt das Gesamtrisiko einer Krankenkasse entsprechend der RSA-Systematik. Ein Beispiel für einen Risikoparameter ist das Alter: Mit zunehmendem Alter steigt in der Regel das Risiko, d. h., die GKV muss für ältere Versicherte überdurchschnittliche Leistungsausgaben aufbringen.

Die Risikoparameter, die im Rahmen des RSA bestimmt wurden, sind:

- Alter,
- Geschlecht,
- Erwerbs- oder Berufsunfähigkeit,
- Anspruchsberechtigung für Krankengeld.

Durch die Kombination der genannten Risikoparameter lassen sich Versicherte in eine von 732 RSA-Gruppen einteilen (28-jährige Frau, erwerbs- und berufsfähig mit Anspruch auf Krankengeld nach 6-wöchiger Lohnfortzahlung; 45-jähriger erwerbs- und berufsunfähiger Mann ohne Anspruch auf Krankengeld etc.). Das Bundesversicherungsamt (BVA) ermittelt für jede dieser RSA-Gruppen die durchschnittlichen Ausgaben (heute noch getrennt nach GKV-Ost und GKV-West), die ein Versicherter einer bestimmten RSA-Gruppe jährlich verursacht. Die durchschnittlichen Kosten werden nach Leistungs-

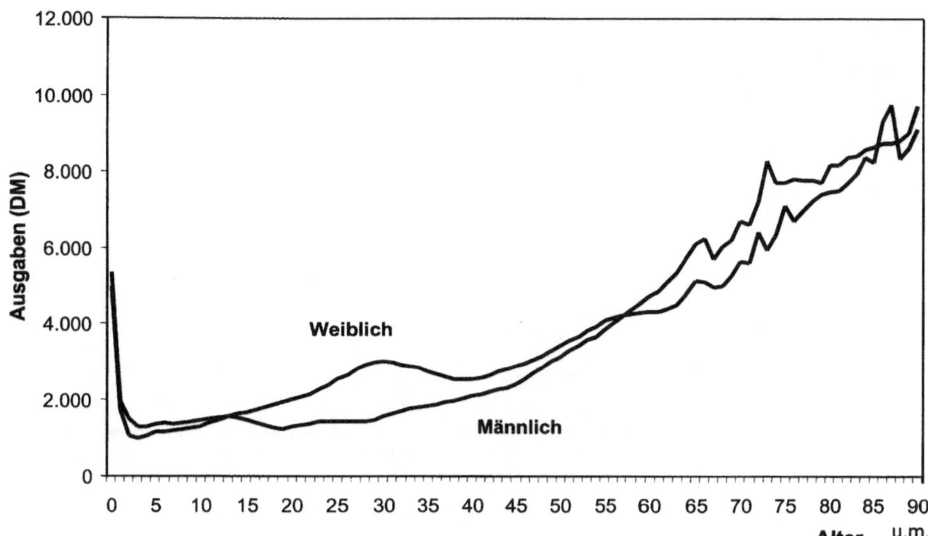

Abb. 1. Normprofil: Ausgaben pro GKV-Versicherten (West, allgemeiner Beitragssatz, kein Bezug einer EU-/BU-Rente, Hochrechnung mit Profilen 1997), 1998

bereichen wie Krankenhaus, Krankengeld, Apotheken, Zahnärzte, Ärzte und sonstige Ausgaben aufgeschlüsselt. Unter sonstige Ausgaben fallen im Wesentlichen häusliche Krankenpflege, Heil- und Hilfsmittel, Fahrtkosten und Sterbegeld.

Die durchschnittlichen Kosten je RSA-Gruppe und Leistungsbereich werden als Normprofile bezeichnet (Abb. 1). In den Bereichen Krankenhaus, Krankengeld und Arzneimittel werden die Normprofile auf der Basis aller Kostendaten erhoben. In den Bereichen Ärzte, Zahnärzte/Zahnersatz und Sonstiges berechnet das BVA jährlich die Normprofile auf Basis einer Stichprobe der GKV-Versicherten. Eine Vollerhebung sollte auch in diesen Bereichen in den nächsten Jahren eingeführt werden. Mit Hilfe der Normprofile können Ausgleichszahlungen (RSA-Zahlungen) zwischen Kassen mit unterschiedlicher Risikostruktur vorgenommen werden. Theoretisch ist nicht mehr die Versichertenstruktur, sondern nur noch die Effizienz, mit der eine gesetzliche Krankenkasse wirtschaftet, erfolgsentscheidend für ihr Rechnungsergebnis.

Grundanliegen des Gesetzgebers war, Familien durch die Einführung der Wahlfreiheit nicht zu benachteiligen. Denn bei der Familienversicherung erhält eine Krankenkasse bekanntlich nur einen einzigen Versicherungsbeitrag, und zwar vom Einkommensempfänger einer Familie. Für Ehegatten und Kinder fließen keine zusätzlichen Beiträge an die Krankenkasse. Der RSA gleicht hier auch das »Familienrisiko« aus, indem sowohl für das zahlende Mitglied als auch für alle Mitversicherten RSA-Ausgleichszahlungen an die Krankenkassen erfolgen.

Die Funktionsweise des RSA lässt sich am besten bei einer Gesamtbetrachtung der Einnahmen- und Ausgabenmechanik einer gesetzlichen Krankenkasse darstellen (Abb. 2).

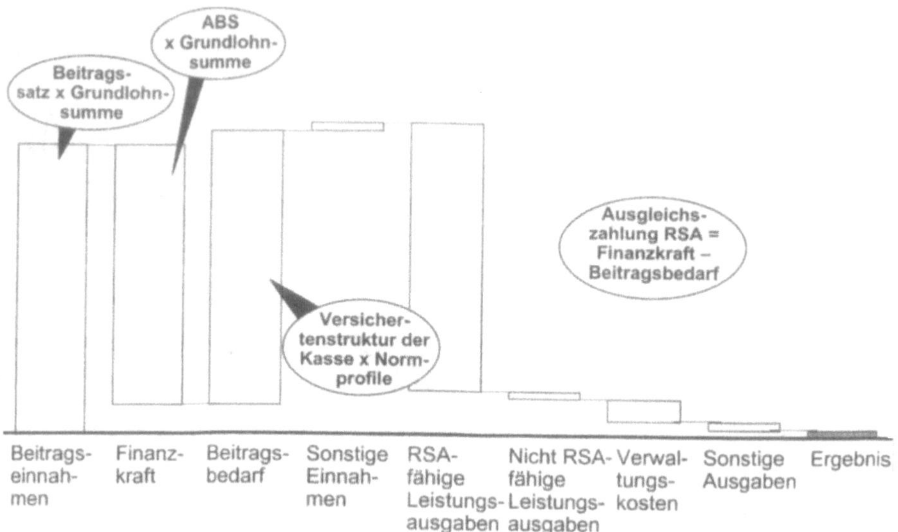

Abb. 2. Ergebniswirkung des RSA in Mrd. DM

Die wichtigsten Parameter sind hierbei die Beitragseinnahmen, die Finanzkraft, der Beitragsbedarf und die Leistungsausgaben.

Beitragseinnahmen. Sie beruhen auf dem Beitragssatz (BS) der Mitglieder, bezogen auf die jeweiligen beitragspflichtigen Einnahmen (Einkommen) der Mitglieder. Die gesamten Beitragseinnahmen einer Krankenkasse sind das Produkt der beitragspflichtigen Einnahmen (BPE) der Krankenkassenmitglieder und dem Beitragssatz. Bei den BPE werden Einkommen nur bis zur Beitragsbemessungsgrenze berücksichtigt. (Falls unterschiedliche Beitragssätze für verschiedene Mitgliedergruppen existieren, z.B. für Rentner und Angestellte, muss die Summe der jeweiligen Beitragseinnahmen aller Gruppen gebildet werden.) Für die Beitragseinnahmen ergibt sich somit:

$$\text{Beitragseinnahmen} = \text{beitragspflichtige Einnahmen} \times \text{Beitragssatz}.$$

Finanzkraft. Das BVA zieht von jeder Krankenkasse die so genannte Finanzkraft ein[1]. Dafür wird zuerst der Ausgleichsbedarfssatz (ABS) ermittelt. Vereinfacht gesagt werden alle RSA-fähigen Leistungsausgaben der gesetzlichen Krankenkassen in Deutschland addiert und durch die so genannten RSA-beitragspflichtigen Einnahmen aller gesetzlich Krankenversicherten geteilt[2].

[1] Diese Modellbetrachtung geht davon aus, dass die Zahlungsströme der beschriebenen Logik folgen. Das heißt, Transfer- bzw. Ausgleichszahlungen im Sinne einer Verrechnung der Finanzkraft und des Beitragsbedarfs bleiben hier unberücksichtigt.

[2] Seit dem 1. Januar 1999 wird der ABS für GKV-Ost und GKV-West gemeinsam erhoben, was im Ergebnis zu einem Transfer von West nach Ost führt.

Mehr-, Ermessens- und erweiterte Leistungen, Kuren ohne allgemeine Heilbehandlung, Rehabilitationssport, sonstige ergänzende Leistungen zur Rehabilitation, Betriebshilfen in der häuslichen Krankenpflege, Modellversuche sowie größtenteils soziale Dienste und Krankheitsverhütung gelten nicht als RSA-leistungsfähig und bleiben deshalb bei der Berechnung des ABS ebenso unberücksichtigt wie die Verwaltungsausgaben. Anders als bei der Erhebung der BPE für die Beitragseinnahmenkalkulation werden die RSA-beitragspflichtigen Einnahmen einer Krankenkasse über alle Mitgliedergruppen und Beitragssätze hinweg ermittelt, indem die gesamten Beitragseinnahmen durch den allgemeinen Beitragssatz geteilt werden.

Der für Gesamtdeutschland ermittelte ABS wird nun auf die BPEs der jeweiligen Kassen angewendet. Kassen mit Mitgliedern aus hohen Einkommensgruppen führen bei diesem Modell pro Mitglied mehr ab als Kassen mit Mitgliedern niedriger Einkommensgruppen. Für die Finanzkraft gilt:

Finanzkraft = RSA-beitragspflichtige Einnahmen × Ausgleichsbedarfssatz.

Das Einziehen der Finanzkraft gleicht Unterschiede in den Beitragseinnahmen verschiedener Krankenkassen aus, die auf Grund unterschiedlicher Durchschnittseinkommen ihrer Mitglieder entstehen.

Beitragsbedarf. Der Beitragsbedarf ist der eigentliche Dreh- und Angelpunkt des RSA. Er errechnet sich für jede Kasse entsprechend ihrem Risikoprofil. Dabei wird die Zahl aller Versicherten (gemittelt über das Jahr[1]) einer bestimmten Risikogruppe multipliziert mit dem Normprofil, also den durchschnittlichen RSA-fähigen Leistungsausgaben der GKV für diese Risikogruppe. Die Summe aller so ermittelten Beträge pro Risikogruppe ist der Beitragsbedarf, den eine gesetzliche Krankenkasse aus dem »RSA-Topf« erhält. Wie erwähnt berücksichtigt das BVA bei der Berechnung der Normprofile *nur* die RSA-fähigen Leistungsausgaben. Für die nicht RSA-fähigen Leistungsausgaben und die Verwaltungskosten erhalten die Krankenkassen *keinen* Beitragsbedarf. Der Beitragsbedarf gleicht also Unterschiede in den Leistungsausgaben verschiedener Krankenkassen aus, die auf Grund unterschiedlicher Krankheitsrisiken ihrer Mitglieder entstehen.

Leistungsausgaben und Verwaltungskosten. Aus den vorhandenen Mitteln auf Basis von Beitragseinnahmen minus Finanzkraft plus Beitragsbedarf und sonstige Einnahmen müssen die Leistungsausgaben, die Verwaltungskosten und die sonstigen Ausgaben gedeckt werden.

Ergebnis. Das Ergebnis einer Krankenkasse wird im Wesentlichen durch Überschüsse oder Fehlbeträge bestimmt, die durch die Differenz zwischen Beitragseinnahmen und Finanzkraft einerseits sowie Beitragsbedarf und RSA-fähigen Leistungsausgaben andererseits entstehen. Dabei entsteht die Differenz zwischen Beitragseinnahmen und Finanzkraft aus dem Delta zwischen ABS und Beitragssatz multipliziert mit den beitragspflichtigen Einnahmen (BPE). Die Höhe der

[1] Mittelwert berechnet auf Basis von Versichertentagen.

Differenz zwischen Beitragsbedarf und RSA-fähigen Leistungsausgaben wird schließlich durch die Qualität des Leistungsausgabenmanagements bestimmt.

Steigen insgesamt die Gesamtkosten in der GKV, müssen mehr Mittel bereitgestellt werden, um den Beitragsbedarf zu decken. Damit ergibt sich im RSA-System ein höherer Bedarf an Finanzkraft. Dieser kann durch ein Wachstum der BPE ausgeglichen werden. Steigen die Kosten jedoch stärker als die BPE, steigt der Ausgleichsbedarfssatz und letztlich müssen auch die Beitragssätze angehoben werden.

Neu: Ein Risikostrukturausgleich für ganz Deutschland

Die ungünstige Wirtschaftsentwicklung in den neuen Bundesländern und der starke Anstieg der Arbeitslosenzahlen verhinderten in den vergangenen Jahren die Angleichung des durchschnittlichen Einkommens pro Versicherten an das Westniveau. Gleichzeitig schnellten die Gesundheitsausgaben in die Höhe: Die Zahl der Leistungserbringer stieg an, und medizinische Innovationen sorgten für neue Möglichkeiten in der Therapie.

Dies alles führte für einige Krankenkassen, die nur in den neuen Bundesländern aktiv sind, zu einer bedrohlichen Finanzlage und gefährdete sogar die medizinische Versorgung auf bundesweit gleich hohem Niveau. Der Gesetzgeber stellte daraufhin mit den GKV-Gesundheitsreformgesetzen für 1999 und 2000 die Weichen für die schrittweise Einführung eines gesamtdeutschen RSA.

Zusätzliche Grundelemente verstehen

Der gesamtdeutsche RSA besteht aus 2 Grundelementen: dem Finanzkraftausgleich und der Angleichung der Normprofile.

Der *Finanzkraftausgleich* wird durch die Einführung eines gesamtdeutschen Ausgleichsbedarfssatzes verwirklicht. Durch die geringere Grundlohnsumme im RSA-Kreis Ost musste bislang zur Abdeckung der RSA-fähigen Leistungsausgaben in den neuen Bundesländern ein höherer ABS als im Westen festgelegt werden. Dadurch fiel der zur Abdeckung der Verwaltungskosten und der nicht RSA-fähigen Leistungsausgaben für die Kassen verfügbare Sockelbetrag im Osten vergleichsweise niedriger aus und verschärfte die Defizitproblematik vieler Ostkassen.

Die Angleichung des West-ABS und des Ost-ABS führt nun zu einem Netto-West-Ost-Transfer. Für 1999 war er noch gesetzlich auf DM 1,2 Mrd. beschränkt. Damit lag der Ost-ABS noch immer höher als der West-ABS. Bei vollständiger Angleichung hätte der Transfer ca. DM 1,7 Mrd. betragen. In diesem Jahr ist bereits mit Ausgleichszahlungen von ca. DM 2,5 Mrd., im nächsten Jahr von ca. DM 3,3 Mrd. zu rechnen. Die Höhe der Zahlungen in den Folgejahren hängt von den RSA-Leistungsausgaben und der Entwicklung der Versichertenzahlen sowie der beitragspflichtigen Einnahmen in den alten und den neuen Bundesländern ab. Bei der derzeit prognostizierten Wirtschaftsentwicklung werden die Transfersummen weiterhin jährlich steigen.

Das zweite Grundelement ist die ab 2001 erstmals relevante *Normprofilangleichung*, die für eine Vereinheitlichung des Beitragsbedarfs pro Versicherten sorgen wird. Wie oben beschrieben errechnet sich der Beitragsbedarf aus der Zahl der Versicherten (gemittelt über das Jahr) in einer bestimmten Risikogruppe multipliziert mit dem Normprofil dieser Gruppe. Nach dem GKV-Gesundheitsreformgesetz 2000 werden die Normprofile der GKV-Ost und -West 2001 um 25% und in den Folgejahren bis 2007 in Schritten von jeweils 12,5% an gesamtdeutsche Werte angeglichen. Die Auswirkungen dieser etwas abstrakten Vorschrift lassen sich am besten anhand der für 2001 zu erwartenden West-Ost-Transfers pro Versichertenjahr darstellen. Abbildung 3 zeigt die jährlichen Geldflüsse pro weiblichen Versicherten in Abhängigkeit vom Alter. (Eine ähnliche Kurve gilt für die männlichen Versicherten.)

Augenfällig ist: Nur bei Kleinkindern sind im Westen die Kosten höher als im Osten, ansonsten ergeben sich Netto-West-Ost-Transfers. Ein außergewöhnlich hoher West-Ost-Transfer findet bei den 35-Jährigen statt. Alle EU-/BU-Rentner im Alter von 35 Jahren und jünger sind in dieser Risikoklasse versammelt. Diese Spitze und auch die hohen Transfers bis zum 65. Lebensjahr spiegeln den höheren Anteil dieser sehr kostenintensiven Versicherten an der Gesamtbevölkerung der neuen Bundesländer wider.

Der »Buckel« zwischen 25 und 35 Jahren resultiert daraus, dass im Westen die Frauen im Durchschnitt mehr Kinder bekommen und sie bei der Geburt ihres ersten Kindes bereits älter sind. Das heißt, die Normprofile im Westen sind in diesen Altersgruppen besonders hoch. Schließlich sind die extrem hohen Transfers in hohen Altersgruppen eine Folge der im Westen erheblich besser ausgebauten Gesundheitsinfrastruktur für alte Menschen. Insgesamt führt die Angleichung der Normprofile zu einem West-Ost-Transfer von ca. DM 1,1 Mrd. in 2001 und voraussichtlich rund DM 5,9 Mrd. in 2007. Letzterer entspricht einer Beitragssatzentlastung um ca. 1,55 Beitragssatzpunkte im Osten und einer Beitragssatzbelastung um ca. 0,3 Beitragssatzpunkte im Westen.

Transfer verändert und fordert heraus

Mit dem Finanzkrafttransfer mildern die Westkassen die Einnahmeschwäche der Ostkassen, die aus der dortigen ungünstigen Wirtschaftsentwicklung resultiert. Am Ende der Normprofilangleichung wird dann allen Kassen für jeden Versicherten einer Risikoklasse der gleiche Beitragsbedarf zufließen. Erst dann steht überall in Deutschland gleich viel Geld pro Versicherten für die Gesundheitsversorgung zur Verfügung.

Als weitere Konsequenz wird der gesamtdeutsche RSA das im Osten heute deutlich höhere Beitragssatzniveau absenken und vom Westen Beitragssatzerhöhungen verlangen. Heute noch liegt der durchschnittliche jährliche Beitragsbedarf pro Versicherten im Osten um mehr als DM 200 niedriger als im Westen, eine Folge der noch günstigeren Versorgungsstrukturen im Osten. Die Herausforderung für das Gesundheitssystem besteht somit auch darin, im Westen Wirtschaftlichkeitsreserven zu erschließen, so dass dann keine oder nur marginale Beitragssatzerhöhungen erforderlich sind. Die Ostkassen ihrerseits müssen durch striktes Kostenmanagement das Transfervolumen begrenzen und zur Sanierung der Kassenlandschaft in den neuen Bundesländern beitragen. Preiserhöhungen und unnötiger Kapazitätsausbau sollten verhindert werden, gefragt ist vielmehr der Aufbau eines qualitativ beispielhaften Versorgungssystems.

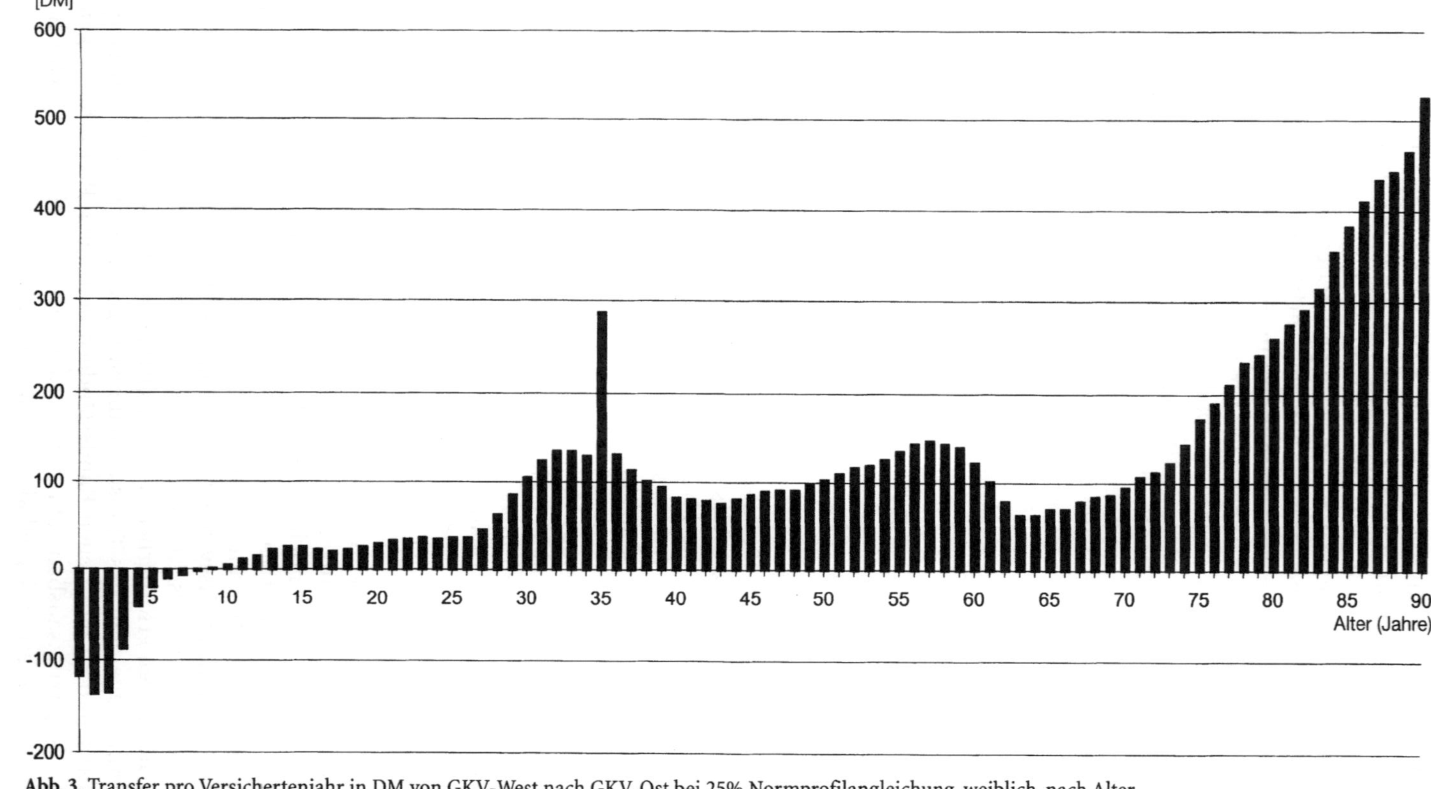

Abb. 3. Transfer pro Versichertenjahr in DM von GKV-West nach GKV-Ost bei 25% Normprofilangleichung, weiblich, nach Alter

Wie wirkt der Risikostrukturausgleich auf die Kassen?

Auf dem Reißbrett lässt sich aus den gesetzlichen Regelungen rasch eine Krankenkasse aufbauen, die von den Auswirkungen des RSA unbeeindruckt bleibt. Nur leider entspricht kaum eine der vielen Kassen diesem Idealbild.

Der Idealfall Risikostrukturausgleich-Kasse

Die RSA-Musterkasse hat eine GKV-durchschnittliche Risikobelastung (Abb. 4). In diesem Fall liegen die Höhe der beitragspflichtigen Einnahmen der Mitglieder, der Familienversichertenanteil und die Verteilung der Versicherten auf die Risikogruppen im GKV-Durchschnitt. Aber selbst bei einer vom GKV-Mittelwert abweichenden Versichertenstruktur kann die Risikobelastung einer Krankenkasse durchschnittlich sein. In diesem Fall muss allerdings eine *über*durchschnittliche Risikobelastung wie hohes Durchschnittsalter durch eine *unter*durchschnittliche Risikobelastung wie niedriger Familienversichertenanteil ausgeglichen werden.

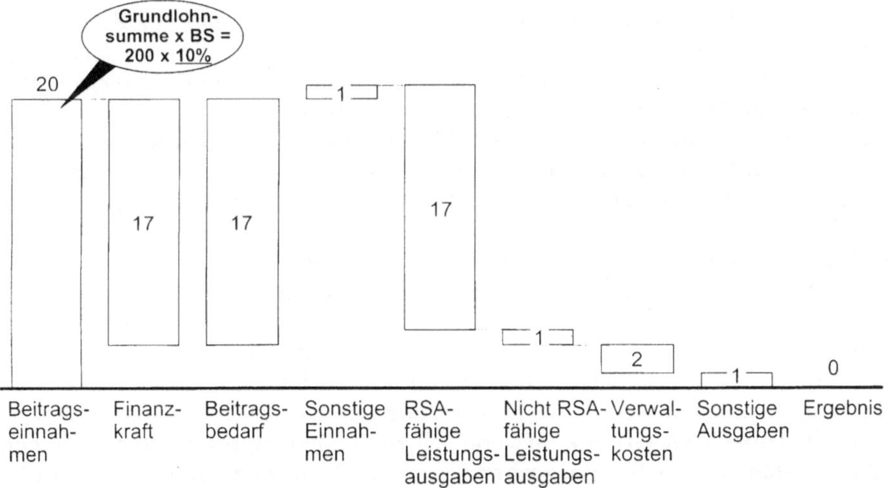

Abb. 4. Ergebniswirkung des RSA: die RSA-Kasse (in Mrd. DM)

Die Finanzkraft und die RSA-fähigen Leistungsausgaben entsprechen genau dem Beitragsbedarf der RSA-Kasse. Um jedoch die nicht RSA-fähigen Leistungsausgaben und die Verwaltungskosten decken zu können, muss die RSA-Krankenkasse einen Beitragssatz festsetzen, der über dem ABS liegt.

Die Realität: positiver und negativer Risikostrukturausgleich-Transfer

Bei einem Blick auf Finanzkraft und Beitragsbedarf der Kassen zeigt sich ein anderes Bild: Im RSA existieren sowohl Geber- als auch Nehmerkassen. Eine so genannte Nehmerkasse zahlt *weniger* Finanzkraft in den »RSA-Topf« ein als sie durch den Beitragsbedarf zurückerhält. Sie bekommt eine Ausgleichszahlung oder einen positiven RSA-Transfer. Eine so genannte Geberkasse führt *mehr* Finanzkraft ab, als ihr an Beitragsbedarf zusteht. Sie leistet also eine Ausgleichszahlung, den so genannten negativen RSA-Transfer.

Dieses Spannungsfeld zwischen Geber- und Nehmerkassen resultiert aus den unterschiedlichen Versichertenstrukturen. Die Nehmerkasse hat eine überdurchschnittliche Risikobelastung (z. B. hohes Durchschnittsalter, hohe EU-/BU-Quote) und erhält dafür eine Ausgleichszahlung, während die Geberkasse eine unterdurchschnittliche Risikobelastung vorweisen kann (z. B. niedriges Durchschnittsalter, niedrige EU-/BU-Quote) und daher eine Ausgleichszahlung leistet. Typische Kassen mit positivem RSA-Transfer sind die AOK und die Bundesknappschaft, Beispiele für den negativen Transfer die Techniker Krankenkasse und viele andere Ersatzkassen.

Der Risikostrukturausgleich nimmt Einfluss auf das Finanzergebnis

Verglichen mit ihrem Beitragsbedarf geben einige Kassen mehr für RSA-fähige Leistungen aus als sie es gemäß ihrem Anteil am »RSA-Topf« könnten. Die Differenz zwischen den RSA-fähigen Leistungsausgaben und dem Beitragsbedarf dominiert in der Regel das Finanzergebnis der Krankenkassen.

Im Zusammenhang mit dem RSA bilden 3 Faktoren die Grundlage für den wirtschaftlichen Erfolg einer Krankenkasse. Diese sollen nun sowohl unter statischen als auch dynamischen Gesichtspunkten näher betrachtet werden.

Risikostrukturausgleich-Normprofile und ihre Veränderung

Die RSA-Normprofile stellen die Durchschnittsausgaben der Versicherten je RSA-Gruppe dar. Für jeden Versicherten einer RSA-Gruppe erhält die Krankenkasse den in den Normprofilen ermittelten Durchschnittswert.

Die Normprofile verändern sich aber von Jahr zu Jahr. Entscheidend für den Erfolg einer Krankenkasse ist die Entwicklung der Durchschnittskosten je Versicherten in seiner RSA-Gruppe im Vergleich zu den Normprofilwerten. Bewegen sich die RSA-fähigen Leistungsausgaben für eine RSA-Gruppe parallel zum Normprofilwert der RSA-Gruppe, so hat dies keine Auswirkungen auf den Erfolg der Kasse. Steigen die RSA-fähigen Leistungsausgaben für eine RSA-Gruppe stärker als der Normprofilwert der RSA-Gruppe, verschlechtert sich das Ergebnis der Kasse.

Die KV-45-Statistiken, in denen unter anderem die Veränderungen der Leistungsausgaben pro Mitglied zwischen den gesetzlichen Krankenkassen verglichen werden, erhielten durch die Einführung des RSA-Mechanismus eine noch stärkere Bedeutung. Die durchschnittliche Veränderung der GKV beeinflusst die Normprofile, und die Entwicklung der eigenen Ausgaben in Relation zu den Normprofilen ist erfolgsentscheidend für die Krankenkassen. Da die KV-45-Statistiken die Ausgaben aber nur für 4 Mitgliedergruppen (männliche Aktive, weibliche Aktive, männliche Rentner und weibliche Rentner) und nicht *alle* RSA-Gruppen erfassen, sind sie nur bedingt ein Indikator für die Finanzentwicklung einer Krankenkasse. Darüber hinaus sollten in der KV 45 Daten pro Versicherten statt pro Mitglied dargestellt werden. Dies entspräche der RSA-Systematik und würde Verzerrungen im Vergleich der Daten verschiedener Krankenkassen vermeiden, die darauf beruhen, dass das Verhältnis von Mitgliedern und Versicherten und die alljährliche Veränderung dieses Verhältnisses von Kasse zu Kasse abweichen.

In den vergangenen Jahren sind beispielsweise die Normprofilwerte für ältere Versicherte überdurchschnittlich gestiegen. Eine Krankenkasse mit überwiegend älteren Versicherten konnte sich daher ein überdurchschnittliches Wachstum der RSA-fähigen Leistungsausgaben je Versicherten »leisten«. Die Zunahme bei den Ausgaben wurde ja durch das Wachstum beim Beitragsbedarf ausgeglichen. Für eine überalterte Kasse sah die Kostenentwicklung je Durchschnittsversicherten in der KV-45-Statistik daher schlechter aus als ihre tatsächliche Finanzentwicklung. Umgekehrt hätte eine Krankenkasse mit überwiegend jungen Versicherten ihre Finanzentwicklung auf Basis der KV-45-Statistik möglicherweise zu optimistisch einschätzen können, da die durchschnittlichen Leistungsausgaben je GKV-Versicherten stark, aber die für die eigenen jüngeren RSA-Gruppen nur schwach gestiegen sind.

Risikostrukturausgleich-Versichertenstruktur und ihre Veränderung

Die RSA-Normprofile, multipliziert mit der Versichertenstruktur entsprechend den RSA-Gruppen, ergeben den Beitragsbedarf. Dadurch erhalten Krankenkassen mit einer schlechten Versichertenstruktur (überdurchschnittliches Versichertenalter) einen überdurchschnittlich hohen Beitragsbedarf je Versicherten. Solange die RSA-fähigen Ausgaben je Versicherten unterhalb des Normprofilwerts der jeweiligen RSA-Gruppe liegen, kann eine Krankenkasse beim bestehenden System trotz schlechter Versichertenstruktur Überschüsse erzielen. Sofern die Kosten, die durch eine hohe Risikobelastung entstehen, durch den RSA ausgeglichen werden, haben Krankenkassen mit schlechter Versichertenstruktur keinen Nachteil. Aus diesem Grund können Krankenkassen wie die Bundesknappschaft trotz eines hohen Durchschnittsalters der Versicherten einen wettbewerbsfähigen Beitragssatz haben.

Wie die Normprofile verändert sich auch die Versichertenstruktur einer Krankenkasse von Jahr zu Jahr. Ist diese Veränderung durch die RSA-Parameter erfasst, reguliert sich der Beitragsbedarf entsprechend. Beispielsweise bedeutet der Anstieg des Durchschnittsalters der Versicherten in der Regel eine Verschlechterung der Versichertenstruktur. Dies führt zu einem Anwachsen der RSA-fähigen Leistungsausgaben je Versicherten. In den meisten Fällen steigen die Normprofilwerte ebenfalls mit zunehmendem Alter. In der Konsequenz steht somit höheren Leistungsausgaben ein höherer Beitragsbedarf gegenüber.

Vorsicht ist auch hier bei den KV-45-Statistiken geboten: Die Veränderung der Versichertenstruktur der eigenen Kasse kann leicht von der anderer und der GKV insgesamt abweichen. Eine Krankenkasse, deren Versichertenstruktur sich etwa durch überdurchschnittlich steigendes Durchschnittsalter im Vergleich zur GKV verschlechtert, darf sich ein überdurchschnittliches Wachstum der RSA-fähigen Leistungsausgaben je Versicherten »leisten«. Denn dieses Ausgabenwachstum wird über den Beitragsbedarf ausgeglichen. In unserem Beispiel stellt die KV-45-Statistik die Entwicklung daher schlechter als die tatsächliche Finanzentwicklung dar. Umgekehrt schätzt vielleicht eine Krankenkasse, deren Versichertenstruktur sich im Vergleich zur GKV verbessert, ihre Finanzentwicklung auf Basis der KV-45-Statistik zu optimistisch ein.

Der Erfolg einer Krankenkasse basiert somit auf dem Vergleich der Ausgabenentwicklung der eigenen Kasse mit dem der GKV. Ein aussagefähiger GKV-Vergleichswert lässt sich so berechnen: Zunächst muss die Entwicklung der GKV-Ausgaben entsprechend der eigenen Versichertenstruktur gewichtet werden. Darauf aufbauend ist dann die Veränderung der Versichertenstruktur der eigenen Kasse auf die neu gewichtete GKV zu übertragen.

Nicht im Risikostrukturausgleich erfasste Versichertenstruktur und ihre Veränderung
Innerhalb jeder RSA-Gruppe gibt es Versicherte, deren Kosten sich von den in den Normprofilen ermittelten Durchschnittswerten abheben. Ein gutes Risiko ist für die Krankenkassen ein Versicherter, dessen RSA-fähige Leistungsausgaben unterhalb des Normprofilwerts seiner RSA-Gruppe liegen. Für die Kassen bedeutet dies konkret: Liegen die durchschnittlichen RSA-fähigen Leistungsausgaben für die Versicherten einer RSA-Gruppe unterhalb des Normprofilwerts, ergibt sich für diese Versichertengruppe ein positiver Deckungsbeitrag – und umgekehrt.

Somit ist nicht die Versichertenstruktur entsprechend der RSA-Gruppen, sondern die Versichertenstruktur *innerhalb* der RSA-Gruppen erfolgsentscheidend. Sie lässt sich beispielsweise durch nicht im RSA erfasste Parameter wie Einkommen, Bildungsgrad, Beruf, Wohnort oder auch Anwendbarkeit der Härtefallregelung beschreiben.

Die Versichertenstruktur innerhalb der RSA-Gruppen lässt sich in der Regel nicht direkt messen. Dafür erforderliche Versichertendaten stehen nicht zur Verfügung. Indirekt aber spiegeln sich bei jeder Kasse die Versichertenstruktur und ihre Veränderung im RSA-Deckungsbeitrag (Beitragsbedarf je Versicherten minus RSA-fähige Leistungen je Versicherten) wider.

Die Veränderung der Versichertenstruktur innerhalb der RSA-Gruppen ist ein wesentlicher Einflussfaktor auf das Finanzergebnis. Ihr kommt entscheidende Bedeutung zu, weil einzig sie nicht durch den RSA ausgeglichen wird.

Wirkung des Risikostrukturausgleichs auf den Deckungsbeitrag

Das Ausgabencontrolling einer Krankenkasse muss alle bisher diskutierten Elemente der RSA-Mechanik berücksichtigen und die Veränderung der Ausgaben je Versicherten im Vergleich zur GKV darstellen. Darüber hinaus sollten die Kassen den RSA-Deckungsbeitrag (Beitragsbedarf je Versicherten minus RSA-fähige Leistungen je Versicherten) berechnen. Die Differenz aus den nicht RSA-fähigen Ausgaben und den Beitragseinnahmen, die über die Finanzkraft hinausgehen, ergibt dann einen weiteren Deckungsbeitrag je Versicherten. Die Summe beider Deckungsbeiträge beschreibt das wirtschaftliche Ergebnis der Krankenkasse.

Den gesetzlichen Krankenkassen stehen mehrere Datenquellen zur Berechnung der genannten Controllingzahlen zur Verfügung. Die wichtigsten Datenquellen zur Berechnung des RSA-Deckungsbeitrags sind der Normbedarf (Normprofile und SA-40-Statistik), KV-45-Statistiken und das eigene Rechnungsergebnis.

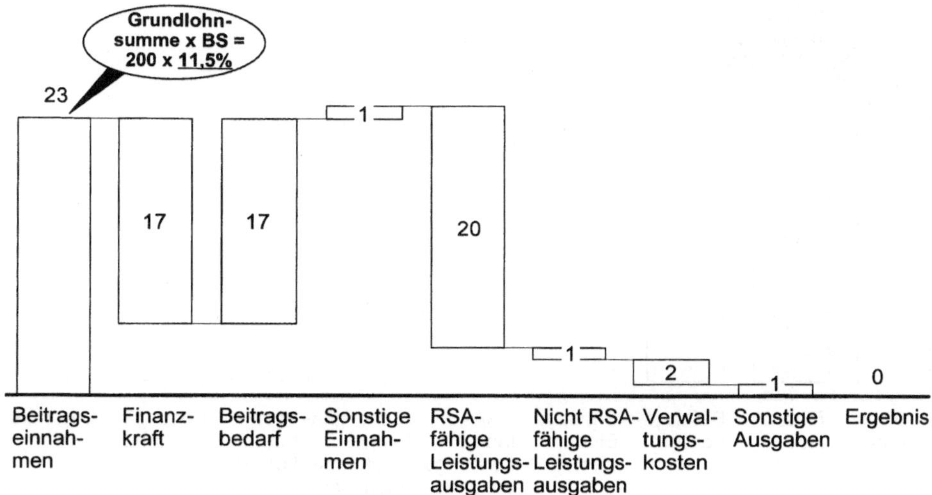

Abb. 5. Ergebniswirkung des RSA: negativer Deckungsbeitrag (in Mrd. DM)

Negativer Deckungsbeitrag

Diesen weist eine Kasse auf, deren RSA-fähige Leistungsausgaben deutlich höher sind als der Beitragsbedarf (Abb. 5): Dabei entsteht durch die Differenz aus Beitragseinnahmen und Finanzkraft eine Lücke, die die Kasse durch einen höheren Beitragssatz am Markt schließen muss. Dieser liegt somit über dem Durchschnitt der gesetzlichen Krankenkassen.

Die Höhe des Beitragssatzes hängt allerdings auch vom durchschnittlichen Einkommen der Mitglieder ab: Je höher das durchschnittliche Einkommen und damit die kassenspezifischen beitragspflichtigen Einnahmen sind, desto geringer muss der Beitragssatz erhöht werden. Kassen mit Mitgliedern aus hohen Einkommensgruppen haben also in dieser Situation einen Vorteil.

Positiver Deckungsbeitrag

Was geschieht bei einer Kasse, deren RSA-fähige Leistungsausgaben deutlich niedriger als der Beitragsbedarf sind (Abb. 6)? Der dadurch entstehende Überschuss lässt sich hier nutzen, um einen im Vergleich zum GKV-Durchschnitt niedrigeren Beitragssatz zu finanzieren.

Wiederum hängt die Höhe des Beitragssatzes vom durchschnittlichen Einkommen der Mitglieder ab. Je höher das Einkommen und damit die kassenspezifischen beitragspflichtigen Einnahmen sind, desto stärker wirkt sich eine Beitragssatzsenkung aus und desto geringer kann sie daher ausfallen. Kassen mit Mitgliedern hoher Einkommensgruppen haben in einer solchen Situation einen Nachteil.

Vier wirksame Einflussmöglichkeiten

Die Krankenkassen verfügen im jetzigen System über 4 wirksame Hebel, mit denen sie ihr Rechnungsergebnis positiv beeinflussen können. Neben der Zahl

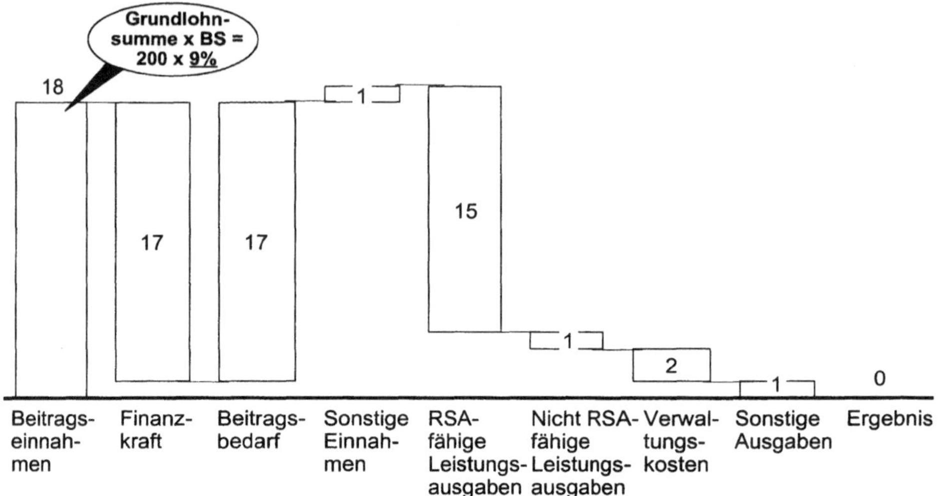

Abb. 6. Ergebniswirkung des RSA: positiver Deckungsbeitrag (in Mrd. DM)

der Versicherten bleibt ihnen als Ansatz, die Versichertenstruktur im Verhältnis zur GKV aktiv zu verändern. Wirtschaftlicheres Handeln bei Einkauf und Abrechnung von Gesundheitsleistungen ist ebenso gefragt wie das Einwirken auf das Anspruchsverhalten der Versicherten. Zu diesem vierten Aspekt gehört auch, Wirtschaftlichkeitsmaßstäbe bei der Bewilligung von Gesundheitsleistungen anzulegen.

Versichertenzahl anpassen

Das Ergebnis einer Krankenkasse ist das Produkt aus Versichertenzahl und dem Deckungsbeitrag je Versicherten. Es verhält sich damit zunächst proportional zur Versichertenzahl. Außerdem lassen sich bei den Verwaltungskosten Skaleneffekte durch viele Beitragszahler erzielen.

Umgekehrt wirkt sich der Verlust von Versicherten negativ auf das finanzielle Ergebnis aus, wenn die Verwaltungskosten an diese Bedingungen nicht angepasst werden.

Versichertenstruktur verändern

Das Finanzergebnis lässt sich ebenfalls durch eine Veränderung der Versichertenstruktur beeinflussen. Wie erwähnt, ist nicht die durch RSA-Parameter abgebildete Versichertenstruktur erfolgsentscheidend, sondern die Versichertenstruktur innerhalb jeder RSA-Gruppe. Hier bietet sich für die Krankenkassen die Chance, Versicherte mit Ausgaben unterhalb des Normprofilwerts (positiver Deckungsbeitrag) zu gewinnen.

Dies hat direkten Einfluss auf das Finanzergebnis. Da die geöffneten gesetzlichen Krankenkassen aber keine Versicherungsanträge ablehnen dürfen, lässt sich eine derartige Risikoselektion nur indirekt, beispielsweise durch gezielte Marketingmaßnahmen, bewerkstelligen.

Wirtschaftlicher einkaufen und abrechnen als die gesetzliche Krankenversicherung

Große Wirkung auf das Ergebnis einer Krankenkasse hat die Wirtschaftlichkeit bei Einkauf und Abrechnung. Ansatzpunkte zur Verbesserung sind hier die Vertragspreise mit den Leistungserbringern, Abrechnungskontrolle und Effizienz in der Verwaltung. Die Kernfrage lautet: Kann die eigene Versichertenklientel günstiger oder teurer als vergleichbare GKV-Versicherte in der gleichen Risikogruppe bedient werden?

Die Antwort hängt u.a. von der regionalen Verteilung der Versicherten ab. Besonders große Unterschiede in den Preisen der Anbieter im Gesundheitsmarkt gibt es zwischen Ost und West sowie zwischen ländlichen und städtischen Gebieten. Die Preisunterschiede zwischen Ost und West wurden bislang im RSA durch die separate Erhebung von Normprofilen in Ost und West ausgeglichen. Ab dem Jahr 2007 gibt es allerdings eine gesamtdeutsche Erhebung. Das verbleibende Risiko einer ungünstigen regionalen Verteilung der Versicherten tragen die Krankenkassen.

Der Preisanstieg im Gesundheitswesen setzt sich generell aus 3 Effekten zusammen: erstens dem Anstieg der Faktorkosten für die Erbringung medizinischer Leistungen, zweitens dem medizinischen Fortschritt (z.B. neue, teurere Behandlungsmethoden) und drittens aus einem Angebot-Nachfrage-Effekt durch die Veränderung des Verhältnisses zwischen der Zahl der Versicherten und der Zahl der Leistungsanbieter.

Anspruchsverhalten der Versicherten beeinflussen – Wirtschaftlichkeit bei der Bewilligung steigern

Schließlich beeinflussen das Anspruchsverhalten der Versicherten und die Wirtschaftlichkeit bei der Bewilligung von Leistungen das Ergebnis der Kasse. Die Überflutung von Leistungsanbietern stimuliert im bestehenden Gesundheitssystem die Nachfrage. Versicherte fordern zusätzliche Leistungen, die Flut von Anträgen überfordert das Bewilligungsverfahren und führt häufig zu mangelhafter Prüfung der Anträge. Die Wirtschaftlichkeit der Krankenkassen kann auch durch Controllingmaßnahmen in diesen Bereichen zulegen.

Bei konsequenter Umsetzung lässt sich der Deckungsbeitrag pro Versicherten allein durch verbesserten Einkauf, Bewilligung und Abrechnung sowie entsprechendes Controlling um DM 100–200 verbessern. Dies gilt allerdings nur für den Fall, dass nicht alle Krankenkassen gleichzeitig ihr Leistungsmanagement verbessern und damit auch die Normprofile sinken. In jedem Fall aber kann der Beitragssatz gesenkt werden.

Stärken und Schwächen des Risikostrukturausgleichs – 3 Optionen für die Zukunft

Der RSA hat den Anreiz zur Risikoselektion bei den Krankenkassen reduziert. Trotz verschiedener Versichertenstrukturen ließen sich durch dieses Instrument Krankheitsrisiken und Einkommensunterschiede zwischen den Krankenkassen ausgleichen. Gleichzeitig sorgte der RSA für Wettbewerb.

Die RSA-Systematik reizt die Kassen, ihre Leistungserbringung so zu gestalten, dass sie für ihre Versicherten weniger Kosten als der GKV-Durchschnitt aufwenden müssen. Denn dann ist der Beitragsbedarf höher als die RSA-fähigen Leistungsausgaben. Ziel der Krankenkassen ist demnach, die eigenen Kosten unter dem GKV-Durchschnitt steigen zu lassen. Nur so können sie sich einen Kostenvorteil erarbeiten.

Die Schwäche des RSA liegt in der Auswahl und Unvollständigkeit der Risikoparameter. Viele Faktoren sind im bisherigen System nicht berücksichtigt, beeinflussen jedoch signifikant die Risikostruktur einer Krankenkasse. Ein gutes Beispiel hierfür sind die so genannten Härtefälle: Nach empirischen Untersuchungen einzelner Kassen verursachen sie deutlich höhere Kosten als der den Normprofilen entsprechende Beitragsbedarf abdeckt. Des Weiteren entstehen bei der Berechnung der Normprofile statistische Fehler – insbesondere bei kleinen Stichproben. Die Datenqualität war nach Einführung des RSA schlecht, wird aber zunehmend besser.

Zudem sind einige Leistungsausgabenbereiche sowie die Verwaltungskosten nicht im RSA erfasst: Kassen mit einem hohen Durchschnittseinkommen der Mitglieder steht daher bei gleichem Beitragssatz pro Mitglied ein größerer Betrag zur Verfügung, um nicht RSA-fähige Leistungen und die Verwaltungskosten zu decken, als Kassen mit einem niedrigen Durchschnittseinkommen der Mitglieder. Versicherte mit einem hohen Krankheitsrisiko verursachen außerdem überdurchschnittliche administrative Kosten. Hier findet kein RSA-Ausgleich statt; dies gilt sowohl für das Einkommens- als auch für das Kostenrisiko. Entsprechend ihrer Versichertenstruktur sind daher die Interessen der Kassen gespalten. Benachteiligt sind ferner Krankenkassen, deren Versicherte in Hochkostenregionen Leistungen in Anspruch nehmen: Da die Normprofile auf überregionalen Erhebungen basieren, sind Versicherte solcher Kassen immer teurer als dies im Beitragsbedarf zum Ausdruck kommt.

Die Schwächen haben den RSA in den vergangenen Jahren verstärkt unter öffentlichen Druck geraten lassen. Die so genannten Geberkassen, allen voran die erfolgreichen Ersatzkassen, sehen sich durch den RSA überproportional belastet und argumentieren, die hohen Zahlungen an die so genannten Nehmerkassen reduzierten den Druck, wirtschaftlich zu arbeiten. Die Nehmerkassen ihrerseits betonen, im RSA würden die Risiken der Versicherten nicht differenziert genug abgebildet. Ihr Paradebeispiel ist ein Bluter, 40 Jahre alt, männlich. Für diesen Versicherten bekommt die Kasse lediglich DM 2.000 pro Jahr an Normkosten. Die Kosten können jedoch in diesem Falle bis zu DM 1 Mio. betragen. Auch Härtefälle sehen die Nehmerkassen nicht berücksichtigt. Denn diese würden überhaupt nicht als gesonderte Gruppe im RSA erfasst.

Da beide Seiten mit der bisherigen Ausgestaltung des RSA offensichtlich unzufrieden sind, ergeben sich für die Zukunft 3 verschiedene Optionen. Diese werden im Folgenden erläutert.

Den Risikostrukturausgleich abschaffen?

Durch die Abschaffung des RSA werden alle Versicherungsleistungen auf eine beitragsbezogene Finanzierung zurückgeführt. Dadurch dürfte der kostendeckende (und somit von den Versicherten zu verlangende Beitragssatz) für einige Nehmerkassen auf teilweise über 20% des Bruttoeinkommens hochschnellen. Die Folge wäre eine dramatische Abwanderung der guten Risiken aus diesen Kassen, da diese im Durchschnitt wechselbereiter sind. Eine weitere Anhebung des Beitragssatzes und als Reaktion darauf wiederum zusätzliche Wechsel von Versicherten wären unvermeidlich. Am Ende hätten die betroffenen Krankenkassen zumindest einen großen Teil der Versicherten verloren. Die verbleibenden schlechten Risiken müssten einen Beitragssatz zahlen, der sozialpolitisch nicht mit dem (heute gültigen) Ziel einer solidarisch finanzierten Krankenversicherung vereinbar wäre. Viele Kassen würden ein derartiges Szenario nicht überleben.

Die Politik hätte dann verschiedene Reaktionsmöglichkeiten: eine staatliche Subventionierung der Beitragssätze, die Gründung einer Kasse schlechter Risiken nach dem Vorbild von MediCaid in den USA oder die zwangsweise Verteilung aller verbleibenden schlechten Risiken auf andere Krankenkassen. Eine Subventionierung ist u. E. die schlechteste aller Möglichkeiten in diesem Szenario. Der Wettbewerbsdruck entfiele, die Leistungen der Versicherten zu managen. Dies wäre ein Rückfall in die Zeiten vor dem RSA! Auch bleibt die Frage: Kann die Politik die dann drohende De-facto-Auflösung großer Kassen und die damit verbundenen beschäftigungspolitischen Effekte hinnehmen? Wohl kaum!

Eine weitere Folge der Abschaffung des RSA wäre eine Vereinfachung der Risikoselektion (z. B. durch direkte Selektion junger Versicherter) sowie eine Erhöhung des Anreizes zur Risikoselektion. Die Konsequenz ist eine Explosion der Marketingkosten in den gesetzlichen Krankenkassen. Auch dies kann nicht das Ziel der Politik sein.

Das individuelle Risiko differenziert betrachten?

Eine wettbewerbskonforme Zukunft des RSA könnte in der Einführung individuell kalkulierter Prämien (Risiken) liegen, die zur Berechnung des Beitragsbedarfs dienen. Der Versicherte selbst zahlt keinen individuellen Risikozuschlag. In der Praxis könnte das Verfahren so aussehen:

Jeder Versicherte wird bei Eintritt in die GKV vom Medizinischen Dienst der Krankenkassen (MDK) untersucht. Auf der Basis vorher kalkulierter Zuschläge für bestimmte Großrisiken ergibt sich daraus das individuelle Normprofil, das aus dem RSA für diesen Versicherten erstattet wird. Der Beitragsbedarf wäre somit weiterhin die Summe der individuellen Normprofile aller Versicherten. Nur würden im Laufe des Versichertenlebens auftretende Erkrankungen die Risikozuschläge und damit das Normprofil des Versicherten kontinuierlich verändern.

Dadurch bliebe der Wettbewerb der Kassen auf die Ausgabenseite beschränkt und Risikoselektion wäre nicht mehr sinnvoll. Allerdings erfordert diese Option eine kontinuierliche Erfassung des individuellen Normprofils und damit erheblichen administrativen Aufwand und ist daher praktisch nicht durchführbar. Des Weiteren dürfte die komplette Erfassung der individuellen Gesundheitsstruktur der deutschen Bevölkerung öffentlich nur schwer durchsetzbar sein. Auch eine eigens dafür geschaffene neutrale Instanz wird den Widerstand kaum mindern können.

Den Risikostrukturausgleich pragmatisch verbessern!

Ein möglicher Zwischenweg ist die pragmatische Weiterentwicklung des RSA. Bisher beschreibt er zumindest die Kostenunterschiede, die durch die vorab definierten Parameter entstehen (Alter, Geschlecht, Berufsunfähigkeit, Krankengeldregelung). Ergänzend sollten z. B. krankheitsartenbedingte Kosten aufgenommen werden. Damit fänden zumindest Großrisiken wie Aids, Hämophilie und Onkologie ihren Eingang in den RSA. Eine Lösung für derartige Risiken könnten auch Rückversicherungen durch einen gemeinschaftlichen Fonds oder ein »Carve-out« der gesetzlichen Krankenkassen sein. Hier könnten derartige Großrisiken eingebracht und im Fall eines Carve-out auch gemanagt werden. Eine Bündelung des Leistungsmanagements durch ein Carve-out birgt bei derartigen Großrisiken auch erhebliche Einsparpotentiale.

In der Diskussion sind auch Sonderprofile für Wechsler, da diese im Mittel bessere Risiken für die Krankenkassen als Nichtwechsler darstellen. Die Einführung von Wechslerprofilen ist allerdings praktisch kaum durchführbar. Schließlich ist Wettbewerb um Versicherte grundsätzlich wünschenswert und die im Durchschnitt attraktiven Wechsler spornen diesen Wettbewerb im richtigen Umfang an. Der RSA darf auch nicht um beliebig viele Parameter ergänzt werden. Abgesehen vom zusätzlichen administrativen Aufwand hätte dies zur Folge, dass die RSA-Gruppen mit immer weniger Versicherten besetzt sind. Im Extremfall bliebe womöglich nur noch ein Versicherter je RSA-Gruppe übrig. Dies entspräche dann wieder einer individuellen Ermittlung der jährlichen Kosten eines Versicherten und einer vollständigen Kostenerstattung durch den RSA. Der Wettbewerb würde wieder abgeschafft. Der RSA muss also nur so weit verändert oder ergänzt werden, dass der Anreiz zur Risikoselektion geringer ist als der Anreiz zu wirtschaftlicherem Handeln. Controllingmaßnahmen müssen für die Krankenkassen effizienter und lohnender sein als Risikoselektion.

Schließlich muss ein professionelles Management des RSA sichergestellt werden. Nur so kann die Flut der Klagen gegen den RSA (im Übrigen von allen Seiten) eingedämmt und politische Akzeptanz für den RSA und seine Weiterentwicklung geschaffen werden. In Anbetracht der ca. 200 Mrd. DM, die durch den RSA jährlich bewegt werden, ist ein exzellentes Auditing notwendig, das bundesweit und über alle Kassenarten hinweg einheitliche Maßstäbe bei der Datenerhebung anlegt und Manipulationen verhindert.

Der RSA war eine wichtige Grundlage für den Einstieg in einen stärkeren Wettbewerb der gesetzlichen Krankenversicherungen in einem solidarisch finanzierten Gesundheitssystem. Dadurch, dass zumindest wichtige Risikofaktoren ausgeglichen werden, können auch Kassen mit einem hohen Bestand schlechter Risiken einen wettbewerbsfähigen Beitragssatz anbieten. Gleichzeitig hat die Einführung des RSA dazu geführt, dass sich die Wirkung von Leistungsmanagement bzw. Gesundheitsmanagementaktivitäten verändert hat bzw. Controllingsysteme der spezifischen Mechanik des RSA angepasst werden müssen. Allerdings weist der RSA erhebliche Schwächen z. B. hinsichtlich der Bemessung der Normprofile auf und er konnte auch nicht verhindern, dass Risikoselektion weiterhin möglich ist. Es gilt daher, den RSA pragmatisch zu verbessern.

Diagnosis Related Groups – Grundstein für ein neues Abrechnungssystem der Krankenhäuser und Krankenkassen

Implikationen und Herausforderungen

Klaus Böcker, Nicolaus Henke, Hari Sven Krishnan, Thomas Mansky, Dieter Paffrath und Daniel Steiners

Im Jahr 2003 soll die Krankenhausvergütung in Deutschland auf ein fast komplett pauschaliertes System umgestellt werden. Dies wird sowohl für die Krankenhäuser als auch für die Krankenversicherungen gewaltige Konsequenzen haben, viel weit reichender als alle bisherigen Reformen der Bundespflegesatzverordnung. Eingeführt wird ein diagnosebezogenes Klassifizierungssystem für Krankenhausfälle, das in Australien entwickelt wurde. Es definiert mehr als 400 Basisfallgruppen, die weiter in 5 Schweregrade untergliedert werden. Von den sich hieraus ergebenden mehr als 2000 so genannten Diagnosis Related Groups (DRGs) sollen in Deutschland zunächst nur etwa 800 zur Anwendung kommen.

Die neue Form der Krankenhausvergütung wird nur dann die Transparenz und Wirtschaftlichkeit im Krankenhausbereich verbessern, wenn sie nicht durch von Partikularinteressen getriebene Sonderregelungen derart verwässert wird, dass letztendlich nur das jetzige Preis-Leistung-Gefüge unter anderem Namen neu abgebildet wird. Besonders interessant dürfte die Übergangsphase ausfallen, da die von den Krankenhäusern zu liefernden Daten zwar nicht präzise, aber doch sehr transparent Auskunft über das Leistungsportfolio und die Effizienz vieler Kliniken geben werden. Das Topmanagement von Krankenhäusern und Krankenkassen steht vor der Aufgabe, sich frühzeitig dieser neuen Herausforderung zu stellen.

(Da die DRGs aus dem englischen Sprachraum kommen, sind auch viele englische Fachbegriffe übernommen worden – da sie mittlerweile in der Fachdiskussion gebräuchlich sind, werden sie auch in diesem Beitrag verwendet und nicht durch möglicherweise missverständliche deutsche Übersetzungsversuche ersetzt.)

Klassifizierungssystem: Diagnosis Related Groups

Diagnosis Related Groups (DRGs) sind das international führende System zur Klassifikation von Krankenhausfällen zu homogenen Fallgruppen. Es wurde Ende der sechziger Jahre in den USA entwickelt und dort ab 1983 im Medicare-System als Basis von Fallpauschalen verwendet. Weitere Länder wie z. B. Italien, Spanien, Portugal, Dänemark, Belgien, Frankreich, Tschechien, Australien und Kanada haben mittlerweile ebenfalls DRG-Systeme eingeführt.

Das bestehende undurchsichtige und komplexe deutsche Vergütungswesen mit seinen Fallpauschalen, Sonderentgelten und Basis- und Abteilungspflegesätzen soll ab dem Jahr 2003 durch ein DRG-basiertes System ersetzt werden. Eine Übergangszeit von 1–3 Jahren wird zurzeit noch diskutiert.

Hinsichtlich des anzuwendenden Systems ist die Entscheidung nach langem Ringen für das australische AR-DRG-System gefallen, dessen Version 4.1 als Ausgangsbasis für das deutsche DRG-System dienen soll. Aber die genauen ordnungspolitischen Entscheidungen stehen momentan noch aus.

Die Zuordnung eines Patienten zu einer DRG richtet sich, vereinfacht ausgedrückt, nach Diagnose(n), Prozedur(en)/Operation(en) sowie Alter, Entlassungsgrund und (bei Neugeborenen) auch Geburtsgewicht. Jeder DRG wird ein »Relativgewicht« zugeordnet: eine Bewertungsrelation, die in der Regel über eine Punktzahl die Abweichung vom gedachten Standardfall mit durchschnittlichem Aufwand abbildet. Auf Basis dieser Punktzahl ergibt sich, multipliziert mit einem vermutlich regional differenzierten Punktwert (der so genannten »base rate«), ein pauschaler Preis für die Behandlung des Patienten. Zusätzlich zu diesen Fallgruppenpreisen wird es Zu- und Abschläge für bestimmte Strukturmerkmale des Krankenhauses geben (z. B. Ausbildungstätigkeit).

Für die Bestimmung der Bewertungsrelationen hat der Gesetzgeber[1] 3 Optionen eröffnet:

1. Entwicklung eigener deutscher Relativgewichte an Hand eines Krankenhauspanels;
2. Übernahme international eingesetzter Relativgewichte. Diese Option ist durchaus sinnvoll, denn die Kostenrelationen sind im Gegensatz zu den absoluten Preisen einer Leistung international verhältnismäßig gut vergleichbar, und im Ausland sind – anders als in Deutschland – umfassende Daten zur Ermittlung der Kostenrelationen verfügbar.
3. Weiterentwicklung aus international gebräuchlichen Relativgewichten.

Es gilt international als unumstritten, dass differenzierte Fallbewertungen auf der Basis von DRGs den Output von Krankenhäusern am besten widerspiegeln. Grundsätzlich sind daher DRGs den Pflegetagen als Mittel der Leistungsbeschreibung von Krankenhäusern vorzuziehen. Das bisherige deutsche Entgeltsystem für Krankenhäuser basiert zum großen Teil auf der Abrechnung von Pflegetagen. Dies führt zur Ineffizienz und zur Verschwendung volkswirtschaftlicher Ressourcen. Vollständige Fallpauschalensysteme wie DRGs erzeugen hingegen klare Anreize zur sparsamen Verwendung der Ressourcen und können so einen Beitrag zu Kosteneinsparungen im deutschen Gesundheitssystem leisten.

Das DRG-System ist in unterschiedlichen ordnungspolitischen Varianten einsetzbar. Es wurde als System von Produktkategorien entwickelt, um den Output des Unternehmens Krankenhaus beurteilbar und vergleichbar zu machen. Und es wird eingesetzt, um damit Steuerungs-, Wettbewerbs- und Anreizmechanismen, die in anderen Wirtschaftszweigen üblich sind und dort zu Effizienzgewinnen führen, wenigstens teilweise auf das Gesundheitssystem übertragen zu können.

---

[1] § 17b Abs. 3 KHG i. d. F. v. 22.12.1999.

Gesetzesauftrag für die Einführung eines pauschalierten Entgeltsystems (§ 17b KHG)

Durchgängiges, leistungsorientiertes, pauschalierendes Vergütungssystem;
Komplexitäten und Komorbiditäten sind abzubilden;
praktikabler Differenzierungsgrad;
für voll- und teilstationäre Leistungen;
bundeseinheitliche Regeln für Zu- und Abschläge;
Fallgruppen und Bewertungsrelationen bundeseinheitlich;
international eingesetztes Vergütungssystem auf der Grundlage von DRGs;
Punktwerte können nach Regionen differenziert festgelegt werden.

Bisher hat der Gesetzgeber noch keine Festlegung zur ordnungspolitischen Gestaltung des Systems getroffen. Denkbar sind, grob kategorisiert, folgende Möglichkeiten:

1. *Ein Preissystem im Sinne des US-Medicare-Systems* mit jährlich prospektiv festgelegten Preisen ohne hausindividuelle Mengen- und Budgetverhandlungen und ohne Ausgleiche.
   In diesem System werden die Bewertungsrelationen und Preise jährlich global nachgeführt; auf diese Weise kann der Effizienzgewinn des Systems (auch selektiv für bestimmte Leistungen, aber nicht für einzelne Häuser) abgeschöpft werden, ohne dass der für die Anreizwirkungen wichtige hausindividuelle Gewinn betroffen ist. Das Mengenrisiko trägt bei dieser Systemvariante die Versicherung (in den USA Medicare). Das System setzt daher hoch entwickelte Steuerungsmechanismen insbesondere zur Fallzahlkontrolle voraus, die in den USA auch realisiert sind. Diese Systemvariante würde einen erheblichen Verdrängungswettbewerb und damit die größten Veränderungen auslösen.
2. *Eine leistungsorientierte Verteilung von regional oder national vorgegebenen Budgets.*
   Der Budgetanteil eines Krankenhauses errechnet sich aus dem Produkt der Fallzahl, des durchschnittlichen Gewichts pro Fall (Fallmix-Index) und der Entgelthöhe pro Standardfall bzw. pro Punkt. Im Gegensatz zur Variante 1, der dieses System teilweise ähnelt, geht diese Systemvariante davon aus, dass eine rationale Steuerung der Leistungsmengen nicht möglich ist und verlagert das Mengenrisiko stark auf die Leistungserbringer.
3. *Krankenhausindividuelle Verhandlungslösungen.*
   Hier ist eine Vielzahl von Möglichkeiten denkbar. Diese Varianten würden Mengen- und vermutlich auch Preisverhandlungen einschließen. Im ungünstigsten Fall wäre damit eine Fortsetzung des jetzigen Systems lediglich mit kosmetischen Änderungen denkbar, so dass die Umstellung auf das DRG-System praktisch vollständig konterkariert werden könnte.

Die folgenden Kapitel dieses Beitrags beschreiben mögliche Konsequenzen der DRG-Einführung für das Gesundheitssystem als Ganzes, für die Krankenhäuser und für die Krankenkassen.

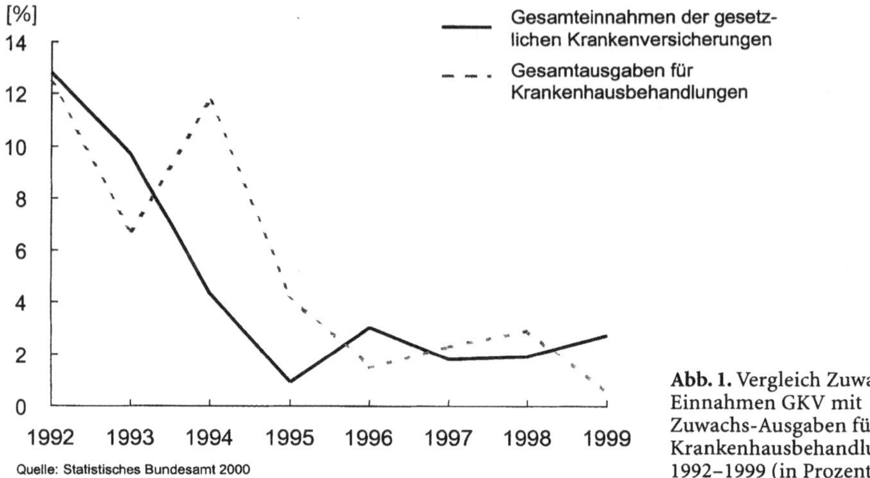

Abb. 1. Vergleich Zuwachs-Einnahmen GKV mit Zuwachs-Ausgaben für Krankenhausbehandlungen, 1992–1999 (in Prozent)

Die Auswirkungen der Diagnosis Related Groups auf das Gesundheitssystem als Ganzes

In den vergangenen Jahren sind die GKV-Ausgaben für Krankenhausleistungen fast immer überproportional zum Grundlohn gestiegen und haben somit zur Beitragssatzerhöhung der Krankenversicherung beigetragen. Einsparungen im Krankenhaussektor sind daher dringend notwendig (Abb. 1).

Kosteneinsparungen bei Krankenhausausgaben durch Diagnosis Related Groups möglich

Die hohen Krankenhausausgaben sind durch mangelnde Anreize zur Effizienzsteigerung unter der starren, nicht leistungsbezogenen Budgetierung begründet. Eine Folge der systembedingten Strukturfestschreibung ist eine im internationalen Vergleich zu hohe Zahl von Krankenhäusern und Krankenhausbetten. Diese Überversorgung verursacht Zusatzkosten und beschert den Patienten darüber hinaus häufig Unbequemlichkeiten – vielleicht sogar Risiken – statt zusätzlicher Gesundheit oder persönlicher Zuwendung.

Abbildung 2 zeigt für Australien und die USA, deren DRG-Systeme in Deutschland zur Auswahl standen, dass der bevölkerungsbezogene Aufwand an Pflegetagen im vollstationären Bereich in Australien um 60% und in den USA um 72% unter dem in Deutschland liegt.

Die Zahl der ambulanten Behandlungen im Krankenhaus liegt in beiden Staaten deutlich höher, ist aber wegen der Unterschiede in den statistischen Zählverfahren nur schwer vergleichbar. Auch wenn in Deutschland eine höhere Verweildauer als in den beiden genannten Staaten tolerierbar erscheint, macht der Vergleich einen erheblichen Anpassungsbedarf deutlich, der sich in mehr oder

	USA, 1997	Australien, 1998	Schweden, 1995	Deutschland, 1997
Fälle je 1.000 Einwohner	114,9	152,1	181,9	188,3
Verweildauer ohne Stundenfälle	5,1	5,5	8,5	11,3
Tage je 1.000 Einwohner	585,3	839,8	1.546,2	2.109,1
Tage je 1.000 Einwohner in Prozent des deutschen Wertes	27,8%	39,8%	73,3%	100%

Quelle:
Vgl. Literaturverzeichnis

Abb. 2. Wichtige Kennzahlen der Krankenhausnutzung in Australien, Deutschland, Schweden und USA [1, 8, 12, 13, 14])

minder ausgeprägter Form auch beim Vergleich mit westeuropäischen Staaten – hier z. B. Schweden – zeigt [1, 8, 12–14].

Die ökonomische Logik des Krankenhausmanagements wird sich unter dem Einfluss der DRGs radikal verändern. Gegenwärtig bestimmen gegenläufige Anreize das Handeln in deutschen Krankenhäusern und tragen damit zu einer ineffizienten Nutzung von Ressourcen bei: Auf der einen Seite sollen die Verweildauern gekürzt werden, auf der anderen Seite muss die Auslastung der Krankenhäuser sichergestellt sein. Außerdem besteht beim bisherigen Finanzierungssystem immer noch der Anreiz, Patienten möglichst lange im Krankenhaus zu behalten, da jeder zusätzliche Tag zumindest die Liquidität des Krankenhauses erhöht. Ferner gibt es durchaus in den Pflegesatzverhandlungen und in der Krankenhausplanung Anreize zur defensiven Aufrechterhaltung höherer Verweildauerwerte. Eine Verweildauerkürzung führt nicht zu einer proportionalen Kostensenkung. Eine kompensatorische Erhöhung der Pflegesätze ist allerdings selten durchsetzbar.

Bei einem Finanzierungssystem auf DRG-Basis erhält das Krankenhaus dagegen für einen Fall unabhängig von seiner tatsächlichen Verweildauer das jeweilige DRG-Entgelt. Unter diesen Umständen entstehen starke Anreize zur Verweildauersenkung, die – bei richtiger Implementierung des Entgeltsystems – nicht mehr durch Defensivstrategien gebremst werden.

Die Einführung des DRG-Systems wird daher zu einer Optimierung der Behandlungsprozesse und zu einer erheblichen Verkürzung der Verweildauer auch in Deutschland führen. Da die Pflegetage mit geringer Behandlungsintensität am Ende einer Behandlungsepisode entfallen, werden Leistungsdichte und Personalaufwand pro Behandlungstag (nicht pro Fall) steigen. Allein die Summe dieser Effekte wird zu einer Umstrukturierung der Krankenhäuser führen müssen. Die Wirkung des Systems wird davon abhängen, dass alle Anreize zur Bettenauslastung in den Pflegesatzverhandlungen sowie in der Krankenhausplanung der Länder entfallen.

In den meisten Häusern sind unter der Budgetierung überflüssige Leistungen, die an aufgenommenen Patienten erbracht werden, in den letzten Jahren bereits zurückgegangen. Nicht medizinisch begründbare Anreize zur Fallvermehrung konnten jedoch durch die Budgetierung nicht aufgehoben werden. Das DRG-System ermöglicht hier eine rationalere Steuerung der Leistungserbringung. Inwieweit vermehrt Leistungen ambulant erbracht werden, wird aber auch von der komplementären Gestaltung der ambulanten Vergütung abhängen. Die genaue Definition der stationären Leistungsgruppen dürfte im Überschneidungsbereich zum ambulanten Sektor Rückwirkungen auf das ambulante Entgeltsystem haben. Bei entsprechender Preisgestaltung in beiden Bereichen entstehen erhebliche wirtschaftliche Anreize, einfache, bisher stationäre Leistungen künftig ambulant zu erbringen.

Die Senkung der Verweildauer und eine mögliche Verlagerung von Leistungen in den ambulanten Bereich werden allerdings nicht zu proportionalen Kostensenkungen führen. Die entstehenden Rationalisierungsgewinne können nicht nur zur Kostensenkung, sondern auch zur erforderlichen Intensivierung und Modernisierung der Medizin genutzt werden. Der Kostensenkungseffekt des DRG-Systems wird sehr stark von der Art der ordnungspolitischen Implementierung abhängen. (Abbildung 3 zeigt die unterschiedlichen Optionen für die Gestaltung der ordnungspolitischen Rahmenbedingungen.)

Abb. 3. Optionen für die Bestimmung der ordnungspolitischen Rahmenbedingungen

Erfahrungen aus den USA bedingt übertragbar

In den USA wird das DRG-System mittlerweile seit 17 Jahren erfolgreich zu Vergütungszwecken eingesetzt. Der direkte Einsatzbereich im Medicare-System erstreckt sich auf ein Gesamtbudget von über US$ 70 Mrd. Da die DRGs auch bei MediCaid und bei privaten Krankenversicherern eingesetzt werden, ist indirekt ein noch weit größerer Anteil der stationären Versorgung betroffen.

Abbildung 4 zeigt die Entwicklung der jährlichen Preissteigerung und der Gewinnmargen im stationären Bereich der USA [4, 5]. Man erkennt 3 Phasen der Entwicklung: Nach einer Einführungsphase mit hohen Gewinnmargen lagen die Steigerungen der DRG-Preise unter den Fallkostensteigerungen. Die größte Differenz ergab sich im stationären Bereich 1986 bei einer Kostensteigerung von 9,6% pro Fall (»operating costs per case«) und einer vom Kongress festgesetzten DRG-Preissteigerungsrate von nur 3,2% pro Fall (jeweils ohne Inflationsbereinigung). Dies führte zu einer zweiten Phase, in der die Krankenhäuser im DRG-Bereich im Mittel Verluste machten (1987 arbeiteten 35% der Krankenhäuser mit Verlust, der Rest aber immer noch mit Gewinn). Nach einer deutlichen Absenkung der Kostensteigerungsrate liegt die Preissteigerungsrate seit 1992 wieder über dem Kostenanstieg. Im Jahr 1995 ergab sich im DRG-Bereich eine Preissteigerung von 4,0% pro Fall bei einer Senkung der Kosten pro Fall von 1,1%. Aus dieser Entwicklung resultierte zuletzt ein Wiederanstieg der mittleren Gewinnmarge auf ca. 15% (Schätzung für 1997) bei stabilen Fallkosten.

Differenzierte Analysen zeigen, dass die Entwicklung für die Gruppe der so genannten »major teaching hospitals«, die die Universitätskliniken einschließt, deutlich günstiger verlaufen ist als für die anderen untersuchten Krankenhäuser [10]. Dies dürfte auch auf die Zuschlagsregelungen im Weiterbildungsbereich (»medical education«) zurückzuführen sein. Zu beachten ist, dass versorgungs-

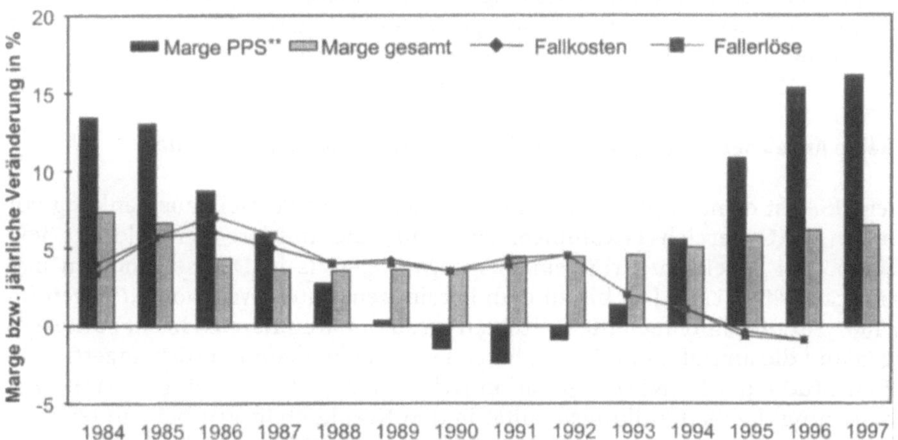

Abb. 4. Entwicklung der jährlichen Preissteigerung und Gewinnmargen* im stationären Bereich der USA. (Mansky 2000 [4], Medicare Payment Advisory Commission 1999 [5])

notwendige Krankenhäuser in den USA während des gesamten Zeitraums kostenorientiert bezahlt wurden und damit von der Phase intensivierten Wettbewerbs nicht betroffen waren [4].

Das US-Medicare-System beinhaltet komplexe Steuerungsmechanismen. Durch die jährliche, empirisch basierte Neukalkulation der Relativgewichte können Rationalisierungsgewinne des Systems auch je Fallgruppe berücksichtigt werden, so dass über den bisherigen 17-jährigen Einsatzzeitraum eine erfolgreiche Nachführung der Preisrelationen möglich war. Das globale Preisniveau legt der amerikanische Kongress fest; dabei ist offensichtlich die mittlere Gewinnmarge der Krankenhäuser ein wesentlicher Steuerungsparameter. Die Erhebung dieser Marge ist letztlich nur von staatlicher Seite möglich und nur, wenn – wie im Falle des US-Systems – garantiert ist, dass keine hausindividuelle Abschöpfung der Gewinne erfolgt. Eine reine Selbstverwaltungslösung ist für diese Steuerungsmechanismen schwer vorstellbar.

Das US-System garantiert auf Grund der jährlich prospektiv festgelegten Preise den einzelnen Krankenhäusern erhebliche Gewinne, wenn sie in der Lage sind, einen Effizienzvorsprung zu realisieren. Damit gibt es massive Anreize zur Kostensenkung. Auf Grund der globalen (nicht hausindividuellen) Preisnachführung ist es dabei möglich, den systemischen Effizienzgewinn abzuschöpfen, der auf Grund des Effizienzwettlaufs entstehen muss.

In Deutschland ist mit entsprechend starken Auswirkungen der Systemumstellung kurzfristig nicht zu rechnen. Einerseits ist wegen der vorangegangenen Budgetierung die jährliche Kostensteigerungsrate wesentlich geringer als bei der Systemumstellung in den USA. Andererseits dürfte der in den USA umgesetzte Kapazitätsabbau in Deutschland mit dieser Geschwindigkeit politisch nicht durchsetzbar sein, auch wenn ein Kapazitätsrückgang unvermeidlich sein wird. Die DRG-Einführung muss hier vorwiegend als Instrument zu der angesichts der demografischen Entwicklung unverzichtbaren Steigerung der Effizienz der Krankenhäuser und zur leistungsgerechten Allokation der Mittel, die zur Aufrechterhaltung der Leistungsanreize unverzichtbar ist, gesehen werden.

Keine Anzeichen für negative Auswirkungen auf Behandlungsqualität

In den USA ist es nach der Systemumstellung zu einer Verweildauersenkung vor allem im DRG-Bereich gekommen. Hier ging die mittlere Verweildauer von 1984–1996 bei bereits niedrigerem Ausgangsniveau als in Deutschland um insgesamt ca. 28% zurück [9], bis zu dem bereits genannten Wert von 5,1 Tagen im Jahr 1997. Parallel sind auch die Fallzahlen im stationären Bereich leicht zurückgegangen und die ambulanten Behandlungen im Krankenhaus deutlich angestiegen.

Eine Studie der RAND Corporation [11] zeigt, dass der bestehende Trend zur Verbesserung der Behandlungsqualität in den Krankenhäusern bei 5 untersuchten Krankheitsgruppen durch die Einführung des DRG-Systems nicht unterbrochen wurde; die Qualität hat also weiter zugenommen. Auch die 30-Tage-Mortalität hat sich weiter verbessert. In dieser Studie konnte zudem keine Zunahme einer Pflegebehandlung (»in nursing homes«) festgestellt werden. Allerdings stieg der Anteil von Patienten, die in nicht ausreichend stabilisiertem Zustand entlassen wurden, von 10,3 auf 14,7%, ohne dass dies weitere messbare Qualitätseffekte gehabt hätte. Die Untersucher empfahlen eine weitere Überwachung.

Eine Studie der Organization for Economic Cooperation and Development (OECD) kommt ebenfalls zu dem Ergebnis, dass ein Rückgang der Behandlungsqualität in verschiedenen Ländern, die fallpauschalierte Entgeltsysteme eingeführt haben, nicht zu beobachten ist [7]. Insgesamt wird informell darüber berichtet, dass sich unter dem Kostensenkungsdruck das Fallmanagement der Krankenhäuser deutlich verbessert habe, welches sich auch auf die verbesserte Organisation der Nachsorgemaßnahmen (Rehabilitation, häusliche Pflege) erstreckt.

Die Bedeutung der Diagnosis Related Groups für die Krankenhäuser

Die Einführung von DRGs stellt die Krankenhäuser vor gewaltige Herausforderungen. Dazu bestehen 6 Thesen, die in den folgenden Abschnitten näher erläutert werden:

1. Der Druck auf die Krankenhäuser zu einer strategischen Neupositionierung im Gesundheitsmarkt nimmt stark zu. Der Wettbewerb zwischen regional konkurrierenden Krankenhäusern wird sich verschärfen, was die Konsolidierung der im internationalen Vergleich immer noch durch Überkapazitäten (für stationäre Leistungen) geprägten deutschen Krankenhauslandschaft beschleunigen wird.
2. Es wird verstärkt zu einer Verzahnung ökonomischer und medizinischer Fragestellungen im Krankenhaus kommen, beispielsweise durch die notwendige Einführung integrierter Controllingsysteme zur Gewinnung von Kosten- und Leistungsinformation und die Einführung von Kostenträgerrechnungen zur Ermittlung profitabler DRGs.
3. Das aktive Management des Patientenportfolios und die Positionierung im Gesundheitsmarkt wird deutlich an Bedeutung gewinnen. Die aktive Gestaltung der Produktstruktur (welcher »Behandlungsmix« wird unter Beachtung der verfügbaren Ressourcen, der erzielbaren Mengen und der DRG-Preise angeboten?) wird hinsichtlich der Wirtschaftlichkeit eines Krankenhauses eine ganz andere Rolle spielen als im auslaufenden Entgeltsystem. Die Handlungsmöglichkeiten in diesem Bereich werden in besonderem Maße von der ordnungspolitischen Gestaltung der Rahmenbedingungen des Systems abhängen.
4. Die Möglichkeiten zur Verbesserung der Kodierungsqualität sind – insbesondere bei adäquaten Kontrollen – begrenzt und stellen letztlich einen Einmaleffekt dar. Unrentable Krankenhäuser werden daher auf Dauer nicht durch manipulative bzw. beschönigende Kodierungsstrategien am Markt bestehen können. Daher müssen die fundamentalen Produkt- und Kostenstrukturen des Krankenhauses stimmen.
5. Die Einführung von DRGs steigert auch die Transparenz der Behandlungsqualität. Die Qualitätssicherung wird stärker produkt- und damit ergebnisbezogen erfolgen und sich weniger als bisher auf die Strukturen des Krankenhauses beziehen (Abteilungen, Funktionsbereiche).
6. Krankenhäuser müssen frühzeitig strategisches DRG-Know-how aufbauen, um nicht zu den Verlierern der Umstellung zu zählen. Entscheidend ist, dass

ein Krankenhaus möglichst schnell die neue Kodierungslogik mit ihren Implikationen für jede einzelne Fachabteilung begreift und entsprechend seine technischen Prozesse im Abrechnungswesen optimiert. Das erforderliche Know-how ist derzeit in Deutschland nur begrenzt vorhanden.

These 1: Die Einführung eines echten Diagnosis-Related-Groups-basierten Preissystems erzeugt einen massiven Rationalisierungsdruck auf die Krankenhäuser und beschleunigt die Konsolidierung der Krankenhauslandschaft

Wenn die Krankenhäuser ein pauschaliertes Entgelt pro DRG abrechnen, können sie ihre Gewinne nur durch die Reduzierung ihrer Kosten steigern. Die durchschnittlichen Fallkosten sinken mit der Fallzahl (»Skalengewinne«). Daraus folgt, dass große Krankenhäuser mit hoher Fallzahl in vielen Fallgruppen und kleine Krankenhäuser mit hoher Fallzahl in wenigen Fallgruppen betriebswirtschaftliche Vorteile haben.

Betriebswirtschaftliche Effekte stehen nicht im Widerspruch zu medizinischer Behandlungsqualität. Eine Vielzahl von Untersuchungen zeigt, dass auch die medizinische Qualität mit der erbrachten Leistungsmenge steigt (»Erfahrungskurveneffekt«).

In jedem Fall ist damit zu rechnen, dass die Einführung der DRGs die wirtschaftliche Lage jedes einzelnen Krankenhauses deutlich verändern wird. Abbildung 5 zeigt das Ergebnis einer Simulation auf der Basis empirischer Daten, in der die Erlöse 1999 der Krankenhäuser eines westdeutschen Landesteils nach »all patient diagnosis related groups« (AP-DRGs) fiktiv neu verteilt wurden.

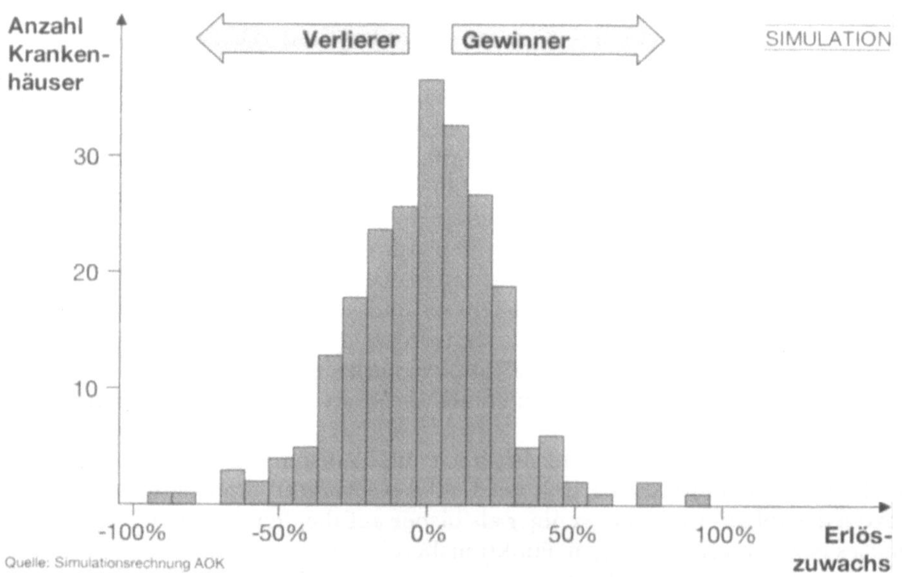

Abb. 5. Simulation einer Erlösumverteilung für deutsche Krankenhäuser auf Basis von DRGs

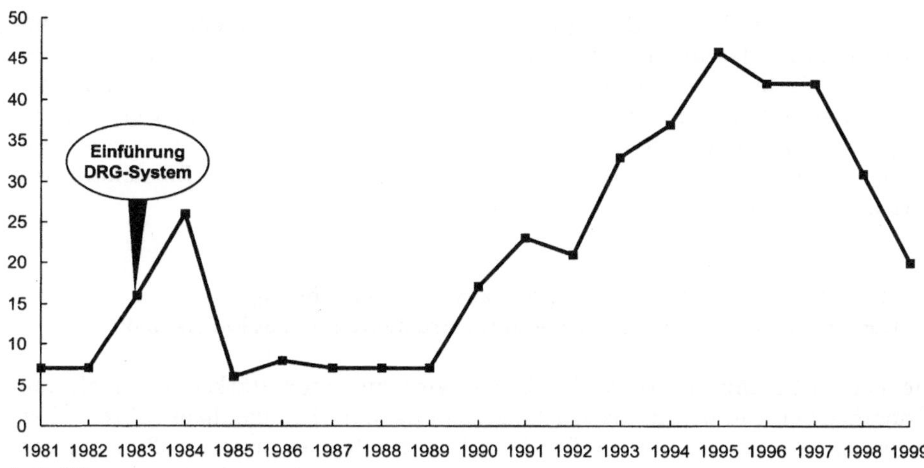

Abb. 6. Anzahl von Krankenhausfusionen und -übernahmen in den USA seit Einführung der DRGs

Hierbei wurde unterstellt, die AOK-Fälle seien repräsentativ für alle Fälle der Krankenhäuser. Die Balken zeigen die Häufigkeit, mit der DRGs gegenüber der heutigen Situation zu Verbesserungen (positiver Bereich) bzw. Verschlechterungen (negativer Bereich) führen. Auch wenn die verstreuten Einzelfälle jenseits der 50%-Marke (negativ wie positiv) eher auf Kodier- oder sonstige Datenfehler hinweisen, zeigt doch die Spannweite des stark besetzten Mittelfelds, wie groß die Auswirkungen sind.

Das Beherrschen der Logik des Krankenhausfusions- und -übernahmegeschäfts wird ein erfolgskritischer Faktor für das Krankenhausmanagement werden. Dies belegen Erfahrungen aus den USA nach Einführung des DRG-Systems in den achtziger und neunziger Jahren (vgl. Abb. 6). Der durch die DRGs ausgelöste Konsolidierungsdruck wird dazu führen, dass einige Häuser nur innerhalb großer, bundesweit agierender Krankenhausketten überleben werden.

Außerdem wird es in verstärktem Umfang Rationalisierung und Prozessoptimierung in den Krankenhäusern geben. Krankenhäuser müssen »operative Exzellenz« erlangen. Werden bestimmte Schwellenwerte bei der Fallzahlerhöhung überschritten, sind zudem Erweiterungs- bzw. Rationalisierungsinvestitionen notwendig. Private Krankenhäuser, die auf den Kapitalmarkt zurückgreifen können, haben es dabei deutlich leichter als die öffentlichen oder karitativen Häuser. Krankenhäuser mit öffentlichen Trägern werden nicht die notwendigen finanziellen Ressourcen für Rationalisierungsinvestitionen haben. Dadurch könnten 10–20% der deutschen Krankenhäuser durch die Einführung von DRGs in wirtschaftliche Schwierigkeiten geraten.

Die beschriebenen Konsequenzen hängen in entscheidendem Maße davon ab, ob das deutsche DRG-System ein wirkliches Wettbewerbssystem sein wird. Wenn hausindividuell Budgets und Leistungsmengen vereinbart werden, sind die oben skizzierten Strategien zur Fallzahlveränderung und zur Erzielung von Skaleneffekten nicht realisierbar.

Im Extremfall könnte die Einführung des DRG-Systems sogar zu einer weiteren Einengung des unternehmerischen Spielraums der Krankenhäuser führen, wenn die mit den DRGs verfügbaren detaillierten Leistungsstatistiken im Einzelnen verhandelt und planwirtschaftlich festgeschrieben würden. Der jetzt im Budgetbereich noch bestehende Handlungsspielraum würde dann entfallen. Ein solches Vorgehen wäre allerdings systemwidrig und würde die Entstehung von Rationalisierungsgewinnen sicher verhindern.

These 2: Krankenhauscontrolling und Kostenträgerrechnung werden zu entscheidenden Steuerungsinstrumenten für das Krankenhaus

Die neue Abrechnungslogik der DRGs wird zu einer stärkeren Verzahnung ökonomischer und medizinischer Fragestellungen im Krankenhaus führen – beispielsweise durch die notwendige Einführung integrierter Controllingsysteme. Der Einsatz leistungsfähiger Kodierungssoftware wird für die Krankenhäuser unverzichtbar. Dies wird den Alltag in deutschen Krankenhäusern grundlegend ändern.

Das Krankenhauscontrolling muss mittelfristig eine kostenträgerbezogene Kalkulation erstellen, um Deckungsbeiträge der DRGs zu ermitteln. Die Kosten- und Leistungsinformationen werden zu unverzichtbaren Entscheidungsgrundlagen für das Krankenhausmanagement. Die Wirtschaftlichkeit von Krankenhausabteilungen und einzelnen Eingriffen wird durch die Einführung eines DRG-Systems schnell transparent, so dass Stärken und Schwächen auch auf Abteilungsebene identifiziert werden können.

Allerdings wird kaum ein Krankenhaus sich nur auf Produkte mit hohen Deckungsbeiträgen spezialisieren können, da in diesem Fall der Ressourceneinsatz nicht optimiert werden kann. Wie entsprechende Untersuchungen zu betrieblichen Optimierungsstrategien unter Fallpauschalensystemen zeigen, müssen für eine sinnvolle Optimierung (je nach verfügbaren Ressourcen und den Möglichkeiten, die der Markt bietet) komplexe, hausindividuelle Lösungsstrategien zum Einsatz kommen [6]. Solche Strategien können je nach Ausgangsbedingungen eine Konzentration auf Produkte mit geringerem Deckungsbeitrag sinnvoll erscheinen lassen, aus Gründen der besseren Gesamtauslastung der vorhandenen Ressourcen. Außerdem kann die Gesamtstrategie (»Marketingstrategie«) des einzelnen Krankenhauses dazu führen, dass auch Produktgruppen mit negativem Deckungsbeitrag angeboten und über andere Bereiche finanziert werden müssen. Wichtig ist jedoch, dass dies bewusst und kontrolliert geschieht.

These 3: Aktives Management des Patientenportfolios und Neupositionierung der Krankenhäuser im Gesundheitsmarkt gewinnen an strategischer Bedeutung

Schon heute lassen sich an Hand vorhandener, in ein DRG-System umklassifizierter, Falldaten Simulationsrechnungen anstellen, die zeigen, welche Krankenhäuser beim jetzigen Stand Gewinner und welche Verlierer sein würden. Derartige Analysen entsprechen, solange die Systemparameter (endgültige Fallgruppen, Relativgewichte, Preise und Zuschläge) nicht bekannt sind, noch dem »Schießen auf ein bewegliches Ziel«.

DRGs werden aber auf jeden Fall die Komplexität von Krankenhausfällen durch einen aggregierten »case mix index« (CMI, d. h. einen gewichteten Fallschwereindex) transparent machen. Dadurch wird unmittelbar deutlich, welches Krankenhaus das höherwertige Leistungsspektrum erbringt und deshalb höhere Fallerlöse haben sollte.

Das Gesamtergebnis eines Krankenhauses hängt dabei nicht vom CMI allein ab, sondern ergibt sich aus der Relation von Kosten zu Fallschwere. Für besonders wirtschaftliche Häuser mit unterdurchschnittlichen Fallkosten und gleichzeitig komplexen oder multimorbiden Behandlungsfällen wird der Umstieg auf ein vollpauschaliertes DRG-System zu Gewinnen führen. Allgemeinkrankenhäuser mit einer bisher geringen Spezialisierung werden von DRGs Vorteile haben, wenn sie viele multimorbide Patienten behandeln. Dies bedeutet eine komplette Umkehr der derzeit bestehenden Anreizsituation, da sich bisher bei relativ festen Budgets eher Vorteile aus einer medizinischen »Verdünnung« des Leistungsspektrums ergeben haben.

Krankenhäuser mit überdurchschnittlichen Kosten bei wenig komplexem Fallmix haben mit Defiziten zu rechnen, die sie in ihrer Existenz gefährden können. Auch dieser Umstand kann die Konsolidierungswelle in der deutschen Krankenhauslandschaft begünstigen, bei der sich Krankenhausketten weiter ausdehnen könnten.

Vor diesem Hintergrund ist dringend zu empfehlen, dass die Krankenhäuser ihr Patientenportfolio trotz der noch bestehenden Unsicherheiten unter DRG-Perspektive analysieren und versuchen, es aktiv zu managen. Wenn es sich als erforderlich erweist, das Leistungsangebot zu restrukturieren, sollte das Krankenhaus dies möglichst schnell tun, um erfolgreich am DRG-finanzierten Krankenhausmarkt agieren zu können. Auf Grund der großen Ähnlichkeiten der verschiedenen DRG-Systeme ist bei Allgemeinkrankenhäusern mit breiterem Behandlungsspektrum der Einfluss der DRG-Variante auf die relative Positionierung gering. Bei spezialisierteren Anbietern hingegen ist je nach Höhe der Relativgewichte in ihrem Spezialbereich mit stärker variierenden Ergebnissen zu rechnen.

Ferner ist davon auszugehen, dass DRGs Anreize beseitigen, einfache Fälle aus der ambulanten Versorgung in die stationäre umzusteuern und schwierige Fälle zu verschieben. Die Fehlbelegungsdiskussion wird durch die Einführung des DRG-Systems in eine andere Richtung gelenkt: Die Diskussion der sekundären Fehlbelegung verliert an Bedeutung, die primäre Fehlbelegung rückt dagegen in das Zentrum der Diskussion.

Bei der Analyse des Leistungsportfolios müssen die Behandlungsfälle des Krankenhauses in 3 Dimensionen gesehen werden. Die Statistiken nach Diagnose(n), Operation(en) und DRGs beleuchten unterschiedliche Aspekte des Leistungsgeschehens: Beispielsweise lässt sich einer DRG-Statistik nicht entnehmen, wie viele onkologische Fälle in einem Haus behandelt werden, da diese im DRG-System teilweise primär unter der führenden Operation klassifiziert sind. Auch sind Operationen und Diagnosen den DRGs, die diese betriebswirtschaftlich zusammenfassen, nicht im Detail zu entnehmen. Es ergibt sich daher ein »Infor-

Tabelle 1. Beispiel 1: Portfolioanalyse und Krankenhaussterblichkeit bezogen auf Diagnosen und Operationen. Nur wenige Krankenhäuser in Deutschland veröffentlichen bislang vergleichbare Qualitätsstatistiken. Dies wird im DRG-Zeitalter unerlässlich. (HELIOS Kliniken GmbH, Datensatz 1999)

	HELIOS-Gruppe			Krankenhäuser Deutschland		
	Fälle	%	Todesfälle (%)	Fälle	%	Todesfälle (%)
Krankheiten						
Gefäßkrankheiten	12.624	7,3	0,8	467.663	2,9	2,2
Gefäßkrankheiten = 100%	12.624	100,0	0,8	467.633	100,0	2,2
Arterielle Gefäßkrankheiten	4.328	34,3	2,0	204.578	43,7	4,1
davon: Arteriosklerose p(AVK)	3.614	28,6	1,3	131.133	28,0	2,9
davon: Aortenaneurysmen, nicht rupturiert	137	1,1	3,6			
		1,2	7,8	20.355	4,4	9,1
davon: Aortenaneurysmen, rupturiert	17	0,1	41,2			
Venenerkrankungen	8.058	63,8	0,1	257.869	55,1	0,6
davon: Varizen der unteren Extremität	6.799	53,9	0,0	159.395	34,1	0,1
davon: tiefe Beinvenenthrombosen	480	3,8	0,0			
		6,2	0,1	56.899	12,2	0,7
davon: Thrombophlebitis	307	2,4	0,3			
Lymphgefäßkrankheiten	238	1,9	0,0	5.216	1,1	0,4
Ausgewählte Hauptoperationen/ -eingriffe						
Varizenoperationen	6.521		0,0			
Arterielle Eingriffe	1.872		4,0			
davon: supraaortale Gefäßeingriffe(extrakraniell)	315		1,0			
davon: abdominale Gefäßeingriffe	363		7,2			
davon: periphere arterielle Eingriffe	654		4,0			
Amputation untere Extremität	418		10,5			

mationsdreieck« aus diesen 3 Sichtweisen, das je nach Fragestellung unterschiedlich genutzt werden kann.

Als Beispiel für den Einstieg in eine Portfolioanalyse zeigen die Tabellen 1 und 2 eine Auswertung aller Fälle der HELIOS Kliniken Gruppe aus dem Bereich der Gefäßchirurgie (Auszug aus dem Jahresbericht [3]). Insgesamt wurden die Daten von ca. 173.171 Behandlungsfällen aus allen 18 Akutkrankenhäusern der Gruppe ausgewertet. Da bundesweit Vergleichsdaten für die Diagnosestatistik verfügbar sind (Statistisches Bundesamt), konnte die diagnosebezogene Portfoliostruktur mit dem Bundesdurchschnitt verglichen werden.

Es zeigt sich, dass die hier im Auszug dargestellten Gefäßerkrankungen in den HELIOS Kliniken mit 12.624 Fällen (entsprechend 7,3% aller Fälle) deutlich stärker vertreten sind als im Durchschnitt aller deutschen Krankenhäuser

Tabelle 2. Beispiel 2: Portfolioanalyse und Krankenhaussterblichkeit bezogen auf DRG (Diagnosis Related Groups). Auf Basis der DRG-Analysen können die Krankenhäuser mittels der Relativgewichte die finanziellen Auswirkungen der Systemumstellung simulieren. (HELIOS Kliniken GmbH, Datensatz 1999)

	Fälle	US-Relativgewicht	Todesfälle %
Ausgewählte AP-DRGs, nicht operativ			
128 Tiefe Venenthrombose	574	1,04	0,0
130 Krankheiten des peripheren Gefäßsystems mit CC	647	1,29	3,1
131 Krankheiten des peripheren Gefäßsystems ohne CC	2.392	0,90	0,7
132 Arteriosklerose mit CC	327	1,04	8,9
133 Arteriosklerose ohne CC	912	0,69	2,5
Ausgewählte AP-DRGs, operativ			
110 Große kardiovaskuläre Operationen mit CC	88	4,19	11,4
111 Große kardiovaskuläre Operationen ohne CC	290	2,70	3,4
113 Amputationen (außer obere Extremität und Zehen) bei Gefäßkrankheiten	279	5,86	12,2
114 Amputationen der oberen Extremität oder der Zehen bei Gefäßkrankheiten	143	2,60	2,8
119 Ligatur und Stripping von Varizen	6.473	0,78	0,0
478 Andere Gefäßoperationen mit CC	123	2,46	4,9
479 Andere Gefäßoperationen ohne CC	839	1,54	0,8
549 Große kardiovaskuläre Operationen mit schweren CC	58	9,57	34,5
550 Andere Gefäßoperationen mit schweren CC	120	5,31	18,3
796 Revaskularisierung an der unteren Extremität mit CC	69	3,76	0,0
797 Revaskularisierung an der unteren Extremität ohne CC	348	2,06	2,0

(2,9%). Innerhalb der Kategorie Gefäßerkrankungen ergibt sich ein *relativ* hoher Anteil an Behandlungsfällen von Varizen (53,9% der Gefäßerkrankungen statt 34,1% im Bundesdurchschnitt), wobei unter Berücksichtigung der insgesamt sehr hohen Zahl an Gefäßpatienten auch im arteriellen Bereich noch ein deutlicher Schwerpunkt besteht (2,5% der Gesamtfallzahl gegenüber 1,25% im Bundesdurchschnitt). Die Krankenhaussterblichkeit liegt in allen Kategorien deutlich unter dem Bundesdurchschnitt, was auf den positiven Mengeneffekt zurückzuführen sein dürfte [2].

Für die Operationen fehlen Vergleichsdaten. Gleiches gilt für die hier durchgeführte AP-DRG-Analyse.

In der AP-DRG-Analyse (eine Analyse mit australischen AR-DRGs war zum Zeitpunkt der Erstellung dieses Beitrags noch nicht möglich) zeigt sich, dass die DRGs eine integrierte Sicht auf Diagnosen und Operationen in einem einheitlichen System mit Berücksichtigung der Schweregrade (CC = einfache Komplikationen und Begleiterkrankungen sowie schwere CC) ermöglichen. Die Bedeutung der Schweregradeinteilung wird nicht nur in der Gewichtung, sondern beispielsweise auch im unterschiedlichen Sterberisiko deutlich (vgl. auch die Aussagen zu Qualitätssicherung, s. unter These 4) und zeigt sich auch in hier nicht dargestellten Verweildauerunterschieden. Dabei ist zu beachten, dass auf Grund der bestehenden Unterkodierung viele komplizierte Fälle fälschlich noch in DRGs ohne CC eingestuft sind; bei richtiger Kodierung wäre also u. a. hinsichtlich der Sterblichkeit der Unterschied zwischen den Schweregradgruppen noch deutlicher.

Eine ökonomische Bewertung des Portfolios ist nur über die DRGs möglich. Über Fallzahlen und Relativgewichte ergibt sich, sobald die »base rate«, d. h. der Punktwert, bekannt ist, zusammen mit etwaigen Zu- und Abschlägen der im DRG-System zu erwartende Erlös. Da für jede DRG auch die derzeitigen Ist-Erlöse bekannt sind, lassen sich die Auswirkungen der Systemumstellung für die HELIOS Kliniken detailliert simulieren. Ergänzt man Informationen zum Ressourcenverbrauch und zu Deckungsbeiträgen, so werden komplexere Simulationen und der Einsatz betriebswirtschaftlicher Optimierungsverfahren möglich [6]. Damit wird auch der vom System her beabsichtigte Steuerungseffekt eines Preissystems verdeutlicht.

Neben dem reinen Preis für eine DRG werden den Krankenhäusern voraussichtlich zusätzliche Vergütungen für bestimmte Strukturmerkmale gewährt (z. B. die Lehr- und Ausbildungstätigkeit, Sicherstellung der Versorgung der Bevölkerung, evtl. Notfallversorgung usw.). Kurzfristig sind solche Strukturmerkmale durch die Krankenhäuser kaum zu beeinflussen. Im Rahmen der langfristigen Strategieplanung müssen die Krankenhäuser diese Zusatzvergütungen jedoch für die Optimierung ihrer Gesamteinnahmen berücksichtigen.

These 4: Die Kodierungsqualität ist von großer Bedeutung; sie muss angesichts zu erwartender Qualitätssicherungsmaßnahmen schrittweise verbessert werden

Die Diagnose- und Prozedurenkodierung erhält mit dem DRG-System eine völlig neue Bedeutung. Einerseits hängen die Erlöse eines Krankenhauses unmittelbar von der Qualität der Kodierung ab. Andererseits gewinnt die Kodierung damit hinsichtlich der Zuverlässigkeitsanforderungen buchhalterische Qualitäten. In den USA gibt es daher z. B. Qualitätssicherungsverfahren und wirksame Sanktionsmechanismen zur Sicherstellung einer ausreichenden Kodierungsqualität [4]. Die Sicherstellung der Qualität der Kodierung ist der erste Meilenstein bei der Systemumstellung, denn die ab 1. Januar 2001 kodierten Daten sind bereits entscheidend für die ersten DRG-basierten Budgetverhandlungen, die 2002 prospektiv für das Jahr 2003 durchgeführt werden.

Die Kodierungsqualität eines Krankenhauses kann mit sehr unterschiedlicher Genauigkeit beurteilt werden. Auf Grund der meist sehr schlechten Ausgangssituation werden für den Anfang einfache, praxisorientierte Kennzahlen ausreichen. Im weiteren Verlauf kann bzw. muss das Verfahren weiter verfeinert werden, auch weil Qualitätssicherungsverfahren in diesem Bereich zu erwarten sind.

- Die Anzahl der kodierten Diagnosen pro Fall muss für das gesamte Krankenhaus und die Fachabteilungen bekannt sein (da die DRGs den Fall vom Ergebnis her betrachten, sind hier nur gesicherte Diagnosen nach Abschluss der Diagnostik von Bedeutung, d. h. ohne Einweisungs- und Aufnahmediagnose). Dabei ist darauf zu achten, dass wiederholt abgespeicherte Diagnosen nur einfach gezählt werden. Gegenwärtig werden in den meisten Krankenhäusern ca. 1,2–2,5 Diagnosen pro Fall kodiert. Es ist damit zu rechnen, dass dieser Wert in den nächsten Jahren deutlich ansteigen wird.
- Es gibt derzeit keine verlässlichen Angaben darüber, wie hoch die »wahre« Häufigkeit des Auftretens bestimmter Begleiterkrankungen unter den stark

vorselektierten Krankenhausfällen ist; sie hängt von der Abteilungsstruktur und den Behandlungsschwerpunkten der Klinik ab. Anhand bestimmter Tracerdiagnosen kann aber für die Mitarbeiter meist veranschaulicht werden, dass ein Erfassungsdefizit besteht. Im Klinikum Erfurt der HELIOS-Gruppe wurden beispielsweise bei insgesamt fast 48.000 vollstationären Fällen typische Begleiterkrankungen mit folgender Häufigkeit als *Nebendiagnose* angegeben (d. h. die Nennung als Hauptdiagnose wurde hier nicht mitgezählt):

- Herzinsuffizienz (Herzmuskelschwäche) bei 377 Fällen (0,8%),
- Herzrhythmusstörungen bei 816 Fällen (1,7%),
- Diabetes (Zuckerkrankheit) bei 687 Fällen (1,4%),
- Niereninsuffizienz bei 328 Fällen (0,7%).

Allein auf Grund klinischer Erfahrungen kann festgestellt werden, dass diese Häufigkeiten teilweise um den Faktor 10 zu niedrig liegen.

Die genannten Auswertungen müssen regelmäßig wiederholt und die Ergebnisse den Chefärzten mitgeteilt werden. Da die Reaktion auf diese Zahlen, d. h. die Umsetzung von Verbesserungen im Kodierverfahren, Zeit benötigen, reicht eine zwei- bis dreimonatliche Wiederholung dieser Auswertung. Ziel dieser Bemühungen muss die korrekte Kodierung sein, keinesfalls eine Überkodierung!

- Eine EDV-Unterstützung bei der Kodierung ist wichtig. Mit ihr allein kann aber nicht sichergestellt werden, dass alle Begleiterkrankungen und Komplikationen korrekt erfasst werden. Hierzu ist es sinnvoller, die Dokumentation an typischen Schwachstellen zu verbessern: Erfassung auf der Intensivstation, im perioperativen Bereich, z. B. bei Risikofaktoren, und an anderen kritischen Punkten. Letztlich sollte jede Abteilung stichprobenweise anhand einiger vorselektierter komplizierter Behandlungsfälle prüfen, inwieweit sich die der Akte zu entnehmenden Diagnosen und Prozeduren an der maßgeblichen Stelle wiederfinden, d. h. im EDV-System der Patientenverwaltung. Auf diese Art und Weise lassen sich typische, hausindividuelle Schwachstellen, die an beliebigen Stellen auftreten können, näher identifizieren (z. B. Kodierung durch den Arzt, ggf. bei papiergebundenen Verfahren die Erfassung im Bereich Patientenverwaltung, EDV-Schnittstellen usw.).
- Alle wesentlichen Kennzahlen zur Überwachung der Kodierungsqualität (sowie natürlich alle weiteren benötigten Funktionen zur Simulation der Budgetauswirkungen der DRG-Umstellung) müssen in die operativen EDV-Systeme integriert werden.

These 5: Die Einführung von Diagnosis Related Groups steigert auch die Transparenz der Behandlungsqualität und erfordert Mechanismen zur Sicherung dieser Qualität in den Krankenhäusern

Die DRGs sind per se kein System zur Qualitätssicherung, können aber dazu beitragen. Denn bei allen Qualitätssicherungsverfahren sind zunächst die Kategorien zu definieren, auf die sich die Kennzahlen und Verfahren der Qualitätssicherung beziehen sollen – mit den DRGs steht hierfür ein Grundgerüst zur Verfügung.

Auf Grund der betriebswirtschaftlich ausgerichteten DRG-Gruppenbildung wird es zwar bei einer Verfeinerung der Verfahren teilweise nötig sein, für Qualitätssicherungszwecke medizinisch enger definierte Untergruppen innerhalb bestimmter DRGs abzugrenzen. Allerdings würden auch systematisch verfügbare Kennzahlen, die auf der DRG-Grundstruktur beruhen, einen erheblichen Fortschritt gegenüber der gegenwärtigen Situation darstellen. Außerdem müssen Leistungsmengen bekannt sein, um die Aktivitäten auf sinnvolle Gebiete (besonders teuer, besonders häufig usw.) fokussieren zu können. Auch hierfür schaffen DRG-Statistiken auf Grund der kompletten Übersicht über die Produktstrukturen die erforderlichen Voraussetzungen.

Prinzipiell lassen sich beliebige Kennzahlen auf die Fallgruppen beziehen. Zu den rasch verfügbaren Daten gehört hier z. B. die Auswertung der fallgruppenspezifischen Krankenhaussterblichkeit. Sie ist – wie das oben genannte Auswertungsbeispiel in den Tabellen 1 und 2 zeigt [3] – schon heute aus den routinemäßig erhobenen Daten (Entlassungsgrund) ableitbar; in den USA zählt sie in verbesserter Form bereits zu den Routineverfahren bei der Qualitätssicherung (dort wird nicht nur die Krankenhaussterblichkeit, sondern durch Abgleich mit standesamtlichen Daten die 30-Tage-Mortalität erfasst). Hier sind verschiedene methodische Probleme zu beachten, da die Sterblichkeit nicht nur etwas über die Behandlungsqualität aussagt, und vor allem nicht in allen Bereichen. In der Onkologie hängt sie beispielsweise sehr stark von der Verfügbarkeit von Nachsorgeeinrichtungen ab; die Krankenhaussterblichkeit wäre hier z. B. niedriger, wenn in lokaler Nähe zum untersuchten Haus eine Hospizversorgung möglich wäre.

Das australische DRG-System ist nicht für standardisierte Vergleiche der Sterblichkeitsraten optimiert [hierfür wird in den USA das »all patient refined diagnosis related groups system« (APR-DRG-System) eingesetzt]. Dennoch können in vielen Bereichen Indizien für mögliche Abweichungen in der Qualität der Behandlung gewonnen werden, die dann in gezielten hausinternen Untersuchungen weiter überprüft werden müssen. Eine wesentliche Voraussetzung für diese Untersuchungen ist die Verfügbarkeit bundesweiter Vergleichsdaten, die im Falle der Diagnosestatistik das Statistische Bundesamt zur Verfügung stellt (sowohl die Leistungsmengen als auch die Krankenhaussterblichkeit). Hier bestehen derzeit allerdings noch erhebliche Defizite; beispielsweise ist keine bundesweite OP-Statistik verfügbar.

Weiter gehende Verfahren der Qualitätssicherung, wie z. B. bei der Qualitätssicherung für Fallpauschalen und Sonderentgelte, sind zwar auch mit den DRG-Fallgruppen möglich. Dabei ist aber darauf zu achten, dass Datenerfassungsaufwand und Ergebnisse in vernünftigem Verhältnis zueinander stehen. Gerade in der Qualitätssicherung gilt: Weniger ist mehr – eine qualitativ gute Erfassung weniger Indikatoren ergibt aussagekräftigere Ergebnisse als eine breit angelegte Erfassung sehr vieler potentiell interessanter Items, deren Qualität aber wegen des Erfassungsaufwands in der Praxis nicht sicherzustellen ist. Gegenwärtig bleibt das Problem, dass die Ergebnisqualität der Krankenhausbehandlung nicht sicher messbar ist.

Die Entwicklung der Qualitätssicherung wird davon abhängen, wie das neue Entgeltsystem implementiert wird. Eine eher marktorientierte Reform wird stärker als bisher auf das Eigeninteresse der Unternehmen (hier der Krankenhäuser) an der Qualitätssicherung setzen und muss daher vor allem die Wahlfreiheit des Patienten (und des behandelnden und einweisenden Arztes) erhalten.

Die auf täglicher Erfahrung beruhende Einschätzung der niedergelassenen Ärzte und ihrer Patienten ist angesichts weit gehend fehlender objektiver Kennzahlen ein nicht zu unterschätzendes Element der Qualitätssicherung. Wenngleich diese Einschätzung der Behandlungsqualität zweifellos subjektiv ist, schafft die daraus resultierende »Abstimmung mit den Füßen« erhebliche Anreize für die Krankenhäuser, sich mit dem Problem der Behandlungsqualität auseinander zu setzen. Wie die Ergebnisse der Patientenbefragungen in der HELIOS-Gruppe zeigen, ist die so genannte »Hotelqualität« dabei auch für die Patienten nicht das wichtigste Kriterium. Im Zweifelsfall werden die Patienten – insbesondere bei schweren Erkrankungen meist in Abstimmung mit dem behandelnden Arzt – versuchen, die *medizinisch* am besten geeignete Einrichtung zu finden.

Wenn die krankenhausspezifischen Daten zur Häufigkeit bestimmter Behandlungsverfahren, zur Sterblichkeit und ggf. zu anderen messbaren Qualitätsparametern transparenter werden, so kann dies wesentlich dazu beitragen, die Entscheidung des Patienten und des behandelnden Arztes zu objektivieren. Eine in diesem Sinne an der Entscheidungsfreiheit des »Verbrauchers« orientierte Qualitätssicherung würde sich deutlich vom heutigen institutionalisierten Ansatz unterscheiden. Die Krankenhäuser haben ihrerseits die Möglichkeit, über eine DRG-bezogene Auswertung der Daten zur Patientenzufriedenheit gezieltere, produktbezogene Informationen zu erhalten und damit ihre Stärken und Schwächen besser als in den derzeitigen abteilungsbezogenen Analysen einzuschätzen.

Insgesamt wird das DRG-System zu einer stärker produktbezogenen Ausrichtung der Qualitätssicherungsaktivitäten führen und damit die strukturbezogene Sicht (z. B. auf Abteilungen, Funktionsbereiche usw.) sinnvoll erweitern.

These 6: Krankenhäuser müssen frühzeitig strategisches Know-how im Bereich Diagnosis Related Groups sammeln

Die Krankenhäuser müssen sich frühzeitig strategisch auf die Herausforderung durch DRGs vorbereiten. Zu den vordringlichsten Maßnahmen zählen:

Bestandsaufnahme/Ist-Analyse. Hier sind die Krankenhäuser kurzfristig auf externe Analysen angewiesen. Mittelfristig müssen die Analysen in die bestehenden EDV-Systeme integriert werden. Es ist davon auszugehen, dass spätestens zu Beginn des nächsten Jahres derartige Systeme verfügbar sein werden.

Verbesserung der Datenqualität. Im Vordergrund steht die Verbesserung der Qualität der Kodierung, die bereits ab 1.1.2001 bewertungsrelevant im Rahmen der im Jahr 2002 zu führenden Budgetverhandlungen für 2003 werden wird (vgl. These 4). Hier stellt erfahrungsgemäß die Kodierung der Diagnosen und insbesondere der Nebendiagnosen das größte Problem dar. Die Kodierung der Operationen birgt vergleichsweise geringere Qualitätsprobleme. Allerdings werden einige für die DRG-Eingruppierung erforderliche Prozeduren außerhalb des OP-Bereichs noch unvollständig erfasst.

Ableitung strategischer Produktoptionen. Erst die genaue Kenntnis des Produktspektrums ermöglicht die Ableitung strategischer Optionen. Auf Grund der noch erfolgenden Anpassungen des Systems wird hier zunächst eine kontinuierliche Beobachtung mit dem Ziel der Entwicklung möglichst flexibler Handlungsmöglichkeiten im Vordergrund stehen. Bei korrekter Gestaltung des Systems werden die Konsequenzen für die Produktstrategien hausindividuell sehr unterschiedlich sein. Da die DRG-Systeme in anderen Ländern bisher im Mittel budgetneutral eingeführt wurden, lassen sich keine allgemein gültigen Strategien zur Produktselektion ableiten.

Benennung Diagnosis-Related-Group-Verantwortlicher. Aus den verschiedenen Bereichen (Verwaltungsleitung, Controlling, Abrechnung, ärztlicher Dienst) sind DRG-Beauftragte zu benennen, die für die Umsetzung der Dokumentationsanforderungen und EDV-Anpassung zuständig sind. Die strategische Positionierung bleibt Aufgabe der Geschäftsleitung.

Nicht alle kleineren Krankenhäuser in Deutschland werden in der Lage sein, sich auf die neue Situation adäquat vorzubereiten, da es in Deutschland nicht genügend Experten zum Thema DRGs gibt. Auch hieraus folgt ein Konsolidierungszwang.

Die Bedeutung der Diagnosis Related Groups für die Krankenkassen

Ebenso wie für die Krankenhäuser bedeutet die Einführung des DRG-Systems auch für die Krankenkassen einen Umbruch – mit Risiken aus einer Umverteilung bei den Leistungsausgaben, aber auch völlig neuen Chancen für das Leistungsmanagement. Der Übergang vom alten zum neuem Entgeltsystem muss sorgfältig gemanagt werden. Analog zur Situation in den Krankenhäusern werden die Analyse des Leistungsportfolios und die daraus ableitbaren strategischen Implikationen erhebliche Veränderungen nach sich ziehen. Auch hierzu werden im Folgenden 6 Thesen ausgeführt:

1. Die DRG-Einführung könnte zu einer Neuverteilung der Krankenhausbudgets unter den Krankenkassen führen, die je nach Art der Kasse unterschiedliche Folgen hat.
2. Von großer Bedeutung ist die Entwicklung zuverlässiger Methoden zur Qualitätskontrolle des Kodierungs- und Abrechnungsverhaltens von Krankenhäusern.
3. Für die Erfassung und Kontrolle der medizinischen Qualität der Leistungserbringung eröffnen die DRGs den Krankenkassen neue Möglichkeiten.
4. Die DRGs stellen bisherige Formen des Fallmanagements und der Rechnungsprüfung in Frage. Für die Krankenkassen eröffnet sich die Chance, das Fallmanagement auf Basis der DRGs weiterzuentwickeln, um schließlich zu einer sektoral übergreifenden ganzheitlichen Analyse von Behandlungsfällen zu kommen; dies erfordert Zeit und beträchtliche Investitionen.

5. Mit der Einführung der DRGs wird das Verhandlungsmanagement gegenüber den Krankenhäusern keinesfalls aufgelöst. Es wird nach wie vor Verhandlungen geben; Inhalte und Charakter werden sich aber ändern.
6. Intern müssen die Kassen frühzeitig die organisatorischen und fachlichen Voraussetzungen für den Systemübergang schaffen und DRG-Know-how auf- bzw. ausbauen.

These 1: Die Einführung der Diagnosis Related Groups könnte eine Neuverteilung der Krankenhausbudgets unter den Krankenkassen zur Folge haben

Die bisherigen »Preise« für Krankenhausfälle ergaben sich überwiegend aus dem mischkalkulierten Abteilungspflegesatz und der krankheitsspezifischen Verweildauer. Mit den DRGs entfällt die Mischkalkulation zu Gunsten wesentlich stärker fall- und risikoorientierter Preise. Wegen der historisch bedingt sehr unterschiedlichen Risikostrukturen der Krankenkassen muss dies Rückwirkungen auf die Ausgabenverteilung haben – wie sie genau aussehen, war bereits Gegenstand verschiedener kasseninterner Analysen.

Die Fallpreise hingen auch bisher schon über die Verweildauerkomponente und andere Einflüsse (z. B. separate Intensivpflegesätze) teilweise vom Schweregrad der Krankheit ab. Deshalb und wegen der Komplexität der Zusammenhänge sind allgemeine Vorhersagen kaum möglich. Sicher ist aber, dass die Auswirkungen des DRG-Systems auf der Kassenseite bereits im Jahr 2003 nahezu ungebremst eintreten werden, da die Budgetneutralität des Übergangs und eventuelle Konvergenzphasen nur auf der Krankenhausseite wirken. Ferner ergibt sich der Gesamteffekt nur z. T. aus der bereits im Jahr 2003 eintretenden Umverteilung; mit erheblichem Zeitverzug werden in den Folgejahren weitere Umverteilungen im Rahmen des Risikostrukturausgleichs wirksam werden.

Der Versuch, die Auswirkungen der Reform für einzelne Kassenarten vorherzusagen, wird durch verschiedene Umstände erschwert:
- vergleichende Analysen, insbesondere Vorhersagen der RSA-Effekte, würden umfangreiche Datenbestände erfordern, die derzeit nicht zur Verfügung stehen;
- alle derzeitigen Analysen werden durch die mangelnde Datenqualität beeinträchtigt;
- die Entwicklung der Kodierungsqualität wird zu Verschiebungen von einfachen in schwere Fallgruppen führen, die sich je nach Kassenart unterschiedlich auswirken werden;
- derzeit noch gar nicht vorhersagbar sind die Auswirkungen des australischen DRG-Systems (fehlender Grouper) und insbesondere der Neukalkulation der Relativgewichte, die erst im nächsten Jahr abgeschlossen sein wird.

Grundsätzlich ist festzustellen, dass der Risikostrukturausgleich konzeptionell darauf angelegt ist, *langfristige* Änderungen der Risikostrukturen zu kompensieren. Da die Umverteilungswirkung des DRG-Systems jedoch sehr abrupt eintreten wird, könnten Anpassungen in diesem Bereich erforderlich werden.

These 2: Zuverlässige Methoden zur Kontrolle der Kodierungsqualität einzelner Krankenhäuser sind vordringlich

Die Kontrolle der Kodier- und Abrechnungsqualität wird für die Krankenkassen nach Einführung der DRGs eine deutlich höhere Bedeutung haben als zurzeit. Zu den Phänomenen, die es dabei zu kontrollieren gilt, gehören Fehlkodierungen wie z. B. illegales Gaming oder auch Hochkodieren (Upcoding). Das Hochkodieren hat unmittelbare Auswirkungen auf den »case mix index« (CMI), also auf das durchschnittliche Relativgewicht aller behandelten Patienten. Das Verweildauermanagement wird dagegen – außer in der Psychiatrie – an Bedeutung verlieren, da der Anreiz für Krankenhäuser entfällt, Patienten zu lange im Krankenhaus zu halten. Vielmehr muss künftig darauf geachtet werden, dass die Patienten nicht instabil entlassen werden.

Kodierungsprobleme sind aus verschiedenen internationalen Untersuchungen bekannt: Studien zum so genannten DRG-Creep bzw. Upcoding ergaben anfänglich Fehlkodierungen von bis zu 30%, später noch von bis zu 10%, allerdings in beide Richtungen. Anfänglich muss mit einem Ansteigen der Fallschwere gerechnet werden, da die meisten Häuser bewertungsrelevante Sachverhalte des DRG-Systems derzeit unzureichend kodieren. Zunächst ist also kein Hochkodieren, sondern ein Richtigkodieren zu erwarten; es kann jedoch in Hochkodieren übergehen. Erfahrungen aus den USA belegen, dass dieser Nachholeffekt ca. 4–5 Jahre andauert. Allerdings war in den USA – abgesehen von wenigen Ausnahmen – kein eindeutiger Trend in Richtung eines systematischen Upcoding feststellbar. Auch längere Zeit nach Einführung des Systems fanden sich in Stichprobenkontrollen der Peer Review Organizations nach wie vor unterkodierte Fälle.

Fehlkodierungen sind in jedem Patient-Classification-System zu beobachten; sie sind nicht DRG-spezifisch. Auch die Schwankungsbreite ist bei anderen Systemen gleich hoch. Zusammenfassend besteht eine leichte Tendenz hin zum Upcoding, jedoch sind flächendeckende Hochkodierungen nicht zu beobachten, wenn von vorneherein adäquate Kontroll- und Sanktionsmechanismen bereitstehen. Wichtig ist das Monitoring des CMI.

Im DRG-System ist wegen des Fallbezugs der Spielraum zur manipulativen Leistungsdefinition wesentlich geringer als bei der Einzelleistungsvergütung. Die Krankenkassen müssen durch ihre Abrechnungskontrolle sicherstellen, dass die Leistungen korrekt abgerechnet werden. Die Struktur des DRG-Systems erlaubt es, dazu die prozentuale Verteilung der Fälle in den verschiedenen Schweregradgruppen je DRG im Vergleich verschiedener Häuser oder Fachabteilungen statistisch darzustellen. Mit Hilfe solcher Statistiken lassen sich »verdächtige« Konstellationen leicht identifizieren und anhand von gezielten Einzelfallprüfungen vorselektierter Fälle überprüfen (statistischer Prüfansatz). Für die Funktionsfähigkeit des Systems ist es wichtig, dass den Krankenkassen das Recht zur Durchführung derartiger externer Stichprobenprüfungen eingeräumt wird.

Es hilft dabei wenig, wenn jede Krankenkasse isoliert agiert; vielmehr ist eine Analyse von Einzelfalldaten über alle Kassen hinweg (statistische Qualitätskontrolle) erforderlich.

Sehr hilfreich wäre es, wenn auch in Deutschland Peer Review Organizations mit den Kompetenzen der entsprechenden amerikanischen Institutionen eingerichtet würden. Denn die stichprobenmäßige Überprüfung vor Ort kann auch durch das beste statistische Prüfverfahren nicht ersetzt werden. Gleichwohl sollte in die statistische Qualifikation (nicht nur deskriptive, sondern auch schließende Statistik) der Mitarbeiter investiert werden.

These 3: Für die Erfassung der medizinischen Qualität der Leistungserbringung eröffnen die Diagnosis Related Groups den Krankenkassen neue Möglichkeiten

Die Datentransparenz spielte im bisherigen planwirtschaftlichen Ansatz keine entscheidende Rolle. Sie muss im Rahmen der DRG-Einführung ausgebaut werden, um damit die Basis für mehr Wettbewerb zu schaffen – nicht nur hinsichtlich des Preis-/Leistungsverhältnisses, sondern auch hinsichtlich der Qualität der Leistungserbringung.

Wie in den USA ist damit zu rechnen, dass die Auswertung der DRG-spezifischen Sterblichkeitsstatistiken in bestimmten Bereichen erste Anhaltspunkte für die Qualität der Versorgung liefern wird. Auch in diesem Zusammenhang ist die Qualität der Kodierung entscheidend. Die Qualitätssicherung wird daher sowohl zu einer Verbesserung der Kodierregeln als auch der Kodierungsqualität selbst führen.

Weitere Möglichkeiten der Bewertung der Leistungsqualität würden sich aus der Auswertung DRG-spezifischer Wiederaufnahmeraten sowie auch durch die vergleichende Analyse der DRG-spezifischen Folgeleistungen nach einer Krankenhausbehandlung ergeben (z.B. im ambulanten Bereich, der Arbeitsunfähigkeit usw.). Dazu wäre jedoch eine Lockerung der bisherigen Datenschutzbestimmungen erforderlich.

Eine DRG-basierte Vergütung schafft einen Anreiz, den Patienten mit möglichst geringem Aufwand zu behandeln und dann frühzeitig zu entlassen. Die bisherigen Erfahrungen in Deutschland mit dem Fallpauschalensystem haben allerdings gezeigt, dass sich daraus keine gravierenden Probleme ergeben. Dennoch ist eine Überwachung des Entlassungsgeschehens und der Qualität der medizinischen Leistung erforderlich, um frühzeitig eventuelle Mängel – und Risiken für die Versicherten – erkennen zu können.

Voraussetzungen für jede aussagefähige Leistungsanalyse sind der Ausbau der Datenerfassung nach § 301 SGB V, die Verbesserung der Qualität der hier gewonnenen Daten und der Auf- bzw. Ausbau adäquater Managementinformationssysteme, die DRG-bezogene vergleichende Analysen ermöglichen müssen. Hier sind Zeitreihenvergleiche ebenso erforderlich wie z.B. Vergleiche verschiedener Anbieter und unterschiedlicher Versichertenpopulationen.

These 4: Diagnosis Related Groups stellen das »Fallmanagement« auf eine neue Grundlage – mit interessanten Entwicklungsmöglichkeiten

Das bisherige Fallmanagement der Krankenkassen muss auf Dauer neu ausgerichtet werden. Mit den DRGs stehen umfassende Kategorien für die Untersuchung der vollstationären Leistungen zur Verfügung. Will man die Wirtschaftlichkeit des Behandlungsprozesses auch im Rahmen integrierter Versorgungsmodelle beurteilen, so muss man das gesamte Behandlungsgeschehen kategorisieren und hinsichtlich des Gesamtverhältnisses von Preis und Leistung analysieren.

Im nächsten Schritt muss daher das Fallmanagement der Krankenkassen die DRGs mit so genannten »episode groupers« verknüpfen. Dies sind Klassifikationssysteme, die die Kategorisierung sektoral übergreifender Leistungsverläufe erlauben und zurzeit insbesondere in den angelsächsischen Ländern entwickelt werden. Mit diesem Instrument wird es möglich sein, bei entsprechender Datenlage die Effizienz *kompletter* Behandlungsabläufe (ambulante und stationäre Behandlung sowie Rehabilitation) zu bewerten und zu vergleichen. Hieraus ergeben sich völlig neue Perspektiven für das Fallmanagement durch die Krankenversicherungen. Der Einsatz derartiger Methoden erfordert allerdings eine weitere Verbesserung der Datenlage und den Ausbau des entsprechenden Know-hows.

These 5: Das Verhandlungsmanagement gegenüber den Krankenhäusern wird sich verändern; neue Betriebsvergleiche müssen entwickelt und eingeführt werden

Umfang und Inhalt künftiger Pflegesatzverhandlungen hängen von der ordnungspolitischen Gestaltung des Systems ab. Hier sind folgende Extremvarianten denkbar:

- Alle Preise und Zuschläge sind nach einer Übergangsfrist regelhaft festgelegt; Mengen- und Budgetgrenzen entfallen. In dieser Variante würden sich hausindividuelle Verhandlungen nur für tatsächliche Ausnahmefälle (z.B. Sonderstation für Tropenkrankheiten) und ggf. die Psychiatrie ergeben.
- Preise, Zuschläge, Mengen und Budget müssen hausindividuell vereinbart werden. In diesem Fall bliebe der Umfang des Verhandlungsgeschehens weit gehend unverändert. Lediglich die Leistungstransparenz würde zunehmen (de facto durch eine Vervollständigung der derzeitigen V3-Statistik lt. BPflV).

Zwischen diesen Extremvarianten sind diverse weitere Ausprägungen für Umfang und Form der Verhandlungen über Leistungen und Kosten denkbar:

- Globalbudget (flotierender Punktwert);
- Mengenverhandlungen mit Mengenziel, bei dessen Über- oder Unterschreitung Ausgleichsmechanismen in Kraft treten;
- festgelegte Preise, die nur über die regelmäßige Neufestsetzung der »base rate« oder der »cost weights« für alle Leistungserbringer (auf Landes- bzw. Bundesebene) adjustiert werden können;
- vom DRG-System ausgeschlossene Leistungen (z.B. Psychiatrie) sowie Aus- und Weiterbildungsleistungen, Sicherstellungsprämien für räumlich isolierte Krankenhäuser, Notfallzuschläge etc., die individuell verhandelt werden können.

Ob es durch die Einführung der DRGs zu einer Vereinfachung der Krankenhausfinanzierung kommt, hängt von den noch festzulegenden Rahmenbedingungen ab. Wahrscheinlich verändern sich zwar die Verhandlungsparameter, aber das

Verhandlungsgeschehen bleibt kompliziert. Die Krankenkassen werden weiterhin erfahrene Verhandlungsmanager auch auf Landesebene und regionaler Ebene benötigen.

Je stärker das künftige System hausindividuelle Verhandlungselemente enthält, desto wichtiger sind Krankenhausbetriebsvergleiche, die dann allerdings auf DRG-Basis durchgeführt und möglicherweise auf weitere Aspekte ausgedehnt werden können, beispielsweise die Qualität der angebotenen Leistungen. Eine Reihe von Benchmarking-Möglichkeiten bestimmter Leistungsbereiche ist denkbar.

Zunehmende Bedeutung werden sicherlich auch Vergleiche der Kodierungsqualität sowie der medizinischen Behandlungsqualität erlangen. Sollte sich letztlich ein durchgängiges DRG-basiertes Preissystem durchsetzen, so erübrigen sich allerdings die bisherigen Krankenhausbetriebsvergleiche weit gehend.

These 6: Um die Chancen der Einführung der Diagnosis Related Groups nutzen zu können, müssen die Krankenkassen massiv in den Auf- bzw. Ausbau ihres DRG-Know-hows investieren

Das Management der Krankenkassen muss sich strategisch, personell und datentechnisch auf die DRG-Einführung vorbereiten. Dies wird Investitionen in Ressourcen und Know-how erfordern.

Das Spektrum der Aufgaben wird sich grundlegend verändern: Einerseits müssen die Kassen neue Bereiche aus- bzw. aufbauen, andererseits werden bisherige Aktivitäten teilweise völlig verzichtbar.

- Alle verweildauerreduzierenden Aktivitäten werden weit gehend überflüssig, da mit Einführung des DRG-Systems das finanzielle Risiko einer Verweildauerverlängerung nahezu ausschließlich beim Krankenhaus liegt. Als Restbereiche verbleiben Kontrollen bei Überschreitungen der Grenzverweildauer sowie im Bereich der Psychiatrie, wo bisherige tagesbezogene Entgeltverfahren weiterhin existieren werden. Zu starke Verweildauerreduktionen wären nachteilig für die Patienten – zu den neuen Aufgaben könnte es gehören, hierauf zu achten, um ggf. intervenieren zu können.
- Große Teile des derzeitigen Kostenübernahmeverfahrens können entfallen. Das Verfahren beschränkt sich auf die primäre Kostenübernahmezusage und entsprechende Maßnahmen bei Überschreitung der Grenzverweildauer.
- Die Diskussion um die sekundäre Fehlbelegung (zu lange Verweildauer) entfällt. Die Diskussion um die primäre Fehlbelegung (unnötige Krankenhausaufnahmen) wird sich hingegen verstärken. Im Vordergrund wird die Frage stehen, ob die Krankenhausbehandlung überhaupt indiziert ist.
- Im Controlling der Verlegungen von Krankenhaus zu Krankenhaus bzw. zur Anschlussheilbehandlung ergeben sich erweiterte Aufgaben. Wie stark Anreize zur Fallvermehrung durch Verlegungen sein werden, hängt von der Gestaltung des Entgeltsystems ab. In den USA werden entsprechende Anreize durch automatische Abwertungsmechanismen im Vergütungssystem konterkariert [4].
- Für die Kontrolle der Kodierungsqualität (vgl. These 2) ergibt sich verstärkter Handlungsbedarf.

- Das Fallmanagement verändert sich (vgl. These 5): Im Mittelpunkt wird mehr als bisher die Behandlungsqualität stehen. Die Transparenz der Leistungsstrukturen wird es erlauben, den Ablauf des gesamten Behandlungsprozesses zu betrachten, um insbesondere bei chronischen Verläufen Verbesserungen zu erreichen.

Auswirkungen der Diagnosis Related Groups

Der langfristige Erfolg der DRG-Einführung hängt davon ab, inwieweit es gelingt, das System dynamisch weiterzuentwickeln und an die Veränderungen der medizinischen Verfahren und der Kostenstrukturen anzupassen. Hierzu gehören:

- Aufbau einer regelmäßig erneuerten Datenbasis mit Fallkosteninformationen;
- regelmäßige Pflege insbesondere des Operationenschlüssels, um sicherzustellen, dass neue Verfahren berücksichtigt werden. In einem zweiten Schritt ist anhand statistischer Analysen der Kostendaten zu prüfen, ob die neuen Verfahren eine Neueinteilung der DRG-Fallklassen erforderlich machen;
- regelmäßige Neuberechnung der Kostengewichte;
- regelmäßige Neuberechnung der Grenzverweildauerwerte;
- regelmäßige Neuberechnung fall- und hausbezogener Zu- bzw. Abschlagsfaktoren.

Die Pflege des Systems muss nach vorher festgelegten Regeln erfolgen, damit eine ausschließlich sachbezogene, nicht durch Partikularinteressen beeinflusste Weiterentwicklung sichergestellt ist.

Bei den Neuregelungen der Gesundheitsreform 2000 hatte der Gesetzgeber vor allem die Stabilisierung der Krankenkassenbeiträge und damit der Lohnnebenkosten im Blick. Die DRGs sollen helfen, Ersparnispotentiale zu erkennen und zu erschließen. Letzteres ist aber nur möglich, wenn die Beteiligten durch Anreize zu teilweise einschneidenden Verhaltensänderungen bewegt werden. Wie überall formiert sich dagegen der strukturkonservierende Widerstand. In welche Richtung und mit welcher Dynamik das »Kräfteparallelogramm« strebt, ist bei Redaktionsschluss noch nicht klar.

Mit Hilfe des DRG-Systems können Output-orientierte, betriebswirtschaftliche Steuerungsmechanismen im Krankenhaus eingeführt werden. Bei entsprechender Implementierung wird ein solches System einen Effizienzwettlauf auslösen, der zur Entstehung leistungsfähigerer Strukturen einen entscheidenden Beitrag leisten kann.

Bei nahezu jeder denkbaren Variante des Entgeltsystems ist mit einem erheblichen Rückgang der Krankenhausverweildauer zu rechnen. Dadurch werden bereits bestehende Bettenüberkapazitäten verstärkt sichtbar. Welche Konsequenzen sich daraus ergeben, hängt entscheidend von der ordnungspolitischen Gestaltung des Systems ab. Bisher sorgten Mechanismen der Krankenhausplanung für eine Marktbereinigung; künftig könnte dies auch durch das Ausscheiden von Grenzanbietern geschehen. Der Wegfall von Bettenkapazitäten wird nicht zu proportionalen Budgetsenkungen führen. Aber Mittel, die bisher bei der

Erhaltung von Unwirtschaftlichkeiten verbraucht werden, lassen sich gewinnen, um die medizinische Leistungsfähigkeit der verbleibenden Anbieter zu stärken und das System weiterzuentwickeln. Dies erscheint vor allem sinnvoll angesichts wachsender Herausforderungen infolge medizinischer und demografischer Trends sowie der Notwendigkeit, den Rückgang der öffentlichen Fördermittel durch private Investitionen zu kompensieren.

Von den ordnungspolitischen Entscheidungen, die in den nächsten 2 Jahren anstehen, wird abhängen, ob die DRGs lediglich ergebnisneutral eingeführt werden, abgemildert bzw. ausgehöhlt durch Ausnahme- und Sonderregelungen, oder ob die Einführung der DRGs wirklich strukturell neue Akzente bringen wird. Erkennbare Strategien einiger Verbandsakteure zur Risikoabwehr und -minderung könnten am Ende dazu führen, dass kaum Verhaltensänderungen induziert werden. In diesem Fall wären die erhofften Potentiale nicht zu realisieren – die gesundheits- und sozialpolitische »Befriedung« würde erkauft durch einen Verzicht auf die Erschließung vorhandener Potentiale.

Unabhängig vom ordnungspolitischen Rahmen eröffnen DRGs bessere Möglichkeiten zur leistungsgerechten Bewertung der Krankenhäuser und einzelner Fachabteilungen. Dies kann nicht nur für externe Vergleiche genutzt werden, sondern ermöglicht auch ein besseres betriebsinternes Benchmarking und damit eine gerechtere interne Verteilung der erwirtschafteten Mittel. Die Controllingmöglichkeiten werden sich verbessern und auch die Qualitätssicherung wird von der Einführung der DRGs profitieren.

Krankenhäuser und Krankenkassen müssen sich frühzeitig diesem Wandel stellen. Sie müssen die Auswirkungen des neuen Finanzierungssystems auf ihre Erlös- und Kostenstrukturen kennen, um nicht zu den Verlierern des Wandels zu gehören. Angesichts der bestehenden Unsicherheiten hinsichtlich der ordnungspolitischen Gestaltung des Systems sind umfassende »Was wäre wenn«-Analysen derzeit noch nicht möglich. Allerdings können alle Beteiligten bereits jetzt ihre Ist-Leistungsstrukturen im DRG-System analysieren, auf diese Weise das Verständnis der eigenen Leistungsstruktur auch in der relativen Positionierung zu den Mitbewerbern verbessern und sich damit auf die später nötigen detaillierten Analysen vorbereiten.

Zumindest besteht die berechtigte Hoffnung, dass nach der – wohl noch jahrelang fortdauernden – Diskussion über die finanzielle Steuerung des neuen DRG-basierten Systems eine deutsche Krankenhauslandschaft mit höherer Transparenz in der Leistungsqualität entsteht.

DRG – Aufbruch zu neuen Ufern oder viel Lärm um nichts? Die Antwort hängt nicht so sehr von den bisher schon festgelegten Eckpunkten ab, sondern letztlich von den noch ausstehenden ordnungspolitischen Entscheidungen: Wird es eine preis- oder eine mengenbezogene Budgetierung geben? Wie werden der Basisfallwert und die Relativgewichte bestimmt? Was wird aus den Zu- bzw. Abschlägen? Es steht zu befürchten, dass die Wirkung der DRG-Reform durch zahlreiche Ausnahme-, Sonder- und Übergangsregelungen verwässert wird. Der Gesetzgeber ist aufgefordert, bei diesen ordnungspolitischen Festlegungen das große Ziel der Reform im Blick zu behalten: die Beitragsstabilität zu sichern und gleichzeitig die Versorgungsqualität zu steigern.

Literatur

1. Commonwealth of Australia, acute and coordinated care branch: Australian hospital morbidity data, public/private acute hospital separations, bed days and same day separations, Australia, States and Territories, 1996–1997 and 1997–1998, http://www.health.gov.au
2. Dudley RA, Johansen KL, Brand R, Rennie DJ, Milstein A (2000). Selective referral to high volume hospitals. Estimating potentially avoidable deaths. JAMA 283: 1159–1166
3. HELIOS Kliniken GmbH (2000) Kompetenz in Medizin. Medizinischer Jahresbericht der HELIOS Kliniken Gruppe. Fulda, http://www.helios-kliniken.de
4. Mansky T (2000) Grundlagen der fallorientierten Leistungsbewertung im Krankenhausbetriebsvergleich und im Entgeltsystem: Bewertungsmodule des DRG-Systems am Beispiel der Medicare-Versicherung. In: Sieben G, Litsch M (Hrsg) Der Krankenhausbetriebsvergleich. Springer, Berlin New York Tokio, S 149–192
5. Medicare Payment Advisory Commission (1999) Report to congress: medicare payment policy. MEDPAC, Washington
6. Meyer M, Harfner A (1999) Spezialisierung und Kooperation als Strukturoptionen für deutsche Krankenhäuser im Lichte computergestützter Modellrechnungen. Zeitschr für Betriebswirtsch, Ergänzungsheft 5
7. OECD (1994) Health: quality and choice. Health Policy Studies No. 4, OECD, Paris
8. OECD-Gesundheitsdaten 1997, OECD, Paris
9. Prospective Payment Assessment Commission (1997) Report and recommendations to congress. PROPAC, Washington, March
10. Prospective Payment Assessment Commission (1997) Report to Congress. PROPAC, Washington, June
11. RAND (1992) The effects of the DRG-based prospective payment system on quality of care for hospitalized Medicare patients: final report. R-3931-HCFA. Rand, Santa Monica
12. Statistisches Bundesamt (1997) Diagnosedaten der Krankenhauspatienten, Fachserie 12, Reihe 6.2, Wiesbaden
13. US Department of Health and Human Services, Centers for Disease Control and Prevention, National Center for Health Statistics (1999) Ambulatory care visits to physician offices, hospital outpatient departments, and emergency departments: United States 1997. Vital Health Stat 13: 143
14. US Department of Health and Human Services, Centers for Disease Control and Prevention, National Center for Health Statistics (1999) National hospital discharge survey, annual summary 1997. Vital Health Stat 13: 144

Zukunft des gesetzlichen Krankenkassenwesens in Deutschland: von der Budgetierung zur wert- und leistungsorientierten Gesundheitsversorgung

Georg Nederegger, Jasper zu Putlitz, Michael Thiäner und Carsten Wallmann

Das gesetzliche Krankenkassenwesen ist in schwierigem Fahrwasser: Die demografische Entwicklung sorgt für steigende Leistungsausgaben, die nicht durch höhere Einnahmen der Krankenkassen aufgefangen werden können – im Gegenteil: Schon seit Jahren stagnieren die Einnahmen der gesetzlichen Krankenversicherung (GKV) oder gehen sogar zurück. Zugleich steigt das Anspruchsniveau der Versicherten.

Der Gesetzgeber hat in immer kürzeren Abständen in den Gesundheitsmarkt eingegriffen und etwa seit den frühen achtziger Jahren 12 Gesetzesreformen durchgeführt – viele davon als »Jahrhundertwerke« apostrophiert. Sie haben zwar seit dem Ende der neunziger Jahre einen Stopp des Ausgabenanstiegs bewirkt, aber keine Antworten auf die übrigen Herausforderungen des Gesundheitswesens liefern können. Auch die »Gesundheitsreform 2000« gibt keine dauerhaft tragfähige Auskunft, wie in Zukunft trotz zunehmender Gesundheitsausgaben und rückläufiger Einnahmen ein Gesundheitssystem bereitgehalten werden kann, das der gesamten Bevölkerung offen steht und ein hohes Versorgungsniveau bietet.

Wie geht es mit der gesetzlichen Krankenversicherung weiter? Dieser Artikel möchte dazu Denkanstöße geben. Er erläutert die Wirkungsweise des Gesundheitsmarkts und die bisherigen Reformansätze anhand der 4 Modellparameter Finanzierung, Versorgungsumfang, Vertragsbeziehungen und Information und beschreibt, wie bei deregulierten Vertragsbeziehungen und optimierten Informationsflüssen in Deutschland eine innovative, wert- und leistungsorientierte Gesundheitsversorgung entstehen könnte. Den gesetzlichen Krankenkassen kommt eine Schlüsselrolle bei der Realisierung zu – und damit wesentlich komplexere Aufgaben, auf die sie sich schon heute vorbereiten müssen – unter anderem durch effizientes Leistungsmanagement.

Konzept der gesetzlichen Krankenversicherung

Die GKV in Deutschland reicht in ihren Anfängen bis in die achtziger Jahre des neunzehnten Jahrhunderts zurück. Sie beruht auf den Grundgedanken der Solidarität und der Subsidiarität. Die Beiträge zu dieser Pflichtversicherung bemessen sich allein nach der Höhe des erwirtschafteten Arbeitseinkommens aus abhängiger Erwerbstätigkeit. Kriterien wie Alter, Geschlecht, individuelles Gesundheitsrisiko und Anzahl der mitversicherten Familienangehörigen spielen keine Rolle. Dies führt zu einem finanziellen Ausgleich zwischen Gesunden und Kranken, Jungen und Alten sowie Mitgliedern mit unterschiedlich hohen Einkommen.

Das Konzept einer »einheitlichen« Krankenversicherung ist allerdings durch das Angebot der privaten Krankenversicherung (PKV) durchbrochen: z. B. Beamte, Richter und Freiberufler sowie Arbeiter und Angestellte mit einem Einkommen oberhalb der Beitragsbemessungsgrenze (zurzeit DM 6.450 in den alten und DM 5.325 in den neuen Bundesländern) unterliegen nicht der Versicherungspflicht in der GKV. Nach dem für die PKV geltenden Äquivalenzprinzip hängen die Versicherungsbeiträge ausschließlich vom zu versichernden Risiko ab. Das zu versichernde Risiko ergibt sich aus den gesundheitlichen Beeinträchtigungen beim Eintritt in die Versicherung, dem Eintrittsalter, dem Geschlecht und dem gewählten Leistungsumfang.

Schere zwischen Einnahmen und Ausgaben

Die Leistungsausgaben der GKV haben sich in den letzten 30 Jahren mehr als verzehnfacht: von DM 23,8 Mrd. im Jahr 1970 auf DM 240,5 Mrd. im Jahr 1999. Dies entspricht einem jährlichen Wachstum von 8,3%. Gleichwohl haben wir es nicht mit einem kontinuierlichen Anstieg der Gesundheitsausgaben zu tun, auch wenn in der politischen Diskussion immer wieder davon die Rede ist: Zwischen 1995 und 1998 sind die Ausgaben der GKV nominal *nicht* angestiegen; erst 1999 kam es wieder zu einem nominalen Anstieg der Ausgaben von knapp DM 6 Mrd., jedoch vor allem wegen der Senkung der Arzneimittelzuzahlungen, des Aussetzens des Krankenhausnotopfers und des Wegfalls der Festzuschüsse für Zahnersatz.

Parallel zur Entwicklung bei den Leistungsausgaben sind von 1970 bis heute die durchschnittlichen Beitragssätze zur GKV von 8,2 auf 13,6% geklettert. Anders als die Gesundheitsausgaben sind die Beitragssätze auch zwischen 1995 und heute weiter angestiegen: in Ostdeutschland von 12,82 auf 13,81% und in Westdeutschland von 13,24 auf 13,51%. Vergleicht man die Entwicklung der Beitragssätze und der Leistungsausgaben zwischen 1995 und 1999, so wird schnell deutlich, dass die gegenwärtige finanzielle Krise der GKV nicht mit einer Zunahme der Leistungsausgaben zusammenhängt, sondern vielmehr mit einer Einnahmenschwäche – vor allem auf Grund der Abnahme der Lohnquote (s. unten).

Trotz der Erfolge bei der Eindämmung des Anstiegs der Gesundheitsausgaben nimmt die Bundesrepublik mit einem Anteil der Gesundheitsausgaben am Bruttoinlandsprodukt (BIP) von 10,8% in 1997 einen Spitzenplatz im internationalen Vergleich ein. Nur in den USA ist das Kostenniveau mit 13,9% des BIP höher. Ein Blick in unsere Nachbarländer offenbart, dass eine funktionierende Gesundheitsversorgung auch mit einem deutlich niedrigeren Kostenniveau als in Deutschland oder den USA erreichbar ist. So liegt in den meisten europäischen Ländern der Anteil der Gesundheitsausgaben am BIP zwischen 6,3 und 9,6%, ohne dass in diesen Ländern die objektivierbaren Gesundheitsdaten schlechter als in der Bundesrepublik ausfielen. Die Bundesrepublik Deutschland nimmt bei

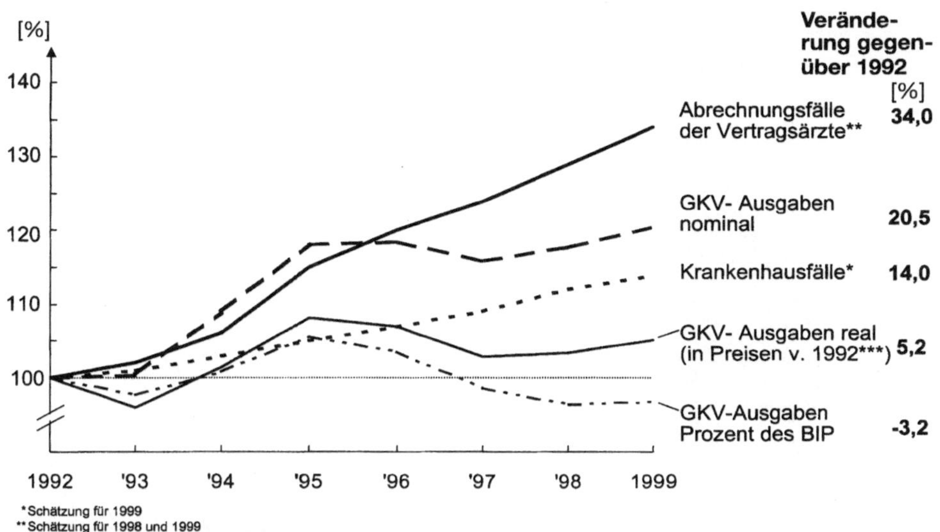

Abb. 1. Entwicklung der GKV-Ausgaben und Fallzahlen seit 1992. (Index: 1992 = 100)

wesentlichen Messgrößen nur einen guten Mittelplatz unter den entwickelten Industrienationen ein – beispielsweise bei der durchschnittlichen mittleren Lebenserwartung (1996: 76,7 Jahre), der Säuglingssterblichkeit (1996: 5,0 je 1.000 Lebendgeborene) und der Müttersterblichkeit (1996: 6,4 je 100.000 Lebendgeborene).

Der internationale Vergleich legt damit nahe, dass das bundesrepublikanische Gesundheitssystem vor einem Effizienzproblem steht und erhebliche Rationalisierungsreserven birgt (Abb. 1).

Zwar ist es gelungen, durch Budgetierungs- und Rationierungsansätze ein weiteres Ansteigen der Leistungsausgaben zu verhindern; vorhandene Rationalisierungsreserven sind aber unerschlossen geblieben. Und trotz des hohen Aufwands sind die Deutschen mit ihrem Gesundheitssystem auch nicht zufriedener als andere Nationen: Die Zufriedenheitsquote liegt beispielsweise in Schweden bei 67,8%, in den Niederlanden bei 72,8%, in Dänemark bei 86,4%, in Belgien bei 70,1%, in Finnland bei 86,4%; in Deutschland beträgt sie 66,0%.

Das System der GKV bedarf der Reform - aber nicht nur, weil das Gesundheitssystem im internationalen Vergleich zu teuer ist, sondern auch weil die Beitragssatzstabilität durch die zu erwartenden Entwicklungen auf der Ausgaben- und Einnahmenseite bedroht ist. Auf Grund des heute bereits absehbaren weiteren Anstiegs des Bevölkerungsdurchschnittsalters (Abb. 2) werden die Einnahmen der GKV gemessen an der Versichertenzahl sinken und ihre Ausgaben steigen.

Im Jahr 1950 lag der Anteil der über 60-Jährigen an der Bevölkerung noch bei 14,6%; 1995 betrug dieser Anteil bereits 21%, für 2010 sprechen die Prognosen von 24,9%. Durch diese Überalterung wird in Zukunft der Anteil der Vollbeitragszahler im Verhältnis zur Zahl der Versicherten weiter sinken - weniger

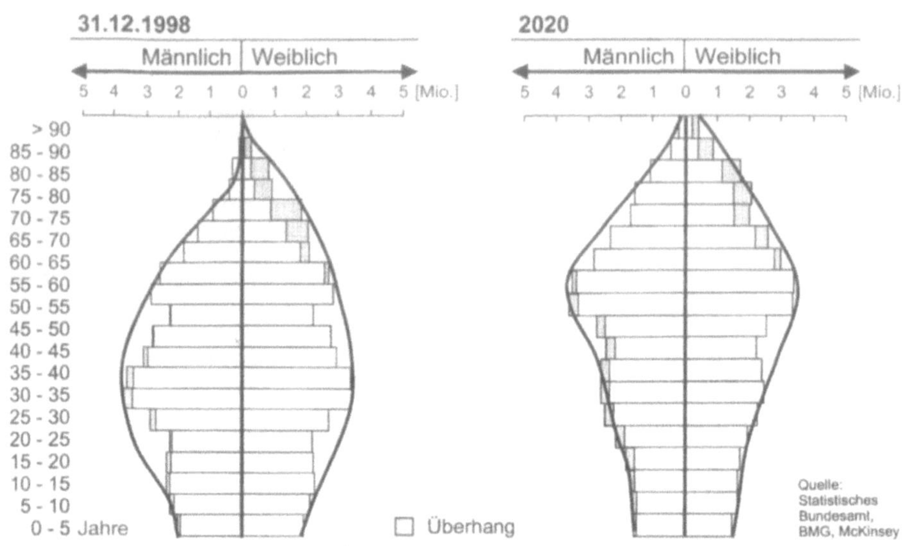

Abb. 2. Schätzung der Bevölkerungsentwicklung in Deutschland (in Mio.)

Versicherte müssen also mehr andere Versicherte »mitfinanzieren«. Ferner wird die demografische Entwicklung auch ein Mehr an Ausgaben zur Folge haben, denn gerade ältere GKV-Mitglieder nehmen mehr medizinische Leistungen und Produkte in Anspruch.

Auf Grund der lohnabhängigen Finanzierung der GKV werden die Einnahmen der GKV nicht linear mit dem wirtschaftlichen Wachstum zunehmen. Dies hängt mit der sinkenden Lohnquote zusammen: zwischen 1980 und 1998 ging sie von gut 58 auf 50% zurück. Dieser Trend wird auch zukünftig anhalten. Denn eine signifikante Abnahme der Arbeitslosigkeit ist nicht absehbar, der Trend zu mehr selbstständiger Beschäftigung (Scheinselbstständigkeit) und zu einer relativen Zunahme der Einkommen aus Kapitalvermögen (Erbengesellschaft) dürfte sich ebenfalls fortsetzen.

In der Vergangenheit wesentliche Einflussfaktoren sind die *Zahl der Leistungserbringer* und der *Leistungsumfang*. In der Vergangenheit hat die Zunahme der Leistungserbringer und des Leistungsangebots zu einer Erhöhung der Gesundheitsausgaben geführt – Angebot hat Nachfrage geschaffen. Die Zahl der Leistungserbringer wird sich in Zukunft jedoch (zumindest in Teilbereichen) eher stabilisieren und damit nur noch geringe Auswirkungen auf die Entwicklung der Gesundheitskosten haben.

- Zwar stieg 1999 die Zahl der niedergelassenen Ärzte noch um 1,6% im Vergleich zum Vorjahr; mittelfristig wird sie auf Grund von Zulassungssperren und der Altersstruktur der niedergelassenen Ärzte jedoch nicht mehr signifikant zunehmen. So waren 1999 nur 13% der niedergelassenen Ärzte 40 Jahre und jünger, 74,5% zwischen 40 und 60 Jahren und 9,5% 60–65 Jahre alt. Gerade die Gruppe derer, die demnächst die Altersgrenze erreichen, wächst – 1998 hatte ihr Anteil noch 7,6% betragen. Deshalb gehen aktuelle Prognosen von einer Abnahme der Anzahl der Vertragsärzte aus.

- Auch im Bereich der Arzneimittel deutet die Entwicklung auf eine Stabilisierung hin. Die Zahl der Apotheken in Deutschland ist von 1991–1998 nur noch um 0,9% jährlich gestiegen, von 20.773 auf 22.141 (jährlicher Anstieg 1980–1991: 1,2%).
- Die Indikatoren im Bereich stationäre Versorgung sind sogar rückläufig. So ist beispielsweise die Zahl der Betten im stationären Bereich je 1.000 Einwohner von 1985–1998 um 1,2% jährlich von 10,9 auf 9,3 zurückgegangen. Gleichwohl nimmt Deutschland in dieser Kategorie nach wie vor einen Spitzenplatz ein. Mit 9,3 Betten je 1.000 Einwohner (1998) ist die Dichte der Betten im stationären Bereich in Deutschland mehr als doppelt so hoch wie in den USA mit 3,7 und in Großbritannien mit 4,2.

Der *medizinisch-technische Fortschritt* lässt sich in seinen Auswirkungen auf das Ausgabenniveau der GKV ebenfalls nur schwer quantifizieren. Fortschritte in der Medizin eröffnen einerseits eine Perspektive für die Prävention, Diagnose und Therapie bisher nicht oder schwer zu beherrschender Krankheitsbilder – immer mehr Krankheiten können immer besser behandelt werden. Die damit einhergehende Besserung der Gesundheit führt langfristig zu einer Steigerung der Lebensqualität und der mittleren Lebenserwartung. Andererseits verursachen neue diagnostische und therapeutische Verfahren in der Regel hohe Kosten, die von der Solidargemeinschaft zu tragen sind.

Die ambivalenten Auswirkungen des medizinisch-technischen Fortschritts lassen sich anschaulich am Beispiel des Einsatzes molekularbiologischer Methoden in der Medizin (Gentherapie, Genomics, Proteomics) demonstrieren. So ist es denkbar, dass bestimmte Formen der Zuckerkrankheit (Diabetes mellitus) durch Gentherapie zukünftig vollständig überwunden werden könnten; die Kosten für den Einsatz der neuen Therapien sind jedoch aus heutiger Sicht noch nicht kalkulierbar.

Gesetzgeberische Maßnahmen primär auf der Ausgabenseite

Dem Gesetzgeber ist es bisher nicht gelungen, auf die Finanzierungsprobleme – vor allem die sinkende Lohnquote und die demografische Entwicklung – eine vorausschauende und tragfähige Antwort zu finden. Die Bemühungen um eine Reform der GKV schlugen sich in einer Vielzahl von Gesetzen nieder, die in immer kürzerer Folge in den Gesundheitsmarkt eingriffen (Tabelle 1).

Die bisherigen Reformbemühungen waren primär darauf gerichtet, den Ausgabenanstieg zu stoppen. Dabei haben sich 3 Hebel als erfolgreich erwiesen: das Konzept eines Wettbewerbs zwischen den Krankenkassen, die Budgetierung von Leistungsbereichen und Zuzahlungen der Patienten:

- Die *Einführung des Wettbewerbs zwischen den Krankenkassen* (1996) ist ein Meilenstein auf dem Weg zu einem effizienteren Gesundheitsversorgungssystem. Abgesichert wird der Wettbewerb zwischen den Krankenkassen durch den Risikostrukturausgleich (RSA), der den KVdR-Ausgleich (Krankenversicherung der Rentner) abgelöst hat. Die übliche Verrechnung der (Beitrags-) Einnahmen mit den Ausgaben zur Ermittlung des Unternehmensergebnisses

Tabelle 1. Gesetze zum Gesundheitswesen in Deutschland

Beschluss	Name des Gesetzes	Zuständige/r Minister/in
22.12.1981	Gesetz zur Änderung des Gesetzes zur wirtschaftlichen Sicherung der Krankenhäuser und zur Regelung der Krankenhauspflegesätze – Krankenhaus-Kostendämpfungsgesetz – (BGBl. I S. 1568)	Antje Huber
22.12.1981	Gesetz zur Ergänzung und Verbesserung der Wirksamkeit kostendämpfender Maßnahmen in der Krankenversicherung – Kostendämpfungs-Ergänzungsgesetz – KVEG – (BGBl. I S. 1578)	Antje Huber
20.12.1984	Gesetz zur Neuordnung der Krankenhausfinanzierung – Krankenhaus-Neuordnungsgesetz – KHNG – (BGBl. I S. 1716)	Heiner Geißler
20.12.1988	Gesetz zur Strukturreform im Gesundheitswesen – Gesundheits-Reformgesetz 1989 – GRG – (BGBl. I S. 2477) Sozialgesetzbuch – Gesetzliche Krankenversicherung – SGB V	Norbert Blüm
21.12.1992	Gesetz zur Sicherung und Strukturverbesserung der gesetzlichen Krankenversicherung – Gesundheitsstrukturgesetz – (BGBl. I S. 2266)	Horst Seehofer
03.01.1994	Verordnung über das Verfahren zum Risikostrukturausgleich in der gesetzlichen Krankenversicherung – Risikostruktur-Ausgleichsverordnung – RSAV – (BGBl. I S. 55)	Horst Seehofer
29.04.1996	Gesetz zur Stabilisierung der Krankenhausausgaben 1996 (BGBl. I S. 654)	Horst Seehofer
01.11.1996	Gesetz zur Entlastung der Beiträge in der gesetzlichen Krankenversicherung – Beitragsentlastungsgesetz – BeitrEntlG – (BGBl. I S. 1631)	Horst Seehofer
23.06.1997	Erstes Gesetz zur Neuordnung der Selbstverwaltung und Eigenverantwortung in der gesetzlichen Krankenversicherung – 1. GKV-Neuordnungsgesetz – 1. GKV-NOG – (BGBl. I S. 1518)	Horst Seehofer
23.06.1997	Zweites Gesetz zur Neuordnung der Selbstverwaltung und Eigenverantwortung in der gesetzlichen Krankenversicherung – 2. GKV-Neuordnungsgesetz – 2. GKV-NOG – (BGBl. I S. 1520)	Horst Seehofer
19.12.1998	Gesetz zur Stärkung der Solidarität in der gesetzlichen Krankenversicherung – GKV-Solidaritätsstärkungsgesetz – GKV-SolG – (BGBl. I S. 3853)	Andrea Fischer
17.12.1999	Gesetz zur Reform der gesetzlichen Krankenversicherung ab dem Jahr 2000 (GKV-Gesundheitsreform 2000)	Andrea Fischer

hat durch den RSA eine zweifache Standardisierung erlebt. Zum einen werden auf der Grundlage des Ausgleichsbedarfssatzes wesentliche Teile der Einnahmen in den RSA-Topf überführt (Finanzkraft), zum anderen werden normierte Leistungsausgaben auf der Grundlage der Versichertenstruktur erstattet (Beitragsbedarf).

Der RSA bewirkt, einfach gesprochen, eine Umverteilung der Beiträge von den Kassen mit guten Risiken hin zu den Kassen mit schlechten Risiken. Er hat – verknüpft mit der Einführung des Wettbewerbs um Mitglieder – einen Leistungsausgabenwettbewerb zwischen den Kassen ausgelöst. Letztlich hat der RSA zur Beibehaltung des Krankenversicherungssystems in seiner derzeitigen Form beigetragen, aber einen tief greifenden Systemumbruch verhindert. Denn ohne RSA wäre es zu einem immer schärferen Wettbewerb um »gute Risiken« gekommen – »schlechte Risiken« hätten dann schließlich trotz Bewahrung des Kontrahierungszwangs in einer staatlich finanzierten Kasse zusammengefasst werden müssen.

- Die *Budgetierung von einzelnen Ausgabenarten* hat zu einem Rückgang des Ausgabenwachstums geführt. Besonders anschaulich wird der Erfolg der Budgetierungspolitik anhand des Gesundheitsstrukurgesetzes (GSG) von 1993. Die Budgetierung der Arzneimittel führte dazu, dass zwischen 1992 und 1993 der Umsatz mit Fertigarzneimitteln von DM 34 Mrd. auf DM 30 Mrd. sank. Ebenfalls erfolgreich war die Budgetierungspolitik im vertragsärztlichen Bereich und in begrenztem Ausmaß auch im Krankenhausbereich.
- Auch die *Einführung bzw. Erhöhung von Zuzahlungen* hatte Erfolg. Einerseits wurde durch diese Maßnahme die Finanzierungsbasis der GKV erweitert. So betrugen bereits im Jahr 1994 die Einnahmen der GKV durch Zuzahlungen DM 9,2 Mrd. Andererseits sollten die Zuzahlungen auch ein Anreiz zu kostenbewussterem Umgang mit Versorgungsleistungen sein. Der Erfolg zeigt sich eindrucksvoll bei den Zuzahlungen für Arzneimittel: Die Anhebung um DM 5 pro Arzneimittelpackung zum 1. Juli 1997 ließ die GKV-Arzneimittelausgaben im Vergleich zu den vorangegangenen Jahren stagnieren. Erst die Rückführung der Zuzahlungen zum 1. Januar 1999 um DM 1, 2 und 3 je nach Packungsgröße nach dem Regierungswechsel von 1998 bewirkte 1999 wieder einen Anstieg der Arzneimittelausgaben.

Der Gesetzgeber hat in den späten neunziger Jahren den Ausgabenanstieg in der GKV also vor allem dadurch in den Griff bekommen, dass er auf breiter Front die Budgetierung einzelner Leistungsbereiche eingeführt hat. Bei den Vertragsärzten kam es zu einer Mengenausweitung bei gleichzeitigem Preisverfall der Einzelleistungen. Die Politik der Budgetierung und Rationierung wird auf Dauer zu Lasten des Versorgungsniveaus und der Leistungsqualität im vertragsärztlichen Bereich gehen. Dies ist bedauerlich, vor allem, weil es dem Gesetzgeber bisher trotz einer Vielzahl von Gesetzesnovellen mit wohlklingenden Namen nicht gelungen ist, die vorhandenen Rationalisierungsreserven zu erschließen. Und das Problem der sinkenden Einnahmen in der GKV besteht ebenfalls weiter.

Eine »echte« Reform müsste daher ein Wirkungsmodell zu Grunde legen, das alle Parameter der Gesundheitsversorgung einschließt, statt nur an einzelnen Einflussfaktoren anzusetzen.

Vier Modellparameter der Gesundheitsversorgung

Das Marktgeschehen im Gesundheitswesen wird im Wesentlichen durch 4 Parameter bestimmt: Finanzierung, Versorgungsumfang, Vertragsbeziehungen und Information (Abb. 3).

Diese Modellparameter sind Veränderungen bzw. regulatorischen Eingriffen zugänglich. Die Finanzierung dient als Inputgröße, der Versorgungsumfang als Outputgröße. Die Vertragsbeziehungen beschreiben das rechtliche Verhältnis der Marktteilnehmer zueinander, während die Einflussgröße Information den Kenntnisstand der Marktteilnehmer und die bestehenden Informationsflüsse umschreibt.

Die staatliche *Finanzierung* der Gesundheitsversorgung erfolgt im Rahmen einer allgemeinen Sozialversicherung oder/und durch die Erhebung von Steuern.

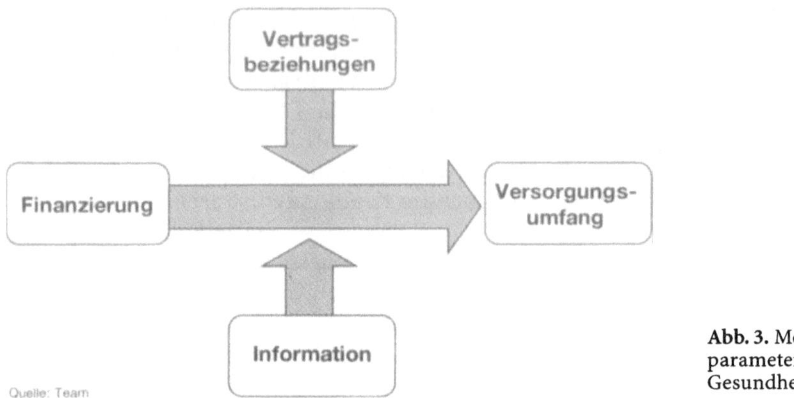

Abb. 3. Modellparameter im deutschen Gesundheitswesen

In Deutschland herrscht im Rahmen der GKV weit gehende Versicherungspflicht, daneben werden private Krankenzusatzversicherungen sowie (beim Überschreiten der Beitragsbemessungsgrenze) Vollversicherungen angeboten. Eine im Wesentlichen steuerfinanzierte Gesundheitsversorgung findet sich beispielsweise in Großbritannien, Italien, Spanien und Dänemark. Charakteristisch für diese steuerfinanzierte Versorgung ist, dass sie im Vergleich weniger Ausgaben erzeugt; zugleich ist aber auch die Zufriedenheit der Bevölkerung – Ausnahme Dänemark – mit dem jeweiligen System geringer. Beispielsweise ist in Großbritannien die Unzufriedenheit vor allem wegen langer Wartezeiten im Rahmen des nachfrageorientierten Leistungsmanagements groß.

Vermutlich sind die steuerfinanzierten Systeme deshalb günstiger, weil das Leistungsspektrum einer strikten Limitierung unterliegt und für die Leistungserbringer keine finanziellen Anreize bestehen, das Leistungsvolumen auszuweiten. Zusätzlich führt die ineffiziente Leistungserbringung der »staatlichen« Versorgungseinrichtungen zu einer Minimierung des Leistungsumfangs. Diese Mangelwirtschaft produziert im Ergebnis eine »Zwei-Klassen-Medizin«, in der sich diejenigen, die es sich leisten können, Zusatzversicherungen erwerben.

Der *Versorgungsumfang* nimmt als entscheidende Ergebnisgröße des Marktgeschehens im Gesundheitswesen einen herausragenden Platz ein. In der aktuellen Diskussion um die Neuordnung des Leistungskatalogs der GKV spielen potentielle Einschränkungen des solidarisch finanzierten Leistungsspektrums eine große Rolle, beispielsweise in Form einer Teilung des Leistungskatalogs in Kern- und Wahlleistungen. Beispiele für mögliche Einschränkungen des Leistungsumfangs der GKV sind der Entfall des Sterbegelds, des Mutterschaftsgelds und von Haushaltshilfen, verbunden mit der Forderung, diese Ausgaben aus Steuermitteln zu finanzieren. Übersehen wird dabei häufig, dass dies nur eine Umverteilung der Kosten innerhalb des Sozialstaates bewirkt. Auch Ausgabenposten wie Fahrtkosten und Erstattung von Zahnersatz stehen teilweise zur Disposition.

Insgesamt bewegt sich der Einspareffekt durch Ausgliederung dieser Leistungsausgabenkomplexe zwischen 5 und 10% der gesamten Leistungsausgaben.

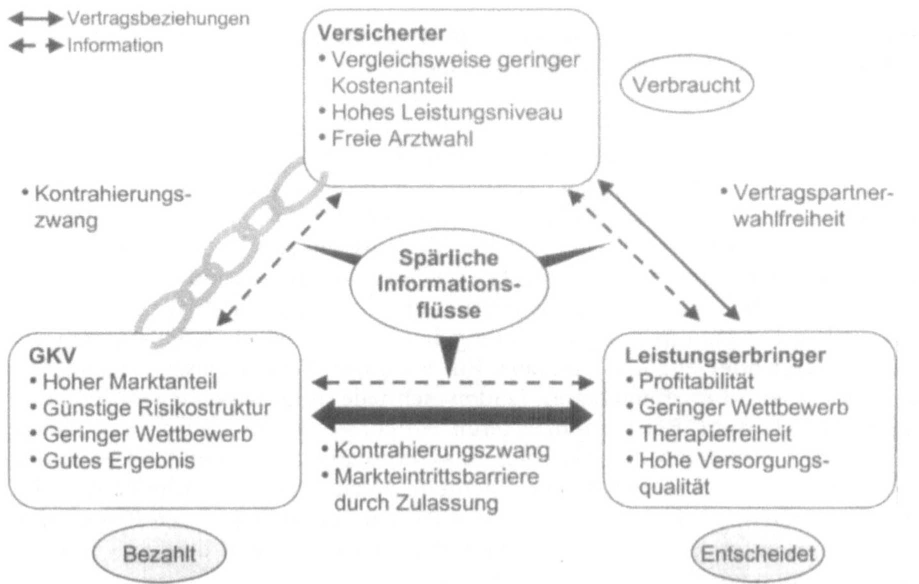

Abb. 4. Spieler im deutschen Gesundheitswesen

Allerdings kann eine Aufspaltung des Leistungskatalogs zwar dazu beitragen, den Anstieg der Leistungsausgaben der GKV und ein Anwachsen der Beiträge zu stoppen, aber die strukturellen Probleme des Gesundheitswesens lassen sich auf diese Weise nicht lösen, weil die Strukturdefizite des Gesundheitswesens wie das mangelnde Kostenbewusstsein der Leistungserbringer hierdurch nicht behoben werden.

Die *Vertragsbeziehungen* im deutschen Gesundheitswesen bestehen in der Dreiecksstruktur zwischen Krankenkasse, Versicherten und Leistungserbringern (Abb. 4).

Die Vertragsbeziehungen der Krankenkassen unterliegen einer detaillierten Normierung. Ein starker Kontrahierungszwang schränkt die Freiheit der Krankenkassen als Marktteilnehmer ein: Die Krankenkasse kann weder wählen, welchen Personenkreis sie zu welchen Konditionen versichert, noch kann sie die Wahl der Leistungserbringer durch die Versicherten beeinflussen. Die Kasse muss jedermann zu gleichen Konditionen unabhängig von Alter, Geschlecht und persönlichem Krankheitsrisiko als Versicherten aufnehmen. Sie muss mit jedem vom Versicherten gewählten Leistungserbringer kontraktieren. Für die Versicherten spiegelt sich in dieser Regelung der Grundsatz der freien Arztwahl.

Auch bei der Bestimmung von Inhalt und Umfang der Leistung sind Patienten und Leistungserbringer frei. Dies entspricht dem in Deutschland geltenden Grundsatz der Therapiefreiheit. Danach ist der Leistungserbringer bei der Wahl der Therapie der Patienten frei. Verbindliche Leitlinien für die Diagnostik und Therapie bestimmter Krankheitsbilder, wie sie beispielsweise in den angelsächsischen Ländern erfolgreich eingesetzt werden, existieren nicht. Die Konsequenz ist eine kostenträchtige Vielfalt diagnostischer und therapeutischer Verfahren, deren Nutzen für den Patienten oft nicht erwiesen ist. Erste Einschränkungen der Therapiefreiheit ergeben sich in Deutschland aus der Einführung einer so genannten Positivliste für die Arzneimittelverordnung.

In einigen europäischen Ländern wurde auch die freie Arztwahl eingeschränkt. In den Niederlanden, Dänemark und Irland beispielsweise kennt man das Primärarztsystem. Der Patient ist nicht frei in der Wahl des Arztes, sondern hat regelmäßig wegen aller Beschwerden zunächst den Primärarzt aufzusuchen. Dieser fungiert als Eintrittspforte ins Gesundheitsversorgungssystem und bewirkt eine Steuerung der Versicherten nach medizinischen Indikationen. Einfachere Leiden behandelt der Primärarzt selbst; wenn er eine weiter gehende Diagnostik oder Therapie für notwendig hält, überweist er den Patienten an einen Facharzt oder ein Krankenhaus. Ein wichtiger Vorteil dieses Systems ist, dass der Patient bei einfacheren Leiden schnelle und wirksame Hilfe vom Primärarzt bekommt. Bei komplizierteren Fallkonstellationen wird er rasch an den richtigen Facharzt oder die geeignete stationäre Einrichtung überwiesen. Aber das Primärarztsystem hat auch Nachteile: Auch bei offenkundig vom Facharzt zu behandelnden Beschwerden ist der Patient gezwungen, einen Primärarzt zu konsultieren; ferner besteht die Gefahr, dass der Primärarzt den Patienten zu spät oder an den falschen Facharzt überweist.

Unter dem Modellparameter *Information* geht es vor allem um die Transparenz des Gesundheitswesens. In Deutschland ist sie unzureichend. Gerade im Informationszeitalter erstaunt es, dass zwischen den Marktteilnehmern nur ein geringer bzw. eingeschränkt sinnvoller Informationsaustausch stattfindet. Der mangelnde Informationsfluss wird häufig mit datenschutzrechtlichen Erwägungen begründet. Diese Bedenken sind insoweit berechtigt, als es um die Frage geht, welche Informationen den Marktteilnehmern zugänglich gemacht werden sollten. Hier hat der Datenschutz (als Ausfluss des Rechts auf informationelle Selbstbestimmung) eine wichtige Aufgabe. Andererseits überdeckt der derzeitige Mangel an Information erhebliche Rationalisierungsreserven. Der Informationsfluss zwischen Patient und Leistungserbringer ist unstandardisiert und in der Regel nicht durch Datenträger unterstützt; deshalb fehlen den Leistungserbringern (z.B. Fachärzten) oft genaue Kenntnisse zur medizinischen Vorgeschichte des Patienten. Dies erschwert eine wirksame Behandlung und belastet den Patienten häufig mit überflüssigen oder sogar schädlichen (Doppel-)Untersuchungen. Zudem können die Patienten wegen der unzureichenden Informationen ihre Wahl eines Leistungserbringers nicht auf objektive Daten zu dessen Leistungsfähigkeit stützen.

Zukunft der gesetzlichen Krankenversicherung: Wege zu einer wert- und leistungsorientierten Gesundheitsversorgung

Zunächst ein Blick in die Zukunft: Wie könnte die GKV der Zukunft aussehen? Vielleicht so:

Der Privatkunde erhält bei Eintritt in die GKV ein Standardpaket der Basisversorgung; den darüber hinausgehenden Versorgungsanspruch stellt er aus einer Vielzahl von möglichen Versicherungsangeboten individuell zusammen.

Dabei entscheidet er auch über seine Selbstbehalte und Zuzahlungen. Der Kunde wird über die Gesundheitsdienstleistungen umfassend informiert: Er kann am Therapieerfolg orientierte Informationen zu Krankheiten und Leistungserbringern über verschiedene Medien erfragen (Telefonservice, Internet, Leistungsanbieterkataloge). Die GKV stellt diese Information in Kooperation mit anderen Gesundheitsanbietern zur Verfügung. Die Nutzung der Informationen ist an die Versicherung im Standardpaket gebunden.

Ein Kernstück dieser Zukunfts-GKV ist das Gesundheitsbuch. Es hilft bei der bestmöglichen Versorgung und Betreuung: Es enthält z. B. alle bisherigen Diagnosen und Therapien des Versicherten. Das Gesundheitsbuch liegt in elektronischer Form vor; der Versicherte erhält seinen eigenen passwortgeschützten Zugang (elektronische Patientenakte); auf Wunsch erhält er von der GKV auch Papierausdrucke bei neuen Eintragungen. Das Gesundheitsbuch ist Eigentum des Versicherten – die Leistungserbringer sind Teil eines Gesundheitsnetzwerks und nutzen die Patientenakte in Zusammenarbeit mit dem Versicherten. Der Leistungserbringer bestätigt jede Transaktion mit dem Versicherten mittels eines Transaktionscodes.

Die GKV der Zukunft hat das Gesundheitsnetzwerk mit einer Vielzahl an Kooperationen aufgebaut. Kunden in diesem Gesundheitsdienstleistungsnetz schätzen die Überlegenheit gegenüber traditionellen Strukturen. Die Wechslerrate der Kunden ist rückläufig, der jährliche Zustrom an Neukunden auf Grund des überlegenen Kundennutzens bewegt sich im zweistelligen Prozentbereich ...

Bis dahin ist es noch ein weiter Weg. Noch stehen die fundamentalen Strukturprobleme im deutschen Gesundheitswesen derartigen innovativen Ansätzen entgegen. Um diese Strukturprobleme zu lösen, müssen aus unserer Sicht 4 Hebel bewegt werden:

1. *Mobilisierung privater Finanzmittel:* Der Gesundheitsmarkt ist ein Dienstleistungsmarkt – und ein potentieller Wachstumsmarkt. Die Finanzierung dieses Wachstumsmarkts sollte nicht beinahe ausschließlich an einen eng bemessenen Prozentwert vom Lohn gekoppelt sein. Durch stärkere finanzielle Eigenbeteiligung könnten Patienten zu einem kostenbewussteren Umgang mit Gesundheitsleistungen motiviert werden.
2. *Aufgeklärte Patienten:* Sie sind bessere Risiken, da sie für das Thema Gesundheit sensibilisiert und am »Management der eigenen Erkrankung« beteiligt sind. Patienten müssen Zugang zu vergleichender Information über die Qualität von Leistungserbringern erhalten.
3. *Integrierte Leistungserbringung:* Die starke Trennung von ambulanter und stationärer Versorgung sollte überwunden werden. Dabei sollte eine stationäre Versorgung nur letzte Konsequenz sein; Doppelspurigkeiten sollten vermieden werden und die Ausrichtung der Therapie an Leitlinien selbstverständlich sein.
4. *Flexible Vertragsgestaltung:* Die Vertragsgestaltung zwischen Leistungserbringern und den Krankenversicherungen muss mehr Freiräume bieten.

Unten werden diese 4 Hebel näher erläutert. Zusammengenommen sind sie ein anspruchsvolles Programm, dessen Realisierung die Überwindung hoher Barrieren erfordert. Es gilt nicht nur, Besitzstände aller 3 Parteien (Leistungserbringer,

Patienten, Krankenkassen) abzubauen, sondern auch, eine Verhaltensänderung bei Ärzten und Versicherten zu bewirken und eine Reihe von strukturellen Voraussetzungen zu schaffen. Enorme finanzielle und personelle Mittel sind dafür erforderlich.

Viele der positiven Effekte werden zudem nicht unmittelbar, sondern erst nach einigen Jahren, eintreten. Deshalb stellt sich die Frage, wer die Initiatoren- und Moderatorenrolle bei einer solchen Neugestaltung des Gesundheitswesens übernehmen kann.

Die *Patienten* können es nicht – sie sind »nur« die Konsumenten von Gesundheitleistungen und haben keinen organisatorischen Überbau.

Die *Leistungserbringer* und ihre Verbände, insbesondere die kassenärztlichen Vereinigungen, haben einige gute Voraussetzungen zur Neugestaltung des Gesundheitswesens. Dazu gehören die Patientennähe der Ärzte und der Zugang zu medizinischen Daten. Auf Grund struktureller Probleme und wegen des Verteilungskampfes ihrer Mitglieder sind die kassenärztlichen Vereinigungen jedoch vermutlich kaum in der Lage, einen tief greifenden Strukturwandel zu initiieren. Die *Krankenkassen* hingegen könnten in der Neuorientierung des Gesundheitswesens eine Führungsrolle übernehmen. Ihre nutzbaren Stärken sind einerseits die relativ direkte Einflussmöglichkeit auf eine große Zahl an Versicherten, andererseits die Mittel zur Finanzierung des Strukturwandels. Allerdings müssten die Krankenkassen eine Reihe von Kompetenzen aufbauen, die sie derzeit nicht haben. Von den 3 Parteien – Leistungserbringer, Patient, Krankenkasse – profitiert die Krankenkasse am unmittelbarsten von einer Produktivitätserhöhung im Gesundheitswesen.

1. Mobilisierung privater Finanzmittel

Durch das Angebot obligatorischer und freiwilliger Versicherungsleistungen könnte die Produktpalette der GKV zukünftig differenziert werden, mit entsprechender Wirkung auf die Beitragsbelastung. Dadurch würden erhebliche Mittel aus dem privaten Sektor für die Finanzierung der Gesundheitsversorgung mobilisiert, und der Versicherte erhielte bei der Auswahl des Versicherungsumfangs mehr Verantwortung und mehr Freiheitsgrade als bisher. Allerdings müsste bei der Ausgestaltung der Regeln für den zusätzlichen Versicherungsschutz auch die unterschiedliche Finanzkraft der einzelnen Versicherten angemessen berücksichtigt werden.

Die Rückführung der obligatorischen Basisversicherung auf einen Mindestschutz entspricht dem Grundgedanken des Versicherungsschutzes bismarckscher Prägung: nur diejenigen Risiken zu versichern, die die Finanzkraft des Einzelnen im Falle ihres Eintritts übersteigen. Die große Herausforderung wird in der Differenzierung des Leistungsumfangs der Basisversorgung bestehen. Einige Muss-Bestandteile einer einheitlichen GKV-Basisversorgung erscheinen unbestritten: ein Krankenversicherungsschutz für Unfälle und medizinische Notfälle, chronische Krankheiten und schwer wiegende Akuterkrankungen, pädiatrische und psychiatrische Erkrankungen sowie Schwangerenversorgung und Geburtshilfe. Darüber hinaus sollten sich die Versicherten ihren Versicherungsschutz selbst wählen. Damit wäre ein wesentlicher Schritt auf dem Weg zu mehr Eigenverantwortung des Patienten getan.

Denkbar wäre auch die Ausweitung der Finanzierungsbasis der Gesundheitsleistungen – einerseits durch eine Kombination aus »Basisversorgung« und Mobilisierung privater Finanzmittel, andererseits durch die Einbeziehung weiterer Einkunftsarten (Stichwort: zu versteuerndes Einkommen) sowie die Aufhebung der Beitragsbemessungsgrenze. Die Gleichstellung von privater und gesetzlicher Krankenversicherung in der Basisversicherung könnte verhindern, dass Bezieher hoher Einkommen die »Flucht in die private Krankenversicherung« antreten. Beide Versicherungsarten würden dann in der Basisversorgung derselben Risikostrukturausgleichsmechanik unterliegen; der Wettbewerb würde in den Leistungsausgaben sowie in den Zusatzversicherungen, Selbstbehalten etc. ausgetragen. Diese Maßnahme würde im Übrigen auch die soziale Ungerechtigkeit der erheblichen Degression von Gesundheitsausgaben bei hohen Einkommen mildern.

2. Aufgeklärte Patienten

Nicht weniger, sondern mehr Autonomie der Versicherten ist ein Schlüssel zu einer Produktivitätssteigerung des Gesundheitswesens. Denn der Versicherte kann durch sein Verhalten die Entwicklung des Gesundheitsmarkts entscheidend beeinflussen. Der »aufgeklärte Patient« ist das Leitbild. Mündiger und reifer kann der Patient nur werden, wenn er über deutlich bessere Informationsgrundlagen als heute verfügt – heute nimmt er ohne spezifische Kenntnisse der Anbieter und ohne eine geschulte Sensibilität für die eigene Gesundheit am Marktgeschehen teil. Dem liegt eine oft vertretene, aber wenig stichhaltige Ansicht zu Grunde: Der Patient könne seine eigene gesundheitliche Entwicklung nur wenig beeinflussen. Außerdem profitieren auch einige Marktteilnehmer von den Informationsdefiziten der Patienten.

Das Leitbild des aufgeklärten Patienten hat 3 Aspekte: Das Mobilisieren seiner Eigenverantwortung für seine Gesundheit, das Sensibilisieren für die Kosten seiner Gesundheitsversorgung und transparente »Qualität« der angebotenen Leistungen.

- Ein wichtiger Schritt zum aufgeklärten Patienten ist die *stärkere Einbindung des Patienten in den Behandlungsprozess* – also eine aktive Teilnahme des Patienten am Management der eigenen Erkrankung. Hierzu gehört, dass der Patient über die Krankheit und ihre Symptome, deren Verlauf und Ursachen, die Art und Weise der Behandlung und über Maßnahmen zur Vorsorge unterrichtet ist, auch durch verstärkte Einholung einer unabhängigen »zweiten Meinung«.
  Der Einsatz neuer Medien kann diesen Aufklärungsprozess erleichtern: Patienten könnten beispielsweise Online-Medien für eine zeitnahe, effiziente Gesundheitsberatung und -versorgung nutzen. Denkbar wäre auch die Einrichtung von Call-Centern, über die die Patienten Beratung oder Hilfe bei der Sammlung von Gesundheitsinformationen erhalten.
- Nicht nur für die eigene Gesundheit gilt es die Patienten zu sensibilisieren, sondern auch für den *Preis von Gesundheitsleistungen.* Ein Schritt in diese

Richtung sind die bereits existierenden Zuzahlungsregelungen, aber dies reicht nicht aus. Denkbar wäre zukünftig der Ersatz des Sachleistungsprinzips durch das Kostenerstattungsprinzip. Denn das Sachleistungsprinzip lässt in seiner heutigen Form den Patienten im Unklaren über die Kosten seiner Gesundheitsversorgung. Er fragt Gesundheitsleistungen ohne jegliche Preissensitivität nach. Daran wird sich erst dann etwas ändern, wenn die Patienten über den Preis bzw. die Kosten von Gesundheitsversorgungsleistungen informiert und an der Bezahlung der Leistungen beteiligt werden. Deshalb sollten sowohl in der Basisversicherung als auch in den Zusatzversicherungen wahlweise Tarife mit erheblichen Selbstbehalten möglich sein. Sie führen zu einer gestärkten Eigenverantwortung der Patienten.
- Schließlich gehört zur Stärkung der Autonomie der Patienten auch die Einführung eines umfassenden *Qualitätsmanagements*, das die Leistungen der Anbieter transparent macht. Es müsste so gestaltet sein, dass es Qualifikationen der Anbieter, ereignisbasierte Patientenbefragungen und fachliche Einschätzungen von Sachverständigen berücksichtigt. Ein derart ausgerichtetes Qualitätsmanagement wird 2 Dinge bewirken: Erstens wird es die Patienten befähigen, bei der Wahl der Leistungserbringer objektive Maßstäbe anzusetzen. Die Auswahl wird sich daher mehr als bisher an den Bedürfnissen des jeweiligen Patienten orientieren können. Zweitens wird ein funktionierendes Qualitätsmanagement bewirken, dass in Deutschland weiterhin ein hohes Versorgungsniveau gewährleistet ist und Leistungserbringer, die den Qualitätsmaßstäben nicht genügen, auf Dauer aus dem Gesundheitsmarkt verdrängt werden.

Der aufgeklärte Patient wird nicht von heute auf morgen Wirklichkeit werden – der Anteil solcher Patienten wird nur allmählich steigen. Ein Grund dafür ist, dass ältere Menschen (die Gesundheitsleistungen in besonders starkem Maße nachfragen) zurzeit noch nicht in großer Zahl die neuen Medien nutzen, die Information und Transparenz erst ermöglichen. Außerdem setzt eine Aufklärung der Patienten auch deren Lern- und Anpassungsfähigkeit voraus; auch in dieser Hinsicht sind ältere Versicherte eine schwierige Zielgruppe. Daher wird es für die Zukunft wichtig sein, junge Versicherte frühzeitig für die eigene Gesundheit und deren Erhaltung im Sinne der Primärprävention zu sensibilisieren. Auch hier kommt der GKV eine Initiator- und Moderatorrolle zu.

3. Integrierte Versorgungsformen

Bereits heute ist absehbar, dass es zu einer Neuordnung und Neupositionierung der Leistungsanbieter am Gesundheitsmarkt kommen wird. Die Veränderungen sind sowohl struktureller als auch inhaltlicher Art.

Die *strukturellen* Veränderungen ergeben sich aus dem Druck auf die Leistungsanbieter, sich sektorübergreifend zusammenzuschließen. Einen rechtlichen Rahmen dafür bietet das Modell der integrierten Versorgung. Auf seiner Grundlage können Leistungsverbünde entstehen, die eine umfassende Gesundheitsversorgung für die ihnen anvertrauten Patienten sicherstellen. In solchen Verbünden kooperieren die einzelnen Leistungsanbieter als Partner, statt miteinander zu konkurrieren.

Von solchen sektorübergreifenden Versorgungsformen profitieren in erster Linie die Patienten. Denn durch die Koordination der einzelnen Behandlungsprozesse unter dem Dach einer einheitlichen Organisation können die heute erheblichen Reibungsverluste beim Übergang zwischen den unterschiedlichen Sektoren der Gesundheitsversorgung reduziert werden.

Die einheitliche und übergreifende Verbindung und Organisation von Leistungsanbietern unterschiedlicher Sektoren erlaubt es, systemimmanente Rationalisierungsreserven aufzudecken und zu erschließen, die durch die Aufspaltung des Gesundheitsmarkts in einzelne Sektoren verursacht werden. Wenn Haus- und Fachärzte, ärztliche und nichtärztliche Leistungsanbieter, ambulante und stationäre Versorgung Hand in Hand zusammenwirken, lassen sich beispielsweise die heute noch häufigen Doppeluntersuchungen vermeiden. In diesen Zusammenhang gehört auch die mögliche Stärkung ambulanter gegenüber stationären Einrichtungen: Die bereits angesprochenen Patientenakten geben den Leistungserbringern ein Werkzeug an die Hand, mit dem das Leistungsgeschehen für den Patienten und die im Verbund beteiligten Leistungsanbieter transparent wird. In der Verbundstruktur kann eine an Effizienz ausgerichtete Kommunikation und Organisation dafür sorgen, dass die potentiell gegenläufigen Interessen der Betreiber stationärer und ambulanter Einrichtungen in fairer Weise ausgeglichen werden.

Neben der Neuordnung der Strukturen werden die Leistungserbringer aber auch *inhaltliche* Reformen ihrer Tätigkeit anstreben müssen. Eine Gesundheitsversorgung, die am Gedanken der Effizienz ausgerichtet ist, wird das derzeitige, solidarisch finanzierte Leistungsspektrum auf den Prüfstand stellen. Einerseits sollte der Leistungskatalog den Patienten den höchstmöglichen Behandlungserfolg garantieren; andererseits sollten Diagnose- oder Behandlungsmethoden, die keine wissenschaftlich nachgewiesene Wirkung haben, aus Kostengründen aus dem Leistungskatalog herausgenommen werden. Der Gedanke des Diagnose- und Behandlungserfolgs ist also das Kriterium für eine Überarbeitung des Leistungskatalogs. Ergebnisse aus Forschungsprojekten zu so genannter evidenzbasierter Medizin (»evidence-based medicine«) könnten in diesem Zusammenhang sinnvoll eingesetzt werden. Darauf aufbauend können Leitlinien als Grundlage rationalen ärztlichen Handelns Orientierungspunkte für eine qualitätsgesicherte medizinische Versorgung schaffen.

4. Flexible Vertragsgestaltung

Die strukturelle Neuordnung der Leistungsanbieter im Rahmen voll integrierter Versorgungsformen schafft ein Umfeld, das einen stärkeren Wettbewerb zwischen den Leistungsanbietern erlaubt. Einzelne Leistungsverbünde würden Preise für Gesundheitsleistungen direkt mit den Krankenkassen aushandeln, die nicht mehr dem Kontrahierungszwang unterliegen. Denkbar wären beispielsweise Einschreibemodelle mit Kopfpauschalen. Hierbei würden die Leistungsverbünde miteinander konkurrieren, was eine Preisgestaltung unter Marktmechanismen zur Folge hätte.

Durch Service-, Qualitäts- und Preiswettbewerb bestünden für die Leistungsverbünde Anreize, Effizienzreserven unverzüglich auszuschöpfen. Die Versicherten würden »mit den Füßen abstimmen« und in das aus ihrer Sicht führende Netz wechseln. Umgekehrt könnten am Markt führende Leistungserbringer auch höhere Preise durchsetzen, da aufgeklärte Patienten sicherlich auf die Nutzung dieser Leistungserbringer drängen würden.

... und die Krankenkassen als Motor der Entwicklung?

Die GKV kann eine Führungsrolle in der Realisierung der beschriebenen Entwicklungen übernehmen – dazu muss sie diese Rolle akzeptieren und einige Voraussetzungen schaffen. In erster Linie kommt es für die Krankenkassen darauf an, ihr Leistungsprofil zu schärfen und den bestehenden Handlungsspielraum auszunutzen: Sie brauchen eine klar definierte Strategie und müssen das Geschäftssystem auf diese Strategie ausrichten.

Der Handlungsspielraum ist durchaus vorhanden: Die strategischen Freiheitsgrade umfassen z.B. die Zielgruppen (Mitglieder), die geografische Abdeckung, den Service und das Leistungserbringermanagement. Bei vielen etablierten Krankenkassen werden die strategischen Freiheitsgrade zu strategischen Imperativen: Zum Beispiel müssen Krankenkassen mit schlechter Risikostruktur Kompetenzen im Leistungsausgabenmanagement aufbauen, um wettbewerbsfähig zu bleiben.

Ausrichtung der Organisation auf die gewählte Strategie – das bedeutet möglicherweise Veränderungen bei den Denkweisen und Fähigkeiten der Mitarbeiter, beim Stil und den gelebten Werten der Organisation, bei der Struktur und den Systemen. Die Krankenkassen müssen ihre Mitarbeiter von Verwaltern zu Gesundheitsmanagern entwickeln, die sich in Betriebswirtschaft und EDV auskennen und auch hart verhandeln können. Die Krankenkassen müssen ihren Führungsstil modernisieren und eine Vielzahl von autonomen und teamfähigen Führungskräften schaffen, damit klare Kompetenz- und Verantwortungsdelegation sowie Führen nach Zielen und Zahlen gelebt werden kann.

Die Konvergenz von privater und gesetzlicher Krankenversicherung (vor allem im Bereich der Basisvorsorge) stellt auch die Rechtsform der GKVen als Gesellschaften öffentlichen Rechts mit beschränkter Handlungsfreiheit in Frage. Genauso wäre es denkbar, eine gesetzliche Krankenversicherung als Aktiengesellschaft zu führen. Die wesentlichen Komponenten der Basisversorgung (Beitragssatzberechnung, Risikostrukturausgleich, Versorgungsumfang, Kontrahierungszwang für Versicherte) könnten auch für eine Krankenversicherung in der Rechtsform einer Aktiengesellschaft verbindlich geregelt werden und einer geeigneten Aufsicht unterliegen.

Die 4 Stoßrichtungen der Veränderung – Mobilisierung privater Finanzmittel, aufgeklärte Patienten, integrierte Versorgungsformen und flexiblere Vertragsgestaltung – verlangen jede für sich Fähigkeiten, die von den Krankenkassen weit gehend erst noch aufgebaut werden müssen. Die flexible Vertragsgestaltung z.B. verlangt neue Einkaufsfähigkeiten, wie sie teilweise schon heute im Leistungseinkauf von Reha-Einrichtungen oder Hilfsmittellieferanten genutzt werden können. Die Mobilisierung privater Finanzmittel erfordert neue Produktgestaltungs- und Marketingkenntnisse.

Die Aufklärung der Patienten verlangt ein völlig neues Informationsmanagement, dessen Inhalt und Systeme Krankenkassen vermutlich nur über Partnerschaften realisieren können. Ein Partnerunternehmen könnte beispielsweise die Marktforschungsleistung übernehmen (z. B. Benchmarking der Krankenhäuser und Ärzte), ein zweites die Infrastruktur für die Patientenberatung aufbauen und unterhalten und ein drittes das Gesundheitsbuch (elektronische Patientenakte) betreiben. Ein viertes Unternehmen könnte diese 3 Komponenten zu einer einheitlichen Oberfläche für Patienten, Leistungserbringer und Krankenkassen zusammenführen. Jede Krankenkasse realisiert dann für sich oder gemeinsam mit anderen das Ziel vom aufgeklärten Patienten über Kooperation mit diesen Unternehmen.

Krankenkassen werden vermutlich auch nicht selbst Versorgungseinrichtungen betreiben (das ist im Übrigen auch gegenwärtig kraft Gesetzes ausgeschlossen). Jedoch fungieren schon heute einzelne Krankenkassen als Initiatoren und Financiers integrierter Versorgungsnetzwerke im Rahmen von Modellversuchen. Diese Krankenkassen unterstützen die Leistungsverbünde intensiv finanziell, personell und beratend. Die Art des rechtlichen Zusammenschlusses und die Gestaltung der Vergütungsstruktur im Verbund beispielsweise sind Fragen, die in enger Abstimmung mit der oder den Krankenkasse(n) geklärt werden sollten. Die Krankenkasse kann den Leistungsverbund bei der Werbung von Patienten unterstützen; sie wird aber auch die Vergütung von Leistungen mit dem Versorgungsnetzwerk vereinbaren und dabei ihre Datengrundlage einbringen. Insbesondere wird die Krankenkasse Mittel aufbringen müssen, die zum Aufbau der erforderlichen Strukturen und Systeme erforderlich sind – etwa für ein professionelles Netzmanagement, für die Vernetzung der Netzärzte über ein modernes Daten- und Informationsmanagement, für wirkungsvolle Anreize und Sanktionen, für die optimale Einbindung des Krankenhauses oder die Entwicklung eines überzeugenden Nutzenversprechens für die Netzteilnehmer.

Auch wenn die Krankenkasse nicht alle Leistungen selbst erstellt, bleiben die Kernaufgaben – und auf solche Aufgaben wird sich die Krankenkasse fokussieren. Dazu gehören die Zielgruppenauswahl, das Versicherungsprodukt und die Kundengewinnung – ggf. unterstützt durch Vertriebskooperationspartner. Alle übrigen Leistungen werden unter Nutzung leistungsorientierter Vertragselemente zugekauft. Die Genehmigung und Abrechnung könnte beispielsweise eine andere Krankenkasse »zuliefern« – für Kopfpauschalen, die sich an den Normprofilen des RSA orientieren. Auch das Hilfsmittelmanagement könnte komplett an eine andere Krankenkasse fremdvergeben, die Patienteninformation durch ein Service-Center geleistet werden. So entstehen neue Geschäftsmöglichkeiten für erfolgreiche Serviceanbieter.

Die »Fertigungstiefe« wird nicht zuletzt auch von der regionalen Präsenz einer Krankenkasse bestimmt. Eine Krankenkasse mit einem hohen Marktanteil (größer als 20% des regionalen Markts) kann damit auch bei den Leistungserbringern gestaltend »mitreden«, denn sie beeinflusst einen entsprechend hohen Anteil an dessen eigenem Einkommen.

Ihren gesetzlichen Auftrag, eine funktionierende und kostengünstige Gesundheitsversorgung in Deutschland auf Dauer zu sichern, kann die GKV nur erfüllen, wenn sie trotz des herrschenden Wettbewerbs Geschlossenheit demonstriert. Zwar können Teile der notwendigen Veränderungen an Strukturen und Prozessen im deutschen Gesundheitswesen bereits heute verwirklicht werden, doch für den überwiegenden Teil muss erst der Gesetzgeber die rechtlichen Rahmenbedingungen schaffen. Hier kommt den Spitzenverbänden innerhalb der GKV eine wichtige Rolle zu, wenn es um die Versachlichung der Diskussion und eine wirksame Überzeugungsarbeit gegenüber den Entscheidungsträgern in der Politik geht. Dieser Rolle können die Spitzenverbände nur gerecht werden, wenn sie sich auf eine gemeinsame Linie verständigen.

Es ist kaum damit zu rechnen, dass sich die Reaktionsmuster des Gesetzgebers auf die wachsenden Probleme der GKV innerhalb der nächsten 3–5 Jahre wesentlich ändern werden. Die Gesundheitspolitik in Deutschland wird, so weit es um die GKV geht, weiterhin von langfristig nicht hinreichenden Modifikationen der Finanzierungsbasis durch Zuzahlung und Budgetierung im Rahmen der paritätischen Finanzierung bestimmt sein. Einzelne Krankenkassen werden eine Erhöhung ihrer Beitragssätze nicht vermeiden können. Eine im Rahmen immer strikterer Budgetierung staatlich geplante und finanzierte Leistungserbringung dürfte letztlich zum Ausbau eines sekundären Versorgungssystems beitragen, das entweder auf der Basis einer privaten Zusatzkrankenversicherung oder direkt aus den Taschen der Versicherten gespeist wird.

Deutliche Veränderungen des Gesundheitswesens in Deutschland sind schon wegen des Finanzierungsdilemmas unausweichlich. Dies ist eine Chance, an Stelle weiterer regulativer Schritte einen wirklich zukunftsträchtigen Neuentwurf einer leistungsfähigen, für alle zugänglichen und auf Dauer finanzierbaren Gesundheitsversorgung zu wagen. Wenn die GKV bereit ist, im »eigenen Hause« und gegenüber ihren Partnern im Gesundheitswesen neue Wege zu gehen, kann sie Initiator und Moderator einer solchen Entwicklung sein.

Nutzenversprechen von Krankenkassen – ein Schlüssel zum Erfolg im Wettbewerb

Germo Gericke und Henrik Haenecke

Im Wettbewerb der Krankenkassen scheint es im Wesentlichen vom Preis abzuhängen, wer Erfolg hat im Werben um Versicherte: Kassen mit niedrigen Beitragssätzen gewinnen Mitglieder, Kassen mit hohen Beitragssätzen verlieren Mitglieder. Da die teureren Kassen jedoch die Preise und damit die Beitragssätze nicht ohne Weiteres senken können, haben sie verzweifelt versucht, ihre Mitglieder auf andere Weise zu halten: mit Mutter-Kind-Kuren, besonders freundlichen Mitarbeitern, den besten Angeboten für die junge Familie oder auch Bauchtanzkursen. Ein klares Profil hat jedoch keine Kasse entwickeln können.

Wahlfreiheit führt zu neuem Wettbewerb

Mit der Einführung der Wahlfreiheit im Jahr 1996 begann ein neues Kapitel in der Geschichte der gesetzlichen Krankenversicherung (GKV) in Deutschland: Der Ring wurde frei gegeben für den Wettbewerb unter den Krankenkassen. Bis dahin hatte es eine Vielzahl komplexer und für die Versicherten schwer durchschaubarer Regeln gegeben, nach denen Versicherungspflichtige den einzelnen Kassen zugewiesen wurden. Die Ersatzkassen für Angestellte standen nur Angestellten offen, die Ersatzkassen für Arbeiter nur Arbeitern, die BKKn und IKKn nur Betriebs- oder Innungsangehörigen. So versicherte die Schwäbisch Gmünder Ersatzkasse nur Arbeiter im feinmechanischen Gewerbe und die Gärtnerkrankenkasse nur Gärtner und Blumenbinder. Für alle weiteren Gruppen war die AOK Basis- oder Auffangkasse (vgl. für einen Überblick über die Zuweisungsregeln vor Einführung der Wahlfreiheit [8, 15]).

Die Zuweisungsregeln bestimmten die Mitgliederstruktur einer Krankenkasse und damit auch ihr Erscheinungsbild in der Öffentlichkeit. Deshalb sahen die Kassen bis 1996 weder die Möglichkeit noch die Notwendigkeit, sich aktiv am Markt zu positionieren. Allenfalls die Techniker Krankenkasse war auf diesem Gebiet aktiv: Bereits vor Einführung der allgemeinen Wahlfreiheit beschränkte sie sich nicht mehr auf ihre eigentliche Zielgruppe der technischen Angestellten. Vielmehr sprach sie bundesweit gezielt Studenten an, die später als angestellte Akademiker mit hohem Bildungs- und Einkommensniveau die Risikostruktur der Techniker Krankenkasse positiv beeinflusst haben.

Mit der Einführung der Wahlfreiheit durch das Gesundheitsstrukturgesetz änderten sich die Rahmenbedingungen für Krankenkassen und Versicherte von Grund auf. Die Versicherten erhielten ein Wahlrecht, das auf einfachen Regeln beruht. Mit der Öffnung der Ersatzkassen und vieler Betriebs- und Innungskrankenkassen für alle Mitglieder der GKV vergrößerten sich die Wahlmöglichkeiten erheblich. Kassenartenspezifische Besonderheiten wurden (weit gehend) abgeschafft. Der Gesetzgeber wollte dadurch zum einen die Ausgaben der GKV durch einen Effizienzwettbewerb der Kassen dauerhaft reduzieren. Zum anderen sollte der Wettbewerb den Service für die Versicherten verbessern.

Die Krankenkassen haben auf die Veränderungen des Marktes reagiert. Allerdings haben sie noch keine adäquate Strategie finden können, um aus dem Wettbewerb um den niedrigsten Preis erfolgreich auszubrechen. Kern einer solchen Strategie ist ein Nutzenversprechen gegenüber den Versicherten, das eine Krankenkasse positiv und unverwechselbar charakterisiert. Im Folgenden beschreiben wir, warum Nutzenversprechen für Krankenkassen notwendig sind und wie sie erarbeitet werden.

Krankenkassen agieren ohne Profil im Wettbewerb

Seit es die Wahlfreiheit gibt, müssen sich die Krankenkassen im Wettbewerb behaupten. Da ihnen die Versicherten nicht mehr zugewiesen werden, müssen sie um diese werben und sich als die beste Wahl für den einzelnen Versicherten positionieren. Für den Versicherten nachvollziehbare Argumente lassen sich 4 Differenzierungsfeldern zuordnen: Leistungen, Service, Image und Beitragssatz (vgl. zu den Differenzierungsfeldern der Kassen [2, 9]). Doch die Handlungsmöglichkeiten innerhalb der 4 Felder sind beschränkt. Daher ist eine differenzierte Betrachtung der einzelnen Felder notwendig.

Solange die Leistungen weiterhin gesetzlich und weit gehend einheitlich geregelt sind, kann sich eine Kasse im *Leistungsangebot* kaum von ihren Wettbewerbern abheben. Die gemeinsamen Verhandlungen mit Leistungserbringern, insbesondere mit Ärzten und Krankenhäusern, schränken auch die Differenzierungsmöglichkeiten im Bereich des Leistungseinkaufs erheblich ein.

Auf Grund dessen haben die Krankenkassen eine Vielzahl von Anstrengungen im *Service* unternommen: Geschäftsstellen wurden modernisiert, Call-Center eingerichtet, Beratungsleistungen – soweit gesetzlich möglich – ausgeweitet. Offen bleibt allerdings, ob diese Verbesserungen zu Wettbewerbsvorteilen führen – kaum ein Versicherter kennt das komplette Serviceangebot seiner Versicherung.

So verwundert es nicht, dass die meisten Kassen auch im fünften Jahr der Wahlfreiheit weit gehend orientierungslos nach einem *Imageprofil* suchen, das sie von den Wettbewerbern differenziert. Ein klares Profil der einzelnen Kassen ist weder im werblichen Auftritt noch in der Kommunikation der Mitarbeiter mit den Versicherten erkennbar. Im Gegenteil: Die Motive der einzelnen Werbeauftritte ähneln sich auf frappierende Weise. Im Mittelpunkt steht fast immer die junge Familie (Abb. 1).

Auch die Inhalte unterscheiden sich kaum: Die Krankenkassen bieten ihren Versicherten einen bunten Blumenstrauß weit gehend identischer Angebote (Abb. 2).

Weder Versicherte noch Mitarbeiter können die Werbebotschaften der eigenen Kasse von denen der Wettbewerber unterscheiden. Das Image der Kranken-

Quelle: Werbebroschüren der Krankenkassen

Abb. 1. Keine Differenzierung im Werbeauftritt

kassen orientiert sich daher weiter an historischen Klischees: Die Techniker Krankenkasse gilt als elitäre Versicherung, die AOK eher als Krankenkasse der Allgemeinheit, die auch sozial Schwache aufnehmen muss. Gleichzeitig haftet der AOK noch immer ein behördenähnliches Image an. Die aktuellen Veränderungen werden von den Versicherten nur unzureichend wahrgenommen.

Hoesch Dortmund

AOK	Hoesch Dortmund	TK
• Starke Versicherten-gemeinschaft	• Wir versichern über xyz Versicherte im gesamten Bundesgebiet	• Die Solidarität von xyz Millionen Versicherten
• Ihr persönlicher Ansprechpartner	• Ihr Ansprechpartner bei uns ist Ihr persönlicher Kundenberater	• Unser Ziel ist es, Sie individuell zu betreuen
• Eine Familie – eine Krankenversicherung – ein Beitrag	• Familienkasse – wir sind die Kasse für die ganze Familie	• TK – die Familienkasse
• Individuelles Angebot von Haus- und Firmenbesuchen	• Ein persönliches Gespräch in Ihrer häuslichen Atmosphäre	• Selbstverständlich kommen wir in Sachen Beratung auch zu Ihnen nach Hause

Quelle: Werbebroschüren der Krankenkassen

Abb. 2. Werbebotschaften der Kassen

Nach Leistungen, Service und Image bleibt den Kassen als letztes Differenzierungsfeld der *Beitragssatz*. In der Tat ist der Beitragssatz ein zentraler Faktor bei der Entscheidung für einen Kassenwechsel (vgl. zu Betrachtungen der Korrelation von Mitgliederbewegungen und Beitragssätzen [3, 10–12]). Der allein entscheidende Faktor kann er jedoch nicht sein, denn dann hätte eine Abwärtsspirale zu beobachten sein müssen: »Gute Risiken« wechseln schneller als »schlechte Risiken« zu Kassen mit niedrigen Beitragssätzen, die ihre Beitragssätze weiter senken können. Die Abwanderung zwingt Kassen mit historisch bedingt schlechterer Risikostruktur und somit höheren Beitragssätzen dazu, ihren Beitragssatz weiter zu erhöhen – sie büßen weiter an Attraktivität ein. Am Ende sind diese Krankenkassen gezwungen zu schließen. Krankenkassen mit zu hohen Beitragssätzen würden dieser Spirale des Untergangs folgend bald aus dem Markt gedrängt.

Die Eskalation dieser Spirale ist jedoch nicht eingetreten. Mit einer empirischen Analyse konnte nachgewiesen werden, dass die Kassenwechsler insgesamt weder besonders gute noch besonders schlechte Risiken sind [4]. Gleichzeitig schwindet die Bedeutung des Beitragssatzes: Ein Vergleich der Mitgliederwanderung verschiedener Kassen ergab, dass z. B. eine Landes-AOK in der statistischen Bilanz keine Mitglieder verloren hätte, wenn sie 1996/97 einen bis um 1,4 Prozentpunkte höheren Beitragssatz gehabt hätte als der billigste Wettbewerber. Im Jahr 1998/99 wäre dies sogar bis zu einem Beitragssatzunterschied von 1,8 Prozentpunkten der Fall gewesen.

Die individuelle Kassenwahl wird also neben dem Beitragssatz auch von anderen Faktoren beeinflusst. Dies müssen sich Kassen mit höheren Beitragssätzen zu Nutze machen, um im Wettbewerb dauerhaft bestehen zu können: Sie müssen sich auf spezifische Kundensegmente festlegen und diesen Kunden einen spürbaren Zusatznutzen anbieten.

Eine Ausrichtung auf einzelne attraktive Kundensegmente ist jedoch umstritten. Sie gilt als Verstoß gegen das Diskriminierungsverbot und gegen das Solidaritätsprinzip der GKV, denn schließlich impliziert die Auswahl von »guten Risiken« eine Diskriminierung anderer Versicherter (vgl. die Diskussion um das »Rosinenpicken« der Betriebskrankenkassen oder auch die Diskussion um die Namensgebung der BKK für Heilberufe oder der BKK für steuerberatende und juristische Berufe [6]). Damit stecken die Krankenkassen in einem Dilemma: Sie sollen sich zwar im freien Spiel der Marktkräfte behaupten, doch indem sie entsprechende Maßnahmen ergreifen, geraten sie in den Verdacht, mit den Grundprinzipien der Sozialversicherung zu brechen. Eine erfolgreiche Positionierung im Wettbewerb ist jedoch nur möglich, wenn »gute Risiken« gezielt angesprochen werden. Deshalb liegt den folgenden Ausführungen die Annahme zu Grunde, dass sich eine Kasse aktiv im Wettbewerb positionieren will und sich deshalb zu einer gezielten Ansprache spezifischer Kundensegmente bekennt.

Wie kann aber ein Zusatznutzen für ein spezifisches Zielsegment aussehen? Mit welchen Angeboten können attraktive Kundensegmente angesprochen werden? Wie kann ein klares Profil gefunden werden? Wie können Versicherte gehalten oder sogar gewonnen werden?

Der Schlüssel ist eine einfache Antwort auf eine einfache Frage des Kunden: »Warum soll ich gerade dieses Produkt (von dieser Firma) und kein anderes (von einem Wettbewerber) kaufen?« Diese Frage wird bisher – außer von den preisgünstigsten Kassen – von keiner Krankenkasse klar beantwortet. Die Antwort auf diese Frage ist jedoch ein Kernelement jeder erfolgreichen Positionierung im Wettbewerb: das Nutzenversprechen.

Nutzenversprechen steuern die Positionierung im Wettbewerb

Gemeinsam mit dem Aufbau und der Entwicklung einer Marke und der klaren Ausrichtung auf Zielkundensegmente bildet das Nutzenversprechen den Schlüssel für einen erfolgreichen Markauftritt. Dies gilt insbesondere dann, wenn die differenzierenden Leistungsmerkmale eines Produkts[1] wie im Markt der Krankenkassen nicht augenfällig sind (vgl. allgemeiner zu Nutzenversprechen [5, 7, 13]).

Begriffsabgrenzung und Bedeutung von Nutzenversprechen – Wirkung nach innen und außen

Die Begriffsbildung und -abgrenzung für das Konzept des Nutzenversprechens ist uneinheitlich. Im angloamerikanischen Sprachraum wird häufig »value proposition« verwendet. In der internationalen Marketingliteratur und in der Werbung findet man den Begriff »unique selling proposition (USP)«, im deutschen

[1] Der Begriff »Produkt« soll im Weiteren auch Dienstleistungen einschließen.

Sprachgebrauch benennen Begriffe wie Nutzenversprechen, Wertversprechen oder Nutzenargument alle in etwa das gleiche Konzept: den besonderen Nutzen eines Produkts für den Kunden, meist in Abgrenzung zu Produkten der gleichen Produktgruppe. So wurden beispielsweise im Waschmittelmarkt Produkte mit Nutzenversprechen wie Ergiebigkeit, Reinheit/Sauberkeit, Hygiene, Schonung der Farben, Umweltverträglichkeit oder dem besten Preis-Leistung-Verhältnis erfolgreich positioniert. Auf diese Weise soll das einzelne Produkt gegen Konkurrenzprodukte, aber auch innerhalb des eigenen Produktportfolios, klar abgegrenzt und auf bestimmte Zielgruppen und ihre Präferenzen (im Waschmittelmarkt z. B. Sparen, Sauberkeit, Umwelt) ausgerichtet werden.

Nutzenversprechen zielen in erster Linie auf die *Kunden*, die das Produkt kaufen und sich damit identifizieren sollen. Eine klare Beschreibung des einzigartigen Mehrwerts des gekauften Produkts hilft dem Kunden, seine Wahl gegenüber sich selbst und gegenüber anderen zu begründen. Eine klare und überzeugende Formulierung fördert deshalb die Loyalität der Kunden erheblich.

Ebenso vermittelt das Nutzenversprechen den *Nichtkunden* einen klaren Vorteil – und stellt gleichzeitig die Wahl eines Konkurrenzprodukts in Frage. Das Nutzenversprechen erleichtert es somit, Neukunden zu gewinnen.

Ein klares Nutzenversprechen ist jedoch nicht nur nach außen relevant. Auch im Innenverhältnis eines Unternehmens ist ein Nutzenversprechen wichtig: Den *Mitarbeitern* wird es möglich, mit den Vorteilen des eigenen Produkts gegenüber den Kunden zu argumentieren. Sie können sich dann besser mit dem Produkt und dem Unternehmen identifizieren, ihre Zufriedenheit und Loyalität wächst.

Nutzenversprechen, Marke und Kundensegmentierung – keine Einheit, keine Wirkung

Nutzenversprechen können nur dann erfolgreich sein, wenn sie eine Einheit mit der Markenpositionierung und den Zielkundensegmenten bilden. Die mit der Marke assoziierten Werte müssen durch das Nutzenversprechen des Produkts unterstützt werden. Da sowohl Markenwahrnehmung als auch Relevanz des Nutzenversprechens subjektiv sind, kann beides nur im Hinblick auf bestimmte Kundengruppen (Zielsegmente) betrachtet werden (Abb. 3).

Dem Automobilhersteller AUDI ist es z. B. in den vergangenen Jahren gelungen, ein sportlich-technologieorientiertes Markenbild aufzubauen, das mit dem Slogan »Vorsprung durch Technik« dem Segment der technikinteressierten Autofahrer ein konkretes Nutzenversprechen gibt. Im Vergleich dazu ist der Auftritt von Ford (»Die tun was«) wenig konkret und vermittelt kein klares Nutzenversprechen.

Besonders interessant wird der Zusammenhang zwischen Marke, Nutzenversprechen und Zielsegment, wenn unter einem Markendach verschiedene Produkte für verschiedene Zielsegmente positioniert werden sollen. Hier muss ein übergreifendes Nutzenversprechen durch zielgruppenspezifische Attribute ergänzt werden. Vorbildlich betreibt dies die Firma Procter & Gamble mit ihrer Shampoo-Marke Pantene. Die Marke verspricht eine optimale Pflege durch das Pro-Vitamin-System (»gesundes Haar, das glänzt«). Dieses allgemeine Marken-

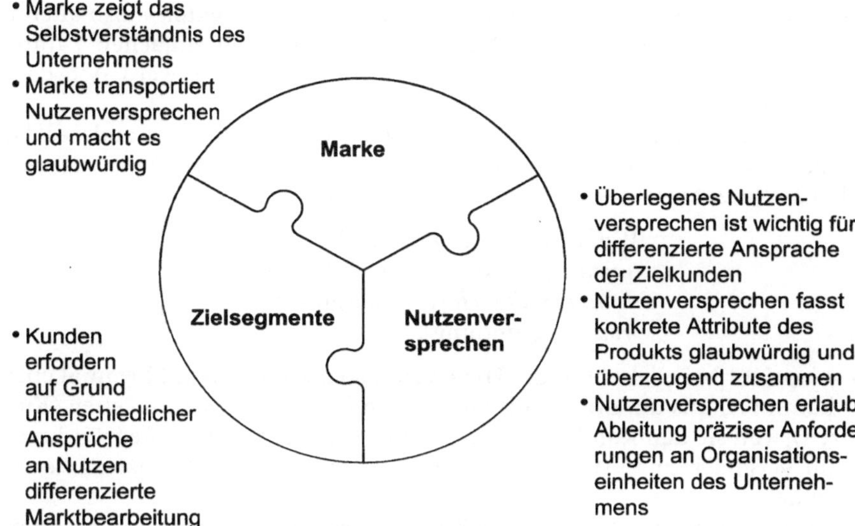

Abb. 3. Einheit aus Marke, Nutzenversprechen und Zielsegmenten (Haenecke u. Laukamp 2000 [7])

bild wird für einzelne Zielgruppen in gezielten Nutzenversprechen konkretisiert. Für strapaziertes Haar wird z. B. eine besondere Pflegekomponente herausgestellt, für Männer dagegen wird die Stärkung des Haars durch das Shampoo hervorgehoben.

Formulierung von Nutzenversprechen – »Ich erhalte ...« statt »Wir bieten ...«

Nur ein einfaches und leicht verständliches Nutzenversprechen lässt sich erfolgreich vermitteln. Lässt sich ein Nutzenversprechen nicht in einem Satz formulieren, ist der Inhalt für die meisten Kunden nicht fassbar.

Entscheidend ist dabei die Perspektive, aus der formuliert wird. Nutzenversprechen lassen sich grundsätzlich aus 2 Perspektiven formulieren: aus Sicht des Anbieters oder aus Sicht des Kunden. Vor allem ältere Nutzenversprechen verwenden, ausgehend von der Logik, dem Kunden ein Angebot zu unterbreiten, das *»Wir bieten ...«-Format*: Der Anbieter leitet den Kundennutzen aus besonderen eigenen Leistungen oder Fähigkeiten ab. Das geschieht meist in der selbstbewussten Überzeugung, damit wichtige Kundenbedürfnisse zu befriedigen. Das Problem: Der Kunde muss den daraus für ihn resultierenden Nutzen ableiten, er wird ihm nicht unmittelbar genannt. Wenn z. B. Caterpillar »24-Stunden-Lieferung von Ersatzteilen, weltweit« anbietet, dann basiert dieses Angebot auf dem Wettbewerbsvorteil eines weltumspannenden Netzwerks. Der eigentliche Kundennutzen – nämlich die geringe Ausfallzeit der Geräte – wird in diesem Nutzenversprechen nicht explizit genannt.

Dieses marketinghistorisch gesehen ältere Format reicht sicher aus, wenn die Verhältnisse wie im Beispiel Caterpillar klar und einfach sind. In weniger transparenten Bereichen wie im Finanz- und Dienstleistungssektor – also auch in der GKV –, sind Wettbewerbsvorteile allerdings nicht an so einfachen Parametern wie der Zahl der Vertriebsniederlassungen messbar. Hier erweist sich das »Wir bieten ...«-Format als unzulänglich.

In jüngerer Zeit setzt sich deshalb in vielen Märkten ein anderes Format durch, das den Kundennutzen explizit mitteilt: Das *»Ich erhalte ...«-Format.* Es stellt das Nutzenversprechen aus Sicht des Kunden dar:

Wenn ich [dieses Produkt]
anstatt [Konkurrenzprodukt] *kaufe,*
dann erhalte ich [Kundennutzen],
weil [Begründung].

So verspricht beispielsweise die HypoVereinsbank mit ihrem Slogan »Leben Sie, wir kümmern uns um die Details« ihren Kunden mehr Zeit zum Leben (Kundennutzen), weil sie den Kunden ungeliebte Tätigkeiten abnimmt (Begründung).

Im Vergleich zur »Wir bieten ...«-Form birgt das »Ich erhalte ...«-Format wesentliche Vorteile:

- Es zwingt den Anbieter dazu, die Kundenperspektive einzunehmen und die für den Kunden relevanten Vorteile auf eine griffige Formel zu bringen.
- Die Form ermöglicht nur ein, maximal 2 (verbundene) Nutzenargumente und zwingt zu einprägsamen Formulierungen, die der Aufnahmefähigkeit der Kunden gerecht werden.
- Die Ichform bezieht den Kunden unmittelbar ein, er kann sich mit dem Nutzenversprechen identifizieren.
- Es ist kompetitiv formuliert und ermöglicht dem Kunden einen direkten Vergleich der Angebote.

Die knappe Form unterstützt auch den kreativen Prozess, in dem ein Nutzenversprechen entwickelt wird: Die Überzeugungskraft des Nutzenversprechens kann durch Austauschen der Variable [Kundennutzen] getestet werden. Konkurrenzprodukte können eingesetzt werden, um die Wirkung des Kundennutzens im direkten Vergleich zu untersuchen. Vor allem aber lässt sich die Überzeugungskraft verschiedener Begründungen durch Einsetzen der Variable [Begründung] analysieren.

Für die werbliche Umsetzung eines Nutzenversprechens ist oft eine weitere Verkürzung auf einen knappen Slogan notwendig. Typische Beispiele sind »Vorsprung durch Technik« von AUDI oder »Da werden Sie geholfen« der Telefonauskunft 11 88 0.

Kriterien für die Auswahl erfolgreicher Nutzenversprechen

Erfolgreiche Nutzenversprechen zeichnen sich durch 2 Eigenschaften aus: Sie erschließen ein hohes Marktpotential und sie können vom Unternehmen eingelöst werden. Im Folgenden werden die einzelnen Kriterien dargestellt, anhand derer sich prognostizieren lässt, ob ein Nutzenversprechen im Krankenkassenmarkt Erfolg haben wird.

Marktpotential – der Kunde als Ausgangspunkt der Bewertung

Das Marktpotential eines Nutzenversprechens wird wesentlich durch die *Attraktivität der angesprochenen Kundensegmente* bestimmt. Im Idealfall fühlen sich durch das Nutzenversprechen sowohl attraktive Bestandskunden als auch Neukunden angesprochen. Die Attraktivität ist jedoch kein statisches Merkmal – zu untersuchen ist, ob die Kunden nicht nur heute, sondern auch in Zukunft eine attraktive Kundengruppe darstellen und ob durch sie weitere attraktive Kunden gewonnen werden können.

Leider ist die Frage nach der Attraktivität insbesondere im Krankenkassenmarkt nicht leicht zu beantworten. Viele Krankenkassen haben in der Vergangenheit ihre Kundenansprache auf junge Familien konzentriert, obwohl nicht klar ist, ob diese Versicherten nach dem Risikostrukturausgleich tatsächlich attraktive Risiken sind. Für junge Familien als Zielsegment spricht, dass die Kinder sich später einmal für dieselbe Krankenkasse entscheiden könnten, bei der auch die Eltern versichert sind. Ausschlaggebend für die Ausrichtung auf die junge Familie ist häufig aber nicht eine Analyse des Versicherungsrisikos, sondern vielmehr der Glaube, nur diesem Segment attraktive Angebote machen zu können. Um andere Segmente anzuziehen, fehlen schlicht die Ideen. So wird das Segment der »rüstigen Rentner« beispielsweise kaum beachtet, obwohl sie – unter Berücksichtigung des RSA – eine attraktive Kundengruppe darstellen.

Das Marktpotential hängt zudem davon ab, wie viel *Überzeugungskraft* das Nutzenversprechen gegenüber den angesprochenen Kundensegmenten hat: Ist es einfach und leicht verständlich? Ist der versprochene Nutzen relevant? Ist das Nutzenversprechen glaubhaft? Hebt sich das Nutzenversprechen durch eine klare Differenzierung von denen der Wettbewerber ab?

Viele Krankenkassen haben noch nicht verstanden, wie eine überzeugende Positionierung zu entwickeln ist. Meistens werden viele Vorzüge hervorgehoben, eine Verdichtung auf einen zusammenführenden Gedanken findet selten statt. Entsprechend gering ist die Überzeugungskraft.

Viele der hervorgehobenen Vorzüge differenzieren zudem nicht von den Wettbewerbern. Freundliche Mitarbeiter, große Kompetenz und Erfahrung sowie gute Erreichbarkeit vor Ort werden häufig in den Mittelpunkt der Werbeauftritte gestellt. Allerdings könnten diese Vorzüge gleichermaßen die Barmer, die DAK oder eine AOK charakterisieren – sie stellen also keine einzigartigen Eigenschaften dar. Die von der Barmer in den Mittelpunkt gerückte Eigenschaft »Deutschlands größte Krankenkasse« ist zwar differenzierend, doch mag ihr so mancher Kunde keinen Glauben schenken; viele nehmen die AOK als eine einzige Kasse wahr und empfinden sie damit als mindestens genauso groß. Fraglich ist auch, ob die Größe einer Krankenkasse für die Versicherten überhaupt eine relevante Eigenschaft ist.

Eine deutlich differenzierende und offenbar den Geschmack attraktiver Kundensegmente treffende Positionierung haben die so genannten virtuellen BKKn gefunden: Sie werben nicht nur mit einem günstigen Beitragssatz, sondern stellen als zentralen Nutzen die ständige und unkomplizierte Erreichbarkeit per Telefon heraus.

Auch für das beispielhaft genannte Segment der »rüstigen Rentner« ist eine einfache, glaubhafte und differenzierende Positionierung denkbar. Wie oben beschrieben könnten die »rüstigen Rentner« ein attraktives Marktsegment darstellen. Denkbar ist für dieses Marktsegment ein Service rund um das Nutzenversprechen »Wenn ich bei der XYZ versichert bin, erhalte ich die Möglichkeit, Kontakte zu anderen rüstigen Rentnern zu knüpfen und gemeinsam mit ihnen gesund zu bleiben.« Umgesetzt werden könnte ein solches Nutzenversprechen unter anderem durch das Anbieten von Fitnessprogrammen für Senioren.

Wie die Überzeugungskraft eines Nutzenversprechens zu beurteilen ist, hängt im Krankenkassenmarkt davon ab, ob die Krankenkasse eher eine Pull- oder eine Push-Strategie verfolgt. Für eine aussichtsreiche Pull-Strategie müsste das Nutzenversprechen so stark sein, dass es einen Sog (Pull) auf die Versicherten ausübt, und diese allein auf Grund des Nutzenversprechens, also ohne weitere Ansprache, ihre Krankenkasse wechseln. Da sich die Versicherten aber kaum mit dem Produkt Krankenversicherung auseinander setzen, geschweige denn mit einzelnen Krankenkassen, wird ein derart starkes Nutzenversprechen schwerlich zu finden sein. Die Alternative ist daher in der Regel ein Nutzenversprechen für eine Push-Strategie. Diese dient dazu, Versicherte an bestimmten Entscheidungspunkten anzusprechen, etwa zu Beginn oder am Ende der Ausbildung, am Ende des Studiums, bei Wechsel des Arbeitgebers oder bei der Familiengründung. Das Nutzenversprechen muss dann auf seine Überzeugungskraft an diesen Entscheidungspunkten überprüft werden.

Umsetzbarkeit – das Nutzenversprechen muss gehalten werden

Die zweite Dimension, in der ein Nutzenversprechen bewertet wird, ist die *Umsetzbarkeit* durch die Kasse. Die entscheidende Frage lautet: Kann die Krankenkasse das formulierte Nutzenversprechen tatsächlich für jeden Kunden, in jedem Fall und zu jeder Zeit 100%ig erfüllen?

Dieser Prüfung halten viele Nutzenversprechen nicht stand – viele für Kunden attraktive Nutzenversprechen können die Krankenkassen nicht realisieren. Das muss noch nicht einmal Schuld der Krankenkasse selbst sein: Der Kundennutzen »sofortige Bearbeitung und Entscheidung aller Anfragen« kann an langen Bearbeitungszeiten einzelner Anträge durch den Medizinischen Dienst der Krankenkassen scheitern. Der Kundennutzen »Übernahme von Behandlungen, wenn ich sie brauche« kann in Einzelfällen unerfüllbar sein, da die Übernahme einzelner Behandlungen den Kassen gesetzlich verboten ist. Auch das Programm für die »rüstigen Rentner« wäre im Detail zu prüfen: Welche Kooperationen darf die Kasse eingehen? Welche Kosten dürfen übernommen werden? Welche Informationen über Ärzte und andere Einrichtungen dürfen zur Verfügung gestellt werden?

Neben der praktischen Umsetzbarkeit muss auch die kommunikative Umsetzbarkeit auf den Prüfstand. Kernfrage ist hier: Passt das Nutzenversprechen zum Markenkern? Auch wenn beispielsweise der Kundennutzen »unbürokratischer und individueller Service« Marktpotential besäße, könnten alteingesessene Kassen wie AOK, DAK oder Barmer diese Positionierung nur schwer vermitteln –

zu sehr haftet ihnen das Image einer großen und damit schwerfälligen und unpersönlichen Institution an.

Vor der Umsetzung ist außerdem zu klären, ob sich das Nutzenversprechen als einzigartige Positionierung im Wettbewerb erhalten und ausbauen lässt. Die Positionierung der AOK als »die Gesundheitskasse« bot – vor dem Hintergrund der Gesundheitsförderung – das Potential für einen derartigen Wettbewerbsvorteil: Die AOK konnte bei der Positionierung als Gesundheitsförderer auf bestehenden Stärken aufbauen und sich als einzigartig positionieren. Bis die Gesundheitsförderung aus dem GKV-Leistungsumfang gestrichen wurde, konnte sie Angebot und Wettbewerbsvorteil stetig ausbauen.

Als letztes, aber nicht weniger wichtiges Kriterium bei einer Bewertung der Umsetzbarkeit sollte die Motivation der Mitarbeiter durch das Nutzenversprechen untersucht werden. Die zentralen Vorteile eines starken Nutzenversprechens sind eine gute Argumentationsfähigkeit der Mitarbeiter durch die klare Abgrenzung gegenüber den Wettbewerbern und – daraus resultierend – eine höhere Loyalität der Mitarbeiter.

Marktpotential und Umsetzbarkeit – beides muss stimmen

Die Bewertungsergebnisse in den Dimensionen Marktpotential und Umsetzbarkeit werden abschließend in einer Matrix zusammengefasst. Grundsätzlich gilt:

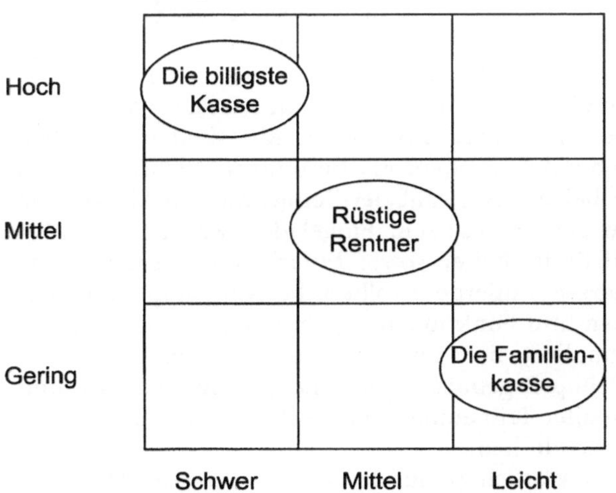

Abb. 4. Illustration der Bewertung eines Nutzenversprechens

Ein Nutzenversprechen hat umso mehr Aussicht auf Erfolg, je besser die Bewertung in beiden Dimensionen ausfällt.

Die Bewertung von ein und demselben Nutzenversprechen kann jedoch von Kasse zu Kasse sehr unterschiedlich ausfallen, da sowohl Marktpotential als auch Umsetzbarkeit sehr verschieden sind. Für Kassen wie die AOK, die DAK, die Barmer oder auch die BKK Berlin können aber 3 Nutzenversprechen beispielhaft in die Bewertungsmatrix eingeordnet werden (Abb. 4).

Sicher kann keine der Kassen mittelfristig zur billigsten Kasse im Markt werden, auch wenn das Marktpotential noch so hoch sein mag. Die Idee »Familienprogramm« mag zwar leicht umsetzbar sein, aber eine derartige Positionierung differenziert nur schlecht vom Wettbewerb. Das »Rüstige-Rentner-Programm« könnte attraktive Marktsegmente ansprechen und ist wahrscheinlich mittelfristig umsetzbar. Allerdings wäre für eine derartige Positionierung zu klären, inwieweit das Segment »rüstige Rentner« langfristig attraktiv bleibt.

Umsetzung: Entwicklung von Ideen und Auswahl erfolgreicher Nutzenversprechen

Das einfache Konzept des Nutzenversprechens ermöglicht es, schnell attraktive Ideen zu finden. Die Erfolgschancen können vor der Markteinführung entlang der beschriebenen Dimensionen Marktpotential und Umsetzbarkeit bewertet werden. Ein Nutzenversprechen, das dieser Evaluation standhält, bildet die Grundlage für ein effektives Marketing und wird für Krankenkassen zu einem wichtigen Erfolgsfaktor im Wettbewerb.

Entwicklung von Ideen – Ideen kommen von innen und außen

Ideen für Nutzenversprechen können sowohl im Unternehmen generiert werden (Inside-out-Ansatz) als auch im Kontakt mit den Versicherten (Outside-in-Ansatz). In der Praxis sollten beide Ansätze kombiniert werden.

Beim *Inside-out-Ansatz* haben sich Workshops als eine sehr effektive Methode erwiesen. Initiator und Träger ist in der Regel die Marketingabteilung. In die Entwicklung eines Nutzenversprechens sollten Mitarbeiter aus allen Unternehmensbereichen eingebunden werden. Als besonders fruchtbar haben sich Workshops erwiesen, die bei der Auswahl der Teilnehmer an klassischen »Reibungspunkten« der Organisation ansetzen: Eingeladen werden z. B. Mitarbeiter der Zentrale und Filialmitarbeiter sowie Mitarbeiter mit und ohne direkten Kontakt zum Versicherten. Außerdem sollten die Workshopteilnehmer verschiedenen Hierarchieebenen und Funktionen angehören. Die Einbeziehung der gesamten Organisation stimuliert nicht nur die Kreativität, sondern erhöht auch die Akzeptanz der Workshop-Ergebnisse. Um eine gleichberechtigte und unvoreingenommene Mitarbeit aller Teilnehmer zu erreichen, sind häufig unabhängige externe Moderatoren erforderlich.

Inhaltlich lassen sich einfache Workshops auf den Erfahrungen der Mitarbeiter aufbauen, die sie im direkten Kontakt mit den Versicherten gewonnen haben. Bei derartigen Workshops besteht allerdings die Gefahr, dass die Ideen allein aus

Sicht des Unternehmens und seiner Mitarbeiter, nicht aber aus Sicht der Kunden entwickelt werden.

Analytisch fundierter und anspruchsvoller sind Workshops, die von Marktanalyse-Ergebnissen ausgehen. In der Praxis bewährt hat sich insbesondere die Ideengenerierung, ausgehend von bestimmten Versichertengruppen, vom Markenbild oder von Stärken im Wettbewerb. Voraussetzung für derartige Workshops ist, dass Marktforschung zu Zielgruppen, Markenkern oder Wettbewerbsposition bereits betrieben wurde und die Ergebnisse als Basis für den Workshop genutzt werden können.

Eine Mitarbeiterbefragung ist ein weiteres Instrument, mit dem sich Ideen gewinnen lassen. Der hohe Aufwand wird in der Regel durch den Nutzen gerechtfertigt: Durch gezielte Fragen können nicht nur viele gute Ideen gesammelt werden, die bereits in der Organisation existieren; es wird auch eine Diskussion in Gang gesetzt, die zu neuen Ideen führt. Als willkommenen Nebeneffekt der Ideengenerierung bietet eine Mitarbeiterbefragung Einblicke in die Einstellungen der Mitarbeiter, was für die Bewertung der Umsetzbarkeit relevant ist.

Die bisher beschriebenen Möglichkeiten der Ideenentwicklung zwingen die Beteiligten durch das »Dann erhalte ich«-Format dazu, die Perspektive des Versicherten einzunehmen. Dennoch bleiben die Mitarbeiter häufig in der Perspektive der Krankenkasse gefangen: Sie sind besser informiert und in ihrer Wahrnehmung stärker sensibilisiert als die Versicherten. Sie werden in der Regel sehr rational über mögliche Kundennutzen nachdenken und nach Ideen für greifbare Angebote suchen. Im Gegensatz dazu haben viele Versicherte nur ein schemenhaftes Bild von der gesetzlichen Krankenversicherung und sind nur unzureichend über die Aufgaben und Angebote der verschiedenen Krankenkassen informiert[1]. (Vergleiche hierzu die empirischen Arbeiten [1, 14, 16].) Deshalb haben emotionale Nutzenversprechen wahrscheinlich ein höheres Potential als rationale.

Um dies herauszufinden, muss eine unvoreingenommene Ideengenerierung direkt mit Versicherten erfolgen und weit gehend auf leitende Stimuli verzichten. Als sehr hilfreich für eine derartige Exploration haben sich tiefenpsychologische Einzelinterviews mit Versicherten erwiesen. Sie helfen, die Motivstrukturen der Versicherten zu verstehen und auch unbewusste Bedürfniskategorien aufzudecken. Die Ergebnisse solcher Interviews können zwar kein Gesamtbild oder gar eine quantitative Bewertung liefern, sind aber dennoch sehr wertvoll in der Frühphase der Ideenfindung: Mitarbeiter der Krankenkasse und Interviewer können die Ergebnisse gemeinsam analysieren und daraus Hypothesen für Nutzenversprechen ableiten.

Die Einzelinterviews sollten durch Gruppendiskussionen ergänzt werden, da die Entscheidung für eine bestimmte Krankenkasse auch durch soziale Interaktion geprägt wird. Verschiedene Formen der Gruppendiskussion unter Anwendung moderierter Kreativitätstechniken wie Brainstorming oder Brainwriting können genutzt werden, um Ideen in freier Assoziation und anschließender Diskussion zu entwickeln.

---

[1] Auch wenn die Krankenkassen seit Einführung der Wahlfreiheit vermehrt in der öffentlichen Diskussion gestanden haben, kann davon ausgegangen werden, dass das Wissen um die GKV weiter gering ist.

Vorbereitung der Markttests – das Nutzenversprechen muss ausformuliert werden

An die Ideengenerierung schließt sich die Ideenauswahl und -bewertung entlang der Bewertungsdimensionen Marktpotential und Umsetzbarkeit an. Da alles andere den Rahmen sprengen würde, können nur 3 bis maximal 5 alternative Optionen detailliert bewertet werden. Deshalb sollten einerseits solche Ideen schnell ausgeklammert werden, die wahrscheinlich nur ein geringes Potential bieten oder offensichtlich nicht realisierbar sind. Andererseits sollten aussichtsreiche Ideen auf ihren Kern verdichtet werden, um klar voneinander abgrenzbare Nutzenversprechen zu erhalten.

Damit das Marktpotential der ausgewählten Ideen schließlich mit Versicherten getestet werden kann, müssen die Ideen in Verbalkonzepte, so genannte *Concept Boards,* umgesetzt werden. Diese stellen das Nutzenversprechen in kurzen, einfachen Sätzen in der Sprache der Zielgruppe dar. Die Kernelemente eines solchen Verbalkonzepts sind:

- Problemstellung: Welches Problem des Versicherten wird angesprochen?
- Innovation: Welcher neue Ansatz soll das Problem lösen?
- Kundennutzen: Welchen Nutzen erhält der Kunde?
- Beleg für den Kundennutzen: Wie begründet die Krankenkasse diesen Nutzen glaubhaft?
- Slogan: Was ist die griffige Kernidee des Nutzenversprechens?

Concept Boards eignen sich als verbale Darstellung vor allem für rationale Nutzenversprechen (ein rationaler Kundennutzen wäre z. B. »der schnellste Service« oder »die beste Beratung«). Der gleiche logische Aufbau lässt sich jedoch auch für stärker emotional ausgerichtete Nutzenversprechen verwenden (z. B. »Sicherheit« oder »Wohlfühlen«). In diesem Fall müssen die Concept Boards durch so genannte Mood Boards ergänzt werden.

Ein *Mood Board* arbeitet im Gegensatz zum Concept Board ausschließlich mit Bildern. Es illustriert Stimmungen und Gefühle, die der Versicherte mit dem Angebot verbinden soll.

Concept Boards und Mood Boards dürfen nicht mit den späteren Werbeaussagen und -motiven verwechselt werden. Sie dienen lediglich als Stimulus für die Testpersonen. Um aber die spätere werbliche Umsetzung vorzubereiten, sollte man bereits bei der Erstellung der Concept und Mood Boards eine Werbeagentur einbinden. Dies nützt beiden Seiten: Die Werbeagentur macht sich frühzeitig mit dem Nutzenversprechen vertraut, die Krankenkasse kann von der Erfahrung der Agentur bei der sprachlichen und bildlichen Gestaltung profitieren.

Markttest eines Nutzenversprechens – was meint der Kunde?

Nutzenversprechen können sowohl qualitativ wie auch quantitativ getestet werden. Beide Testformen sollten genutzt werden.

Qualitative Tests führen zu grundlegenden Einsichten in die Wirkung der entwickelten Nutzenversprechen und geben ggf. den Anstoß, sie zu überarbeiten.

Die Ergebnisse sind Aussagen zur Wahrnehmung und Beurteilung der Nutzenversprechen; sie sind zwar nicht statistisch repräsentativ, dafür sind solche Tests aber auch mit vergleichsweise geringem Aufwand verbunden. Typische Methoden sind Einzelgespräche und Gruppendiskussionen.

Einzelgespräche können, wie oben beschrieben, explorativ in der Ideengenerierung eingesetzt werden, aber auch zum Test von bereits formulierten Nutzenversprechen. Anders als bei der Exploration werden im qualitativen Test Concept Boards und ggf. auch Mood Boards als Gesprächsstimuli verwendet. Ziel des Gesprächs ist es, detaillierte Aussagen über die Wahrnehmung des Nutzenversprechens zu erhalten.

Gruppendiskussionen – z.B. *Fokusgruppen* – sind wahrscheinlich das am weitesten verbreitete Instrument der qualitativen Marktforschung. Anders als Einzelinterviews modellieren sie die sozial-kommunikative Komponente der Kassenwahlentscheidung. Die moderierten Diskussionen werden mit 8–10 Versicherten aus der Zielgruppe besetzt und dauern 1,5–2 Stunden.

Der *quantitative Markttest* ist im Finanz- und Dienstleistungssektor wesentlich schwieriger als im Konsumgüterbereich, in dem vergleichende Merkmaltests (z.B. Conjoint-Analyse) oder Testkäufe als etablierte Verfahren mit relativ hoher Zuverlässigkeit eingesetzt werden. Solche Verfahren sind für Krankenkassen aber wenig praktikabel, weil der einzelne Versicherte nur sehr selten eine Entscheidung für eine Krankenkasse trifft; zudem liegen dieser Entscheidung meist nur geringe persönliche Erfahrungen zu Grunde und die emotionale Beteiligung und die rationale Komponente variieren stark.

Einige Marktforschungsinstitute haben daher besondere Bewertungsmethoden entwickelt, mit denen sie auch für Krankenkassen Nutzenversprechen quantitativ testen können: Etwa 130–150 Personen aus der Zielgruppe werden zu jeweils einem Nutzenversprechen befragt (monadischer Test). Die Antworten auf die geschlossenen standardisierten Fragen werden zu einem Gesamtmaß für die Akzeptanz eines Konzepts verdichtet. Dabei wird die mehrstufige Meinungsbildung vom inhaltlichen Verständnis über die emotionale Beteiligung (Involvement) bis zur Überzeugung nachempfunden. Darüber hinaus werden auch die Reaktion einzelner Versichertensegmente sowie spezifische Stärken und Schwächen des Konzepts analysiert.

Parallel zur Analyse des Marktpotentials ist eine detaillierte Analyse der Umsetzbarkeit notwendig: Kann das Nutzenversprechen von der Krankenkasse auch wirklich erfüllt werden?

Krankenkassen hatten bisher wenig Raum zu echter Differenzierung. Sie besitzen wenig Erfahrung mit der professionellen Gestaltung ihres Marktauftritts. Der hier vorgeschlagene Ansatz zur Entwicklung eines Nutzenversprechens ist praxiserprobt. Er kann genutzt werden, um im weit gehend undifferenzierten Markt der Krankenkassen eine klare und Erfolg versprechende Positionierung zu erzielen.

Bei der Umsetzung dieses Ansatzes ist zu beachten, dass es sich bei der Festlegung auf ein Nutzenversprechen um eine Managemententscheidung mit weitreichenden Konsequenzen handelt: Ein klar formuliertes Nutzenversprechen muss die gesamte Organisation durchdringen, oft müssen Prozesse grundlegend umgestaltet werden. Der Außenauftritt muss stimmig sein und wahrscheinlich grundlegend verändert werden. Jeder Mitarbeiter muss täglich dazu beitragen, dass das Nutzenversprechen erfüllt wird.

Auch wenn die Herausforderungen erheblich sind – die Chancen sind wesentlich größer. Wenn die gesamte Organisation das Nutzenversprechen trägt, können sich die Mitarbeiter mit ihrem Unternehmen besser identifizieren. Die Kunden gewinnen ein klares Bild der Kasse. Sie finden die Antwort auf eine einfache Frage: Warum soll ich bei dieser und keiner anderen Krankenkasse Mitglied werden beziehungsweise bleiben?

Nutzenversprechen und ihre konsequente Umsetzung können mittel- und langfristig das Image einer Krankenkasse verändern. Notwendig sind hier Systematik, Konsequenz und Beharrlichkeit: Ein häufiger Wechsel von Werbeaussagen und Nutzenversprechen verwirrt die Versicherten anstatt sie für eine Krankenkasse zu gewinnen oder sie zu halten; nicht zuletzt werden dadurch personelle und finanzielle Ressourcen verschwendet.

Literatur

1. Alber J, Ryll A (1990) Die Krankenversicherung im Bewußtsein der Bevölkerung – Welt hinter den Bergen oder Objekt rationalen Kalküls? Soz Fortschr 39: 165–172
2. Andersen H, Schwarze J (1996) Die freie Kassenwahl – ein gesellschaftliches Experiment: Ökonomische und soziologische Analysen individueller Entscheidungsprozesse und Präferenzbildungen. Z Sozialref 11/12: 810–825
3. Andersen H, Schwarze J (1998) GKV'97: Kommt Bewegung in die Landschaft? Eine empirische Analyse der Kassenwahlentscheidungen. Arbeit Sozialpolitik 52: 11–23
4. Andersen H, Schwarze J (1999) Kassenwahlentscheidungen in der GKV – Eine empirische Analyse. Arbeit Sozialpolitik 53: 10–23
5. Barrenstein P, Tweraser S, Righetti C (1999) Drei Schritte zu wachstumsstarken und profitablen Marken In: McKinsey & Company Inc. (Hrsg) Akzente. S 10–17
6. Gemeinsame Presseerklärung des AOK-Bundesverbandes und der Ersatzkassenverbände (1999) Gründung der BKK für Heilberufe. Ortskrankenkasse 76: 502
7. Haenecke H, Laukamp G (2000) Entwicklung und Test von Nutzenversprechen. In: Zerres MP (Hrsg) Handbuch Marketing-Controlling, 2. Aufl. Springer, Berlin, S 477–496
8. Marburger H, Marburger D (1992) Öffentlichkeitsarbeit der Krankenkassen. Asgard, Sankt Augustin
9. Marburger H, Marburger D (1997) Wettbewerb unter den gesetzlichen Krankenkassen. Vertriebspolitik, Außendienst, Rechtsgrundlagen. Asgard, Sankt Augustin
10. Müller J, Schneider W (1997) Mitgliederbewegungen und Beitragssätze in Zeiten des Kassenwettbewerbs – ein erster empirischer Befund nach Inkrafttreten der Wahlfreiheit. Arbeit Sozialpolitik 51: 11–24
11. Müller J, Schneider W (1998) Entwicklung der Mitgliederzahlen, Beitragssätze, Versichertenstrukturen und RSA-Transfers in Zeiten des Kassenwettbewerbs – empirische Befunde im zweiten Jahr der Kassenwahlfreiheit. Arbeit Sozialpolitik 52: 10–32
12. Müller J, Schneider W (1999) Entwicklung der Mitgliederzahlen, Beitragssätze, Versichertenstrukturen und RSA-Transfers in Zeiten des Kassenwettbewerbs – empirische Befunde im dritten Jahr der Kassenwahlfreiheit. Arbeit Sozialpolitik 53: 20–39
13. Naumann C (1992) USP-Wertanalyse. Der Weg zum einzigartigen Verkaufsargument. , Landsberg/Lech
14. Ryll A, Alber J (1994) Anpassung nach dem Systemwechsel: Die Krankenversicherung im Bewußtsein der Bevölkerung in den neuen Bundesländern. Soz Fortschr 43: 287–295
15. Schöffski O, Galas E, Schulenburg JM Graf von der (1996) Der Wettbewerb innerhalb der GKV unter besonderer Berücksichtigung der Kassenwahlfreiheit, Soz Fortschr 45: 293–305
16. Wasem J, Güther B (1998) Das Gesundheitssystem in Deutschland: Einstellungen und Erwartungen der Bevölkerung – Eine Bestandsaufnahme. Janssen-Cilag, Neuss

Faktenbasiertes Management einer Krankenkasse – Führen nach Zahlen

Henrik Haenecke, Frank Müller, Georg Nederegger und Michael Thiäner

Das Gesundheitsstrukturgesetz hat die Notwendigkeit eines faktenbasierten Managements in Krankenkassen nachhaltig erhöht. Wer im Wettbewerb um einen niedrigen Beitragssatz bestehen will, muss die Möglichkeiten zur Beeinflussung des Ergebnisses genau kennen. Eine Ergebnisverbesserung und damit die Möglichkeit für Beitragssatzsenkungen wird eine Krankenkasse dauerhaft nur bei einer regelmäßigen Quantifizierung ihrer Ziele und einer konsequenten Ergebnismessung erreichen können. Dieses Kapitel soll einen Beitrag für ein derartiges faktenbasiertes Management von Krankenkassen leisten.

Die Krankenkasse im Wettbewerb – Management und Controlling

In der gesetzlichen Krankenversicherung (GKV) existieren fast keine brauchbaren wettbewerbsorientierten Controllingansätze; für ein derartiges Controlling bestand bis vor wenigen Jahren keine Notwendigkeit. Doch das Blatt hat sich gewendet. Im neuen Wettbewerb muss das Management einer Krankenkasse wissen, wo die Kasse heute steht, wenn sie auch morgen erfolgreich sein will.

Wie kam es zu dieser neuen Herausforderung? Ein kurzer Rückblick: Bis zum Inkrafttreten des Gesundheitsstrukturgesetzes war der KVdR-Ausgleich (Krankenversicherung der Rentner) ein Garant für relativ stabile Beitragssätze. Das Management konnte sich weit gehend auf folgende Aufgaben beschränken:

- Festlegung des Beitragssatzes mit dem Ziel eines ausgeglichenen Haushalts,
- Anpassung der Verwaltungsstrukturen an die Mitgliederzahl,
- Werbung von Mitgliedern im Rahmen der vor Einführung des Wettbewerbs beschränkten Möglichkeiten.

Mit der Einführung der Wahlfreiheit und des Risikostrukturausgleichs (RSA) hat sich die Situation grundlegend geändert. Die Wahlfreiheit hat der Mitgliederwerbung deutliche Impulse verliehen. Die Kassen versuchen vehement, bestehende Versicherte zu halten und neue Versicherte zu gewinnen. Da sich die Kassen aber kaum über Leistungen und Service von ihren Wettbewerbern differenzieren, ist ein niedriger Beitragssatz bisher das zugkräftigste Argument im Wettbewerb gewesen.

Der RSA war eingeführt worden, um eine Kasse mit vergleichsweise hohen Leistungsausgaben auf Grund einer schlechteren Versichertenstruktur nicht schlechter zu stellen als andere Kassen. Jegliche Risikoselektion durch die Kassen soll verhindert werden: Der RSA bewirkt eine Umverteilung von den Kassen mit vergleichsweise guten Risiken hin zu den Kassen mit vergleichsweise schlechten Risiken.

Um im Wettbewerb um den Beitragssatz erfolgreich zu sein, müssen die Kassen die RSA-Mechanik zu ihrem Vorteil nutzen. Finanzielle Vorteile können nur erlangt werden, wenn eine Kasse ihre Leistungsausgaben relativ zu der gesamten GKV verbessert: Nur Kassen, deren Leistungsausgaben weniger stark wachsen als die Leistungsausgaben der GKV insgesamt, verbessern ihr Ergebnis. Die RSA-Mechanik fördert somit den Leistungsausgabenwettbewerb.

Dieser Leistungsausgabenwettbewerb in der GKV kann wie folgt veranschaulicht werden: Zwei Freunde sehen in der weiten Steppe am Horizont einen Löwen. Einer der beiden bückt sich, um seine Turnschuhe anzuziehen. Der andere meint, dass die Turnschuhe nutzlos seien, da der Löwe auf jeden Fall schneller laufen könne. Er erhält als Antwort: »Ich muss nicht schneller laufen als der Löwe, sondern nur schneller als du.« Übertragen heißt das: Im Leistungsausgabenwettbewerb ist es für Krankenkassen nicht von Bedeutung, ob die Ausgaben steigen oder fallen; von Bedeutung ist allein, wie sich die Ausgaben der Kasse im Vergleich zu den Ausgaben der GKV entwickeln.

Die resultierenden Herausforderungen an ein Controlling für Krankenkassen sind erheblich: Das Ergebnis des einzelnen Unternehmens hängt direkt ab von der Entwicklung des Markts. Eine derartige Abhängigkeit des Ergebnisses von der Marktentwicklung ist in kaum einem Industrieunternehmen anzutreffen. Die Tatsache, dass der heutigen Komplexität die oben skizzierten einfachen Managementanforderungen vorausgingen, erklärt, weshalb bisher noch kaum Controllingansätze in der GKV existieren.

In diesem Kapitel stellen wir einen praxisorientierten Controllingansatz für die GKV vor. Wir erläutern, wie in einer Krankenkasse schrittweise ein Controlling eingeführt werden kann – ein Controlling, das Ergebnis- und Aktivitätenkennzahlen darstellt, erklärt, überwacht und prognostiziert; das auf Umsetzungsprobleme, Handlungs- und Entscheidungsbedarf hinweist und das sich als Management-Informationssystem für die Führungskräfte versteht.

Ein solches Controlling vollständig aufzubauen, dauert zwar mehrere Jahre, doch lassen die ersten Erfolge in der Regel nicht lange auf sich warten. Oft setzen bereits die ersten Ergebnisse eine Diskussion in Gang, aus der konkrete Maßnahmen hervorgehen. Diese Maßnahmen schaffen die Basis für eine Transformation des Unternehmens hin zu mehr Daten- und Faktenorientierung; sie weisen den Weg zu mehr Leistungs- und Wettbewerbsfähigkeit.

Controlling als Wegbereiter für Wettbewerbsfähigkeit

Auch im regulierten Markt der gesetzlichen Krankenversicherung können Krankenkassenmanager Parameter, von denen Ausgaben und Einnahmen maßgeblich abhängen, erheblich beeinflussen – und damit das Gesamtergebnis. Das als zentraler Dienstleister agierende Controlling hilft der Unternehmensführung, Potentiale zu erkennen und zu erschließen. Auf dieser Basis können Krankenkassen konsequent »nach Zahlen geführt« und entscheidungsorientiert gemanagt werden. Indem Krankenkassen diese Chance wahrnehmen, wandeln sie sich von Verwaltern der Beitragseinnahmen zu Managern der Gesundheitsleistungen.

Dass erhebliche Potentiale existieren, lässt sich aus den regelmäßig vom Bundesgesundheitsministerium veröffentlichten Zahlen ablesen, die nach wie vor deutliche Unterschiede in den Ergebnissen und der Ergebnisentwicklung der Krankenkassen ausweisen. Zwischen den Einnahmen und Ausgaben pro Mitglied bestehen sowohl kassenartenübergreifend wie kassenartenintern signifikante Unterschiede. Darüber hinaus schwanken innerhalb einer Kasse Ausgaben und Ergebnis von Region zu Region teilweise deutlich. Das Controlling macht diese relativen Differenzen transparent und zeigt dem Management den Handlungsbedarf auf. Durch Analysen der Unterschiede und ihrer Ursachen – so genanntes Benchmarking – können Ansatzpunkte für Leistungsverbesserungen identifiziert werden.

Das Controlling einer GKV sollte »top down« sowie »bottom up« aufgebaut werden. »Top down« ist als Ausgangspunkt für das Controlling ein vollständiges Verständnis der Ergebnisrechnung aufzubauen, von den Beitragseinnahmen über die Effekte des RSA und den Leistungsausgaben bis hin zu Verwaltungskosten und anderen Einflussgrößen. Für Details zur Ergebnismechanik und der Wirkung des RSA verweisen wir an dieser Stelle auf das Kapitel »Prügelknabe Risikostrukturausgleich – seine Funktion und seine Zukunft«. »Bottom up« sollte für jedes Ergebniselement eine systematische Steuerung aufgebaut werden.

»Top down« das Ergebnisziel festlegen

»Top down« sollte das Management einer GKV die wesentlichen Ergebnisparameter und die jeweiligen Zielwerte festlegen. Der wichtigste Parameter ist sicher das Jahresergebnis. Weitere darunter liegende Ergebnisparameter sind Leistungsausgaben, Verwaltungseinnahmen und Beitragseinnahmen. Alle Größen, die durch den RSA ausgeglichen werden, müssen dabei im Verhältnis zur gesamten GKV gesehen werden.

Der zentrale Ergebnisparameter auf der Ausgabenseite ist dabei das Leistungsausgabenwachstum im eigenen Hause im Verhältnis zu dem der GKV insgesamt. Beispielsweise verschlechtert eine Krankenkasse, die DM 10 Mrd. Leistungsausgabenvolumen aufweist und deren Leistungsausgabenanstieg (gemittelt über alle RSA-Versichertengruppen) 1 Prozentpunkt über dem GKV-Durchschnitt liegt, bei konstanter Risikostruktur ihr Ergebnis um DM 100 Mio. Umgekehrt verbessert dieselbe Krankenkasse bei einem Leistungsausgabenanstieg um 1 Prozentpunkt unter GKV-Durchschnitt ihr Ergebnis um DM 100 Mio. Die eigenen Leistungsausgaben müssen somit immer in Relation zur gesamten GKV betrachtet werden. Zur Bestimmung der Ergebniswirkung einer Leistungsausgabenveränderung sind die Ursachen der Veränderung differenziert zu betrachten (Tabelle 1).

Um die Ursachen einer Ergebnisveränderung nach dem RSA nachvollziehen zu können, muss das Management einer Krankenkasse somit mehr Parameter als lediglich die Mitgliederanzahl oder die Ausgaben relativ zur GKV berücksichtigen. Beispielsweise kann der Leistungsausgabenanstieg einer Krankenkasse mit

Tabelle 1. Ursachen und Wirkungen von Leistungsausgabenveränderungen

Ursachen der Leistungsausgabenveränderung	Wirkung auf … … Beitragsbedarf	… Leistungsausgaben
Veränderung der Versichertenzahl (Mengeneffekt)	Bei Versicherten mit Normkosten ergebnisneutral	
Veränderung der Versichertenstruktur (Struktureffekt)	Als Deckungsbeitragsgewinn bei Zuwanderung guter Risiken ergebnisverbessernd und umgekehrt	
Erhöhung der Leistungsausgaben in der GKV insgesamt (Preiseffekt)	Verändert Beitragsbedarf und erklärt Leistungsausgabenveränderung im selben Umfang	
Alterung der GKV im Verhältnis zur Krankenkasse (Altersstruktureffekt)	Verändert Beitragsbedarf und erklärt Leistungsausgabenveränderung im selben Umfang	
Überproportionaler Anstieg der Normkostenprofile in hohen Altersgruppen (Überalterung)	Verändert Beitragsbedarf und erklärt Leistungsausgabenveränderung im selben Umfang	
Einsparungen	–	Reduzieren die Ausgaben und wirken direkt ergebnisverbessernd

vergleichsweise altem Versichertenbestand durchaus oberhalb des GKV-Leistungsausgabenwachstums liegen, ohne eine Ergebnisverschlechterung nach sich zu ziehen. Umgekehrt kann eine Krankenversicherung mit relativ jungem Mitgliederbestand trotz Leistungsausgabenwachstums auf GKV-Niveau bei Nichtberücksichtigung der RSA-Effekte von einem negativen Ergebnis nach dem RSA überrascht werden. Das Festlegen des Ergebnisziels in Abhängigkeit von den in der Tabelle genannten Veränderungsparametern und deren Wirkung auf Beitragsbedarf und Leistungsausgaben wird die Ergebnisdiskussion deutlich versachlichen und nicht zuletzt die Transparenz der Haushaltsplanung wesentlich erhöhen.

»Bottom up« das Fundament für eine Zahlenkultur legen

»Bottom up« sollte für jeden Ergebnisparameter eine systematische Steuerung aufgebaut werden. Wir beschränken uns im Weiteren auf die Leistungsausgaben; natürlich sollte dieselbe Systematik für ein Controlling der Einnahmenseite sowie der Verwaltungsausgaben verwendet werden.

Bevor überhaupt ein Controllingprozess in Gang gesetzt werden kann, sind in 5 Schritten die Voraussetzungen dafür zu schaffen: Die wichtigsten Ausgabenbereiche sind zu bestimmen, Verantwortlichkeiten zuzuweisen, die Treiber in den relevanten Ausgabenbereichen zu beschreiben, die steuerungsrelevanten Kennzahlen zu bestimmen und schließlich konkrete Ziele zu formulieren.

Wichtigste Ergebnisbereiche benennen

Wer Controlling effizient betreiben will, muss die Ergebnismechanik bis ins Detail verstehen: Innerhalb der Ergebnismechanik müssen diejenigen Ausgabenbereiche identifiziert werden, die einerseits beeinflussbar und andererseits auf Grund ihres Volumens relevant sind, d. h. sich spürbar auf das Ergebnis auswirken. Beispielsweise sind die Einflussmöglichkeiten im Bereich Ärzte sehr gering und der Bereich Fahrtkosten so klein, dass Controlling hier im Rahmen einer Fokussierung zunächst ebenfalls vernachlässigt werden kann.

Verantwortlichkeiten zuweisen

Als Nächstes müssen Verantwortlichkeiten für die Ergebnisse aller wichtigen Ausgabenbereiche eindeutig zugewiesen werden. Der jeweils Verantwortliche muss dann später sowohl die Entwicklung der einzelnen Posten erklären als auch Entscheidungen zur Steuerung der Zielgröße treffen.

Vielfach wird es sich zunächst anbieten, die Verantwortung nach den Ausgabenbereichen der KV 45 zu gliedern. Die KV 45 ist eine Statistik, die von allen Krankenkassen geführt werden muss; sie ist gegliedert in standardisierte und allgemein verbindliche Ausgabenbereiche. Eine Gliederung der Verantwortlichkeiten entlang der KV 45 schafft die Möglichkeit, die Ausgabenentwicklung regelmäßig mit der Ausgabenentwicklung in der gesamten GKV abzugleichen. Beispielsweise kann die Ausgabenverantwortung entlang der KV 45 in die Bereiche Krankenhaus, stationäre Reha, ambulante Reha, Heil- und Hilfsmittel, häusliche Krankenpflege etc. gegliedert werden.

Treiber beschreiben

Im nächsten Schritt gilt es für die Verantwortlichen und das Controlling, die Treiber der Ausgaben in den zuvor benannten Bereichen zu beschreiben. Wie entstehen die Ausgaben? Wie werden die Ausgaben beeinflusst? Wo kann man Einfluss nehmen? Ziel ist es, für jeden Ausgabenbereich einen Kennzahlenbaum zu entwickeln, der die Ergebnislogik umfassend beschreibt. Jede Kennzahl beschreibt einen Stellhebel; jeder Stellhebel ist durch eine Kennzahl beschrieben (Abb. 1).

Bei den Kennzahlen handelt es sich entweder um Ergebnis- oder um Aktivitätenkennzahlen. Ergebniskennzahlen sind ausschließlich monetäre Größen, etwa die Ausgabensumme oder die Ausgaben je Mitglied im Bereich Krankenhaus. Aktivitätenkennzahlen sind Größen, die Ergebniskennzahlen beeinflussen können. Im Bereich Krankenhaus sind denkbare Aktivitätenkennzahlen die Rechnungsprüfungs- oder Befristungsquoten. In der ambulanten Rehabilitation beschreibt beispielsweise die Aktivitätenkennzahl Genehmigungsquote, wie stark die Krankenkasse in das ärztliche Verordnungsverhalten eingreift. Während die Entwicklung von Ergebniskennzahlen mit der Entwicklung in der gesamten GKV verglichen werden kann, können Aktivitätenkennzahlen in der Regel nur unternehmensbezogen betrachtet werden: Vergleiche zur GKV werden nur selten möglich sein, da derartige Daten kaum veröffentlicht werden.

Die Prüfung der Beeinflussbarkeit sei anhand des Ausgabenbereichs Hilfsmittel verdeutlicht: In diesem Bereich bieten sich grundsätzlich Ansatzpunkte bei der Mengen- und bei der Preiskomponente. Möchte eine Kasse zur Beein-

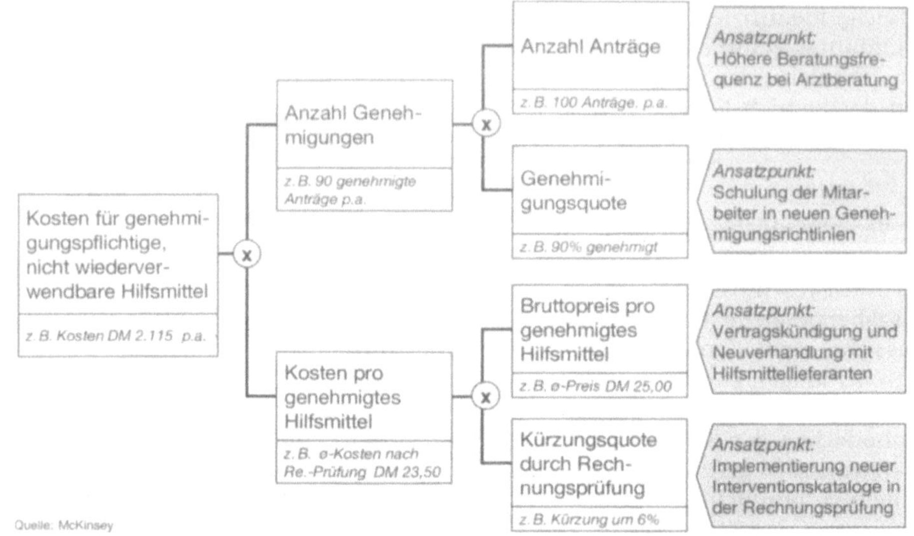

Abb. 1. Beispiel Kennzahlenbaum

flussung der Preise (z. B. bei der Großorthopädie) Verhandlungen mit den Lieferanten aufnehmen, setzt dies voraus, dass sie ihr Verhandlungsmandat nicht auf eine größere Kasse übertragen hat. Darüber hinaus ist zu klären, ob ein laufender Vertrag geändert bzw. erneuert werden kann und welche Möglichkeiten Leistungserbringer haben, eine Preissenkung durch Leistungsausweitung zu kompensieren.

Manche Kennzahlen werden in diesem frühen Stadium des Controllings noch nicht durch bestehende Systeme messbar sein. Sie sollten dennoch in den Kennzahlenbaum eingefügt werden, damit dieser 2 zentrale Anforderungen erfüllt:

Die Verknüpfung muss mathematisch richtig sein. Die Kennzahlen werden derart verknüpft, dass die übergeordnete Kennzahl durch die untergeordneten mathematisch korrekt beschrieben wird. Die Veränderung einer übergeordneten Zahl lässt sich dann eindeutig auf die Veränderung einer oder mehrerer untergeordneter Größen zurückführen.

Alle beeinflussbaren Größen müssen eindeutig abgebildet sein. Alle Möglichkeiten, auf das Ergebnis eines Ausgabenbereichs Einfluss zu nehmen, müssen sich in dem Kennzahlenbaum wiederfinden.

Steuerungsrelevante Kennzahlen bestimmen

Um einen Ausgabenbereich entscheidungsorientiert steuern zu können, ist eine Fokussierung auf die steuerungsrelevanten Kennzahlen notwendig. Es gilt zu klären, welche Ergebnis- und Aktivitätenkennzahlen für eine Steuerung am besten genutzt werden können. Am Ende sollten nicht mehr als 5 Kennzahlen für einen Ausgabenbereich wie z. B. häusliche Krankenpflege stehen.

Die steuerungsrelevanten Kennzahlen werden durch Zeit- und Einheitenvergleiche für das Management nutzbar gemacht. Mit Hilfe von Zeitvergleichen lässt sich herausfinden, ob beispielsweise im Vergleich zum letzten Monat, zum letzten Quartal oder zum Vorjahr auffällige Veränderungen aufgetreten sind. Einheitenvergleiche normieren die Größen auf eine einheitliche Bezugsgröße. Denkbar ist beispielsweise die Normierung der Ausgaben pro Mitglied, pro Versicherten oder auch pro Fall. Letztendlich entscheidend ist aber der Vergleich relativ zu der GKV: Hat sich die Kasse im Vergleich zur gesamten GKV verbessert oder verschlechtert?

Ziele formulieren

Sind die Verantwortlichkeiten definiert, die Stellhebel verstanden und die steuerungsrelevanten Kennzahlen bestimmt, können nachvollziehbare und messbare Ziele für die Verantwortlichen definiert werden. Die Ziele müssen dabei, soweit möglich, immer in Relation zur Entwicklung in der GKV betrachtet werden.

Für die vereinbarten Zielgrößen müssen regelmäßige Soll-Ist-Abgleiche vorgenommen und Abweichungen bewertet werden. Voraussetzung hierfür ist, dass neben dem Haushaltsplan, der stark an formelle Regeln gebunden ist und sich auf Ergebniskennzahlen beschränkt, ein Instrumentarium zur Vereinbarung von Zielgrößen existiert. Dieses ist sowohl am Jahresende als auch unterjährig mit Hilfe von Jahresendprognosen hinsichtlich Realisierbarkeit der Einzelposten abzugleichen, um bei Bedarf rechtzeitig gegensteuernde Maßnahmen einleiten zu können.

Für das genannte Beispiel Krankenhaus ergäben sich als Zielgrößen der durchschnittliche Tagessatz, die Fallzahl, die durchschnittliche Verweildauer sowie der Kürzungsbetrag in der Rechnungsprüfung. Als übergeordnete Zielgröße müsste die Entwicklung der Ausgaben relativ zur GKV betrachtet werden.

Faktenbasierten Berichts- und Entscheidungsprozess gestalten

Ist die Zahlenkultur in der Krankenkasse etabliert, wird die erarbeitete Kennzahlenstruktur in einen wiederkehrenden Berichts- und Entscheidungsprozess eingebunden, den Controllingzyklus. Der Controllingzyklus beginnt mit der Zielsetzung, Ergebnismessung und Interpretation der erhobenen Daten, an die sich die Ableitung von Maßnahmen anschließt. Im dritten und zugleich zentralen Schritt wird über die Umsetzung bzw. Modifikation der Maßnahmen auf Basis der vorliegenden Kennzahlen entschieden. Den Abschluss bildet die Information der betroffenen Mitarbeiter und die eigentliche Umsetzung der Beschlüsse (Abb. 2).

Abb. 2. Controllingzyklus

Interpretation vorliegender Informationen

Um die Krankenkasse auf Basis der Zielgrößen steuern zu können, muss stets der aktuelle Grad der Zielerreichung bekannt sein. Die vereinbarten Zielgrößen müssen daher regelmäßigen Soll-Ist-Abgleichen unterzogen werden, um substantielle Abweichungen schnell zu identifizieren. Als auffällig bewertete Abweichungen im Soll-Ist-Abgleich müssen durch Aktivitätenkennzahlen begründet werden.

Das Controlling weist die Entscheidungsträger anhand der aufbereiteten Daten auf auffällige Entwicklungen hin. Es muss also nicht nur die eigentlichen Kennzahlen bereitstellen, sondern auch kasseninterne Vergleiche (z. B. Regionalvergleiche, Zeitreihenvergleiche) sowie kassenübergreifende Vergleiche vornehmen. Der Umfang der gelieferten Kennzahlen ist so zu begrenzen, dass jede Führungskraft exakt die zur Steuerung ihres Bereichs notwendigen Informationen erhält.

Betrachtet man exemplarisch den Ausgabenbereich stationäre Rehabilitation, wäre ggf. zu erklären, warum Fallkosten und durchschnittliche Verweildauer vom Soll abweichen. Im Bereich der stationären Rehabilitation würden z. B. die Antragszahlen, Genehmigungsquoten, Tagessätze und Veränderungsquoten als Erklärungsfaktoren untersucht.

Fallbeispiel: Analyse von Preisunterschieden bei Taxifahrten

Eine Krankenkasse, deren Versicherte sowohl aus ländlichen als auch aus städtischen Gebieten stammen, hat die Ausgaben im Bereich Taxifahrten eingehend analysiert. Dabei traten erhebliche Unterschiede von Region zu Region zu Tage, sowohl in der Zahl der Fahrten als auch im durchschnittlichen Preis pro Fahrt. Das unterschiedliche Fahrtenaufkommen ließ sich erklären durch die unterschiedliche Zahl der »Härtefall«-Versicherten je Region. Nicht erklärbar waren jedoch die unterschiedlichen Rechnungsbeträge. Die Vermutung lag nahe, dass regional bedingte unterschiedliche Entfernungen zwischen Ärzten, Krankenhäusern und anderen Leistungserbringern diese Differenzen rechtfertigen. Das Controlling testete die Hypothese durch Vergleiche mit Routenplanern und typischen Fahrtstrecken und kam zu einem anderen Ergebnis: Es fand heraus, dass einzelne Fuhrunternehmer auch die Wartezeiten zwischen Hin- und Rückfahrt abrechneten. Die Fachbereiche in den Regionen wurden angehalten, die Analyseergebnisse mit den betreffenden Fuhrunternehmern zu diskutieren und auf eine Änderung der Abrechnungspraxis hinzuwirken. Nach 2 Monaten hatte sich das Ausgabenniveau den erwarteten Werten angenähert.

Ableitung von Maßnahmen

Die zentrale Aufgabe der Fachverantwortlichen besteht nicht allein in der Erklärung und Rechtfertigung der Ergebnisentwicklung; vielmehr sollen sie aus den Ergebnissen Gegenmaßnahmen ableiten. Die Dateninterpretation geht deshalb in die Erarbeitung von Maßnahmen über, mit denen die Kennzahlen positiv beeinflusst werden können.

Die Maßnahmenerarbeitung ist vornehmliche Aufgabe der verantwortlichen Fachbereiche. In Zusammenarbeit mit regionalen Niederlassungen erstellt der jeweilige Fachbereich ggf. eine Maßnahmenübersicht, in der eindeutig das Problem, die Ansatzpunkte und Maßnahmen beschrieben werden. Diese Übersicht dient den verantwortlichen Führungskräften als Entscheidungsgrundlage.

Im Beispiel der stationären Rehabilitation könnte die durchschnittliche Verweildauer ein Problem darstellen; der entsprechende Ansatzpunkt wäre die Einführung einer Fallpauschale, um die Verantwortung für die Verweildauer auf die Klinik zu verlagern. Eine konkrete Maßnahme könnte dann die entsprechende Neuverhandlung mit einer oder mehreren Kliniken sein.

Fallbeispiel: Aushandeln niedrigerer Einkaufspreise für Hilfsmittel

Eine Krankenkasse kauft jährlich ca. 1.000 große Krankenfahrstühle ein. Da die Produktpalette äußerst vielfältig ist, mussten die Fallbearbeiter bislang eine Fülle schwer miteinander vergleichbarer Kostenvoranschläge beurteilen, womit sie sich entsprechend schwer taten. Das Controlling hat sich dieser Aufgabe angenommen: Es hat Produktbeschreibungen und Preise verschiedener Anbieter in einer Liste zusammengeführt und diese den Fachverantwortlichen zur Verfügung gestellt. Die Fachverantwortlichen sehen nun auf einen Blick, welches Modell welche Spezifikationen erfüllt und zu welchen Preisunterschieden das Vorhandensein bestimmter Spezifikationen führt. Am aufschlussreichsten ist aber die Information, dass Modelle mit gleichen Spezifikationen unterschiedlich viel kosten, denn diese Preisunterschiede bieten einen Ansatzpunkt für Preisverhandlungen. So konnte beispielsweise ein Kostenvoranschlag von DM 9.850 für einen Elektrorollstuhl durch Nachverhandlung mit dem Lieferanten auf DM 4.630 gesenkt werden – der Einkaufspreis wurde also um mehr als die Hälfte reduziert. Damit die Fachverantwortlichen fortan für alle weiteren Anschaffungen einen günstigen Preis aushandeln können, aktualisiert das Controlling monatlich die Preisinformationen.

Bewertung und Verabschiedung von Maßnahmen

Sowohl die Kennzahlen als auch die Maßnahmenblätter und Entscheidungsvorschläge werden vom jeweiligen Verantwortlichen vor einer Runde aus allen Führungsverantwortlichen präsentiert. Dieses »Controllinggremium« diskutiert dann unter Zuhilfenahme der Ergebnislogik die beobachteten Entwicklungen. Ziel ist es, laufende Maßnahmen zu bewerten und geplante zu verabschieden. Schritt für Schritt etabliert sich so die Zahlenkultur; für den faktenbasierten Beschluss von Entscheidungen entsteht ein Forum, das bestehende Managementinstrumente ergänzt. Erfahrungsgemäß stimuliert die Präsentation der Ergebnisse und Maßnahmen innerhalb des Führungskreises den internen Wettbewerb. Je stärker die Zahlenkultur etabliert ist, desto vielfältiger werden die Möglichkeiten, das Ergebnis zu beeinflussen. Der Anspruch an die vom Controllinggremium verabschiedeten Maßnahmen kann so sukzessive erhöht werden.

Eine notwendige Entscheidung in dem obigen Beispiel für stationäre Rehabilitation wäre, den laufenden Vertrag vorzeitig zu kündigen und umgehend Neuverhandlungen mit einer Klinik aufzunehmen. Zudem könnte beschlossen werden, die verhandelte Klinik als Pilot für weitere Preissenkungen zu betrachten, sofern die Verhandlungen innerhalb eines definierten Zeitrahmens zu den erhofften Ergebnissen führen.

Kommunikation und Umsetzung

Im Anschluss an die Entscheidungen müssen alle Mitarbeiter, die in die Umsetzung der verabschiedeten Maßnahmen involviert sind, informiert werden. Darüber hinaus ist die Umsetzung der Maßnahmen in »Maßnahmenrunden« vorzubereiten. Unter Leitung der Fachebene und Einbeziehung der Regionalverantwortlichen werden dort auf Basis der Entscheidungen des Controllinggremiums Aktivitäten abgestimmt und festgelegt, die dann in den operativen Einheiten realisiert werden.

Im beschriebenen Beispiel stationäre Rehabilitation bedeutet das: Die betroffene Fachabteilung – sofern nicht schon in die Entscheidung eingebunden – wird umgehend über das geplante Vorgehen bei Neuverhandlungen informiert. Es muss festgelegt werden, welcher Verhandler mit welcher Klinik wann verhandelt. Gleichzeitig beginnt die operative Vorbereitung auf den Gesprächstermin, indem z. B. eine Argumentationskette auf Basis der vorliegenden Daten erarbeitet wird.

Der beschriebene Controllingzyklus kann regelmäßig durchlaufen werden, z. B. monatlich oder quartalsweise. Maßnahmenrunden sind jedoch nicht zu jedem Termin für alle Einnahmen- und Ausgabenbereiche realistisch und wünschenswert. Vielmehr sollte das Controllinggremium diejenigen Themen bestimmen, die jeweils anhand der festgestellten Kennzahlenentwicklung bearbeitet werden sollen. Ergebnis kann beispielsweise ein Jahresplan für die Controllingaktivitäten sein.

Organisation des Controllings

Der Aufbau eines Controllings stellt die Organisation vor eine anspruchsvolle Aufgabe. Meist fallen erhebliche Investitionen in die Organisation und in die Verankerung des Controllings an. Vor allem müssen die Mitarbeiter für eine intensive Nutzung von Daten und Fakten gewonnen werden. Um die Leistungsfähigkeit der Organisation auf Dauer zu erhalten, müssen darüber hinaus die genutzten Instrumente kontinuierlich weiterentwickelt und das Controlling organisatorisch so eingebunden werden, dass eine effiziente Kommunikation mit den Entscheidungsträgern möglich ist.

Startschwierigkeiten überwinden

Bei der Umsetzung in der Organisation sind 3 zentrale Hürden im Unternehmen sowie in der Controllingabteilung selbst zu überwinden:

Information. Häufig werden die Mitarbeiter unzureichend über die Ziele und Abläufe des Controllings informiert. Viele Mitarbeiter erkennen deshalb nicht den Wert einer leistungsfähigen Steuerung und vermuten lediglich, dass Mehrarbeit auf sie zukommt. Vielfach fehlt ein gemeinsames Verständnis des Geschäfts, z. B. ist vielleicht nicht allen bekannt, dass man die Falltage im Krankenhaus durch Umsteuern und Fallmanagement reduzieren kann. Es ist daher notwendig, die Mitarbeiter früh in den Prozess der Transformation zu einer Zahlenkultur einzubeziehen und sie umfassend zu informieren.

Fähigkeiten. Die im Controlling eingesetzten Mitarbeiter bzw. die mit den Controllingberichten konfrontierten Führungskräfte benötigen teilweise besondere Fähigkeiten und Kenntnisse, die bisher nicht erforderlich waren und daher nicht vorhanden sind. Schulungen in den neuen Methoden helfen den Mitarbeitern, ihre jeweiligen Controllingaufgaben wahrzunehmen.

Motivation. Schließlich erweist es sich für das Controlling häufig als schwierig, die Mitarbeiter zu einer faktenbasierten Argumentation zu motivieren. Sowohl Führungskräfte als auch Mitarbeiter fühlen sich häufig durch die Einführung von Kennzahlen kontrolliert. Sie konzentrieren sich dann in Diskussionen häufig auf »selbst erlebte Einzelfälle« – eine Argumentation, die faktenbasierte Entscheidungen verhindert. Um dieses Problem zu überwinden, ist eine ständige Fokussierung der Ergebnisdiskussion auf Basis von Daten und Fakten notwendig. Nach Erfolgserlebnissen auf Grund einer datenbasierten Entwicklung von Maßnahmen sollte die Motivation jedes Einzelnen stetig zunehmen.

Herausforderungen flexibel handhaben

Die genannten Herausforderungen können in den verschiedensten Abschnitten der Umsetzung auftauchen. Um sowohl Zahlenkultur als auch Controllingzyklus in der Organisation behutsam zu verankern, haben sich folgende Vorgehensweisen bei auftretenden Problemen bewährt:

Mangelnde Datenqualität. In der Regel ist die Datenqualität zu Anfang noch sehr niedrig, da Daten unvollständig oder falsch erfasst wurden. Die mangelnde Datenqualität führt schnell zu Frustration bei den beteiligten Mitarbeitern. Die Kennzahlenblätter sollten aber dennoch so weit wie möglich gefüllt und zur Erklärung der Ergebnisse genutzt werden. Durch ein Vereinbaren gezielter Maßnahmen und eine konsequente Umsetzung ist es in der Regel möglich, die Datenqualität rasch zu verbessern.

Unzureichende Maßnahmenableitung. Typische Probleme bei der Maßnahmenableitung sind eine mangelnde Verbindlichkeit und eine unzureichende Qualität der Maßnahmen. Die mangelnde Verbindlichkeit entsteht dadurch, dass die Mitarbeiter es vielfach nicht gewohnt sind, in einem engen Zeitrahmen Verantwortung für konkrete Maßnahmen zu übernehmen. Es gilt daher, darauf zu achten, dass Termine und Verantwortlichkeiten verbindlich festgelegt werden. Die Qualität der Maßnahmen ist häufig unzureichend, weil z. B. alltägliche Arbeitsschritte oder Maßnahmen aufgelistet werden, welche die Ursachen der Soll-Ist-Abweichungen nicht nachhaltig beeinflussen werden. Die vereinbarten Maßnahmen sollen aber nachhaltige Aufgaben sein, die den identifizierten Ursachen der Soll-Ist-Abweichungen entgegenwirken.

Fehlende Entscheidungsstrukturen. Der Controllingprozess darf keine Angelegenheit einer Stabsabteilung bleiben. Je umfassender die Linienverantwortlichen in den Prozess eingebunden sind und dabei die Nützlichkeit der vorliegenden Informationen erkennen, desto schneller und stabiler wird das Controllingsystem »hochlaufen«.

Ständige Anpassungen vornehmen. Controllingsystem und -prozess müssen regelmäßig gewartet werden, damit das Management über ein den aktuellen Anforderungen entsprechendes Controlling verfügt. Dabei sind folgende Fragen zu beantworten: Liefert das Controlling Erklärungen des erreichten Ergebnisses? Werden die Entscheidungsträger in die Maßnahmengestaltung und -umsetzung eingebunden? Regelmäßiges Feedback auf diese Fragen hilft nicht nur der Controllingabteilung, Aktivitäten in die richtigen Bahnen zu lenken, sondern erlaubt auch dem Linienmanagement, sich in die Gestaltung des Controllings einzubringen.

Controlling organisatorisch einbinden. Gerade beim Aufbau des Controllings sind stabile organisatorische Rahmenbedingungen wichtig, um den Fachbereichen hochwertige Unterstützung zu bieten. Zu diesem Zweck sollten 2 Voraussetzungen geschaffen werden:

Einrichtung einer Einheit für alle Controllingaufgaben. Damit die Controllingaufgaben in konsistenter Qualität wahrgenommen werden, sollte eine separate Controllingeinheit aufgebaut werden. Nur so können eindeutige Qualitätskriterien, ein abgestimmtes Kennzahlen- und Berichtswesen und regelmäßige Leistungsbewertungen eingeführt werden. Wenn möglich, sollten auch die Bereiche der (Finanz-)Buchhaltung und der EDV-Anwendungsentwicklung in die Controllingeinheit integriert werden, da sie die wesentlichen Daten bzw. Instrumente für das Controlling bereitstellen müssen.

Hohe organisatorische Aufhängung des Controllings. Insbesondere bevor das Controlling durch Auswertungen und Entscheidungsunterstützung glaubhaft seine Leistungsfähigkeit bewiesen hat, ist nur durch eine ranghohe Aufhängung die Wirksamkeit sicherzustellen. Dieser Vertrauensvorschuss durch die Unternehmensführung gibt dem Controlling erst die Möglichkeit, als Dienstleister das Tagesgeschäft erfolgreich zu unterstützen.

Die Mechanik des RSA und der Wettbewerb um den Beitragssatz stellen das Management einer Krankenkasse vor komplexe Herausforderungen. Ein systematisches Controlling eröffnet dem Management die Möglichkeit, auf diese Herausforderungen zu reagieren und auf die Wettbewerbsposition der Kasse größtmöglichen Einfluss zu nehmen. Auf Dauer wird nur ein faktenbasiertes Management immer weitergehende Konzepte des aktiven Gesundheitsmanagements verantwortungsvoll in die Abwicklung von Leistungen einbringen können.

Informationstechnologie-Einsatz im Gesundheitswesen

Rainer Salfeld und Stefan Spang

Dem Einsatz von Informationstechnologie (IT) im Gesundheitswesen kommt heute eine sprunghaft wachsende Bedeutung zu: In der Administration längst selbstverständlich werden IT-Systeme zunehmend auch zur operativen Unterstützung der Geschäftsprozesse und zur Differenzierung vom Wettbewerb eingesetzt. Angesichts des Siegeszugs des Internets und der fortschreitenden Vernetzung von Patienten, Leistungserbringern und Kassen/Versicherern dürfte der IT-Einsatz zumindest für die größeren IT-Nutzer künftig zum zentralen Erfolgsfaktor werden.

Anders als in vergleichbaren Anwendermärkten stößt ein produktiverer IT-Einsatz jedoch auf erhebliche Hemmnisse: höchst unterschiedliche Evolutionsstufen der einzelnen Nutzergruppen; gravierende regulative, technische und organisatorische Risikoquellen sowie problematische Handlungsoptionen. Vor diesem Hintergrund hat sich gerade für größere IT-Nutzer »managed evolution« bewährt – ein dreistufiges Vorgehensmodell mit Entwurf der Zielsystemlandschaft, Ableitung des Evolutionspfades und schrittweiser Implementierung.

Reale Leistungsfähigkeit der IT-Systeme im Gesundheitssystem steht in deutlichem Missverhältnis zu ihrer strategischen Relevanz

Das deutsche Gesundheitswesen ist nach der produzierenden Industrie sowie den Banken und Versicherungen der drittgrößte IT-Anwendermarkt in der Bundesrepublik. Allerdings ist dieser Markt noch erstaunlich intransparent. Nach unseren Schätzungen belaufen sich die Gesamtausgaben der Anwender auf ca. DM 5–6 Mrd. Die größten Ausgabenblöcke entfallen auf Krankenkassen (DM ca. 2 Mrd.) und Krankenhäuser (DM 1,7–2 Mrd.) sowie Apothekenrechenzentren (DM 300–600 Mio.). Vergleichsweise niedrig sind die IT-Ausgaben der kassenärztlichen Vereinigungen (DM 150–200 Mio.) und der niedergelassenen Ärzte (DM 50–100 Mio.).

Während die IT-Kosten für die Leistungserbringer mit einem Anteil an den Gesamtausgaben von 0,7–2,4% deutlich unter den Werten vieler anderer Branchen liegen, belaufen sie sich für die gesetzlichen Krankenkassen (GKVen) immerhin auf durchschnittlich rund 15% der Verwaltungskosten. Damit erreichen sie auch vom Volumen her beachtliche Bedeutung.

Unglücklicherweise besteht zwischen »state of the art« und strategischer Relevanz des IT-Einsatzes im Gesundheitssystem ein frappierendes Missverhältnis:

Kleinere IT-Nutzer wie die Mehrzahl der niedergelassenen Ärzte und kleinere Krankenhäuser verfügen dank des späteren Einstiegs in die EDV über eine in der Regel effiziente Systemunterstützung – bestehend aus einfachen »Stand-alone-PC-Systemen« oder vernetzten Abrechnungssystemen mit Standardsoftware. Größere IT-Nutzer, die Krankenkassen, KVen und großen Krankenhäuser, sind dagegen nach wie vor auf zumeist historisch gewachsene transaktionsorientierte IT-Altsysteme angewiesen: Der hier inzwischen eingeleitete Modernisierungsprozess erweist sich als ausgesprochen mühselig und langwierig. Während Standardsoftwarelösungen, etwa »Enterprise-Resource-Planning-Systeme« (ERP-Systeme), seit längerem auch in der Administration Anwendung finden, stößt gerade ihr Einsatz im klinischen Bereich und im Leistungsmanagement auf Schwierigkeiten. Insbesondere für Krankenkassen und Privatversicherer gibt es, was die operative Unterstützung des Leistungsmanagements anbelangt, immer noch keine wirkliche Alternative zu proprietärer Software. Standardsoftwaresysteme sind am Markt kaum erhältlich; die wenigen verfügbaren sind fast ausschließlich auf US-amerikanische Anforderungen zugeschnitten.

Diente in der Vergangenheit IT vor allem zur administrativen Unterstützung des Finanz- und Personalwesens, so wird IT heute zunehmend auch im operativen Geschäft eingesetzt – zur Steuerung und Kontrolle der Leistungserbringung, von der Diagnostik über die Therapie bis zur Pflege. Für die Krankenkassen, mit Abstand die bedeutendsten IT-Anwender im Gesundheitswesen, ist IT – spätestens seit der Einführung der erweiterten Wahlfreiheit für die Mitglieder der GKV (1997) – zur strategischen Waffe im Wettbewerb geworden: Während die Kassen IT hauptsächlich zu Prozessoptimierung und Leistungsmanagement nutzen, setzen die Privatversicherer IT auch zur Identifikation und Ansprache von Versicherungsnehmern mit attraktiver Risikostruktur ein.

Mit der Ausweitung der Einsatzmöglichkeiten hat sich auch der IT-Aufwand sprunghaft erhöht: allein seit 1990 haben sich die jährlichen IT-Ausgaben wohl mindestens verdreifacht. Neue IT-Systeme, Organisationsstrukturen und Anwenderexpertisen mussten in Rekordzeit aufgebaut werden – was an vielen Stellen gut, an anderen aber nur eher unbefriedigend gelungen ist.

Vor diesem Hintergrund müssen sich heute vor allem die großen IT-Nutzer der Frage stellen, wie angesichts des wachsenden Kosten- und Innovationsdrucks die weitere IT-Evolution in ihren Häusern aussehen soll und welche Investitionen in der nächsten Generation der DV-Technologie erforderlich sind. Diese Richtungsentscheidungen müssen sie in einer schwierigen Übergangszeit treffen – angesichts hoher Risiken und problematischer Alternativen. Von der Richtigkeit ihrer Entscheidung wird nicht nur der Erfolg der einzelnen Unternehmen und Institutionen, sondern auch der künftige Leistungsstand unseres gesamten Gesundheitswesens abhängen.

Ein Nebeneinander völlig unterschiedlicher Formen der IT-Nutzung

Größter Hemmschuh für einen produktiveren IT-Einsatz im Gesundheitswesen sind die extrem unterschiedlichen Ausgangspositionen der verschiedenen Anwendergruppen. Abhängig vom Fortschritt der Systemnutzung lassen sich

3 Evolutionsstufen des IT-Einsatzes unterscheiden – gekennzeichnet durch unterschiedliche Geschäftsformen mit z.T. sehr differenziertem IT-Unterstützungsbedarf sowie stark divergierenden Erwartungen hinsichtlich zukünftiger Einsatzmöglichkeiten.

Aller Voraussicht nach werden die 3 nachstehend beschriebenen Evolutionsstufen des IT-Einsatzes auch künftig weiter nebeneinander existieren.

Erste Evolutionsstufe: Beschränkung des IT-Einsatzes auf rein administrative Unterstützung

Auf der ersten Evolutionsstufe werden EDV-Systeme vor allem als elektronische Erfüllungsgehilfen zur Automatisierung klar strukturierter operativer Aufgaben eingesetzt. Ärzte benutzen Praxissoftware zur Vereinfachung der Abrechnung und Administration ihrer Patienten. Krankenhäuser konzentrieren ihren EDV-Einsatz typischerweise auf Rechnungswesen, Personalverwaltung und Abrechnung mit den Krankenkassen. Für Apotheker ist die Systemunterstützung wichtig, um Arzneibestände zu kontrollieren und Bestellungen abzuwickeln. Den KVen hilft die IT, die Abrechnung mit über 100.000 niedergelassenen Ärzten zu bewältigen. Und den Krankenkassen dienen mächtige Konten- und Abrechnungssysteme zur Abwicklung der Zahlungen an ambulante und stationäre Leistungserbringer sowie zur Verwaltung der Beiträge.

Inzwischen haben über 90% der Partner im Gesundheitssystem die erste Stufe der IT-Nutzung erreicht. Sämtlichen Kassen und Privatversicherer, KVen und stationären Einrichtungen stehen inzwischen zumindest einfache DV-Systeme zur Verfügung. Lediglich unter den niedergelassenen Ärzten gibt es noch eine Traditionalistengruppe von unter 10%, die ohne Praxissoftware auskommt. Allerdings dürfte auch diese Gruppe über die nächsten Jahre allmählich dahinschwinden. Dann werden *alle* Leistungserbringer im deutschen Gesundheitssystem zumindest über eine DV-Plattform der ersten Stufe verfügen.

Zweite Evolutionsstufe: Informationstechnologie als Instrument zur Planung und Steuerung

Auf der zweiten Evolutionsstufe von IT geht es vor allem um die Nutzung zunehmend differenzierter Funktionalitäten, mit deren Hilfe die Leistungserbringung nicht nur operativ unterstützt, sondern auch systematisch optimiert werden soll. Hier gibt es zwischen den verschiedenen Nutzergruppen sehr unterschiedliche Erwartungen an den IT-Einsatz. Zudem differieren auch die Bedürfnisse innerhalb der Gruppen ganz erheblich: Während einzelne Nutzer schon wirklich fortschrittliche Lösungen gefunden haben, sind andere gerade erst über die Stufe 1 hinausgelangt.

Nutzergruppe: gesetzliche Krankenversicherungen. Seit der Gesundheitsreform sind die *GKVen* dabei, sich aus der Rolle eines passiven Maklers von Finanztransaktionen zwischen Versicherten und Leistungserbringern zu lösen und als aktive Treuhänder für Versichertenbeiträge zu etablieren. Damit verändern sich die Einsatzbedingungen für IT grundlegend.

Im *administrativen* Bereich gehört die zuverlässige Abwicklung von Transaktionen inzwischen zum Tagesgeschäft; Geschäftsprozesse werden zunehmend durch IT-Systeme unterstützt. Vereinzelt kommen bereits Workflow-Systeme zur Anwendung, um die interne administrative Effizienz, aber auch die Servicequalität für die Mitglieder nachhaltig zu verbessern. Erfahrungsgemäß lassen sich dadurch Effizienzpotentiale von bis zu 50% realisieren. Bei vielen Kassen werden allerdings die Handakten der Mitglieder immer noch physisch bewegt – teilweise über mehrere Standorte hinweg – von einem Sachbearbeiter zum nächsten, wodurch die gleichen Arbeitsabläufe statt weniger Minuten oft bis zu 2 Wochen und manchmal noch länger dauern.

Um den Übergang von der Transaktionsverarbeitung zur Prozessunterstützung in den nächsten Jahren verstärkt voranzutreiben, müssen die bestehenden, weit gehend monolithischen (1-Tier- oder 2-Tier-)Systemarchitekturen von Grund auf modernisiert werden. Wo immer möglich, sollte dies auch unter Einsatz von Standardsoftware, insbesondere von ERP-Systemen, geschehen.

Darüber hinaus müssen zunehmend auch völlig neue *dispositive Anwendungen* durch IT unterstützt werden. Risiko- und Leistungsstrukturen lassen sich angesichts der immensen Datenmengen analytisch nur durchdringen, wenn neue, sehr viel leistungsstärkere IT-Systeme flächendeckend verfügbar sind.

Die *Segmentierung von Versicherten* – z.B. um sie vertrieblich anzusprechen oder von einem unerwünschten Kassenwechsel abzuhalten – hat seit der Öffnung der Kassen für alle Versicherten massiv an Bedeutung gewonnen. Da die Versicherten nunmehr ihre Kasse frei wählen können, kann auch die Kasse selbst aktiv ihren Vertrieb auf attraktive Zielgruppen ausrichten. Um mögliche Adressaten zu identifizieren und zu klassifizieren, müssen Data-Warehouse-Systeme mit umfangreichen Analyseapparaten geschaffen werden.

Im *Leistungsmanagement* sind die Fortschritte der Systemunterstützung bisher am deutlichsten. Das Einsatzspektrum reicht hier von der systematischen und effizienten Kontrolle aller eingereichten Rechnungen bis zu ersten Ansätzen des Fallmanagements, z.B. durch Reha-Berater. Ziel des IT-Einsatzes ist dabei in erster Linie, die Abrechnungen der Leistungserbringer formal und inhaltlich zu überwachen. Einzelne Kassen haben indes bereits vor längerer Zeit begonnen, adaptive operative Systeme für das Leistungsmanagement zu entwickeln. Zu erwarten ist, dass die Kassen massiv weiter in die IT-Unterstützung des Leistungsmanagements investieren. Die damit erzielbaren Einsparungen erlauben es, die Beitragssätze zu stabilisieren und, wie vereinzelt erfolgt, sogar wieder abzusenken. Bekanntlich ist ein günstigerer Beitragssatz für die Mitglieder bei weitem der wichtigste Grund, die Kasse zu wechseln!

Nutzergruppe: private Krankenversicherungen. Die Entwicklung des IT-Einsatzes bei den *Privatversicherern* verläuft hier ähnlich wie bei den Kassen. Allerdings sind die IT-Systeme bei einzelnen Privatversicherern deutlich moderner, was diesen einen klaren Vorteil im Wettbewerb mit den Kassen verschafft.

Wie die Kassen setzen die Privatversicherer verstärkt auf Workflow-Systeme zur Produktivitätssteigerung. Data-Warehouse- und analytische Systeme für

Leistungsmanagement und Underwriting sind inzwischen eingeführt und dezentrale Informations- und Beratungssysteme für die Vertriebsunterstützung etabliert. Auch für die recht komplexe Abrechnung über die GOÄ (Gebührenordnung für Ärzte) haben die Privatversicherer eine entsprechende IT-Systemunterstützung geschaffen. Zudem stehen sie in einem intensiven Dialog mit den Leistungserbringern, um die Notwendigkeit von Leistungen bei bestimmten Indikationen zu klären. Bis zu einem gewissen Grad hat dies zur Standardisierung und damit zum Abbau überflüssiger Leistungen beigetragen – was natürlich auch im Interesse der Patienten liegt.

Nutzergruppe: Krankenhäuser. Vereinzelt ist die Systemlandschaft in den *Krankenhäusern* bereits heute hoch entwickelt. Denn auf Grund der neu eingeführten Abrechnungssystematik – Basispflegesatz, Abteilungspflegesatz, Fallpauschalen und Sonderentgelte – waren alle Krankenhäuser gezwungen, im Laufe der neunziger Jahre zumindest Kostenstellenrechnungen einzuführen. Allerdings müssten jetzt auch verstärkt Kostenträgerrechnungen eingeführt werden, um die Wirtschaftlichkeit von Leistungen zu prüfen, die über Fallpauschalen und Sonderentgelte abgerechnet werden.

Eine Avantgarde der Krankenhäuser – wohl weniger als 10% – setzt inzwischen IT-Systeme ein, die Diagnose- und Therapieinformationen für einzelne Patienten in einer *elektronischen Patientenakte* (»electronic patient record«, EPR) zusammenführen und allen Abteilungen des Hauses sowie der Administration zugänglich machen.

Durch die Einführung der gesetzlich bereits festgeschriebenen DRGs (Disease Related Groups) wird zudem eine Weiterentwicklung der Krankenhaussysteme unabdingbar. Bereits heute verlangen die Krankenkassen über ihren medizinischen Dienst immer ausgefeiltere Dokumentationen der erbrachten Leistungen; bei fehlender Dokumentation der erbrachten Leistungen droht den Krankenhäusern künftig die Verweigerung der Kostenübernahme. Recht bald schon dürften solche Leistungsnachweise ohne EDV-Systeme nicht mehr rationell zu erstellen sein.

Nutzergruppe: niedergelassene Ärzte. In der Gruppe der *niedergelassenen Ärzte* liegt der Schwerpunkt des IT-Einsatzes weiterhin in der Administration. Darüber hinaus konzentriert sich das Nutzerinteresse derzeit auf die Unterstützung der Abrechnung mit KVen, Privatversicherungen und Patienten sowie auf die dispositive Optimierung; für viele Ärzte ist zudem das Internet zu einem wichtigen Instrument für Information und Fortbildung geworden. Expertensysteme für die Diagnostik werden dagegen bisher nur vereinzelt in Arztnetzwerken und Praxen genutzt (Anteil <5%).

Dritte Evolutionsstufe: Einsatz vernetzter IT-Systeme zur effektiveren Leistungserbringung

Die neueste Generation von IT-Systemen ermöglicht deutliche Verbesserungen bei Leistungserbringung und Behandlungsqualität im klinischen Bereich, aber auch im Leistungsmanagement der Kassen und Versicherungen. Zentrale Stellhebel sind eine »erfahrungsgestützte« Leistungssteuerung und die gesamtheitliche Betreuung der Patienten. Die technologische Basis dafür wird durch die Vernetzung der Patienten mit den Leistungserbringern und Kassen/Versicherungen geschaffen.

Diese Vernetzung ermöglicht es den bislang auf sich allein gestellten Leistungserbringern, gegenüber den Patienten integriert in ein Netzwerk von Leistungserbringern und mit einem ganzheitlichen Leistungsangebot aufzutreten. Krankenkassen und Privatversicherungen schließen individuelle Vereinbarungen mit den Leistungserbringern bzw. Netzen, um ihren Versicherten eine qualitativ hochwertige Behandlung auf günstigstem Kostenniveau zu sichern.

Einige innovationsfreudige Kassen sind derzeit dabei, für die Abrechnungsprüfung und Kostenübernahme unterstützende operative Systeme zu implementieren, deren Geschäftslogik den sich rasch ändernden Marktgegebenheiten anpassbar ist. Analog dazu sind einige Krankenhäuser, die den Einsatz von ERP-Systemen forcieren, bereits in der Lage, mittels gezielter Auswertung longitudinaler Daten »Outcome-orientierte« Entscheidungen über die jeweils situationsgemäße Therapieform zu treffen. Auch hier ist die Anpassbarkeit der »Geschäftslogik« ein ausschlaggebender Wettbewerbsvorteil.

Überdies ist mit dem Auftreten spezialisierter Dienstleistungsanbieter zu rechnen, die Patienteninformationssysteme zur Patientenbetreuung, aber auch zum Aufbau von Selbsthilfegruppen nutzen. Solche Dienstleister dürften schon bald das Management von Diabetes-, Bluthochdruckpatienten oder Asthmatikern für Krankenkassen und Versicherungen jeweils auf Jahresbasis übernehmen. Und wie zu erwarten ist, werden sie auch die entsprechenden Kosteneinsparungen erzielen.

Gleichzeitig ermöglicht die Vernetzung massive Vereinfachungen im administrativen Bereich und sichert insbesondere die Konsistenz der Datenübertragung: Stammdaten des Patienten müssen innerhalb eines Netzes nur noch einmal eingegeben werden. Idealerweise kann auch die elektronische Patientenakte im Netz hinterlegt und – bei entsprechender Autorisierung – jederzeit abgerufen werden. Für jeden Zugangsberechtigten, niedergelassene bzw. Krankenhausärzte, sind alle bisherigen diagnostischen Ergebnisse und therapeutischen Maßnahmen sofort einsehbar. Ansätze dieser Art werden heute bereits im Rahmen des Projekts *Prosper* in Bottrop erprobt. Die Abrechnung des Netzes mit der kassenärztlichen Vereinigung bzw. den Krankenkassen kann dabei, wie bisher, über den »einheitlichen Bewertungsmaßstab« oder möglicherweise auch über Kopfpauschalen erfolgen.

Erfahrungsgemäß lassen sich durch Vernetzung die Kosten der Leistungserbringung um etwa 20–30% gegenüber vorher absenken. Um diese Einsparungen zu realisieren, sind allerdings erhöhte Investitionen in IT erforderlich: zum einen, um die Vernetzung technisch zu ermöglichen; zum andern, um einem durchaus drohenden Hochlauf der Interaktionskosten – als Folge des sprunghaft wachsenden Informationsaustauschs im Netz – rechtzeitig entgegenzuwirken.

Bisher nutzt nur eine kleine Minderheit von IT-Anwendern die Möglichkeiten einer derart vernetzten IT-Unterstützung der dritten Stufe. Künftig ist hier allerdings mit einer rapide steigenden Nachfrage zu rechnen.

Schwierige Übergangszeit – angesichts hoher Risiken und problematischer Alternativen

Wie auch immer die Ausgangsbasis der einzelnen Nutzer sein mag – der Aufbau einer umfassenden IT-Unterstützung ist keineswegs einfach zu realisieren. Eine kontinuierliche Evolution bestehender IT-Systeme stößt in der Regel auf unüberwindliche Hindernisse – seien es nun völlig neue technische Anforderungen, die schlichte Überalterung der Hardware oder mangelnde Skalierbarkeit von Hard- und Software. Umgekehrt endet auch der »große Sprung nach vorne«, der Versuch, eine völlig neue Systemlandschaft zu etablieren, oft genug im Desaster – charakterisiert durch explodierende Migrationskosten, dramatische Zeitüberschreitungen und offene Rebellion in der Anwendergemeinschaft.

Für die kleineren IT-Nutzer mögen sich die Migrationsprobleme noch *grosso modo* begrenzen lassen. Denn Zeitbedarf und Kosten sind relativ überschaubar und die Komplexität des Umgestaltungsprozesses letztlich beherrschbar. Zudem stehen gerade den kleineren Leistungserbringern inzwischen leistungsstarke offene Standardsysteme zur Verfügung, die sich evolutionär integrieren lassen.

Für die größeren IT-Nutzer im Gesundheitswesen, namentlich die Krankenkassen, aber auch Krankenhausketten, birgt der Übergang zu einer völlig neuen Systemgeneration dagegen fundamentale Risiken. In der Regel erstreckt sich eine solche Migration über einen Zeitraum von 3–5 Jahren. Schon auf Grund des erforderlichen enormen Arbeits- und Investitionsaufwands ist sie nur im Rahmen von straff durchgeführten Großprogrammen zu bewältigen.

Krankenkassen und Krankenhausketten stehen damit vor strategischen Richtungsentscheidungen, die bei ungünstigem Projektverlauf durchaus existenzielle Gefährdungen zur Folge haben können. Erschwert werden ihre Entscheidungen durch Unwägbarkeiten, die außerhalb ihres Einflussbereichs liegen.

Hohe Umfeldrisiken

Negativ wirken sich vor allem 3 Kategorien von Umfeldrisiken aus: regulative Risiken, die durch z.T. unvorhersehbare Interventionen des Gesetzgebers entstehen, technologische Umbrüche sowie den chronischen Mangel an IT-Personalressourcen.

Interventionen des Gesetzgebers. Immer neue Gesetzesänderungen machen laufende Anpassungen bei den IT-Systemen erforderlich; gerade im Kontext von IT-Großprojekten schafft dies viele weitere Unwägbarkeiten. So wurde aus ordnungspolitischen Erwägungen die Kostenerstattung für Zahnersatz eingeführt und nur ein Jahr später aus Kostengründen wieder abgeschafft – was jedes Mal erhebliche Anstrengungen bei der Programmierung der Softwaresysteme erforderlich machte.

Überdies hat der Gesetzgeber wiederholt Versuche unternommen, die IT-Strukturen im Gesundheitswesen normativ festzulegen. Sie sind durchweg als gescheitert zu betrachten, haben aber die Planungssicherheit auf Anwenderseite massiv beeinträchtigt und nicht selten erratische Richtungswechsel erzwungen. Im Rahmen des Datenaustauschs der Leistungserbringer wurden beispielsweise die EDI-Komponenten neu definiert – als Folge der angestrebten Vereinheitlichung sind nun kostengünstige IT-Standardprodukte wie etwa der EDIFACT-Purser nicht mehr verwendbar.

Technologische Umbrüche. Die historisch gewachsenen proprietären IT-Plattformen lassen sich in aller Regel nicht mehr wettbewerbsfähig weiterentwickeln. Vielfach in der Pionierzeit der IT-Nutzung entstanden, sind diese Systeme fast ausschließlich transaktionsorientiert. Zur Unterstützung der Prozesse in Verwaltung bzw. Leistungserbringung/-management fehlt den meist sehr monolithischen Systemen (1-Tier- bzw. 2-Tier-Architekturen) die erforderliche Flexibilität. In vielen Unternehmen sind zudem wichtige Infrastrukturinvestitionen in Netzwerke bzw. die flächendeckende Ausstattung mit PC-Arbeitsplätzen unterblieben.

Vor diesem Hintergrund gilt es nicht nur, den bei den Transaktionen erreichten Leistungsstand abzusichern. Vielmehr sind völlig neue Funktionalitäten aufzubauen, die eine wirkungsvolle Unterstützung der Arbeitsabläufe ermöglichen. In der Summe läuft dies auf eine gänzliche Neugestaltung der Systemlandschaft hinaus. Im Vergleich zu anderen Industrien sind dabei die Möglichkeiten stark eingeschränkt, auf Standardkomponenten zurückzugreifen. Solche Komponenten sind in der Regel nur für die bereits »funktionierenden« Bereiche der Administration verfügbar – und gerade nicht zur Unterstützung der Prozesse in der Leistungserbringung. Die IT-Anwender im Gesundheitswesen stehen deshalb vor einem Dilemma: Einerseits gilt es, die sehr pflegebedürftigen administrativen Altsysteme zügig durch moderne ERP-Systeme zu ersetzen. Andererseits müssen sie forciert völlig neue Systeme zur Unterstützung der Leistungserbringung einführen, die sie im Wesentlichen nur selbst proprietär entwickeln können.

Hinzu kommt die Herausforderung *Internet*! Vieles spricht dafür, dass durch das Internet nicht nur der IT-Einsatz, sondern auch die Geschäftsprozesse im deutschen Gesundheitswesen entscheidend verändert werden.

In Rekordzeit werden gegenwärtig Internet-Applikationen entwickelt, die ein verteiltes Arbeiten auch über Unternehmensgrenzen hinaus ermöglichen. Um diese Applikationen sinnvoll zu integrieren, sind hoch moderne Systemlandschaften erforderlich – was die technologischen Risiken und den Erfolgsdruck bei den eingeleiteten Umgestaltungsprozessen noch weiter verstärkt. Parallel dazu werden sich neue Geschäftsmodelle und neue Formen der Leistungserbringung herausbilden. Traditionelle »Gewissheiten« werden dabei radikal in Frage gestellt:

- *Gesundheitsvorsorge als »lokales Geschäft«:*
  Gesundheitsdienstleistungen haben heute noch einen stark lokalen Charakter. Bis zu 90% solcher Dienstleistungen für den Versicherten werden in einem Radius von weniger als 20 Kilometern ums eigene Heim erbracht. Die Mehrzahl der niedergelassenen Ärzte praktiziert eigenständig oder in kleinen Gemeinschaftspraxen, die jeweils eine komplette Verwaltungsinfrastruktur vorhalten. In den meisten Städten und Gemeinden bieten die Krankenhäuser mit ihrem kompletten Leistungsspektrum jeweils parallel eine Vollversorgung für Patienten. Auch die fragmentierten Trägerschaften der Institutionen tragen

wenig zur Rationalisierung dieser Strukturen bei. Spezialisierungs- und Größenvorteile können in dieser »Heimindustrie« bislang nur unzureichend ausgeschöpft werden.

- *Patienten als »machtlose« Kunden:*
  Anders als Kunden am Markt haben *Patienten* immer noch wenig Einfluss auf Therapeutenwahl oder Zahlungsentscheidungen. Die Wahl des Therapeuten ist schon räumlich eingeschränkt; die Therapieentscheidungen trifft der Arzt. Die Kaufkraft ist bei den Kassen und Dienstleistern konzentriert. Unterschiede im Leistungsangebot sind aus Sicht der Patienten völlig intransparent.

Beide Prämissen verlieren, wie es scheint, im Internet-Zeitalter teilweise ihre Gültigkeit.

Auf Grund des deutlich verringerten Such- und Koordinationsaufwands im Internet können die leistungsstärksten Dienstleister schneller gefunden, ihre Leistungserbringung besser koordiniert und ihre Leistungsqualität leichter verfolgt werden. Mit der fortschreitenden Auflösung lokaler Geschäftsstrukturen wird der Wettbewerb auch bisher abgeschottete Märkte öffnen. Unter den Leistungsanbietern werden sich die effizienteren von den weniger effizienten deutlicher abheben, und der Druck, bessere Qualität zu niedrigeren Kosten anzubieten, wird weiter steigen. Beschleunigt wird diese Entwicklung noch dadurch, dass *via* Internet auch qualitäts- und produktivitätsfördernde IT-Werkzeuge rascher zum Einsatz gelangen.

Die Patienten wiederum erhalten durch das Internet breiten Zugang zu qualifizierten Informationen und können sich damit jeweils von den am besten geeigneten Leistungserbringern behandeln zu lassen. Zudem haben sie die Möglichkeit, anhand ihrer elektronischen Patientenakte jederzeit alle erbrachten Leistungen zu überprüfen und auch die Höhe der Abrechnungen zwischen Leistungserbringer und Kasse individuell nachzuvollziehen. Dies muss nicht notwendigerweise zu einer effizienteren Leistungserbringung führen! Denn einzelne Patienten könnten versucht sein, ihren höheren Wissenstand zu nutzen, um sich mehr bzw. teurere Therapieleistungen zu verschaffen.

Mangel an Personalressourcen. Die IT-Organisationen im Gesundheitswesen sind bisher nicht ausreichend auf die neuen Herausforderungen eingestellt. Nur in Ausnahmefällen erreichen die IT-Organisationen der beteiligten Partner Best-Practice-Niveau. Gemessen an der Leistungsfähigkeit der IT-Organisation in anderen Branchen, etwa der Banken und Versicherungen oder gar erfolgreicher Softwarehäuser, liegen die meisten IT-Organisationen im Gesundheitswesen weit zurück.

Verschärft werden diese hausgemachten Probleme durch die äußerst angespannte Arbeitsmarktlage im IT-Bereich. Auf absehbare Zeit ist mit einer Verbesserung der Situation nicht zu rechnen. Deshalb müssen gemeinsam mit den IT-Dienstleistern innovative Lösungen für die Kernprobleme gefunden werden: Wie lässt sich das über die Jahre aufgebaute Know-how über Altsysteme sinnvoll weiter nutzen? Wie können EDV-Mitarbeiter erfolgreich auf die neuen Technologien und Systeme umgeschult werden? Wie lässt sich eine wirklich produktive neue IT-Plattform für zukünftige Entwicklungen schaffen?

Problematische Handlungsalternativen

Welche grundsätzlichen Möglichkeiten stehen den IT-Nutzern nun angesichts der ungeklärten Fragen und der vielfältigen Risiken offen? In der Praxis konnte man bislang 3 typische Reaktionsmuster auf Nutzerseite erkennen.

»Go alone«. Einige der bedeutendsten IT-Nutzer im deutschen Gesundheitswesen haben sich entschlossen, die umfassende Neugestaltung ihrer Systemlandschaft im Alleingang in Angriff zu nehmen. Augenscheinlich ist dies nur für sehr große Institutionen möglich, da die erforderlichen Investitionen leicht eine Größenordnung von mehreren hundert Millionen Mark erreichen. Außerdem ist die eigene IT-Organisation nur in den seltensten Fällen leistungsfähig genug, völlig eigenständig diese Alternative zu verfolgen. Meist ist massive Unterstützung durch externe IT-Dienstleister erforderlich – verbunden mit den bekannten Problemen des Know-how-Transfers.

Kooperation/Gruppeninitiative. Eine Reihe kleinerer IT-Nutzer hat sich mit größeren zusammengetan, um gemeinsam neue Systeme zu entwickeln (z. B. einige VdAK-Kassen). Der Erfolg solcher Gruppeninitiativen hängt entscheidend vom gewählten Ansatz ab. Welche Probleme die Koordination von Verbandsgremien schaffen kann, verdeutlichen die Erfahrungen von Banken und Sparkassen. Auch wenn ein klarer Gesamtnutzen besteht, scheitern viele Gruppeninitiativen an der Herausforderung, für eine Vielzahl beteiligter Parteien gleichzeitig alle funktionalen Anforderungen ermitteln und abdecken zu wollen.

Wie man es besser machen kann, zeigt ein Beispiel aus der Softwareindustrie: Anstatt Spezifikationen mit einer großen Zahl möglicher Anwender gemeinsam zu entwickeln und abzustimmen, werden hier üblicherweise für die Basisversion eines Standardsystems zunächst nur die Anforderungen von 1–3 ausgewählten Pilotkunden berücksichtigt. Diese Kernfunktionalität wird dann schrittweise um weitere Leistungsmerkmale ergänzt. Über die Zeit kann so eine immer breitere Abdeckung und Einsatzfähigkeit erreicht werden.

Warten auf Standards. Angesichts der enormen Herausforderungen erscheint es zumindest für einzelne Spieler verlockend, erst einmal die weitere Marktentwicklung abzuwarten und auf die Etablierung von Standards zu setzen.

Bei genauerem Hinsehen überwiegen hier jedoch die Risiken: Wann solche Standards endlich verfügbar sind, ist derzeit völlig unklar. Denn für die großen Softwarehersteller weist der Markt massive Einstiegsbarrieren auf: hohe Komplexität der Anwendungen, ein hohes Maß an lokaler Regulierung und eine vergleichsweise geringe Anzahl von Abnehmern.

Wie bereits Banken und Versicherungen feststellen mussten, kann es noch sehr lange dauern, bis umfassende operative Systemlösungen für die einzelnen Spieler verfügbar sind. Am Ende dürfte bis zur Bereitstellung solcher Standardsysteme viel mehr Zeit vergehen als für den Aufbau neuer eigener Systeme nötig ist. Großer Gewinner könnte dann leicht ein entschlossener Wettbewerber sein, der frühzeitig die erforderlichen Softwaresysteme selbst entwickelt hat und daraus dann die Vorteile ziehen kann.

»Managed evolution« – den machbaren Weg zum Ziel finden

Auch wenn das Ziel evident ist, muss das für den Weg dorthin noch keineswegs gelten: Karl V. hat als erster bereits 1534 versucht, eine geeignete Route für den Panamakanal zu finden. Ohne Erfolg! Von 1880–1900 verbrauchte Ferdinand de Lesseps, der Erbauer des Suezkanals, bei seinen Grabungsarbeiten die damals Schwindel erregende Summe von US$ 387 Mio. – nur, um eine spektakuläre Pleite hinzulegen. Erst die US-Amerikaner John Wallace und John Stevens fanden schließlich die praktische Lösung: In langjähriger Arbeit von 1903–1914 gelang es ihnen, das Kanalniveau so weit anzuheben, dass der kritische Teil der Strecke über eine Serie von Stauseen befahrbar wurde. Damit war endlich der »machbare« Weg gefunden für ein jahrhundertealtes Ziel.

Ein ähnliches Ziel-Weg-Problem stellt sich bei der Umgestaltung von IT-Systemlandschaften. In einer Vielzahl von Migrationsprojekten in vergleichbaren Anwenderindustrien hat sich herausgestellt, dass ein dreistufiges Vorgehensmodell mit Entwurf der Zielsystemlandschaft, Ableitung des Evolutionspfads und stufenweiser Implementierung am zuverlässigsten an das angestrebte Migrationsziel führt.

Ausgehend von Best-Practice-Überlegungen zur Gestaltung der Prozesse aus Geschäftssicht sollte zunächst eine Zielarchitektur für die Systemlandschaft definiert werden. Im Bereich der *operativen* Systeme muss sie für eine effiziente Unterstützung der Abläufe sorgen und nachhaltig zur Senkung der Kostenquote beitragen. Im Bereich der *dispositiven* Systeme muss sie zunächst eine umfassende Datenbasis als Grundlage für Risikostatistiken und Kostenanalyse bereitstellen. Außerdem gilt es, Szenarien künftiger Geschäftsmodelle zu entwickeln und die bereits beschriebenen anspruchsvollen Steuerungsfunktionen entsprechend einzuplanen.

Auf Basis dieser Zielarchitektur sollte anschließend ein Umsetzungspfad erarbeitet werden: Er muss für die einzelnen Elemente der Architektur die Realisierung sicherstellen; neben Eigenentwicklungen sollten dabei – soweit verfügbar – auch Standardsysteme verwendet werden. Wesentliches Merkmal des Umsetzungspfads ist der kontinuierliche Umbau der Systeme hin zur neuen Plattform. Statt eines umfassenden gleichzeitigen Neuaufbaus aller Systeme und dem anschließenden Rollout sollten gemäß einer »managed evolution« neue Komponenten schrittweise in die bestehende Systemwelt eingefügt und die Altsysteme entsprechend abgeschaltet werden. Damit lässt sich der Zeitaufwand bis zur Nutzenrealisierung durch die neuen Systeme auf ein Minimum reduzieren.

Eine solche »managed evolution« erlaubt zudem eine größere Flexibilität bei der Realisierung: Die Notwendigkeit, sich hinsichtlich der detaillierten Ausgestaltung der künftigen Systemlandschaft schon lange im Voraus festzulegen, entfällt. Stattdessen kann Schritt für Schritt jeweils die geeignetste Handlungsalternative ausgewählt werden.

Entwurf der Zielarchitektur

Der Aufbau moderner Informationssysteme auf Basis einer klar beschriebenen Architektur hat sich mittlerweile als Standardvorgehen etabliert. Ein solcher architekturbasierter Systementwurf hat 2 klare Vorteile:

1. Bereits auf der recht hohen Abstraktionsebene der Architektur lässt sich die *Stimmigkeit von Systemlandschaft und Geschäftsmodell* erkennen – im Hinblick auf mögliche Schnittstellen der Geschäftsprozesse ebenso wie auf die Beziehungen zwischen dem Unternehmen, seinen Kunden und Lieferanten.
2. Eine klar definierte Systemarchitektur dient über einen längeren Zeitraum als *eindeutige Richtlinie für die Gestaltung und Strukturierung* der einzelnen Anwendungssysteme: Sie beschreibt den Bebauungsplan der Gesamtlandschaft und schafft Transparenz über Zusammenhänge und Abhängigkeiten.

Mit diesen beiden Eigenschaften bildet die Systemarchitektur die wesentliche Grundlage für die zukünftige geschäftsprozessorientierte Gestaltung der Informationssysteme.

Für die Konzeption der Systemarchitektur gibt es inzwischen eine Reihe von Standards. Durch den Aufbau der Architektur in mehreren Schichten (so genannten »Tiers«) kann man die unterschiedliche Leistungsfähigkeit der Technologien am Arbeitsplatz und im Back Office ideal nutzen; darüber hinaus gewinnt man zusätzliche Flexibilität bei der Änderung und Erweiterung der Systeme (»n-Tier«-Architektur). Über die tatsächliche Verteilung von Funktionen zwischen den Hardwareelementen, etwa Client und Server, ist im Einzelfall entsprechend den konkreten Anwendungen zu entscheiden. Die Anwendungen selbst werden in weit gehend unabhängige Module zerlegt. Kurzfristig erhöht das den Entwicklungsaufwand, langfristig sollte sich dagegen der Aufwand für Weiterentwicklung und Wartung klar verringern.

Diese Vorteile bei der Neuentwicklung von n-Tier-Systemen werden allerdings in der Praxis durch die Notwendigkeit, das Neusystem in alte monolithische Architekturen (1- und 2-Tier) einzubetten, weit gehend neutralisiert. Auf Grund der Vielzahl der benötigten Schnittstellen haben sich die angestrebten Verbesserungen noch nicht eindeutig realisieren lassen. Gerade bei komplexen Anwendungen wiegt oft der Aufwand, der für die Erstellung und Verwaltung einer Vielzahl von Systembausteinen nötig ist, die Vorteile wieder auf.

Generell werden zunehmend mächtigere anwendungsübergreifende »Dienste« entwickelt. Sie stellen eine allgemeine geschäftsbezogene Funktionalität, z. B. die Verwaltung von Kundendaten, unabhängig von den Einzelanwendungen zur Verfügung, was den Umfang der Einzelanwendungen deutlich reduziert. Für die anwendungsübergreifende Datenhaltung und insbesondere für dispositive Auswertungen finden sich mittlerweile immer häufiger Data-Warehouse-Ansätze: Als separate Systeme sind sie neben den auf Performance ausgerichteten operativen Datenbeständen der Transaktionssysteme verfügbar.

Der Anlage dispositiver Datenbestände fällt im Gesundheitswesen zweifellos eine Schlüsselrolle zu: Sie sind unabdingbar für die systematische Analyse der Patienten- und Behandlungsdaten im Rahmen von Leistungserbringung und -management. Und ebenso Voraussetzung für eine proaktive Steuerung.

Zur Kommunikation zwischen den Systemkomponenten, z. T. auch zur Steuerung des Datenzugriffs, werden verstärkt Middleware oder auch Integrationsplattformen wie Application Server eingesetzt: In unterschiedlicher Mächtigkeit lassen sich damit anwendungsübergreifende Formate zur Integration (»enterprise application integration«, EAI) und zum Datenaustausch bereitstellen. Auf diese Weise wird es möglich, die Probleme vielfältiger direkter Schnittstellen zu umgehen. Eine auf Middleware- und Data-Warehouse-Konzepten basierte Architektur schafft außerdem die Voraussetzung für eine schrittweise Weiterentwicklung der Systemlandschaft; Internettechnologien lassen sich so mühelos integrieren.

In ihrer Summe ermöglichen diese Ansätze eine entscheidende Weiterentwicklung konventioneller Schichtenarchitekturen. Zugleich nutzen sie konsequent die kontinuierlich steigende Leistungsfähigkeit der Netzwerke.

Ableitung des Evolutionspfads

Ebenso wichtig wie das richtige Design der Zielarchitektur ist die Wahl des geeigneten Evolutionspfads.

Auch wenn direkte Zusammenhänge zwischen der Größe von Projekten und der Wahrscheinlichkeit ihres Scheiterns seit langem klar bekannt sind, so wird häufig immer noch versucht, die Idealvorstellung einer Zielsystemlandschaft im Rahmen eines mehrjährigen monolithischen Großprojekts zu realisieren. In der Praxis scheitern diese Versuche in aller Regel: Zum einen, weil die Komplexität des Gesamtvorhabens von der Projektorganisation nicht mehr zu beherrschen ist; zum andern, weil die Anwenderorganisation mit dem kompletten Austausch und der Neueinführung einer Systemlandschaft völlig überlastet wird.

Stattdessen lässt sich mit den beschriebenen Technologien der Umbau einer bestehenden Systemlandschaft im Sinne einer »managed evolution« schrittweise vorantreiben. Die gewählte Schrittfolge sollte sich dabei am jeweiligen Geschäftsnutzen orientieren und die Vorteile neuer Systeme in idealer Weise mit den eingespielten Verfahren und den Datenstrukturen der Altlandschaft kombinieren.

Vorgehen bei der Implementierung

Erste, typische Schritte in Richtung einer solchen »managed evolution« sind die Einführung von Standardsoftwareelementen zum Ersatz leistungsschwacher Altsysteme sowie der Einsatz einer Middleware- bzw. Integrationsplattform als Kommunikationsinfrastruktur zwischen alten und neuen Systemen. Parallel dazu sollte der Aufbau eines Data-Warehouse als zentraler Datenplattform betrieben werden.

Mit der schrittweisen Ablösung der Altsysteme durch neue Anwendungen und Standardsoftware wird dann nach und nach die Zielarchitektur realisiert. Die Geschwindigkeit des Aufbaus bemisst sich dabei nach dem Business Case sowie der Leistungsfähigkeit von IT-Organisation und Anwenderorganisation. Damit lassen sich bereits frühzeitig besonders nutzenwirksame Anwendungen zum Leistungsmanagement sowie Workflow-Systeme, die unmittelbar zur Steigerung der operativen Effizienz beitragen, in die Gesamtlandschaft einfügen. Die weiteren Evolutionsschritte können dann entweder in Eigenverantwortung oder auch in Kooperation erfolgen.

Um die Implementierung von Zielarchitektur und Evolutionspfad abzusichern, bedarf es in der Regel eines massiven Aufbaus neuer Kernfähigkeiten innerhalb der eigenen IT-Organisation. Ihre Leistungsfähigkeit erweist sich oft genug als Schlüsselfaktor bei der Entwicklung der IT-Unterstützung. Erforderlich ist auf Mitarbeiterseite der Rollenwechsel vom technologieorientierten Systementwickler zum geschäftsorientierten Prozessexperten, der mit den Prinzipien des Architekturentwurfs und modernden Entwicklungsansätzen vertraut ist.

Die dazu nötigen Veränderungen können die IT-Organisationen vielfach nicht aus eigener Kraft bewältigen. Deshalb sollten je nach Ausgangslage innovative Lösungen in der Zusammenarbeit mit IT-Dienstleistern angestrebt werden. Das Spektrum der Optionen reicht hier von der Auftragsentwicklung durch einen Systemintegrator bis hin zum völligen Outsourcing.

Auftragsentwicklung durch Systemintegratoren. Auf diese Weise kann die Leistungsfähigkeit der eigenen IT-Organisation gestärkt werden, ohne die kritische Verantwortung für die Gestaltung der Geschäftsprozesse und der Gesamtlandschaft aufzugeben.

Damit sind zugleich die Implikationen klar: Die Verantwortung für eine geschäftsorientierte Anforderungsdefinition, die Festlegung der Systemarchitektur sowie die Steuerung des Systemintegrators müssen in der eigenen Organisation verbleiben.

Outsourcing. Outsourcing beschränkt sich schon lange nicht mehr auf die Fremdvergabe von Rechenzentrums- und Infrastrukturdienstleistungen. Im Rahmen des viel diskutierten Prozess-Outsourcings wird die Verantwortung für effiziente Gestaltung und Durchführung von Geschäftsprozessen voll auf den IT-Dienstleister übertragen.

Ein solches Vorgehen sollte allerdings an folgende Voraussetzungen geknüpft sein: Das *Know-how* in der Prozessgestaltung stellt keine Kernkompetenz des Unternehmens dar. Die *Kompetenz* des Partners ist deutlich höher als die eigene. Und für die fremdzuvergebende Leistung gibt es einen *echten Markt* mit wettbewerbsfähigen Angeboten von mehreren Dienstleistern, so dass ein Lieferantenwechsel grundsätzlich möglich ist und ein akzeptables Preis-Leistung-Verhältnis stets gewahrt bleibt.

Auch wenn vollständiges Outsourcing auf den ersten Blick vielfach als einfachste Lösung erscheint, dürften an diesem harten Kriterienkatalog umfassende Outsourcing-Vorhaben meist scheitern. Und dies durchaus zu Recht, wie die Erfahrungen aus einer Vielzahl gescheiterter IT-Outsourcing-Projekte bestätigen.

Joint Ventures. Ein Joint Venture mit einem Systemintegrator kann u. U. eine akzeptable Kompromisslösung zwischen den beiden anderen Alternativen darstellen. Der besondere Vorteil liegt in der Kombination der Leistungsfähigkeit eines Systemintegrators mit dem Know-how der eigenen IT-Organisation.

Zudem bietet sich die Möglichkeit, anspruchsvolle Aufgaben der Personalentwicklung in einem sehr dynamischen Technologieumfeld mit erfahrenen Experten anzugehen.

Erfolgsentscheidend ist aber auch hier, dass der Passgrad stimmt zwischen den Anforderungen der Organisation und der Mission des Joint Venture (und damit auch den Interessen der beteiligten Partner). Häufig entstehen unlösbare Probleme, wenn das Joint Venture seinen Erfolg in lukrativen Drittgeschäften sucht, der Zustand der Kernorganisation jedoch den völligen Umbau des eigenen Geschäftssystems erfordert.

Wie das Konzept der »managed evolution« verdeutlicht, gibt es für das komplexe Ziel-Weg-Problem der IT-Migration in aller Regel keine simple Patentlösung. Wirklichkeitsnäher ist ein dreistufiges Vorgehen: Ausgehend von einer bedarfsgerecht konzipierten Zielsystemlandschaft sollte es einen wirklich realisierbaren Evolutionspfad vorgeben und Schritt für Schritt seine Umsetzung sicherstellen. Dabei wird das Management des Evolutionspfads, vom heutigen Ausgangszustand bis zur angestrebten Zielsystemlandschaft, zur eigentlichen Schlüsselaufgabe für die IT-Abteilung.

Die richtige Kombination von Zielarchitektur, Evolutionspfad und Organisationsmodell muss dabei in jedem Fall individuell erarbeitet werden. Erst wenn auf Grundlage einer strategischen Positionsbestimmung die oben beschriebenen Grundsatzentscheidungen getroffen sind, können die Spieler im Gesundheitswesen das Potential der Informationstechnologie zur Verbesserung ihrer Wettbewerbsposition voll erschließen.

Angesichts des Umfelds und des derzeitigen Leistungsstands der IT im Gesundheitswesen wird dies noch auf längere Sicht eine große Herausforderung darstellen.

Arzneimittelkostenmanagement durch Pharmakotherapieberatung – Servicepartner Krankenkasse

Zoltan Bognar, Mechthild König und Urs Vossmerbäumer

Die Arzneimittelausgaben der gesetzlichen Krankenkassen wachsen scheinbar unaufhaltsam. Soll der Fortbestand des Gesundheitssystems in seiner jetzigen Form nicht gefährdet werden, müssen gegensteuernde Maßnahmen auch seitens der Krankenkassen dafür sorgen, dass der medizinische Fortschritt »bezahlbar« bleibt.

Die bisherigen gesetzlichen Maßnahmen, die an unterschiedlichen Punkten ansetzen, zeigen keine grundlegenden Erfolge. Das bedeutet eine Chance und eine Herausforderung für die Krankenkassen: Als beratende Servicepartner für die Ärzte sollten sie sich aktiv an der Gestaltung des Marktes beteiligen und neue Instrumente zur Realisierung von Wirtschaftlichkeitsreserven entwickeln. Die fachliche Beratung der Ärzte im Hinblick auf die Verschreibung und Verwendung bestimmter Produktgruppen bildet eine wesentliche Säule der Strategie; daneben lassen sich aber auch noch weitere, bei anderen Marktteilnehmern ansetzende Anreizmechanismen nutzen, um die Ausgabensteigerung zu bremsen.

Steigende Arzneimittelausgaben belasten die gesetzlichen Krankenkassen

Der deutsche Arzneimittelmarkt ist sehr komplex: Bei mehr als 50.000 verschiedenen Medikamenten, die verschrieben und verkauft werden, fällt es selbst Fachleuten schwer, den Überblick zu behalten. Rund 22.000 Präparate sind nie auf ihre Wirksamkeit geprüft worden, sondern vor Inkrafttreten des Arzneimittelgesetzes von 1978 auf den Markt gekommen – erst seit 1978 müssen Hersteller von Arzneimitteln nicht nur die Unbedenklichkeit, sondern auch die Wirksamkeit ihrer Arzneimittel nachweisen. In anderen europäischen Ländern kommt man mit etwa einem Fünftel der in Deutschland verkehrsfähigen Mittel aus, ohne dass die Gesundheit der Menschen leidet.

Die Arzneimittelausgaben der gesetzlichen Krankenkassen sind von 1991–1998 jährlich um durchschnittlich 3,9% gestiegen und gehören damit zu den am stärksten wachsenden Leistungsausgaben in der gesetzlichen Krankenversicherung. Eine Trendwende im neuen Jahrtausend ist nicht in Sicht, im Gegenteil: 1999 beliefen sich die Ausgaben für Arzneimittel auf insgesamt DM 37,45 Mrd., ein Plus von 8,9% gegenüber dem Vorjahr; die Entwicklung im ersten Quartal des Jahres 2000 deutet auf ähnlich hohe Wachstumsraten hin.

Die Ursache für das starke Ausgabenwachstum liegt z. T. in den gesetzlichen Änderungen der jüngeren Vergangenheit wie der Absenkung der Patientenzu-

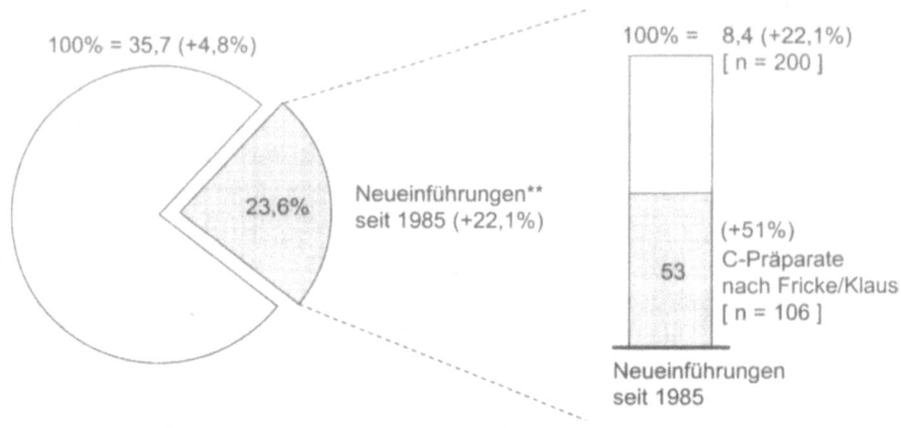

Abb. 1. GKV-Fertigarzneimittelumsatz*, 1998 in Mrd. DM (Veränderung zum Vorjahr in Prozent)

zahlung zu Beginn des Jahres 1999 und der neuen Härtefallregelung (chronisch Kranke werden beispielsweise von der Zuzahlung befreit, wenn ihre Aufwendungen zur Behandlung der Krankheit in einem Jahr 1% ihres Jahresbruttoeinkommens übersteigen). Daneben lässt aber auch die Entwicklung neuer Arzneimittel die Kosten in die Höhe schnellen. Seit 1985 sind im deutschen Arzneimittelmarkt mehr als 200 neue Wirkstoffe eingeführt worden, die vor allem bei Indikationen wie koronarer Herzkrankheit, Bluthochdruck, Magengeschwüren, Diabetes und Depressionen therapeutische Akzente gesetzt haben. Der Verordnungsanteil von Produktneueinführungen nimmt weiter zu, obwohl die Anzahl der Verordnungen insgesamt mittlerweile leicht rückläufig ist. In der gesetzlichen Krankenversicherung erreichten die neuen Arzneimittel 1998 einen Umsatzanteil von mehr als 23% und wuchsen sehr viel schneller als der Gesamtmarkt (Abb. 1).

Wenn der Verordnungstrend zu neuen – und daher kostenintensiven – Präparaten anhält, wofür alle Anzeichen sprechen, wird sich die Situation im jetzigen Finanzierungssystem in den nächsten Jahren weiter verschärfen. Speziell in besonders häufigen Indikationen wie z.B. Erkrankungen des zentralen Nervensystems sowie Herz-Kreislauf-Erkrankungen oder auch bei Antiinfektiva und Antirheumatika sind eine Reihe von Produktneueinführungen zu erwarten, die die Krankenkassen mit mindestens DM 2 Mrd. bis zum Jahr 2002 belasten werden [2].

Vor allem Krankenkassen mit einem hohen Anteil an älteren Versicherten und Härtefällen, deren Arzneimittelverbrauch erwiesenermaßen höher ist, stellt die geschilderte Entwicklung vor große Probleme. Der Arzneimittelbereich ist bei diesen Kassen mittlerweile zum zweitgrößten Ausgabenblock nach den Krankenhausausgaben angewachsen und verzeichnet z. T. zweistellige Zuwachsraten.

Regional unterschiedliche Ausgaben weisen auf Wirtschaftlichkeitsreserven hin

Bei regionaler Betrachtung fallen jedoch deutliche Unterschiede in der Höhe der Arzneimittelausgaben auf: Während die Ausgaben pro Versicherten 1998 in Baden-Württemberg (DM 460,24) und Bayern (DM 477,38) recht niedrig lagen, gaben die gesetzlichen Krankenkassen in den neuen Bundesländern (im Schnitt DM 515,08), in Nordrhein-Westfalen (DM 522,12) und in Berlin (DM 611,40) erheblich mehr aus. Standardisiert man die Arzneimittelausgaben nach Alter und Geschlecht der Versicherten, ergibt sich ein ähnliches Bild [1]. Neben unterschiedlichen sozioökonomischen Faktoren bei den Versicherten scheinen demnach vor allem Unterschiede im ärztlichen Verordnungsverhalten eine Rolle zu spielen; dies wiederum lässt auf vorhandene Wirtschaftlichkeitsreserven bei der Arzneimittelversorgung schließen (vgl. hierzu auch Abb. 2).

Wirtschaftlichkeitsreserven durch Generikaverordnung

Sobald ein neuer Wirkstoff patentfrei wird (in der Regel etwa 8 Jahre nach Markteinführung), können auch andere Hersteller Präparate mit demselben Inhaltsstoff anbieten. Diese Zweitanmelder-Präparate oder Generika sind preiswerter als die Originalpräparate. Durch die Substitution teurer Originalpräparate mit wirkstoffgleichen, aber kostengünstigeren Generika lassen sich die Arzneimittelausgaben bei gleich bleibender medizinischer Qualität senken.

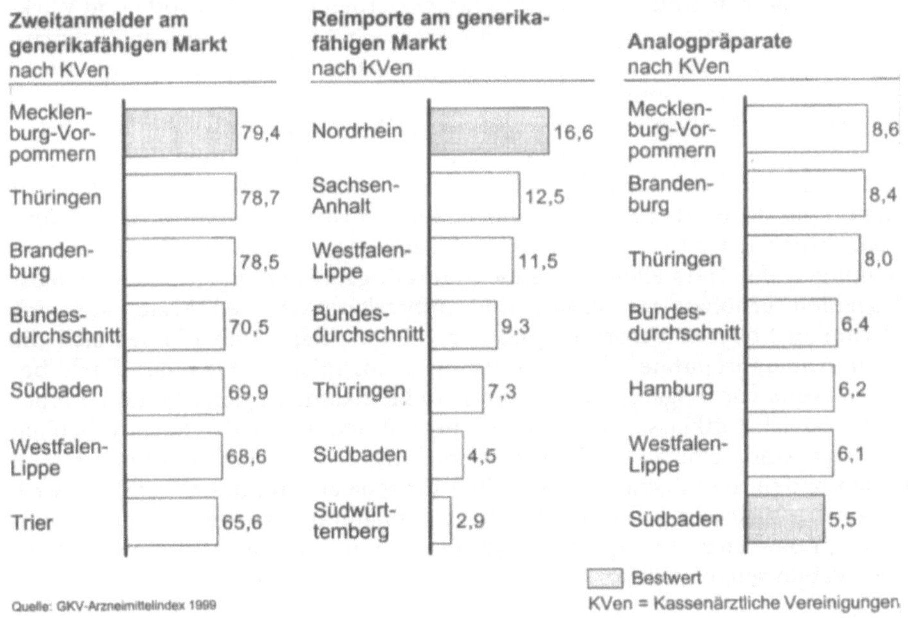

Abb. 2. Regionale Versorgungsanteile, 1999 (in Prozent)

In den letzten Jahren ist der Verordnungs- und Umsatzanteil der Generika am »generikafähigen Markt« bereits stark gestiegen: 1998 erreichten sie im Schnitt einen Umsatzanteil von rund 63% in den ersetzbaren Segmenten. Damit ist der vorhandene Spielraum aber bei weitem nicht ausgeschöpft. Die noch nicht realisierten Wirtschaftlichkeitsreserven im Bereich Generikaverordnung wurden 1998 auf DM 2,5 Mrd. geschätzt [1]. Auch die künftigen Einsparpotentiale sind beträchtlich, da viele Originalpräparate in den nächsten Jahren generikafähig werden.

In anderen europäischen Ländern gibt es ebenfalls Bemühungen, den Generikaanteil zu erhöhen: Großbritannien hat beispielsweise die staatlich festgesetzte Generikaquote von 62 auf 73% des Umsatzes in den ersetzbaren Segmenten angehoben.

Wirtschaftlichkeitsreserven bei patentgeschützten Originalpräparaten

Diese Gruppe umfasst die patentgeschützten, meist hochpreisigen Präparate, die in der Regel ein starkes Umsatzwachstum aufweisen. Einige dieser Präparate stellen eine therapeutische Verbesserung dar und können zu Recht als medizinische Innovation bezeichnet werden. Der überwiegende Anteil sind jedoch so genannte »Me-too«- oder Analogpräparate, die keinen klinisch oder pharmakologisch relevanten Fortschritt gegenüber bereits marktgeführten Arzneimitteln bieten. Im Rahmen ihrer Zulassung wurden diese Medikamente zwar auf Wirksamkeit und Sicherheit geprüft, nicht jedoch auf ihre klinisch-therapeutische Bedeutung.

Eine solche therapeutische Bewertung liefert die Klassifikation nach Fricke u. Klaus: Als so genannte A- und B-Präparate werden neue Wirkstoffe und Wirkprinzipien oder pharmakologische Verbesserungen bereits bekannter Wirkprinzipien bezeichnet; C-Präparate sind Analogpräparate. A- und B-Präparate sind demnach die eigentlichen Innovationen [3].

Eine genaue Analyse der neu eingeführten Wirkstoffe der letzten Jahre zeigt, dass mehr als 50% der Produktneueinführungen C-Präparate sind (s. Abb. 1); ihr Umsatzwachstum liegt deutlich über dem der wirklichen Innovationen. Je mehr Analogpräparate auf den Markt kommen, desto wichtiger wird es, sich von Konkurrenzpräparaten zu differenzieren und desto intensiver sind die Marketingbemühungen der Hersteller. Steigende Marketingaufwendungen und Vertriebsschlagzahlen erhöhen in Summe die Aufmerksamkeit der Ärzte, was sich wiederum in höheren Verordnungszahlen niederschlägt. Dabei lassen sich die meisten Analogpräparate ohne Verlust an medizinischer Qualität durch bewährte, bereits vor längerer Zeit eingeführte Medikamente derselben oder einer ähnlichen Wirkstoffklasse ersetzen. Da diese Präparate in der Regel erheblich preiswerter sind, gibt es auch hier beträchtliche Wirtschaftlichkeitsreserven: Experten haben die Einsparmöglichkeiten für 1998 auf mindestens DM 1,6 Mrd. geschätzt [1]. Viele der patentgeschützten Originalpräparate werden im Übrigen auch als preiswertere Reimporte angeboten, deren konsequenter Einsatz ebenfalls Ausgaben senken würde.

Wirtschaftlichkeitsreserven bei kontrovers diskutierten Arzneimitteln

Viele Arzneimittel, deren therapeutischer Nutzen in nicht ausreichendem Maße belegt ist wie beispielsweise Expektoranzien, Neuropathiepräparate, Antidementiva, Venenmittel und durchblutungsfördernde Medikamente, sind in den USA, Großbritannien oder den skandinavischen Ländern nicht zugelassen. Obwohl der Verordnungsanteil dieser Präparate auch in Deutschland in den letzten Jahren stark abgenommen hat, belief sich das Umsatzvolumen 1998 immerhin noch auf insgesamt DM 5,2 Mrd. Schätzungen zufolge könnten die Ausgaben um etwa DM 2,8 Mrd. reduziert werden, indem die umstrittenen Präparate entweder, sofern möglich, durch wirksame Arzneimittel ersetzt oder vom Markt genommen werden [1].

Maßnahmen des Gesetzgebers konnten die steigenden Arzneimittelausgaben bisher nicht eindämmen

Der Gesetzgeber hat seit Ende der achtziger Jahre seine Bemühungen verstärkt, über Preis- und Nachfrageregulierung die Arzneimittelausgaben einzudämmen. Trotz einiger Erfolg versprechender Ansätze konnte die Entwicklung bisher jedoch nicht gestoppt werden (Abb. 3).

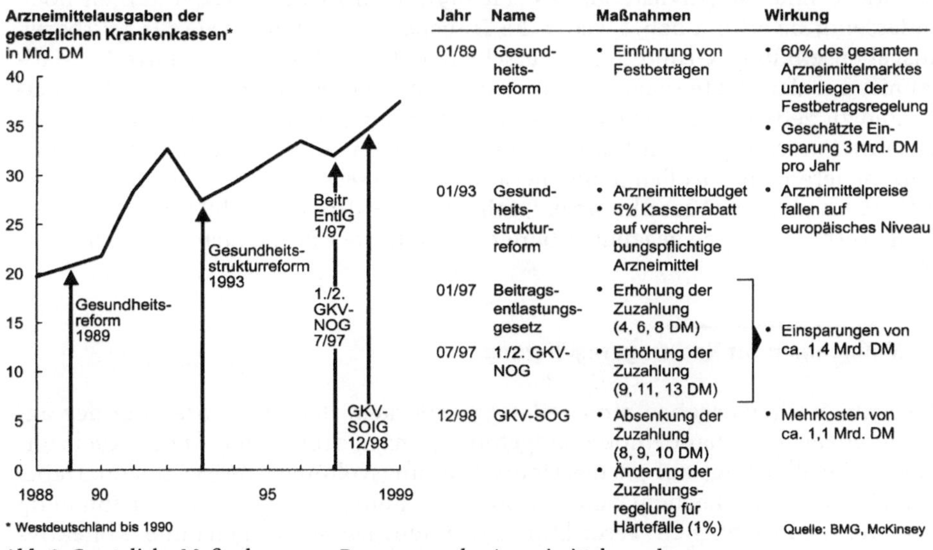

Jahr	Name	Maßnahmen	Wirkung
01/89	Gesundheitsreform	• Einführung von Festbeträgen	• 60% des gesamten Arzneimittelmarktes unterliegen der Festbetragsregelung • Geschätzte Einsparung 3 Mrd. DM pro Jahr
01/93	Gesundheitsstrukturreform	• Arzneimittelbudget • 5% Kassenrabatt auf verschreibungspflichtige Arzneimittel	• Arzneimittelpreise fallen auf europäisches Niveau
01/97	Beitragsentlastungsgesetz	• Erhöhung der Zuzahlung (4, 6, 8 DM)	• Einsparungen von ca. 1,4 Mrd. DM
07/97	1./2. GKV-NOG	• Erhöhung der Zuzahlung (9, 11, 13 DM)	
12/98	GKV-SOG	• Absenkung der Zuzahlung (8, 9, 10 DM) • Änderung der Zuzahlungsregelung für Härtefälle (1%)	• Mehrkosten von ca. 1,1 Mrd. DM

Quelle: BMG, McKinsey

Abb. 3. Gesetzliche Maßnahmen zur Begrenzung der Arzneimittelausgaben

Maßnahmen zur Preisregulierung

Der Preis für ein Arzneimittel wird in Deutschland grundsätzlich vom Hersteller bestimmt. 1989 wurde das Festbetragssystem eingeführt: Arzneimittel ohne Patentschutz, auf die durchschnittlich rund 60% des gesamten Arzneimittelumsatzes entfallen, werden nun in unterschiedliche Wirkstoffklassen eingeteilt. Für jede Klasse setzen die Spitzenverbände der Krankenkassen und die Arzneimittelkommission der deutschen Ärzteschaft den maximal von der gesetzlichen Krankenversicherung zu erstattenden Preis fest. Das Festbetragssystem hat zu jährlichen Einsparungen von rund DM 3 Mrd. geführt und sich damit als ein wirkungsvolles Instrument zur Ausgabenkontrolle erwiesen. Da jedoch das Festbetragssystem nach einem Urteil des OLG Düsseldorf aus dem Jahr 1999 in seiner aktuellen Form gegen das europäische Kartellrecht verstößt, wurden in der letzten Zeit keine neuen Festbeträge erlassen.

In Deutschland gibt es derzeit rund 50.000 verschiedene Arzneimittel, die größtenteils zu Lasten der gesetzlichen Krankenversicherung verordnet werden können. Eine Einschränkung der zu erstattenden Präparate würde mehr Transparenz in den Markt bringen, ohne die Qualität der medizinischen Versorgung zu beeinträchtigen. Dabei könnten, zumindest theoretisch, sowohl bestimmte Medikamente von der Erstattung ausgenommen werden (Negativliste) als auch Medikamente zur Verordnung empfohlen werden (Positivliste). In vielen europäischen Ländern existieren beide Listen nebeneinander. In Deutschland wird die Einführung einer Positivliste dagegen schon seit Jahren ohne konkretes Ergebnis diskutiert. Eine Negativliste gibt es seit 1991, doch ist diese weder aktuell noch umfassend; sie erhöht daher weder die Transparenz noch dient sie zur spürbaren Ausgabensenkung. Grundsätzlich erscheinen beide Listen als sinnvolle Maßnahme, um den Ärzten eine Orientierungshilfe bei der Bewertung von Medikamenten zu geben. Eine Positivliste wäre zudem ein Anreiz für die Pharmaindustrie, ihre Forschungs- und Entwicklungsressourcen auf diejenigen Wirkstoffe zu konzentrieren, die wirklich neue Therapieakzente setzen: Diese Stoffe hätten eine größere Chance, zur Verordnung empfohlen zu werden als Produkte, die nur marginale Verbesserungen gegenüber bereits eingeführten Präparaten darstellen.

Maßnahmen zur Nachfrageregulierung

Die Arzneimittelausgaben sind seit 1993 gedeckelt. Bei Überschreitung der auf Landesebene auszuhandelnden Budgetobergrenzen drohen den Ärzten Rückzahlungen, die allerdings auf 5% des Überschreitungsvolumens begrenzt sind. Dabei sind alle Ärzte in gleichem Maße zu Regresszahlungen verpflichtet, unabhängig von ihrem tatsächlichen Verordnungsvolumen. Dieser so genannte Kollektivregress ist juristisch nicht unumstritten und als individuelles Steuerungsinstrument fragwürdig. Bisher wurde der Kollektivregress – trotz alljährlicher Überschreitung der Budgets – nur in Einzelfällen von den Krankenkassen gegenüber den KVen durchgesetzt (in Mecklenburg-Vorpommern wurden die Ansprüche aus der Budgetüberschreitung des Jahres 1997 beispielsweise mit dem für 1998 verhandelten Budget verrechnet). Ausstehende Regressforderungen seitens der Kassen sind 1998 durch eine gesetzlich verordnete Amnestie ausgesetzt worden. 1999 wurden die Budgets in 7 von 23 KVen überschritten – in Summe um etwa DM 250 Mio. Diese Zahlen machen das Dilemma deutlich: Wenn die Überschreitung der vereinbarten Budgets auch künftig keine finanziellen Konsequenzen für die KVen nach sich zieht, ist diese Maßnahme zur Steuerung der Arzneimittelausgaben praktisch wirkungslos.

Gleichzeitig mit dem Arzneimittelbudget wurden 1999 so genannte Richtgrößen eingeführt, die je nach Fachgruppe Ausgabenobergrenzen für den Durchschnittspatienten festlegen (wobei sehr teure Patienten als Praxisbesonderheiten ausgenommen werden können). Bei Überschreitung dieser Richtgrößen drohen dem Arzt Individualregresse, die den Kollektivregress ersetzen sollen. Da die Höhe der Rückzahlungen vom individuellen Verordnungsverhalten des Arztes abhängt, ist die Motivation zu einer wirtschaftlichen Verordnungsweise gegeben. Voraussetzung für die Wirksamkeit dieser Maßnahme ist allerdings eine konsequente Umsetzung der Regresse, was angesichts der voraussichtlichen großen Zahl der Prüfverfahren auf organisatorische Hürden bei den Kassen und den KVen stoßen wird. Ersten Hochrechnungen zufolge sind bei rund 15% aller Ärzte Richtgrößenüberschreitungen von mehr als 25% zu erwarten.

Die Zuzahlung zu Medikamenten ist ein Ansatzpunkt, der beim »Endverbraucher« ansetzt, d. h. beim Versicherten. Zurzeit beträgt die Zuzahlung je nach Packungsgröße DM 8, 9 oder 10. Die Absenkung der Zuzahlungsbeträge und die Änderung der Härtefallregelung zum 1. Januar 1999 belasteten die Krankenkassen im vergangenen Jahr mit Mehrausgaben in Höhe von mindestens DM 1,1 Mrd.

Ausweg aus dem Dilemma: Krankenkassen betreiben aktives Arzneimittelkostenmanagement

Angesichts des stetigen Wachstums der Arzneimittelausgaben und ihres hohen Kostendrucks stehen die Krankenkassen vor der Herausforderung, selbst aktiv ihre Arzneimittelausgaben zu managen. Die Pharmakotherapieberatung erscheint hier eine Erfolg versprechende Maßnahme: Sie setzt beim verordnenden Arzt an, dem in individuellen Beratungen realisierbare Wirtschaftlichkeitsreserven unter Berücksichtigung des medizinischen Fortschritts aufgezeigt werden. Gleichzeitig ermöglicht die Pharmakotherapieberatung den Krankenkassen eine Neupositionierung innerhalb des Gesundheitssystems: vom Kostenabwickler zum Servicepartner.

Schlüsselfigur Arzt: individuelles Verordnungsverhalten als Ansatzpunkt

Der Arzt nimmt im Gesundheitssystem eine Schlüsselstellung ein. Er bestimmt die Verordnungen und damit letztlich die Umsatzzahlen von Arzneimitteln. Er entscheidet über die Therapie eines Patienten und wählt die zur Behandlung erforderlichen Arzneimittel aus. Nicht umsonst investiert die pharmazeutische Industrie jedes Jahr in Deutschland schätzungsweise DM 2–3 Mrd., um die Ärzte-

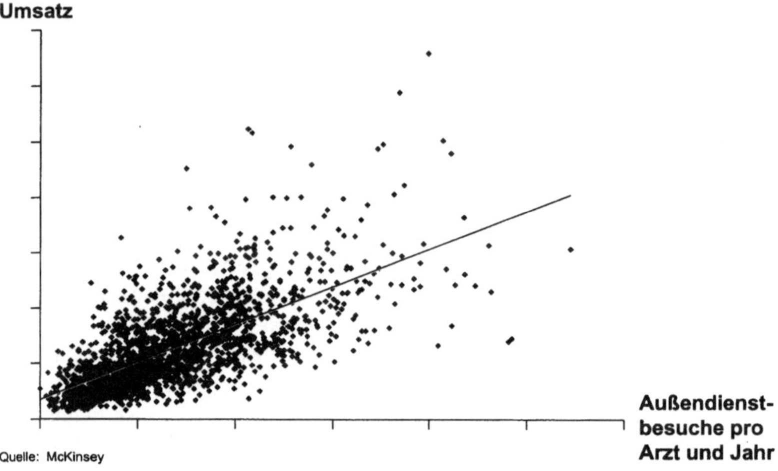

Abb. 4. Klientenbeispiel: Zusammenhang zwischen Arzneimittelumsatz und Pharmaaußendienstbesuchen

schaft von einem Präparat zu überzeugen. Wie wichtig der Pharmaaußendienst ist, zeigt die deutliche Korrelation zwischen Umsatz und der Häufigkeit der direkten Ansprache des Präparates beim Arzt (Abb. 4).

Angesichts der Menge der auf sie einwirkenden Informationen fällt es vielen Ärzten im Praxisalltag jedoch schwer, sich selbst ein mehr oder weniger objektives Bild von einzelnen Präparaten zu machen.

Gleichzeitig bedrohen mögliche Regressforderungen die berufliche Existenz und erhöhen den Druck auf den Arzt, Wirtschaftlichkeitsreserven zu erschließen. In diesem Zwiespalt können die Krankenkassen eine wichtige Rolle übernehmen: die Beratung von Ärzten, um anhand von Verordnungsanalysen Wirtschaftlichkeitsreserven aufzuzeigen und Hilfestellung bei der Bewertung von neuen Arzneimitteln zu geben.

Pharmakotherapieberatung: die Krankenkasse als Servicepartner

Obwohl sie mit einem Anteil von etwa 95% den Krankenversicherungsmarkt bestimmen, sehen sich viele gesetzliche Krankenkassen immer noch primär als Kostenträger, die sich weit gehend auf die Begleichung eingehender Abrechnungen beschränken. Die Kommunikation mit Ärzten als den zentralen Vertragspartnern geht von Sachbearbeitern aus und ist rein bürokratischer Natur. Der Pharmareferent aus der Industrie ist derzeit meist die einzige fachliche Ansprechmöglichkeit für den Arzt in der Praxis; auf Seiten der Krankenkassen fehlen vergleichbare Gesprächspartner gänzlich.

In der Regel empfinden Ärzte nur andere Ärzte oder Pharmazeuten als gleichwertige Diskussionspartner, deren Wort dann auch jenseits werbewirksamer Produktunterstützung Gültigkeit und Gewicht hat. Mit derart kompetenten Beratern könnten sich die Krankenkassen als Partner der Ärzte im Dienste des Patienten etablieren und proaktiv Beratungsdienstleistungen anbieten, die allen Beteiligten nützen: dem Arzt bei der Vermeidung von Regressen aus Richtgrößenüberschreitungen, der Krankenkasse bei der Senkung der Arzneimittelausgaben und nicht zuletzt auch dem Patienten, indem die Qualität der medizinischen Versorgung verbessert wird.

Die Pharmakotherapieberatung wirkt außerdem dem Ungleichgewicht zwischen den Krankenkassen einerseits und der pharmazeutischen Industrie andererseits entgegen: Aktivität der pharmazeutischen Industrie vs. Passivität der Krankenkassen, fokussiertes Eigeninteresse vs. weit gefächertes Aufgabenspektrum im Sinne des Gemeinwohls, international ausgerichtete Flexibilität vs. regionale oder nationale Gebundenheit. Eine stärkere Ausgabensteuerung der Krankenkassen, die die Qualität der medizinischen Versorgung uneingeschränkt gewährleistet, ist angesichts des wachsenden Marktdrucks unumgänglich.

Das Spannungsfeld zwischen der Pharmaindustrie und den Krankenkassen als Kostenträger wird zwangsläufig bei einem die Arzneimittelausgaben senkenden Beratungskonzept mit größerer Deutlichkeit zu Tage treten. Die Pharmakotherapieberatung darf sich dennoch nicht bloß als Maßnahme gegen die Arbeit der Pharmareferenten verstehen. Die Herausforderung besteht vielmehr darin, dem Pharmamarketing ein Konzept entgegenzustellen, das sich durch eine produktübergreifende, integrative Marktsicht auszeichnet und auf fachlich unanfechtbarem Niveau gemeinsam mit dem beratenen Arzt Wege aufzeigt, die bei gleichem oder fallweise auch verbessertem Therapiestandard effizienter die zur Verfügung stehenden Mittel einsetzt. Diese Beratung der Ärzte ist nunmehr durch den Gesetzgeber ausdrücklich erwünscht.

Wie Pharmakotherapieberatung in der Praxis aussehen kann, wird im Folgenden näher beschrieben.

Das Ziel der Beratung. Pharmakotherapieberatung versteht sich als individuelles, freiwilliges Beratungsangebot der Krankenkassen – idealerweise in Zusammenarbeit mit den KVen. Ziel ist es, die beratenen Ärzte für ein wirtschaftliches Verordnungsverhalten zu sensibilisieren und im beiderseitigen Interesse Wirtschaftlichkeitsreserven aufzuzeigen. Modellprojekte, in denen viel verordnende Praxisärzte vor ein »Tribunal« aus Kassen- und kassenärztlichen Vertretern geladen wurden, fanden bei den Ärzten verständlicherweise wenig Akzeptanz. Es kommt statt dessen darauf an, dem Arzt in einem positiven Gesprächsansatz sein Verordnungsverhalten vor Augen zu führen und in einer ausgewogenen Diskussion anhand einer Analyse der Verschreibungen Wirtschaftlichkeitsreserven aufzuzeigen, vor allem im Bereich etablierter Originalpräparate und neuer Produkte.

In der Folge des Beratungsgesprächs können die »Pharmakotherapieberater« den Ärzten zusätzliche Serviceangebote unterbreiten wie beispielsweise unabhängige wissenschaftliche Informationen über Innovationen im Arzneimittelbereich.

Die Grundlage jedes Beratungsgesprächs: eine computergestützte Verordnungsanalyse. Um eine zielgerichtete Diskussion zu ermöglichen und spezifische Argumente für eine eventuelle Umstellung der Verschreibungsgewohnheiten bzw. der Therapieschemata zu liefern, bedarf es, ähnlich wie im klassischen

Pharmaaußendienst, einer detaillierten und fundierten Datenbasis. Die pharmazeutische Industrie bedient sich im Marketing seit langem der Daten des Instituts für medizinische Statistik (IMS), die einen sehr genauen und vor allem zeitnahen Überblick über die räumliche und zeitliche Absatzentwicklung einzelner Präparate ermöglichen. In der Zusammenschau mit den Erfahrungen der einzelnen Pharmareferenten ergänzen sich diese Daten zu einem Bild, das eine individualisierte Ausrichtung des Verkaufs ermöglicht: diese kann sich rasch auf Änderungen der Marktsituation einstellen. Auf diese Weise können Entwicklungen unmittelbar verfolgt werden und das Marketing der Pharmaindustrie gewinnt seine bekanntermaßen große Effektivität.

Da die Grundvoraussetzungen für ein vergleichbares Controlling fehlten, konnten die Krankenkassen in der Vergangenheit als Kostenträger nur sehr spät auf Kostenentwicklungen reagieren. Mittlerweile verfügen die Kassen jedoch über entsprechende Computerprogramme, die Arzneimittelausgaben detailliert aufschlüsseln und so eine außerordentlich verlässliche Datenbasis für die Pharmakotherapieberatung liefern. Die Krankenkassen stützen sich hierbei auf Daten aus den Abrechnungszentren der Apotheken und setzen auf diese Weise erstmals die »Datenhoheit«, die sich aus ihrer Rolle als Einzelerstatter ergibt, wertschöpfend ein. Individuelle computergestützte Analysen der Medikamentenverordnungen einzelner Ärzte geben neben der Menge unter anderem Aufschluss über Verordnungskombinationen, die zeitliche Staffelung von Rezepten, Parallelverschreibungen und das Medikationsportfolio. Aus technischen Gründen ist derzeit nur die Betrachtung und Auswertung zurückliegender Quartale möglich; dass Daten für den einzelnen Arzt in Echtzeit verfügbar sein werden, ist jedoch absehbar.

Das Aufzeigen von Wirtschaftlichkeitsreserven. Dem Austausch von Originalpräparaten gegen entsprechende Generika wirkt der Pharmaaußendienst oft aktiv entgegen. Von nicht zu unterschätzender Bedeutung sind darüber hinaus auch die ausdrücklichen Wünsche der Patienten, die zu Misstrauen gegenüber Generika und zum Beibehalten gewohnter Medikation neigen. Bei der Pharmakotherapieberatung geht es daher um das Aufzeigen von realen Preisdifferenzen ebenso wie um den Abbau von Bedenken gegenüber der Wirksamkeit von Generika.

Elektronische Preisvergleichsprogramme erlauben die Ermittlung des maximalen Substitutionspotentials durch Generikaverordnung, d. h. jene Summe, die sich einsparen ließe, wenn die Gesamtheit der Produkte mit abgelaufenem Patentschutz durch das jeweils preisgünstigste Generikum ersetzt würde. Wenngleich die theoretischen Wirtschaftlichkeitsreserven absolut und relativ erheblich sind, sollten die tatsächlichen Realisierungschancen jedoch nicht überschätzt werden; repräsentative Erhebungen liegen bislang noch nicht vor, doch scheint eine Quote von etwa 30–50% realistisch.

Ein extrem kostenintensives Feld, das wesentlichen Anteil an der raschen Steigerung der Arzneimittelkosten hat, sind die patentgeschützten Neuprodukte. Natürlich darf der medizinische Fortschritt auch bei rigorosen Sparzwängen nicht in Frage gestellt werden. Gleichwohl ist der Grundsatz der Angemessenheit bei der Verwendung modernster Präparate zu beachten: Nicht immer rechtfertigt das Maß des zu erwartenden Therapievorteils die gegenüber etablierten Präpara-

Tabelle 1. Ansatzpunkte der Pharmakotherapieberatung (McKinsey)

Arzneimittelkategorie	Realisierung von Wirtschaftlichkeitsreserven durch ...	Begründung
Kontrovers diskutierte Arzneimittel	Vermeidung	Wirksamkeit wissenschaftlich nicht nachgewiesen
	Substitution durch Präparate mit nachgewiesener Wirksamkeit	
Generikafähige Originalpräparate	Substitution durch Generikum	Gleiche Bioverfügbarkeit Wirtschaftlichkeitsreserven
Originalpräparate	Substitution durch	
	- Reimport	Gleiches Präparat
	- Ähnliches generisches Präparat	Ähnlicher Wirkstoff
	- Ähnliches Präparat innerhalb der ATC-Gruppe	Klassifikation nach Fricke/Klaus [3]
	- Nicht-medikamentöse Therapie	Leitfäden/Empfehlungen der Fachgesellschaften
Produktneueinführungen	Gezielter Einsatz	Medizinischer Fortschritt nicht immer gegeben
		Oftmals Einschränkung bei zugelassenen Indikationen

ten in Kauf genommenen Mehrkosten. Hierbei liegt es an den verschreibenden Ärzten, die wirkliche Notwendigkeit des Einsatzes neuer Produkte - so es sich überhaupt um wirkliche Innovationen handelt - sorgsam abzuwägen (Tabelle 1).

Eine an diesem Punkt ansetzende Pharmakotherapieberatung seitens der Krankenkassen findet daher auf kompliziertem Terrain statt. Von Nutzen wäre ein Indikationsstufenschema, das dem Arzt dabei hilft, den Sinn und die wirkliche Notwendigkeit einer »innovativen« Verordnung für jeden individuellen Fall nach scharf umrissenen Kriterien einzuordnen. Da die überwiegende Zahl der patentgeschützten Arzneimittel Analogpräparate sind, können sie in vielen Fällen durch preiswertere Präparate der gleichen Wirkstoffklasse ersetzt werden.

In noch stärkerem Maße als bei der Frage der Generikasubstitution ist bei der Beratung im Hinblick auf Produktneueinführungen die fachliche Kompetenz des Beraters von entscheidender Bedeutung: Nur ein Informationsvorsprung wird es ihm erlauben, auch außerhalb der seitens der Hersteller vorgegebenen Argumentationslinien Gründe für die Verordnung etablierter bzw. preisgünstiger Pharmaka überzeugend zu vermitteln.

Die Zielgruppe: Ärzte mit hohem Verordnungsvolumen. Schlüsselt man die Gesamtheit der Arzneimittelausgaben näher auf, so zeigt sich, dass sich die Ausgaben keinesfalls gleichmäßig über die Fach- und Indikationsgruppen verteilen. Mit etwa 70% entfällt der größte Ausgabenblock auf die Fachgruppen der Allgemeinmediziner und Internisten, wobei Erstere zahlenmäßig auch die stärkste Fraktion der niedergelassenen Ärzte stellen. Diese Fachgruppen haben auch überproportional hohe Verordnungskosten pro Patient. Innerhalb der beiden Gruppen ist es wiederum ein relativ kleiner Anteil der Ärzte (etwa 40%), in deren Praxen ein Großteil der Ausgaben der Fachgruppe (etwa 80%) entsteht.

Eine ähnliche Konzentration besteht hinsichtlich der behandelten Erkrankungen: Auch hier wird ein Großteil der Mittel für eine kleine Zahl unterschiedlicher Diagnosen aufgewandt (im Wesentlichen Indikationen, die die so genannten »Volkskrankheiten« betreffen). Diese statistischen Beobachtungen sind von großer Bedeutung im Hinblick auf die Zielgruppenauswahl: Eine effiziente Ausgabensteuerung sollte sich auf eine Beratung der großen allgemeinmedizinischen und internistischen Praxen konzentrieren.

Erste Erfahrungen: Wirtschaftlichkeitsreserven durch Pharmakotherapieberatung erschließbar

Pharmakotherapieberatung durch Krankenkassen in Zusammenarbeit mit den KVen ist als Maßnahme zum Arzneimittelkostenmanagement bisher nur sporadisch eingesetzt worden, so dass wenig Informationen über den Erfolg der Beratungen vorliegen. Erste Auswertungen von Pilotversuchen belegen realisierte Einsparungen von mehr als 5% der Verordnungskosten des beratenen Arztes (Abb. 5).

Voraussetzung für eine nachhaltige Wirkung ist jedoch die langfristige Betreuung des Arztes durch die Berater. Eine Folgeberatung sollte spätestens im dritten Quartal nach der Erstberatung erfolgen. Erfahrungen aus der Kassenärztlichen Vereinigung Südbaden zeigen, dass eine langfristige Pharmakotherapieberatung Erfolg hat: Südbaden hatte 1999 bundesweit nicht nur die geringsten Pro-Kopf-Ausgaben für Arzneimittel, sondern auch den niedrigsten Verordnungsanteil an Analogpräparaten und die niedrigsten Kosten je Verordnung (DM 41,55 gegenüber DM 47,24 im Bundesdurchschnitt).

Zudem bedarf es im Vorfeld einer sorgfältigen Kosten-Nutzen-Abwägung, um die Wirtschaftlichkeit der Pharmakotherapieberatung sicherzustellen. Neben

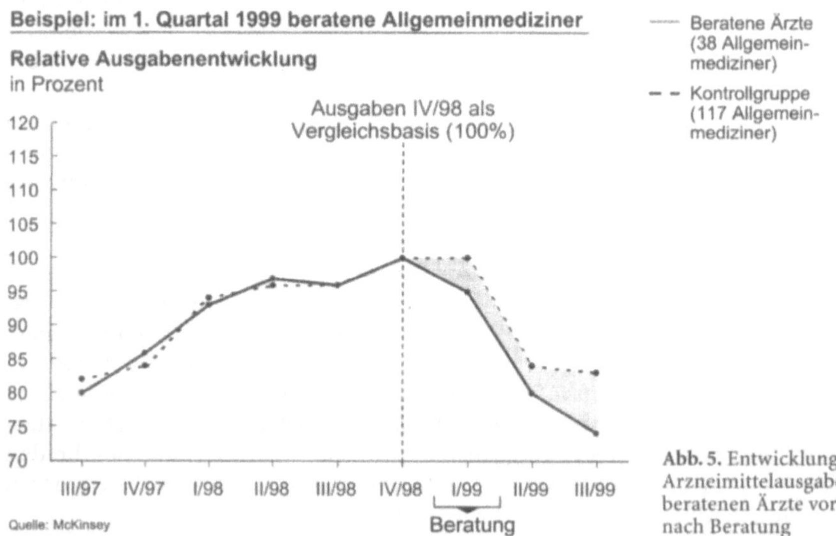

Abb. 5. Entwicklung der Arzneimittelausgaben der beratenen Ärzte vor und nach Beratung

den Personalkosten beispielsweise von Pharmakotherapieberatern und Analysten sind hierbei auch Sachkosten zu berücksichtigen wie Aufwendungen für Reisen, EDV-Programme, Fahrzeuge usw.

Ersten Schätzungen zufolge liegen die Kosten für die Krankenkasse bei etwa DM 1.000 pro Arztbesuch. Unter Annahme eines Mindestgewinnfaktors von 3 und im Schnitt 2 jährlichen Beratungen pro Arzt müssen Einsparungen in Höhe von DM 6.000 pro Arzt und Jahr erzielt werden, damit sich Pharmakotherapieberatung für die Krankenkasse rentiert. Legt man umgekehrt die erwähnten belegten Einsparungen von durchschnittlich 5% des Verordnungsvolumens zu Grunde, lohnt sich der Besuch von Ärzten, die im Jahr Arzneimittelkosten in Höhe von mindestens DM 120.000 verursachen. Das sind mehr als 80% aller Ärzte.

Pharmakotherapieberatung als Einzelmaßnahme? Weitere Ansätze zur Senkung der Arzneimittelkosten

Die Pharmakotherapieberatung ist eine zwar relativ kurzfristig wirksame, aber letztlich singuläre Maßnahme. Dem stetigen Anstieg der Arzneimittelausgaben wird auf Dauer nur mit der Ergänzung durch tiefer greifende, strategische Maßnahmen zu begegnen sein.

Der Beratungsansatz ist mithin als ein Baustein innerhalb eines größeren Systems von Maßnahmen zu sehen, die sich wechselseitig ergänzen und durch unterschiedliche Funktionsmechanismen miteinander verknüpft sind. Entsprechende Regelungen müssen allen Marktteilnehmern, d. h. neben den Ärzten auch den Patienten, einzelnen wichtigen Distributoren sowie der pharmazeutischen Industrie Anreize bieten, durch ihr Verhalten auf eine Senkung der Ausgaben direkt oder indirekt hinzuwirken. Denn Regelungen, die nur eine Partei für die

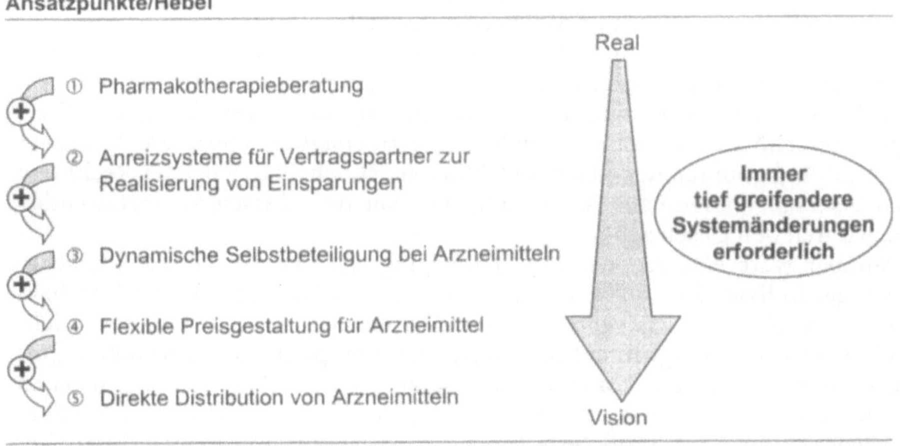

Abb. 6. Denkbare Strategien der langfristigen Senkung von Arzneimittelausgaben

Ausgabensenkungen in die Pflicht nehmen, würden von den Betroffenen als repressiv erkannt und könnten ihre Funktion nur sehr eingeschränkt erfüllen.

Mit dieser Zielsetzung stehen Maßnahmen, die eine eher defensive Ausrichtung haben, neben solchen, die durch Deregulierung und Abschaffung nicht notwendiger Privilegien offensivere Züge tragen. Hierbei rückt vor allem der gesetzliche Rahmen des Arzneimittelmarktes in den Blickpunkt (Abb. 6).

Anreizsysteme für Ärzte und Patienten

Als ein individualisiertes Konzept beruht die Pharmakotherapieberatung auf dem kontinuierlichen, von »persönlichen« Faktoren abhängigen Gespräch. Der Erfolg trägt letztlich die Unwägbarkeit des Freiwilligen, Zwang- und Anreizfreien in sich. Eine nahe liegende Ergänzung zum freiwilligen und gänzlich offenen Beratungsgespräch scheint die Schaffung materieller Einsparanreize für die Vertragspartner, sprich die Ärzteschaft, zu sein. Die Gewährung direkter finanzieller Vorteile für Ärzte, die ein zuvor gemeinsam festgelegtes Einsparziel erwirtschaften, stößt jedoch auf wettbewerbsrechtliche Bedenken.

Auch das Zuzahlungssystem für Versicherte könnte flexibler gestaltet werden und so durch mehr Eigenverantwortlichkeit dem Kostenanstieg entgegenwirken. Die Einführung einer dynamischen Selbstbeteiligung für Medikamente wird beispielsweise ansatzweise in Frankreich bereits praktiziert. Die Höhe der Selbstbeteiligung könnte beispielsweise nach medizinischen Indikationen gestaffelt sein.

Flexibles Preissystem

Führen die bisher diskutierten Maßnahmen zur Begrenzung des Arzneimittelkostenanstiegs nicht zum Erfolg, wird der Gesetzgeber in Deutschland nicht umhin kommen, die Preisgestaltung von Arzneimitteln stärker zu regulieren. In vielen europäischen Ländern ist dies bereits der Fall.

Die Arzneimittelpreise unterliegen in Deutschland nicht den Gesetzen von Angebot und Nachfrage. Sie werden faktisch vom jeweiligen Hersteller bestimmt. Auf Grund geltenden Rechts sind die Krankenkassen dazu verpflichtet, den Preis für patentgeschützte Medikamente vollständig zu erstatten. Flexiblere Arten der Preisgestaltung könnten den Marktbedürfnissen jedoch ausgewogener Rechnung tragen als eine einheitliche Festsetzung der von den Kassen zu erstattenden Beträge durch den Gesetzgeber.

Denkbar wäre eine Art der Preisfestsetzung, bei der die Krankenversicherungsträger individuelle Preise mit den einzelnen Medikamentenherstellern bzw. Anbietern verhandeln. Bei vergleichbaren Medikamenten besteht die Möglichkeit, die Erstattungsfähigkeit auf das preiswertere Präparat zu beschränken. Entsprechende Einsparungen könnten teilweise an die Versicherten weitergegeben werden. Sinnvoll wäre unter Umständen auch eine Segmentierung des Medikamentenspektrums nach Stoff- oder Indikationsklassen, für die ein industrieller Partner einen Exklusivvertrag mit einem Kostenträger aushandelt (z. B. wenn dessen Versicherte einen hohen Bedarf an den betreffenden Präparaten haben).

Ansatzpunkte in der Medikamentendistribution

Und schließlich wird sich auch die traditionelle Distribution über Apotheken der Diskussion stellen müssen. Das heute übliche Aufschlagsystem der Apothekenpreisverordnung lässt die Apotheker überproportional an teuren Medikamenten verdienen und bietet somit keinen Anreiz, preiswertere Alternativen abzugeben. Die gesetzliche Verpflichtung, einen Teil der teuren Originalpräparate durch günstige Reimporte zu ersetzen, ist schwer nachzuhalten. Eine Pauschale für jede Transaktion des Apothekers einschließlich der notwendigen Beratung könnte das gängige preisabhängige Vergütungssystem ersetzen. Denn die Personalkosten für die Abgabe eines teuren Medikaments sind genauso hoch wie die für die Abgabe eines Generikums; auch Lagerkosten fallen nicht ins Gewicht, da der Großhandel heute mehrmals täglich liefert.

Vor dem Hintergrund der Entwicklung elektronischer Handelsformen und Infrastrukturen ist es darüber hinaus durchaus vorstellbar, dass große Krankenversicherungen zusammen mit Apothekern eigene Plattformen für Verschreibungen und Direktbelieferung an Versicherte aufbauen. Hieraus resultierende Preisvorteile und Vereinfachungen könnten den Versicherten zugute kommen.

Das Ziel, medizinisch nicht notwendigen Ausgabensteigerungen im Arzneimittelmarkt entgegenzuwirken, sollten alle Beteiligten im Gesundheitssystem im Auge haben. Tragfähige Maßnahmen müssen den hohen Standard der Gesundheitsversorgung weiterhin gewährleisten – auch unter den veränderten Gegebenheiten einer sich wandelnden Bevölkerungsstruktur. Wenn der raschen Ausgabenentwicklung keine entsprechende Verbesserung der medizinischen Versorgung gegenübersteht, ist der Gesellschaftsvertrag in Gefahr, der dem Modell der gesetzlichen Krankenversicherung zu Grunde liegt. Die sich öffnende Schere zwischen Ausgaben und Leistungen muss sich schließen, denn nur dann kann wiederum der kontinuierliche Fortschritt der Medizin finanziert werden.

Literatur

1. Arzneiverordnungsreport (1999)
2. Evaluate (Datenbankabfrage)
3. Fricke U, Klaus W Neue Arzneimittel 1986–1996. Wissenschaftliche Verlagsgesellschaft, Stuttgart

Management von »sonstigen Leistungskosten« in der gesetzlichen Krankenversicherung

RALPH GROBECKER, THOMAS HAHN, ULRIKE MEIER und KERSTIN OPPEL

Ein wirksames Kostenmanagement ist für die Krankenkassen unverzichtbar, um Beitragssatzsteigerungen zu vermeiden – und damit das Risiko unterjähriger Kündigungen. Ein wesentlicher Ansatzpunkt für das Kostenmanagement sind die »sonstigen Leistungskosten«, also häusliche Krankenpflege, Heil- und Hilfsmittel, Kuren, Fahrtkosten etc. Auf Grund von Restriktionen durch Sozial- und Kartellrecht, aber auch angesichts der etablierten Verhandlungsgepflogenheiten sahen die Krankenkassen bisher kaum Spielräume für die Verhandlung günstigerer Preise mit Leistungserbringern und diese wiederum sahen kaum Anreize, ihre Wirtschaftlichkeit zu steigern und etwa durch innovative Leistungsangebote Impulse zu geben.

In diesen scheinbar festgefahrenen Markt kommt Bewegung. Zum einen entdecken die Krankenkassen ihre Marktmacht, zum anderen eröffnen neue Anbieter überregional einen Wettbewerb mit neuen Preisgefügen und Serviceangeboten. Krankenkassen beginnen die »gewachsenen« Strukturen aufzubrechen, indem sie sich über die Angebote einzelner Anbieter Transparenz verschaffen und Strategien zum Vorteil ihrer Wettbewerbsposition und ihrer Versicherten entwickeln.

Dieser Beitrag zeigt, welche Möglichkeiten im Management der sonstigen Leistungskosten sich den Kassen auf der Preisseite bieten und welche Erfolgsfaktoren für die Leistungserbringer in diesem sich verschärfenden Marktumfeld gelten.

»Sonstige Leistungskosten« – ein relativ freier Spielraum

Die gesetzlichen Krankenkassen bezahlen die Leistungen, die ihre Versicherten in Anspruch nehmen, direkt an die Leistungserbringer. Zu welchen Preisen sie dies tun, ist Verhandlungssache zwischen der Kasse und den Leistungserbringern; so will es das Fünfte Sozialgesetzbuch (SGB V). Für bestimmte Leistungsbereiche, wie etwa Krankenhausaufenthalte, schreibt es auch das Verhandlungsverfahren sehr streng vor: beispielsweise, dass Verhandlungen nur von allen Krankenkassen gemeinsam geführt werden können und die ausgehandelten Vergütungen für alle gleichermaßen gelten.

In anderen Bereichen haben die gesetzlichen Krankenkassen mehr Spielraum bei der Gestaltung von Vertrags- und Preisverhandlungen. Diese freier verhandelbaren Ausgabenblöcke werden in der Regel als »sonstige Leistungskosten«

bezeichnet und umfassen alle Ausgaben einer Krankenkasse, die *nicht* für Krankenhausleistungen, ärztliche Behandlung oder Arzneimittel aufgebracht werden; also häusliche Krankenpflege, Hilfsmittel, Kuren, Fahrleistungen etc. Das Ausgabenvolumen in diesem Bereich lag in den letzten Jahren durchschnittlich bei ca. DM 25 bis 30 Mrd. und entsprach damit ungefähr 11% der Gesamtausgaben.

Sonstige Leistungskosten – bislang ein kaum entwickelter Markt

Trotz des größeren Handlungsspielraums sind die sonstigen Leistungskosten heute noch weit gehend wenig gemanagt, und zwar sowohl auf der Krankenkassen- als auch der Leistungsanbieterseite. Dementsprechend sind die Kosten in diesen Bereichen bei den Krankenkassen in den letzten Jahren überproportional gestiegen – und höher als wirtschaftlich gerechtfertigt. Auf der Anbieterseite bedeutete dies, dass sich die historisch gewachsenen, überwiegend kleinen und lokalen Anbieter bisher gut im Markt behaupten konnten.

Krankenkassen: wenig intensives Management der sonstigen Leistungskosten

Aus Sicht der Krankenkassen standen die sonstigen Leistungskosten bislang kaum im Blickfeld der Bemühungen um wirksames Kostenmanagement. Dem nahe liegenden Ansatz einer Steuerung der Versicherten zu leistungsstarken und kostengünstigen Anbietern standen verschiedene rechtliche Fragen entgegen und die meist regionale Aufstellung erschwerte ein intensiveres Verhandlungsmanagement.

Das im Sozialgesetz verankerte *Sachleistungsprinzip* sieht vor, dass Versicherte nur Sach-, jedoch keine Geldleistungen von der Kasse erhalten können (Ausnahme: Fahrtkosten). Dies verhindert die Durchsetzung der bei den privaten Krankenkassen üblichen Vergütungspraxis: Der Versicherte bezahlt hier die Leistung zunächst selbst und erhält anschließend von der Krankenkasse die verauslagten Kosten erstattet. Die so entstehende Preissensitivität der Versicherten bleibt den gesetzlichen Kassen verwehrt, deren Versicherte die Preise der meisten Leistungen überhaupt nicht kennen.

Die heute gängigen Verträge oder Vereinbarungen gleichen Rahmenverträgen in der Industrie und legen für alle auftretenden Fälle Festbeträge als Höchstbeträge oder gestaffelte Rabatte und Boni fest. Gesetzliche Krankenkassen können in Kernbereichen wie Heil- und Hilfsmittel Preis- und Servicetransparenz gegenüber ihren Versicherten nur erreichen, indem sie diese über alle zugelassenen Leistungserbringer und deren Konditionen informieren – allein schon wegen der großen Zahl von Leistungserbringern ein fast unmögliches Unterfangen.

Die *freie Wahl der Leistungserbringer* einschließlich der freien Arztwahl wird abgeleitet aus dem Sachleistungsprinzip und dem Selbstbestimmungsprinzip, das im Grundgesetz verankert ist. Nach dieser Auslegung darf die Krankenkasse nicht in das Verhältnis ihres Versicherten zu einem Leistungserbringer eingreifen; insbesondere darf sie ihm keinen Leistungserbringer vorschreiben. Diese Einschränkung macht es den Kassen grundsätzlich schwer, Nachfrage und damit Umsatz auf wenige (günstige) Anbieter zu bündeln. Eine Ausnahme sind Kuren und Anschlussheilbehandlungen, bei denen die Krankenkasse auf Grund der Genehmigungspraxis Versicherte z. T. in bestimmte Kliniken steuern kann.

Auch *wettbewerbsrechtliche Vorschriften* schränken die Kasse in ihrer Möglichkeit ein, Versicherte bei Bedarf bestimmter Leistungen an bevorzugte Vertragspartner zu verweisen. Dies gilt insbesondere für Kassen mit einem hohen Marktanteil. Sie würden den Markt dominieren, wenn sie direkt als Nachfrager für Leistungen am Markt auftreten würden. Im Gegenteil wird von der Kasse sogar verlangt, in ihren Verhandlungen »den Wettbewerb angemessen zu berücksichtigen«.

Erschwerend für ein effektives Management der »sonstigen Leistungskosten« kommt hinzu, dass viele Krankenkassen, z. B. die AOKen, die BKKen oder die IKKen, heute *regional organisiert* sind und nur über einen Bundesverband bundesweit repräsentiert werden. Selbst bundesweit einheitliche Kassen, wie z. B. die Angestelltenkrankenkassen, besitzen regionale Strukturen und damit auch überwiegend regionales Kostenmanagement. Dies führt zu regional sehr unterschiedlichen Verträgen zwischen Kassen und Leistungserbringern. Als Folge können Preisniveaus zwischen verschiedenen Regionen sehr stark variieren – und sind ohnehin wegen der unterschiedlichen Vertragsstrukturen nur schwer zu vergleichen.

Leistungsanbieter: beschränkter Anreiz zur Wirtschaftlichkeit

Der Markt der Leistungsanbieter ist heute weitestgehend lokal bzw. regional geprägt. So sind beispielsweise bei den Hilfsmitteln die Sanitätshäuser überwiegend Einzelunternehmen; noch existieren erst wenige regionale bzw. bundesweite Ketten. Ähnlich ist die Situation bei den Kurheimen, wo die überregionalen Anbieter noch die Ausnahme sind. Im Bereich der häuslichen Krankenpflege gibt es zwar neben den kleinen unabhängigen Pflegediensten beispielsweise die Dienste der Wohlfahrtsverbände oder des Deutschen Roten Kreuzes, jedoch sind auch diese Dienste regional organisiert.

In den Verhandlungen zwischen Kassen und Leistungsanbietern spiegelt sich der regionale Fokus aber nicht notwendigerweise wider. Die Organisationsmuster sind unterschiedlich: Während in den Bereichen Hilfsmittel und häusliche Krankenpflege Innungen und Verbände einen großen Teil der Anbieter vertreten und damit praktisch ein Anbieterkartell darstellen, handeln und verhandeln beispielsweise Kurheime – selbst solche mit bundesweiten Trägerschaften – unabhängig voneinander.

Da die Krankenkassen ihre Verhandlungsspielräume in der Vergangenheit nur wenig nutzten und das Kostenbewusstsein allgemein im Gesundheitssystem nur schwach ausgeprägt war, ist die wirtschaftliche Lage der Leistungserbringer generell gut. Zwar gibt es beispielsweise einige Reha-Kliniken, die am Rande der Existenzgefährdung arbeiten; doch handelt es sich hier um hausgemachte Probleme, deren Ursache in einer zu starken Kapazitätserhöhung Anfang der neunziger Jahre liegt. Eine in den meisten Bereichen vorherrschende Mengenausweitung, auch bedingt durch eine Verlagerung von Krankenhaus- oder Arztleistungen in Bereiche wie z. B. häusliche Krankenpflege, hat bisher für eine gute Profitabilität und ein sicheres Geschäft gesorgt.

Wettbewerb und Zwang zum Kostenmanagement bringen Bewegung in den Markt

Der verschärfte Wettbewerb zwingt die Krankenkassen zu einem wirksamen Kostenmanagement. Nachdem sie zunächst das Augenmerk vor allem auf die großen Ausgabenblöcke (Krankenhaus- und ambulante Behandlung, Arzneimittel) gerichtet hatten, entdecken sie mehr und mehr auch die sonstigen Leistungskosten als Ansatzpunkt für Kostensenkungen.

Das vorrangige Ziel ist ein effektives Kostenmanagement, das nicht zu Qualitätseinbußen bei medizinisch notwendigen Leistungen oder gar zu deren Vermeidung führt. Die sonstigen Leistungskosten bieten gerade unter diesem Aspekt einen guten Ansatzpunkt. Denn im Gegensatz zu den großen Ausgabenblöcken Krankenhaus, ärztliche Behandlung oder Arzneimittel bieten sich bei den sonstigen Leistungskosten unmittelbar nutzbare Möglichkeiten, im Rahmen von Verhandlungen Kostensenkungen zu erzielen. Vor allem, wenn es gelingt, Preissenkungen auszuhandeln, lassen sich die Kosten unmittelbar und nachhaltig senken, und dies bei gleich bleibender oder sogar steigender Qualität.

Hinzu kommt, dass die »New Economy« mittelfristig nicht vor der GKV Halt machen wird. Wie in anderen Branchen werden elektronische Marktplätze für höhere Preistransparenz und dadurch härteren Wettbewerb der Leistungserbringer sorgen – bei gleichzeitiger Vereinfachung der kasseninternen Prozesse.

Einige Krankenkassen haben bereits begonnen, die Chancen für ein wirksames Kostenmanagement auch im Bereich der sonstigen Leistungskosten zu nutzen; andere Kassen werden folgen. Damit geht die Zeit des »Undermanagements« – auf Seiten der Kassen wie der Leistungserbringer – in diesem Markt zu Ende; sie weicht einer neuen Dynamik. Die Anzeichen deuten darauf hin, dass der Markt für sonstige Leistungen in einigen Jahren ganz anders aussehen wird als heute.

Die Karten werden neu gemischt – Chancen und Risiken auf beiden Seiten des Markts

Auf den ersten Blick scheinen die Krankenkassen am meisten von der »neuen Dynamik« im Markt für sonstige Leistungen zu profitieren. Aber sie werden die Potentiale zur Kostensenkung nur nutzen können, wenn sie mutig und konsequent neue Wege im Management dieser Ausgaben gehen.

Die Kassen werden also nicht »automatische Gewinner« der Veränderungen sein; und ebenso werden die Leistungserbringer – seien es Hilfsmittelhersteller, Sanitätshäuser, Reha-Kliniken oder Krankenpflegedienste – nicht die »automatischen Verlierer« sein. Wenn sie sich rechtzeitig und mit innovativen Angeboten auf die neuen Spielregeln einstellen, haben sie gute Zukunftschancen.

Krankenkassen: professionelles Einkaufsmanagement aus anderen Industrien nutzen

Die Krankenkassen brauchen ein wirksames Management der sonstigen Leistungskosten, um im Wettbewerb Vorteile zu erringen. Dazu können sie sich an gängigen Praktiken anderer Wirtschaftszweige orientieren, wie z. B. der Automobilindustrie.

Stärkere Bündelung der Einkaufsmacht (überregionales Einkaufen). Erfolgreichen Krankenkassen gelingt es, sich über regionale Differenzen hinwegzusetzen und ihre Einkaufsmacht bundesweit zu bündeln, um auf diese Weise ihre Verhandlungsposition gegenüber Leistungsanbietern zu stärken. Gleichzeitig werden sie durch eine zunehmende Ausdehnung der Genehmigungspflicht die Steuerungsmöglichkeit zu preiswerten Anbietern und damit die Kostenkontrolle erhöhen.

Zunehmend europaweite Ausschreibung. Erfolgreiche Krankenkassen nutzen die Vorteile des gemeinsamen europäischen Markts und führen für bestimmte Produkte europaweite Ausschreibungen durch. Dies ist insbesondere für solche Leistungen sinnvoll, bei denen kein lokaler Service notwendig ist. In vielen Fällen entsteht so auch ein Druck auf lokale Anbieter, die sich dann erstmalig auch am überregionalen Wettbewerb messen müssen.

Nutzung der Chancen der New Economy. Erfolgreiche Kassen nutzen die Chancen der New Economy. In vielen Industrien, wie beispielsweise der Automobil- oder der Chemieindustrie, haben konkurrierende Unternehmen gemeinsame elektronische Marktplätze erstellt, und zwar sowohl für einen effizienteren Einkauf als auch für einen besseren Verkauf. Dieser Trend wird auch vor der GKV nicht Halt machen. Hier könnten elektronische Marktplätze einerseits national für größere Preistransparenz sorgen, andererseits ließe sich auf diesem Wege der Einkauf leicht bundesweit oder sogar international durchführen. Bei Standardhilfsmitteln beispielsweise ist das Preisniveau im europäischen Ausland oftmals deutlich niedriger – dies könnte genutzt werden und zu einer weiteren erheblichen Preisreduktion führen.

Stärkere Anlehnung an Best Practices aus anderen Industrien. Erfolgreiche Kassen werden intern ihre Einkaufskompetenz aufbauen und dabei auf Best Practices aus anderen Industrien zurückgreifen – nicht nur im Hinblick auf das Verhandeln von Preisen und Verträgen, sondern auch (und vor allem) auf den Aufbau von Produkt-Know-how. Denn die Standardisierung von Produkten und die damit einhergehende Fokussierung des Produktangebots, beispielsweise bei Rollstühlen, erweist sich oft als wirksamerer Ansatz zur Kostenoptimierung als eine reine Preissenkung. Zudem könnte ein Einkäufer mit hoher Produktkompetenz die Beschränkung der Produktspezifikationen auf das medizinisch Notwendige erreichen, beispielsweise bei orthopädischen Schuhen oder Hörgeräten. In letzter Konsequenz könnte ein Einkäufer auch gezielt mit Anbietern zusammenarbeiten, um das Produktdesign kostenorientierter zu gestalten.

Ein hoch entwickeltes Kostenmanagement auch im Bereich der sonstigen Leistungskosten wird zunehmend unverzichtbar. Kassen, die sich nicht rechtzeitig oder nur halbherzig darauf einstellen, laufen Gefahr, im Wettbewerb zurückzufallen. Denn unzulängliches Kostenmanagement rächt sich doppelt: Zum einen sorgen die Marktmechanismen dafür, dass Anbieter bei weniger gut aufgestellten Kassen höhere Preise durchzusetzen versuchen. Zum anderen werden bei einer GKV-weiten Senkung der durchschnittlichen sonstigen Leistungskosten entsprechend weniger Kosten über den RSA gedeckt.

Leistungsanbieter: Kosten senken und auf Marktkonsolidierung vorbereiten

Auch die Leistungsanbieter werden die Wirkungen eines stärker im Blickfeld der Kassen stehenden und intensiver »gemanagten« Markts sowie die Einflüsse der New Economy zu spüren bekommen. Voraussichtlich wird es zu einer Veränderung der Marktstruktur kommen – bis hin zur Existenzbedrohung für Anbieter, die sich nicht auf die neue Lage einstellen können. Je besser es gelingt, mit Kostensenkungen die zu erwartenden niedrigeren Preisniveaus vorwegzunehmen und das Angebot in Umfang und Service auf die »abnehmenden« Kassen zuzuschneiden, desto größer sind die Erfolgschancen.

Kosten nachhaltig senken und Anbieterkonsolidierung aktiv mitgestalten. Erfolgreiche Leistungsanbieter werden ihre Kosten nachhaltig senken und diese Reduzierungen im Preis weitergeben müssen. Sanitätshäuser beispielsweise müssen zum einen ihre internen Prozesse und die Lagerhaltung optimieren, aber auch ihre Einkaufskosten senken, um so gegenüber den Krankenkassen preisgünstig anbieten zu können. Ein regionaler bzw. bundesweiter Zusammenschluss von Anbietern ist dazu ein möglicher Weg. Wer hier früh eine bedeutende Marktstellung erreicht und diese nutzt, um bei den Prozessen oder im Einkauf Synergien zu erschließen und bundesweit bei allen Kassen anzubieten, wird zu den Gewinnern gehören. Für kleinere lokale Anbieter dürfte es dagegen zunehmend schwierig werden, eine Nische zu finden, denn die Kassen würden vor allem die margenstarken Hilfsmittel verstärkt von überregionalen oder internationalen Anbietern beziehen. Hier ist deshalb mittelfristig mit einer Konsolidierung der Anbieter zu rechnen.

Beschränkung auf das medizinisch Notwendige. Sonstige Leistungserbringer sollten sich stärker als bisher auf die medizinisch notwendigen Leistungen beschränken. Sobald Kassen die ihnen zur Verfügung stehenden Steuerungsoptionen zu preiswerten Anbietern verstärkt nutzen, werden diese Anbieter Wettbewerbsvorteile haben. Hilfsmittelanbieter beispielsweise werden zukünftig noch stärker darauf achten müssen, dass ihre Produkte das medizinisch Notwendige zu einem günstigen Preis leisten. Teure Zusatzfeatures, die im Sinne der Produktstandardisierung aus Sicht der Anbieter durchaus sinnvoll sein könnten, werden die Kassen nur noch bedingt – wenn überhaupt – zu bezahlen bereit sein.

Angebot von nützlichen Services für Kassen und Leistungsempfänger. Ein weiterer Ansatz ist das Angebot zusätzlicher Services, um sich so von anderen Anbietern zu differenzieren. Beispielsweise könnten Wartungsverträge zu Pauschalbeträgen angeboten werden, die für die Krankenkassen unter dem Strich eine Kostensenkung darstellen, gleichzeitig aber für den Anbieter zusätzlichen Umsatz generieren. Solche Services müssen allerdings für die Kassen relevant sein und von diesen bezahlt werden. Ein bereits praktiziertes Beispiel ist der Service der Medizintechnikanbieter bei Produkten wie Sauerstoffkonzentratoren.

In anderen Bereichen, wie beispielsweise bei Kuren und Reha, könnten Kliniken versuchen – neben einem bereits begonnenen Zusammenschluss zu regionalen oder bundesweiten Ketten –, ihre Bettenkapazitäten auch für andere Zwecke zu nutzen, beispielsweise für Konferenzen oder Urlaubs- und Erholungsreisen.

Die zu erwartenden tief greifenden Änderungen im Kostenmanagement der sonstigen Leistungskosten bedeuten eine Chance für das GKV-System – nicht nur in Form von Preissenkungen. Entgegen landläufiger Meinungen ist das stärkere Kostenmanagement nicht gleich bedeutend mit einem Qualitätsverlust. Die Erfahrungen der letzten Jahre im Gesundheitswesen wie auch in anderen Wirtschaftszweigen bestätigen diese Hypothese. Der Wettbewerb zwischen den Kassen wird nur denjenigen Kassen langfristig einen Wettbewerbsvorteil gewähren, die ein Kostenmanagement *im Sinne des Versicherten* betreiben: nicht Kostensenkung um jeden Preis, sondern nach wie vor eine bestmögliche Versorgung mit dem medizinisch Notwendigen.

Die Entwicklung von Führungskräften in den gesetzlichen Krankenkassen

Birgit König

»Kommando und Kontrolle« ist vielen noch heute ein geläufiges Führungsmodell. Dabei ist die Arbeitswelt in Europa in den vergangenen Jahrzehnten dynamischer und vielschichtiger geworden. Das »Kommando und Kontrolle«-Modell hat weit gehend ausgedient. Die Unternehmensführungen sind dadurch heute ungleich stärker gefordert. Zum einen müssen sie vermehrt hoch spekulative Entscheidungen treffen, zum anderen Verantwortung an Mitarbeiter delegieren. Dies muss in der Entwicklung des Führungspersonals berücksichtigt werden. Hierbei haben die gesetzlichen Krankenkassen noch erheblichen Nachholbedarf, da sie erst 1994 den Schritt in den Wettbewerb unternahmen und häufig noch stark in alten Strukturen verhaftet sind.

Krankenversicherungen im Zeitalter des Wettbewerbs

Mit dem Gesundheitsstrukturgesetz von 1994 begann für die gesetzlichen Krankenversicherungen (GKV) in Deutschland das Zeitalter des Wettbewerbs – das Ende des Behördendaseins war nach mehr oder weniger einem Jahrhundert eingeläutet. Nun galt es, sich neu zu positionieren, sich zu differenzieren gegenüber den alten Mitstreitern – und erstarrte Verwaltungen in moderne Unternehmen zu verwandeln.

Ganz neue Aufgaben mussten angepackt werden, von Marketing bis zum Controlling der Leistungsausgaben, von der Entwicklung von Service und Kundenfreundlichkeit bis hin zur Effizienz und zu individueller Kennzahlenverantwortlichkeit einzelner Mitarbeiter. Und das mit ausgesprochen zahlreichem, mehr oder weniger unkündbarem Personal, das bereits in der Vergangenheit Veränderungsprozessen recht kritisch gegenüberstand. So sorgte zu Beginn der achtziger Jahre die Computerisierung von Verwaltungsaufgaben für eine Vergrößerung des Personalstandes und nicht wie in den meisten anderen Branchen für sozialverträgliche Entlassungen.

Auch in den Führungsetagen geschah nach 1994 zunächst wenig, um der neuen Wettbewerbssituation Rechnung zu tragen. Die Fluktuation in den höheren Hierarchieebenen veränderte sich in den meisten Fällen unwesentlich. Und auch der Führungsstil blieb weit gehend derselbe.

Hieraus erwächst eine der bedeutendsten Aufgaben der gesetzlichen Krankenkassen heute: Die Ausbildung und Entwicklung von qualifiziertem Führungspersonal, das den Anforderungen des heutigen Arbeitsalltags gewachsen ist.

Wie hat sich »Führung« entwickelt?

In unserer (mitteleuropäischen) Geschichte war »Kommando und Kontrolle« über lange Zeit das herrschende Führungsmodell, sowohl in stark hierarchischen Organisationen wie dem Militär als auch in Behörden. Einen großen Teil unseres heutigen Gedankenguts zum Thema Führung haben wir aus diesem historischen Modell übernommen: Eine starke Führung an der Spitze beschrieb einerseits Arbeitsabläufe und geforderte Ergebnisse und kommunizierte sie an die Mitarbeiter, andererseits überprüfte sie die tatsächlichen Ergebnisse und zog bei unzureichender Leistung Konsequenzen. Dieser Führungsstil war in der damaligen Zeit aus 2 Gründen erfolgreich:

- Die Führung konnte voraussetzen, dass ihren Anweisungen strikt Folge geleistet wurde, da mangelnde Leistungsbereitschaft unmittelbare und existenzbedrohende Folgen für die Mitarbeiter hatte.
- Anweisungen strikt Folge zu leisten, war andererseits hinreichend für die erfolgreiche Bearbeitung einer Aufgabe. Darin lag die einzige Verantwortung des Mitarbeiters; er musste keine eigenen Überlegungen anstellen, da Entscheidungskriterien klar beschrieben waren und sich das Umfeld über längere Zeit nicht veränderte.

Von »Kommando und Kontrolle« zu moderner Führung

In den vergangenen 30–40 Jahren hat sich die Arbeitswelt in Mitteleuropa jedoch verändert: Sie ist schnelllebiger und komplexer geworden – und sozialer. Es ist heute fast nicht mehr möglich, Arbeitsprozesse und Entscheidungskriterien in jedem Detail zu beschreiben. Und es kann nicht mehr vorausgesetzt werden, dass Anordnungen strikt Folge geleistet wird. Was bedeutet das für Führung heute? Kann das »Kommando und Kontrolle«-Modell noch Erfolg haben?

Die Anforderungen an die Unternehmensführung sind erheblich gestiegen. Unternehmen müssen jetzt unter hoher Unsicherheit schnell strategische Entscheidungen treffen, die viele mögliche Szenarien optimal bedienen. Im Grunde »schließen sie Wetten auf die Zukunft ab«. Solche Entscheidungen lassen sich durch analytische Planungsprozesse nicht mehr vollständig vorbereiten. Sie erfordern vielmehr eine hohe Intuition und die Fähigkeit, unter extremer Unsicherheit leben zu können. Solche Entscheidungen sind zunehmend einsame Entscheidungen, weil es nur wenige Menschen gibt, die mit diesem Maß an Unsicherheit gut umgehen können: Starke Führung an der Spitze wird gebraucht, stärkere sogar als im »Kommando und Kontrolle«-Modell.

Die Schnelllebigkeit und Komplexität der Umwelt erfordert heute aber auch von allen anderen Mitarbeitern mehr Führungsfähigkeit. Die Anforderungen des Markts an Mitarbeiter und Prozesse verändern sich z. T. so rasch und in so vielen Dimensionen, dass selbst die erfahrenste und engagierteste Führungskraft nicht in allen diesen operativen Situationen selbst entscheiden – und schon gar nicht dafür Standardprozesse beschreiben kann. Mehr Delegation von Verantwortung insbesondere in marktnahen Bereichen ist notwendig. Mehr Verantwortung auf den Schultern der bisher vorwiegend nach Anweisung Arbeitenden ist die Konsequenz. Selbstverantwortung und Führungsfähigkeit wird anders als im »Kommando und Kontrolle«-Modell daher auf allen Ebenen des Unternehmens benötigt.

Starke Führung an der Spitze und Selbstverantwortung auf allen Ebenen allein sind aber nicht ausreichend. Sie müssen sich gegenseitig bedingen und aufeinander aufbauen, damit alle im Unternehmen am gleichen Strang ziehen. Die Arbeitsanweisung, die die einheitliche Ausrichtung des Unternehmens früher sicherstellte, spielt dabei nur eine untergeordnete Rolle: Die Abstimmung zwischen Unternehmensspitze und Mitarbeitern hat nämlich keinesfalls nur die »Von oben nach unten«-Dimension. Wenn ein Topmanager heute eine komplexe Entscheidung intuitiv treffen soll, muss er ein hervorragendes Gefühl für sein Unternehmen und dessen Position im Markt haben. Dieses Verständnis erwirbt er sich nur, wenn er für neue Erkenntnisse und Perspektiven aus dem Unternehmen offen ist. Er muss also den Informationsfluss von den Mitarbeitern zur Spitze fördern.

Aber auch die laterale Dimension der Abstimmung ist notwendig: Die Probleme verschiedener Geschäftsbereiche eines Unternehmens sind oft so eng miteinander verwoben, dass Entscheidungen gar nicht getroffen werden können, ohne vorher die Auswirkungen auf andere Bereiche zu prüfen. Eine solche Abstimmung in verschiedenen Dimensionen kann sich nicht primär auf strategische Planungsprozesse stützen, die meist zu langwierig und zu träge sind. Ständige Veränderung erfordert eine flexible, dynamische Form der Abstimmung. Sie erfordert eine Führungskraft, die ebenso Teammitglied wie Führer sein kann.

Anforderungen an den Führungsnachwuchs

Führung in einem modernen Unternehmen bedeutet damit:
- komplexere Entscheidungen früher in der eigenen Karriere zu treffen,
- mehr operative Verantwortung abzugeben,
- offen zu sein für neue Perspektiven aus dem Unternehmen.

Die einzelne Führungskraft stellt dies vor große Aufgaben: Sie soll bereits in jungen Jahren viel Verantwortung tragen und erfolgreich delegieren. Andererseits muss sie selbst auf dem Höhepunkt ihrer Karriere noch bereit sein, ständig dazuzulernen und ihren persönlichen Führungsstil zwischen autokratisch und konsensual je nach Situation zu variieren.

Damit eine Führungskraft diesem Anspruch gerecht werden kann, benötigt sie zusätzlich zu einem tiefen Verständnis ihres Geschäfts und dem notwendigen Fachwissen weitere Fähigkeiten:

Sie muss sich im *Selbstverständnis* als Führungskraft verstehen. Hierzu gehört das Verständnis eigener Stärken, Schwächen und Vorurteile ebenso wie das Bewusstsein über Werte und Vorbilder: Um in komplexen Situationen, die planerisch nicht mehr erfassbar sind, intuitiv richtig entscheiden zu können, muss eine Führungskraft die wenigen Datenpunkte oder Absichtserklärungen (etwa der Politik) interpretieren können. Damit dies nicht zu einer Fehleinschätzung führt, benötigt die Führungskraft die Einsicht in ihre eigenen »blinden Flecken« und Vorurteile. Für die eigentliche Entscheidung ist das genaue Verständnis der eigenen Werte und der Unternehmensvision notwendig. Innere Wertkonflikte führen sonst zu Entscheidungsunsicherheit und im schlimmsten Fall zu scheinbar willkürlichen Entscheidungen. Auch für die Entwicklung eines Repertoires an möglichen Führungsrollen ist eine treffsichere Selbsteinschätzung notwendig: Der eigene Führungsstil wird unbewusst maßgeblich von häufig zufällig gefundenen Führungsvorbildern und ggf. überhöhten Erwartungen der Mitarbeiter bestimmt. Nur wer sich diese bewusst macht, kann frei an seinem Führungsstil arbeiten und ihn an die gegebene Situation anpassen.

Die *Kenntnis der Führungswerkzeuge* befähigt die Führungskraft, schon in jungen Jahren Verantwortung zu tragen – ohne eine langjährige Erfahrung, auf die sie Entscheidungen gründen könnte. An die Stelle der empirischen Ableitung von Lösungsansätzen tritt dann die strukturierte Problemlösung. An die Stelle der intuitiven, auf Erfahrung beruhenden Konfliktlösung dann die Fähigkeit, systematisch Konfliktherde zu identifizieren und auszuräumen. Aber Führungswerkzeuge umfassen natürlich nicht nur Problemlösung und Konfliktbereinigung. Um Mitarbeiter führen zu können, muss man verstehen, was (und wie) sie denken.

Die schwierigste Führungsaufgabe überhaupt ist, das Verhalten einer großen Anzahl von Mitarbeitern zu ändern. Verhaftet im historischen Modell von »Kommando und Kontrolle«, haben heute jedoch noch nicht alle Führungskräfte ein ausreichend tiefes Verständnis ihrer Mitarbeiter entwickelt, um Verhaltensänderungen wirksam steuern zu können. Sie weichen daher auf »technische Lösungen« aus und entwerfen Aufgabenbeschreibungen oder verteilen Anweisungen, wie ein Prozess in Zukunft zu handhaben ist. Die geringe und schleppende Umsetzung einer solchermaßen kommunizierten Veränderungsidee ist hinreichend bekannt. Um Mitarbeiter führen zu können, muss die Führungskraft also zusätzlich die Klaviatur der Visionsbildung und damit die Mitarbeitermobilisierung beherrschen.

Die *Kenntnis verschiedener Bereiche innerhalb und außerhalb des Unternehmens* ermöglicht es, eine aus verschiedenen Perspektiven optimale Entscheidung zu treffen. Früher war das kein Problem: Größere Entscheidungen wurden einer Führungskraft erst dann abverlangt, wenn sie im Laufe einer mindestens 15-jährigen Karriere im Unternehmen verschiedene Bereiche kennen gelernt hatte. Heute ist das anders. Eine Führungskraft muss viel früher mehr Verantwortung tragen, zu einem Zeitpunkt, zu dem sie nach regulärem Karriereverlauf nicht mehr als vielleicht 2, höchstens 3 inhaltlich sehr ähnliche Positionen innehatte. Sie muss also diesen Wissensnachteil ausgleichen – über Projektarbeit in bereichsübergreifenden Teams oder durch Traineeprogramme und Hospitationen, um systematisch mit den nötigen verschiedenen Perspektiven vertraut zu werden.

Der *Mut, etwas zu verändern,* war im »Kommando und Kontrolle«-Modell der Führung nur für die Unternehmensspitze von entscheidender Bedeutung. Alle anderen hatten klare Anweisungen und mussten eher bewahren als verändern. Auch das hat sich heute gewandelt. Mehr Entscheidungen zu treffen und mehr Verantwortung abzugeben, fordert Mut: den Mut, Abläufe zu ändern, neu zu entscheiden und dafür einzustehen. Dieser Mut ist ein Produkt von Erfahrung im Unternehmen und Selbstbewusstsein als Person. Beide Faktoren wachsen mit der Zahl der Situationen, in denen man sich beweisen konnte; beide kann daher eine junge Führungskraft nur in begrenztem Maße besitzen. Wenn Verantwortung bei einer breiten Basis von Mitarbeitern gefordert wird, muss ihnen daher ein Umfeld geboten werden, das ihnen hilft, diesen Mut zu entwickeln. Das ihnen Sicherheit gibt, sie bei schwierigen Entscheidungen stützt und ihnen hilft, schneller als bislang üblich in die Rolle der Führungskraft hineinzuwachsen.

Führungsfähigkeit auf hohem Niveau, die alle oben beschriebenen Elemente umfasst, wird in einem lebenslangen Prozess erworben. Unternehmen können diesen Prozess jedoch erheblich beschleunigen, wenn sie ihren Führungskräften maßgeschneiderte Entwicklungsprogramme anbieten.

Wie lässt sich Führungsfähigkeit entwickeln?

Führungsfähigkeit umfasst heute mehr als nur Fachkompetenz. Die (angehende) Führungskraft muss daher die Gelegenheit bekommen, sich die zusätzlich notwendigen Fähigkeiten wirksam und effizient anzueignen. Ein umfassendes Förderungsprogramm muss dabei zwingend alle Dimensionen der Entwicklung ansprechen. Trainings allein oder nur Hospitationen und Nachfolgeplanung verfehlen das Ziel.

Ein ausgewogenes Entwicklungsprogramm für Führungskräfte umfasst entsprechend den im vorigen Abschnitt erläuterten Anforderungen 4 Dimensionen:
- Entwicklung des Selbstverständnisses der Führungskraft,
- Erlernen praktischer Führungswerkzeuge,
- wirksame Strukturen der Führungskräfteentwicklung,
- entwicklungsfördernde emotionale Umgebung der Führungskraft.

Entwicklung des Selbstverständnisses

Anerkannte und erfolgreiche Führungskräfte zeichnen sich durch ein gutes Verständnis ihrer selbst aus: ihrer Stärken und Schwächen, ihrer Ziele und damit ihres persönlichen Entwicklungsbedarfs.

Dieses Verständnis zu entwickeln, ist ein lebenslanger Prozess. Jeder Mensch ist täglich zahlreichen Eindrücken ausgesetzt, die er zur Entwicklung seiner Führungsfähigkeit nutzen könnte. Mangelnde Zeit und Übung, über Erlebtes zu reflektieren, lassen jedoch viele dieser Chancen ungenutzt verstreichen. So braucht es häufig Jahrzehnte, bis aus dem Jungmanager eine Führungspersönlichkeit wird, bis er wie »ein Fels in der Brandung« den Mitarbeitern durch seine Ruhe und die Umsicht seiner Entscheidungen Sicherheit vermittelt. Bis dahin zeigen sich aber die bekannten Defizite in der Führungsfähigkeit: Mangelnde Einbindung von Mitarbeitern in Entscheidungsprozesse, Emotionalität in der Auseinandersetzung mit Geschäftsproblemen, fehlender Mut zu unpopulären Veränderungen und Probleme beim Umgang mit eigenen Fehlern. Ohne Hilfe lassen sich diese Defizite nur schwer beheben. Da das Selbstbild vieler Führungskräfte oft weit von der Realität entfernt ist, arbeiten sie nicht an ihren Schwächen. Sie setzen vielmehr immer wieder die wenigen von ihnen präferierten Führungselemente ein und üben damit die Verhaltensweisen, die sie ohnehin beherrschen.

Nur wer sich selbst versteht und mit seinen Zielen und Vorbildern im Einklang lebt, kann gut führen. Und nur wer sich selbst mit seinen Fehlern objektiv betrachtet und realistisch einschätzt, kann seinen Entwicklungsbedarf erkennen und Führungsfähigkeit systematisch lernen.

- Die Auseinandersetzung mit sich selbst beantwortet die Frage »Wo stehe ich heute in meiner Entwicklung als Führungskraft?« Sie führt zu der Fähigkeit, sich selbst in seinen Entscheidungen und seinen Interaktionen mit anderen objektiv zu betrachten. Erst dann wird es möglich, den persönlichen Entwicklungsbedarf systematisch zu erkennen und aus Erfahrungen zu lernen.
- Die Auseinandersetzung mit den eigenen Zielen und Werten und die Formulierung einer persönlichen Vision beantwortet die Frage »Wo will ich hin?«: Authentisch und glaubhaft kann eine Führungskraft nur sein, wenn sie ihre persönlichen Ziele und Werte in denen des Unternehmens reflektiert sieht und dann in ihren Handlungen diesen Zielen folgen kann.
- Die Auseinandersetzung mit verschiedenen Führungsstilen beantwortet die Frage »Wie muss ich mich als Führungskraft entwickeln, um meine Ziele zu erreichen?« Voraussetzung ist hier, sich von z. T. überkommenen Vorbildern lösen und von unerfüllbaren Erwartungen trennen zu können. Am Ende erwächst daraus ein Führungsstil, der auf die individuellen Stärken und Schwächen des Einzelnen zugeschnitten ist.

Für alle Aspekte sollten einer angehenden Führungskraft im Unternehmen Einzelcoachings oder auch Workshops angeboten werden, die die Selbstreflexion erleichtern und die Persönlichkeitsentwicklung erheblich beschleunigen können.

Erlernen von Führungsinstrumenten

Auch wenn mit der Selbsterkenntnis eine hervorragende Basis für Führungsfähigkeit gelegt ist, fehlt doch noch der »Werkzeugkasten« mit den Führungsinstrumenten. Während es bei einem Sachbearbeiter gewöhnlich genügt, erlerntes Wissen sorgfältig anzuwenden, muss der Teamleiter Wissen bereits selbst generieren. Beispiele hierfür sind: »Soll-Ist-Abweichungen auf ihre Ursachen hin untersuchen«, »neue Lösungsansätze zur Behebung der Abweichung entwickeln« und »Lösungsansätze in operative Maßnahmen übersetzen«. Für höhere Führungskräfte genügt es nicht mehr, nur selbst Wissen zu generieren – sie müssen Mitarbeiter dazu anleiten, ebenfalls Wissen zu generieren. Die Aufgaben könnten lauten: »Mitarbeiter mit neuen Perspektiven der Situation bei der Problemanalyse unterstützen«, »bei Mitarbeitern Mut zu kreativem Denken erzeugen«, »eine innere Verpflichtung für die Maßnahmenimplementierung bei Mitarbeitern erzeugen«.

Viele Unternehmen setzen bereits interne und externe Schulungen für angehende Führungskräfte ein, um sie auf ihre Aufgaben vorzubereiten – z. T. auf freiwilliger Basis, z. T. als obligatorische Komponente der Personalentwicklung. Dennoch ist das Ergebnis dieser Schulungen aus Sicht der Unternehmen oft unbefriedigend und nicht geeignet, den Anforderungen des Arbeitsalltags einer Führungskraft zu genügen. Wichtige Inhalte fehlen und die Übertragung in den Arbeitsalltag fällt schwer:

- Meist fehlen in den Trainings gerade die Inhalte, die schwierig zu fassen sind und die am ehesten gezielte Hilfestellung erfordern. In den letzten Jahren wurde der Themenkatalog bei vielen Unternehmen zwar schon erweitert und die Seminare zu offensichtlich erlernbaren Fähigkeiten wie strukturierte Problemlösung oder Gesprächsführung hat man um Kreativitäts- und Zeitmanagementmodule ergänzt. Dennoch ist ein Großteil dessen, was Führungsfähigkeit ausmacht, nach wie vor von einer Aura der Unerlernbarkeit umgeben und bleibt als »nicht vermittelbares Charisma« im Lehrplan unberücksichtigt.
- Die Übertragung der Trainingsinhalte in den Arbeitsalltag scheitert häufig an der Praxisferne: Die Führungskraft ist mit der Übertragung eines theoretischen, allgemein gültigen Inhalts auf ihren speziellen Arbeitsalltag schlicht überfordert. Dies liegt vor allem an der unterschiedlichen Ausgangsposition von Trainern (extern oder aus der internen Personalentwicklung) und Trainierten (z. B. Linienmanagern). *Externe* Trainer gestalten ihre Programme überwiegend so, dass sie für eine breit gefächerte Klientel einsetzbar sind. Die Inhalte sind damit nicht notwendigerweise auf die speziellen Bedürfnisse eines einzelnen Unternehmens, schon gar nicht der einzelnen Führungskraft zugeschnitten. *Interne* Trainer aus der Personalentwicklung haben nicht die personellen Mittel, ein Programm auf die geforderte Situation hin maßzuschneidern oder gar ein Einzelcoaching anzubieten. Manchmal fehlt zudem auch noch die Bereitschaft, einer vielleicht hochrangigen Führungskraft offenes Feedback zu geben und damit effektives Lernen erst zu ermöglichen.

Um durch Trainings die Führungsfähigkeit nachhaltig zu verbessern, müssen beide Aspekte berücksichtigt werden: Inhalt und Übertragung auf den Arbeitsalltag. Auf der inhaltlichen Seite sollten zusätzlich zu den Führungsfähigkeiten der Teamleiterebene (»Projektmanagement«) auch die der höheren Führungskräfte (»Anleitung zur Problemlösung«, »Mitarbeitermobilisierung«) gelehrt werden. Damit die Schulungsteilnehmer die Inhalte bereits während der Schulung auf ihre ganz persönliche Situation anwenden können, sollten daher bei wichtigen Trainings folgende Voraussetzungen gegeben sein:

- gemeinsame Entwicklung des Trainings mit Linienmanagern des Unternehmens unter Berücksichtigung aller relevanten Inhalte, idealerweise auch mit Linienmanagern als Lehrkörper neben den professionellen Trainern;
- Auswahl von Übungsbeispielen durch die Teilnehmer aus ihrem unmittelbaren Arbeitsalltag und am Ende des Seminars Erarbeitung von Aktionsplänen zur Implementierung des Gelernten;
- Regelmäßige Anpassung und Weiterentwicklung des Trainings an sich verändernde Anforderungen;
- viel Zeit für den inhaltlichen Austausch und für die praktische Arbeit sowie offenes Feedback zwischen den Teilnehmern.

Strukturen der Führungskräfteentwicklung

Zu den wichtigsten Kenntnissen einer Führungskraft gehört das tiefe Verständnis dessen, was Erfolg im eigenen Unternehmen ausmacht, wie das eigene Unternehmen im Wettbewerb positioniert ist und welche externen Entwicklungen das Unternehmen in der Zukunft beeinflussen werden. Diese neutrale Gesamtsicht zu erlangen, ist für die einzelne Führungskraft nicht einfach, da sie zu sehr vom Tagesgeschäft eingenommen ist. Daher ist gelegentlich zu beobachten, dass Führungskräfte viel Energie darauf verwenden, ein veraltetes System zu bewahren. Sie berauben sich dabei aber ihrer Chance auf eine erfolgreiche Zukunft. Behindert von ihren vielen (Vor-)Urteilen, was Erfolg in ihrem Geschäft bedeutet, übersehen sie die Signale von Mitarbeitern, Kunden und der Öffentlichkeit, die auf veränderten Wettbewerb hindeuten. Aus der gleichen »Betriebsblindheit« heraus bemerken sie auch Ineffizienzen in den eigenen Prozessen nicht rechtzeitig.

Wer als Führungskraft zum richtigen Zeitpunkt (re)agieren will, muss »Selbstverständlichkeiten« überprüfen, darf nichts hinnehmen, sondern muss immer wieder fragen »Warum ist das so? Was wären andere Erklärungen?« Eine solche Haltung kann sich über 2 Karrierewege besonders gut entwickeln: Erstens über eine Laufbahn mit direkter Erfahrung in zahlreichen Unternehmensbereichen und Mitarbeit an bereichsübergreifenden Strategien, und zweitens über den Quereinstieg aus einem anderen Unternehmen. Während im ersten Fall verschiedene Perspektiven vermittelt wurden und dann auf Abruf bereitstehen, hilft im zweiten Fall die geringere Verbundenheit mit dem Unternehmen, eine neutrale Fragehaltung einzunehmen.

Das Sammeln verschiedener Erfahrungen lässt sich systematisch fördern, etwa mit Hilfe von Jobrotationen, Traineeprogrammen und der Bildung von bereichsübergreifenden Teams.

Emotionale Umgebung der Führungskraft

Führen lernen heißt ausprobieren, Fehler machen, über Fehler sprechen, Einsichten gewinnen und einen neuen Weg versuchen. Fachkenntnisse, ein gutes Selbstverständnis, ein Werkzeugkasten mit Führungsfähigkeiten sowie Strukturen, die Erfahrungen fördern, sind eine große Hilfe in diesem Lernprozess. Fehler wird aber dennoch jeder machen, der Führungsfähigkeit gewinnen möchte. Eine Umgebung zu schaffen, die Fehler als notwendigen Bestandteil des Lernens behandelt und damit der angehenden Führungskraft Sicherheit gibt, ist deshalb ein wesentlicher Teil eines Entwicklungsprogramms.

Wo eine solche Umgebung nicht hinreichend gegeben ist, finden sich Misstrauen gegenüber Maßnahmen zur Personalentwicklung, Einzelkämpfertum unter den Nachwuchskräften und eine geringe Bereitschaft, den »sicheren, ausgetretenen Pfad« zu Gunsten von neuen Erfahrungen zu verlassen. Sichtbar wird dies an der z. T. geringen Nachfrage von Assessment-Centern, mangelnder Feedback- und Coaching-Kultur unter den Nachwuchskräften und dem Zögern vieler

Mitarbeiter, bereits auf der Sachbearbeiterstufe mehr Verantwortung zu übernehmen.

Verschiedene Maßnahmen können helfen, die innerbetriebliche Entwicklung der Führungskräfte voranzubringen: Die Unternehmen könnten den angehenden Führungskräften Mentoren zur Seite stellen, ihre Nachwuchskräfte in »Klassenverbänden« fördern oder in natürliche Gruppen zusammenfassen. Alle 3 Methoden sollen der Nachwuchskraft ein Forum geben, in dem sie vertraulich ihre Probleme und ihre Fehler besprechen kann, ohne mit Repressalien rechnen zu müssen.

Wie wird aus dem Konzept ein Gesamtprogramm?

Für den Aufbau eines nachhaltig wirksamen Gesamtprogramms zur Führungskräfteentwicklung – im Gegensatz zu einem Flickwerk von Einzelmaßnahmen – müssen die Fragen nach Teilnehmern, Inhalten und institutioneller Verankerung geklärt werden.

Die *Auswahl der Teilnehmer* bestimmt maßgeblich den Erfolg des Programms. Vom Führungskräftenachwuchs wird früh verlangt, Verantwortung zu tragen, auch für größere Entscheidungen. Die »richtigen« Kandidaten können damit wesentlich zur Ergebnisverbesserung des Unternehmens beitragen, die »falschen« nicht einschätzbare Risiken darstellen. Die Gefahr einer Fehlauswahl ist damit vergleichsweise groß. Häufig zu groß, um eine Stabsstelle damit zu betrauen. Die Auswahl des Führungskräftenachwuchses ebenso wie die Entscheidung über den Verbleib des Einzelnen im Programm dürfen die budgetverantwortlichen Manager nicht delegieren.

Die zweite große Aufgabe beim Programmdesign liegt in der *Auswahl der Programmmodule*: Während für Mitarbeiter ohne Führungsaufgaben ein standardisiertes Programm ausreichen mag, ist dies für höhere Führungskräfte ganz sicher nicht der Fall. Die Anforderungen unterscheiden sich hier von Position zu Position, und selbst wenn die Anforderungen sich gleichen, gibt es individuell unterschiedliche Wege, wie sich eine Führungskraft die notwendigen Fähigkeiten am besten aneignen kann. Hier wird also ein für jede einzelne Führungskraft spezifisch zusammengestellter Entwicklungsplan benötigt.

Die dritte und zugleich größte Aufgabe ist die *institutionelle Verankerung* der Führungskräfteentwicklung. Die Entwicklung von Mitarbeitern ohne Führungsaufgaben kann eine Stabsstelle verantwortlich übernehmen, die Entwicklung von Führungskräften nicht. Nur budgetverantwortliche Manager können in letzter Instanz entscheiden, ob ein Kandidat das Potential zur Führungskraft hat, wie er sich entwickelt und wann er die erste wichtige Führungsposition einnehmen kann. Die Entwicklung von Führungskräften ist eine Aufgabe des Topmanagements.

Nur wenige Unternehmen – insbesondere solche, die schon seit langer Zeit im Wettbewerb stehen – haben die herausragende Bedeutung von Führungsfähigkeiten in vollem Umfang erkannt und handeln entsprechend. Gesetzliche Krankenversicherungen gehören nur selten zu diesen Unternehmen. Zwar haben sie

Programme zur Mitarbeiterförderung; die speziellen Bedürfnisse gehobener Führungskräfte werden darin jedoch oft nicht hinreichend angesprochen.

Hervorragende Führungsfähigkeit in den oberen 2–3 Managementebenen hat entscheidenden Einfluss auf die Position im Wettbewerb. Schon jetzt zeigt sich beispielsweise, wie sehr der Erfolg im Kostenmanagement von der Führungsfähigkeit der Mitarbeiter abhängt. Weder ein noch so ausgeklügeltes Konzept noch umfassende Softwareprogramme können Qualitätsmängel in der Führung ausgleichen.

Die Entwicklung von eigenem qualifizierten Führungspersonal gehört daher zu den wichtigsten Zukunftsaufgaben der gesetzlichen Krankenversicherungen in Deutschland. Sie gehört auf die Agenda des Topmanagements.

Die privaten Krankenversicherungen in Deutschland – Trends und Herausforderungen

Martin C. Huber und Jochen Messemer

Über Jahre hinweg war die private Krankenversicherung (PKV) in Deutschland ein profitables und stabiles Geschäft. Dies gilt auch für die Aktiengesellschaften, die im Zusatz- wie auch im Vollversicherungsgeschäft Kapitalrenditen vergleichbar guter Leben- oder Kompositversicherer ausweisen konnten.

Seit 2–3 Jahren ziehen über dieser Insel der Glückseligen dunkle Wolken auf. Die Kostenposition hat sich dramatisch verschlechtert. Das Feld der PKVen teilt sich immer stärker in die etablierten Bestandsversicherungen und die aggressiven Neugründungen auf – insbesondere im Zusatzgeschäft. Viele kleine Unternehmen suchen nach Partnern; Fusionen und eine Konsolidierung ist vonnöten, sie ist aber in dem von VVaGs geprägten Markt sehr schwierig zu realisieren. Darüber hinaus ist die weitere Entwicklung der gesetzlichen Krankenversicherung (GKV) – immer noch eine Hauptdeterminante für die Wettbewerbsmöglichkeiten der PKV-Unternehmen – unsicher.

Der deutsche PKV-Markt: auf den ersten Blick ein friedliches Bild

Im europäischen Vergleich zählt der deutsche Markt zu den attraktiveren Märkten für PKVen: Während sie in vielen Ländern Europas weit gehend auf Zusatzversicherungsprodukte bzw. die Absicherung von Zuzahlungen beschränkt sind, werden in Deutschland (und in wenigen anderen Ländern) sowohl Zusatz- als auch Vollversicherungsprodukte angeboten. Allerdings spielen die PKVen in Deutschland noch keine so bedeutende Rolle wie etwa in den Niederlanden oder vor allem in der Schweiz. Dort ist nicht nur der Anteil der PKVen am Gesundheitsmarkt (in Prozent der Leistungsausgabenerstattung) mit 30 bzw. 49% am höchsten, sondern auch das Produktangebot deutlich umfassender.

In Deutschland tragen die PKVen nur 9% der Gesundheitsausgaben und erreichen zurzeit (inklusive Zusatzversicherung) gerade einmal 23% der Versicherten; im Vollversicherungsmarkt sogar nur 11%. Gemessen an den Beitragseinnahmen ist die Vollversicherung mit 63% (1998) Hauptumsatzträger für die PKVen.

Das jährliche Wachstum der Beitragseinnahmen im PKV-Markt betrug über die vergangenen 10 Jahre (1989–1998) immer noch stattliche 10% – und selbst nach Bereinigung um die Sondereffekte (starker Anstieg des Neugeschäfts in den neuen Bundesländern nach der Wiedervereinigung und Einführung der Pflegeversicherung) verbleibt ein Wachstum von 5%.

Gleichzeitig erzielten die PKV-Unternehmen durchweg positive Ergebnisbeiträge; der Rohüberschuss (im Vergleich zu den Beitragseinnahmen) erreichte bei fast allen zweistellige Werte. Die nahe liegende Vermutung, große und kleine PKV-Unternehmen müssten – auf Grund von »economies of scale« – deutliche Unterschiede zeigen, bestätigt sich in dieser vereinfachten Analyse nicht. Darüber hinaus ist der PKV-Markt immer noch sehr friedlich – Investmentbanker würden sagen: geradezu langweilig. Übernahmen sind die Ausnahme. Während die Konzentration im Lebensversicherungsgeschäft (gemessen am Anteil der Top-10-Unternehmen an den gebuchten Bruttobeiträgen im Gesamtmarkt) in den letzten 20 Jahren von 47 auf 59% anstieg, scheint der Kuchen des PKV-Markts bereits verteilt. Die Top-10-Unternehmen im Krankenversicherungsmarkt verfügen seit einigen Jahren über ca. 75%, wobei aber immer noch eine Vielzahl kleiner und kleinster Unternehmen am Markt auftritt. Lediglich die Fusion der Signal/Iduna bzw. der Bayerischen Beamtenkrankenkasse mit der Union hat die Rangliste der Top-10-PKV-Unternehmen in den letzten Jahren verändert.

Auf den zweiten Blick: bedrohliche Trends bei den PKV-Unternehmen

Die auf den ersten Blick günstige und ausgeglichene Marktlage sollte aber nicht darüber hinwegtäuschen, dass die PKV-Unternehmen vor existenzbedrohenden Problemen stehen. Das zeigt eine weiter gehende Analyse.

Das Kernproblem stellen die Leistungsausgaben dar: Die Ausgaben der GKV sind in den Jahren 1988–1997 um 40% angestiegen, die Kosten der PKV dagegen um 67%. Die Hauptursache ist der so genannte »Roll-over-Effekt«: Der anhaltende Druck der GKV auf die Leistungserbringer hat dazu geführt, dass diese versuchen, Umsatz- bzw. Verdienstverluste in der GKV in ihrem Geschäft mit den PKV-Unternehmen zu kompensieren. Da das Leistungs- bzw. Gesundheitsmanagement bei den PKV-Unternehmen in der Regel deutlich geringer entwickelt ist, trifft diese Kostenüberwälzung auf vergleichsweise wenig Widerstand.

Die deutliche Kostenerhöhung spiegelt sich auch in den steigenden Prämien wider und relativiert das oben beschriebene Wachstum der PKV-Unternehmen – zumindest für die Vollversicherung. Tatsächlich resultiert das durchschnittliche Marktwachstum für die Vollversicherung von 5,4% (1994–1998) zu 82% aus Beitragsanpassungen und nur zu 18% aus echtem Mengenwachstum (dies auch bedingt durch die Anhebung der Beitragsbemessungsgrenzen) – dies entspricht einem bereinigten Marktwachstum von nur 1%.

Betrachtet man zusätzlich die Ergebnisentwicklung des PKV-Markts, so wird deutlich, dass seit 1994 die Leistungsausgaben in Prozent der erzielten Bruttobeitragseinnahmen (BBE) deutlich ansteigen. So lagen die Versicherungsleistungen (inklusive der Veränderung der Altersrückstellungen und sonstigen Versicherungsleistungen inklusive der erfolgsunabhängigen BRE) 1994 nach jahrelangem Rückgang auf einem Tiefpunkt von 87,2% der BBE; 1998 lagen sie wieder bei 94,5%. Zwar sind die Bruttobeitragseinnahmen nicht die ideale Bezugsgröße, da sie unterschiedliche Beitragssatzstrategien und Wachstumsentwicklungen nicht abbilden, doch erklären sie hinreichend, dass diese Entwicklung die Hauptursache für das rückläufige ordentliche Ergebnis ist. Es konnte auch durch ein stark verbessertes Ergebnis im Asset-Management nicht aufgefangen werden. Betrug das ordentliche Ergebnis 1996 noch 3,0% der BBE; so ist es mittlerweile auf 2,5% gesunken.

Die Versicherungsleistungen und das Kapitalanlageergebnis sind die Hauptdeterminanten für den Erfolg im Bestandsgeschäft. Untersucht man nun anhand dieser Parameter die Ergebnisse der wichtigsten PKV-Unternehmen, so bestätigt sich zunächst die Tatsache, dass vor allem Versicherungen mit einem alten Versicherungsbestand überproportionale Versicherungsleistungen haben (inklusive der Veränderung der Altersrückstellungen und sonstigen Versicherungsleistungen inklusive der erfolgsunabhängigen BRE). So haben fast alle etablierten Krankenversicherungen mit einem alten Versichertenbestand deutlich höhere Versicherungsleistungen als der Markt. Fast genau umgekehrt verhält es sich mit dem Erfolg im Kapitalanlageergebnis: hier sind es die großen (Konzern-)Gesellschaften (z.B. DBV-Winterthur, DKV) die überdurchschnittliche (Buch-)Kapitalanlagerenditen ausweisen können. Allerdings gibt es auch eine Reihe von etablierten Unternehmen, die die durch die Größe gegebenen Möglichkeiten im Asset-Management noch nicht ausnutzen und sowohl höhere Leistungsausgaben ausweisen als auch ein geringes Anlageergebnis erzielen (Abb. 1).

Wenn man nun noch bei ausgewählten Gesellschaften die einzelnen Ergebnisparameter analysiert, wird die ganze Dramatik der Entwicklung deutlich. An einem Beispiel können der große Umschwung im Leistungsergebnis und seine Auswirkung auf die Marktrendite verdeutlicht werden: Das ordentliche Ergebnis dieser Gesellschaft (als Mittel der vergangenen 4 Jahre) betrug vor Steuer 3,0%

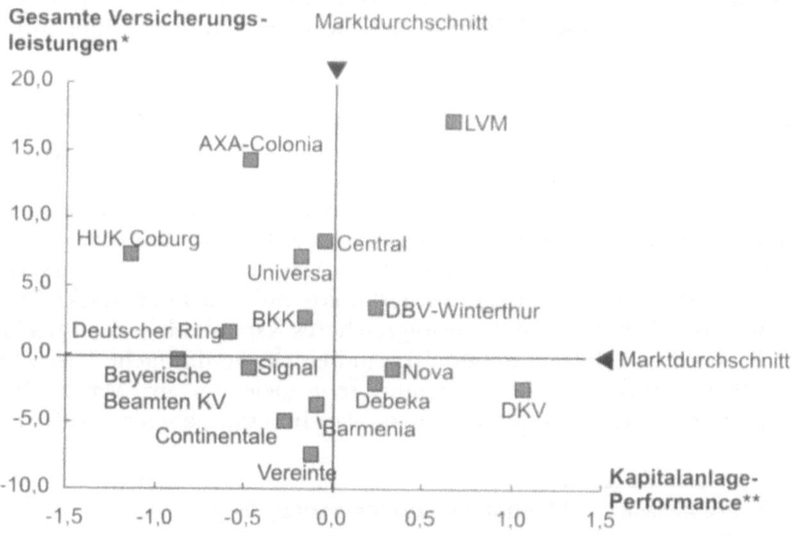

* Abweichung Aufwendungen für Versicherungsfälle brutto + Aufwendungen für erfolgsunabhängige Beitragsrückerstattungen + Veränderungen der Altersrückstellungen brutto + Veränderungen übrige versicherungstechnische Rückstellungen brutto + Saldo so. versicherungstechnische Aufwendungen und Erträge in Prozent verdiente Bruttobeiträge inkl. Einmalbeiträge aus der Rückstellung für Beitragsrückerstattungen

** Abweichungen in Prozentpunkten mittlerer Bestand Kapitalanlagen

Abb. 1. Position der Unternehmen im Vergleich zum Markt (Durchschnittswerte 1995–1998)

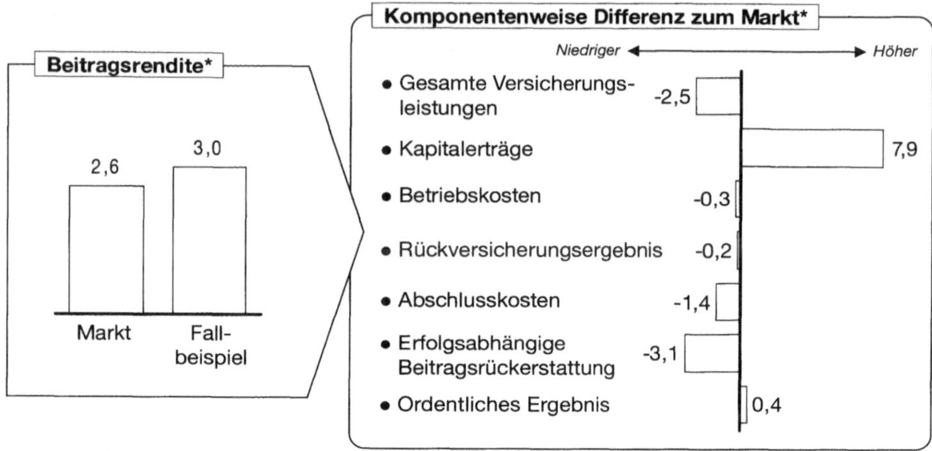

Abb. 2. Ergebniskomponenten im Vergleich zum Markt, Durchschnitt 1995–1998 (in Prozent verdiente Bruttobeiträge)

der BBE, also etwas besser als der Durchschnitt des Marktes von 2,6%. Dieser geringe Vorteil resultiert jedoch aus deutlich größeren Unterschieden in den einzelnen Ergebnisstellhebeln, die einander allerdings wechselseitig aufheben: Das Kapitalanlageergebnis liegt bei dieser Versicherung um 7,9 Prozentpunkte höher als der Marktdurchschnitt; dieser Vorsprung wurde jedoch fast aufgezehrt von den um 2,5 Prozentpunkte höheren Versicherungsleistungen, einer um 3,1 Prozentpunkte höheren erfolgsabhängigen RfB und einem deutlich höheren Vertriebsaufwand (Abb. 2).

Wie herausfordernd die Lage für die etablierten Spieler ist, zeigt sich allerdings erst dann, wenn man die *Entwicklung* dieser Parameter über den Betrachtungszeitraum analysiert. Im Jahr 1995 bewegt sich die untersuchte Gesellschaft hinsichtlich der Versicherungsleistungen (inklusive der Veränderung der Altersrückstellungen und sonstigen Versicherungsleistungen inklusive der erfolgsunabhängigen BRE) noch weit gehend im Marktdurchschnitt; 1998 lagen die Versicherungsleistungen um 5,3 Prozentpunkte höher als der Markt. Diese Entwicklung ließ sich nur durch ein erfolgreicheres Kapitalanlageergebnis kompensieren: Es wurde im Betrachtungszeitraum beinahe verdreifacht. Diese Entwicklung ist kein Einzelfall. Vielmehr sind sehr viele der im Markt führenden Gesellschaften von dieser Entwicklung der Leistungsausgaben betroffen.

Operative Antworten: Maßnahmen zur Steigerung der Profitabilität

Mit einer Vielzahl von Ansätzen kann das Ergebnis einer privaten Krankenversicherung verbessert werden – teilweise sogar in kurzer Zeit. Welches Verbesserungspotential solche Ansätze bieten, zeigt eine Simulation der Ergebniswirkung an einem konkreten Tarif.

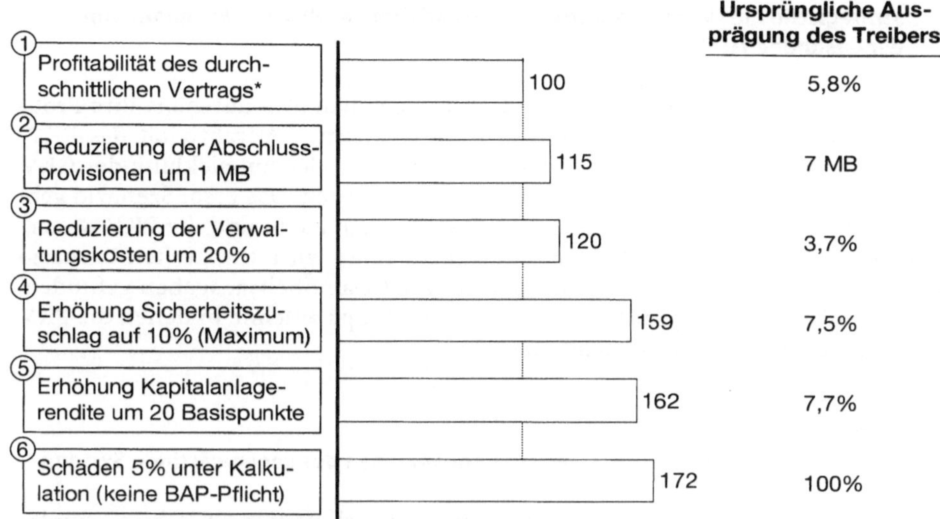

Abb. 3. Profitabilitätstreiber einer privaten Vollversicherung (Barwert der Cashflows über die Lebensdauer des Versicherten in Prozent erster Jahresbeiträge, Index 100; *MB* Monatsbeitrag)

Der Simulation liegt ein Tarif für einen 30-jährigen Mann mit durchschnittlicher Lebenserwartung zu Grunde. Im »Basisfall« wird dieser Tarif eine Profitabilität von 5,8% erzielen[1]. Wir indizieren diesen Profitabilitätswert auf 100 und verändern folgende Hebel zur Ergebnisverbesserung: Die Abschlussprovision (zurzeit durchschnittlich etwa 7 Monatsbeiträge über alle Vertriebswege), die Verwaltungskosten (ca. 3,7% der Bruttobeiträge), den Sicherheitszuschlag (ca. 7,5% der Nettobeiträge, zusätzlich zu den individuellen Risikozuschlägen), die Kapitalanlagerendite (7,7% des im mittleren Bestand angelegten Kapitals) sowie die Leistungsausgaben im Vergleich zur risikogerechten Kalkulation (Abb. 3).

Setzt man einen ähnlichen Aufwand für die Umsetzung der Verbesserungsmaßnahmen voraus[2], ergeben sich für die verschiedenen Verbesserungsmaßnahmen folgende Ergebnisauswirkungen:

Die wirksamsten Mittel, um die Profitabilität zu verbessern, sind eine dauerhafte Senkung der Leistungsausgaben um 5%, ohne dass daraus eine Pflicht zur Beitragsanpassung erwächst, und die Verbesserung des Kapitalanlageergebnisses. Wie PKV-Unternehmen dabei im Einzelnen vorgehen können, wird in den weiteren Beiträgen dieses Buchs erläutert.

---

[1] Durchschnittlicher NPV der zukünftigen Free Cash Flows von 5,8% des Jahresbeitrags.

[2] Wie schwierig die Umsetzung bestimmter Maßnahmen ist, hängt ohne Zweifel von der Ausgangssituation der einzelnen Versicherung ab. Ein Indiz für die Umsetzungsmöglichkeit ist der skizzierte Basisfall. Unternehmen, die in den einzelnen Parametern deutlich besser sind, können die Priorisierung entsprechend anpassen.

Strategische Aussichten: langfristige Attraktivität des PKV-Markts hängt von der Gesundheitsreform ab

Kurz- und mittelfristig können die PKV-Unternehmen also durchaus ihre Profitabilität verbessern. Wie aber ist es um die langfristige Attraktivität des PKV-Markts bestellt? Hier ist die PKV stark abhängig von der Entwicklung der GKV. 2 Szenarien sollen in der Folge näher betrachtet werden. Das erste Szenario geht davon aus, dass der Reformstau in der GKV bestehen bleibt und die PKV weiterhin ein Überlaufventil zur Kostenabwälzung bleiben wird. Im zweiten Szenario wird hingegen ein Modell der Finanzierung von Gesundheitsausgaben gefunden, das sich an erfolgreich praktizierte Modelle in Europa anlehnt, in denen die PKV integraler Bestandteil der Gesamtvorsorge ist.

Szenario 1: »Weiter wie bisher« – nur kosmetische Anpassungen des gegenwärtigen Systems

Unterstellt man, dass der Gesetzgeber bei der Regelung der GKV keine fundamentalen Reformen durchführt, so ergibt sich über die nächsten 10 Jahre ein sehr düsteres Bild für die PKV-Unternehmen. Die Entwicklung der Leistungsausgaben dürfte sich in der beschriebenen Weise fortsetzen. Umso dringlicher sind ein Umdenken bei den PKV-Unternehmen und radikale Verbesserungen – vor allem hinsichtlich Ausgaben- und Asset-Management bzw. Risikoselektion im Neugeschäft.

In diesem Szenario müssten die etablierten PKVen die erheblichen Ausgabenanstiege – zum größten Teil – an die Versicherten weitergeben. Damit werden die Prämien für den Bestand noch deutlich schneller ansteigen als schon in den vergangenen Jahren. Davon werden in den nächsten 5–10 Jahren primär die etablierten Versicherungen betroffen sein.

Allerdings haben auch die Neugründungen im Markt wenig Grund zur Schadenfreude. Natürlich werden in diesem Zeitraum die »jüngeren« Versicherungen weiterhin Preisvorteile im Neugeschäft haben und im Neubestand der etablierten Wettbewerber Versicherte und hier vor allem die guten Risiken abwerben. Doch die Verteuerung bei den etablierten Krankenversicherungen wird der gesamten PKV-Branche massiv schaden.

Dass die »jüngeren« Versicherungen nur deshalb günstiger sein können, weil ihnen die Altersstruktur erhebliche Vorteile bei den Leistungsausgaben einräumt, wird viel stärker öffentlich diskutiert werden – und damit auch die Sinnhaftigkeit einer PKV als solcher. Dann wird auch deutlich, dass der Vorteil aus der günstigen Altersstruktur nicht dauerhaft sein kann und die neuen, heute kostengünstigen Versicherungen letztlich vor ähnlichen Herausforderungen stehen werden wie die etablierten PKVen. Eine solche Entwicklung würde den (in diesem Szenario nur reaktiven) Gesetzgeber auf den Plan rufen: Er wird eine weitere Verteuerung der Neuverträge (analog zum 10%-Zuschlag) vornehmen und die PKV stärker in die GKV integrieren. Mögliche Instrumente hierzu sind die Ausweitung der Wechselmöglichkeit in einen Standardtarif (ggf. sogar als Angebot der GKVen sowie unter Mitnahme der Altersrückstellungen) oder auch die gesetzliche Verpflichtung zur Auflösung stiller Reserven zur Senkung des Tarifs für Hochbetagte.

Die PKVen hätten allerdings auch in gewissem Rahmen die Möglichkeit, den Kostenanstieg bei den Leistungen nicht durch eine Erhöhung der Beiträge, sondern durch eine (weitere) Auflösung von stillen Reserven aufzufangen. Die bisherige Rendite in der Krankenversicherung würde dies bei einigen Unternehmen sogar zulassen, ohne dass die EK-Rendite deutlich unter das Niveau anderer Versicherungsprodukte absinken würde. Ob dies ein gangbarer Weg sein kann, hängt jedoch davon ab, wie stark die Leistungsausgaben wachsen bzw. ob sie sich jemals der allgemeinen Teuerung angleichen werden. Ein Wachstum der Leistungsausgaben unter ca. 5% wäre hinsichtlich der Eigenkapitalrendite noch weit gehend unschädlich, da nicht zuletzt durch den 10%-Zuschlag ein erheblicher ungeplanter Mittelzufluss für die Kapitalanlage entsteht. Ein Wachstum über 5% würde jedoch für PKVen mit einem bereits heute ungünstigen Risikobestand die Möglichkeiten der Auflösung stiller Reserven übersteigen – diese Unternehmen könnten die Leistungsausgabenentwicklung so nicht auffangen. Ein noch deutlicheres Wachstum der Leistungsausgaben würde alle PKVen zwingen, die Beiträge massiv anzuheben.

Szenario 2: Grundlegende Reform der Krankenversicherung in Deutschland

Je düsterer die Aussichten für die GKV sind, desto optimistischer können die privaten Krankenversicherer in die Zukunft blicken. Die Überlegungen, die GKV einer grundlegenden Reform zu unterwerfen, werden immer ernsthafter diskutiert – vor allem der Gedanke, die GKV auf eine Basisversicherung zu reduzieren, kommt in jüngster Vergangenheit wieder stärker ins Gespräch. Der Begriff der Basis(ver-)sicherung lässt sich in zweierlei Richtungen deuten: zum einen im Sinne einer echten Leistungsbeschränkung auf Grundrisiken (z.B. stationäre Leistungen, ärztliche Versorgung von Großrisiken bzw. chronisch Erkrankten bzw. Multimorbiden), zum anderen im Sinne einer Selektion der Leistungserbringer. Beide Richtungen begünstigen die PKVen.

Bei einer Leistungsbeschränkung auf Grundrisiken würde der besonders profitable Markt für Zusatzversicherungsprodukte einen Wachstumsschub bekommen; gleichzeitig würden Leistungen dieser Zusatzprodukte ein vollkommen neues und realistischeres Pricing erfahren. Darüber hinaus ließe der Zugang zu einer erheblich größeren Zahl von Versicherten die PKVen zu einem wichtigen Verhandlungspartner für die Leistungserbringer werden.

Die zweite Möglichkeit – eine Basisversicherung über die Selektion der Leistungserbringer – ist ein Weg, der in der Schweiz erfolgreich beschritten wurde. Dort haben u.a. private Anbieter Netzwerkprodukte – vergleichbar amerikanischen HMO (Health Management Organization)-Modellen – auf den Markt gebracht. In diesen Modellen sind die Leistungsausgaben sehr viel geringer; allerdings werden diese geringeren Leistungsausgaben primär durch die Selbstselektion guter Risiken in solche innovativen Produktformen erzielt. Gerade diese Risikogruppen sind sehr viel stärker serviceorientiert und erwarten eine professionelle Auswahl geeigneter Leistungsanbieter. Dieses Angebot trauen die Versicherten eher privaten als gesetzlichen Krankenversicherungen zu.

Allerdings können sich die PKV-Unternehmen nicht zu sicher sein, dass diese Marktchance automatisch den PKV-Unternehmen zugute kommt. Vielmehr muss damit gerechnet werden, dass der Gesetzgeber auch den gesetzlichen Krankenversicherungen die Möglichkeit gibt, im Markt der Zusatzprodukte als Anbieter aufzutreten. Dabei würden die GKVen in erheblichem Umfang von ihren bestehenden Kundenbeziehungen profitieren.

Drei Marschrichtungen für eine private Krankenversicherung im sich wandelnden Markt

Zwar ist die weitere Entwicklung des PKV-Markts unsicher, vor allem wegen der Abhängigkeit von politischen Entscheidungen; doch einige grundsätzliche »Marschrichtungen« (strategische Positionierungen) für PKVen sind trotzdem absehbar. Wie attraktiv der jeweilige Weg (und die so erzielbare Position im Markt) letztlich ist, hängt von der Gesamtentwicklung des PKV-Markts sowie der Ausgangslage des jeweiligen Versicherungsunternehmens ab.

Die PKV-Produkte sind sehr unterschiedlich und die Voraussetzungen, um sie profitabel anzubieten, sehr heterogen. Deshalb ist es auf den ersten Blick erstaunlich, dass beinahe alle PKVen Vollanbieter für *alle* Krankenversicherungsprodukte sind (Voll- und Zusatzversicherungen). Lange Zeit war dies ein profitabler Ansatz, doch angesichts der skizzierten Entwicklungen kann es sich lohnen, ihn in Frage zu stellen.

Denn erstens bedarf es vor allem zum erfolgreichen Aufbau und Betreiben des Leistungs- bzw. Gesundheitsmanagements zusätzlicher Fähigkeiten, die mit dem klassischen und stark prozessorientierten Versicherungsgeschäft immer weniger zu tun haben. Dazu gehören beispielsweise eine sehr gute Leistungsdatenanalytik oder auch der Zugang zu hervorragendem medizinischen Know-how. Darüber hinaus sind für ein erfolgreiches Leistungsmanagement hohe (regionale) Marktanteile erforderlich, damit die Versicherung ein ernst genommener Vertragspartner der Leistungserbringer werden kann.

Zweitens drängen neue Anbieter mit hoher Vertriebskraft und Marketingkompetenz, aber ohne viel versicherungsspezifisches Know-how auf den Zusatzversicherungsmarkt, wie z. B. Finanztöchter der Versandhäuser – sie betreiben dieses Geschäft aus einer viel stärker aus der Konsumgüterindustrie und damit vom Kundennutzen an Stelle von reinem Produktdenken geprägten Perspektive.

Wer in diesem Marktumfeld bestehen will, muss mindestens eines der beiden Erfolgskriterien erfüllen: einen hohen (regionalen) Marktanteil und ein ausgezeichnetes »skill set«, vor allem Know-how im Gesundheits-, Risiko- und Asset-Management. Neben langfristigen Überlegungen wie Kooperationen mit anderen privaten oder sogar gesetzlichen Krankenversicherungen oder dem Eintritt in den GKV-Markt mittels geöffneter Betriebskrankenkassen werden zurzeit 3 mittelfristige Positionierungsansätze im Markt diskutiert.

Positionierung als (regionaler) PKV-Riese. Die Ertragskraft der Vollversicherungsprodukte wird künftig sehr stark von erfolgreichem Leistungs- bzw.

Gesundheitsmanagement abhängen. Dabei wird der (regionale) Marktanteil bzw. die Anzahl der betreuten Versicherten in einer Region/einem homogenen Marktsegment zu einem wesentlichen Erfolgsfaktor für eine Reihe von besonders wirksamen Maßnahmen, z. B. Preisverhandlungen für stationäre Leistungen oder das Angebot innovativer Versorgungskonzepte. Zwar lassen sich solche Maßnahmen auch im Verbund mit anderen Krankenversicherungen organisieren, doch dann geht ein erheblicher Wettbewerbsvorteil verloren. Eine strategische Positionierung ist somit der »regionale PKV-Riese«, wie ihn z. B. die Bayerische Versicherungskammer in Bayern bereits darstellt. Auch in anderen Regionen, z. B. im Ruhrgebiet, könnten sich Unternehmen in dieser strategisch überlegenswerten Variante positionieren.

Ausrichtung auf distinkte (Kunden-)Zielgruppen. Wenn ausreichend hohe (regionale) Marktanteile für einen Wettbewerbsvorteil im Leistungsmanagement nicht erzielbar sind, ist als weitere Positionierung im Vollversicherungsmarkt die Ausrichtung auf bestimmte Kundengruppen mit speziellen Bedürfnissen möglich. Diesen Gruppen könnten auf Basis ausgezeichneter Kunden-/Bedarfskenntnis und hervorragenden Risikomanagements überlegene Konzepte angeboten werden. Dazu könnten auch verschiedene Marken unter einem Dach in einer Holding aufgebaut werden; diese Marken müssen dann an verschiedenen Nutzenversprechen (z. B. ein hochpreisiges Angebot mit ausgewählten »world class«-Leistungserbringern) für die Versicherten ausgerichtet werden.

(Pan-europäischer) Anbieter für Zusatzversicherungen. Eine dritte Strategie kann in der Fokussierung auf Zusatzversicherungsprodukte liegen. So können bei ausreichender Größe »economies of scale« genutzt werden, vor allem im Vertrieb und beim Marketingaufwand. Hohe Prozesssicherheit, einfaches und schnelles Produktdesign sind die Voraussetzungen, um diesen Teilmarkt erfolgreich zu besetzen. Das macht diese Positionierung auch für neue Anbieter (außerhalb des Versicherungsgeschäfts) attraktiv, die womöglich Internet-basiert unter Ausnutzung der deutlich geringeren Transaktionskosten oder mit neuen Marketingansätzen den etablierten Versicherungen zunehmend Konkurrenz machen werden – z. B. in den besonders profitablen Zusatzprodukten Auslands-/Reisekrankenversicherung. Eine mögliche Antwort für etablierte PKV-Unternehmen könnten hier Partnerschaften mit starken Markenartiklern, Handelsunternehmen oder großen Reiseveranstaltern sein.

Unabhängig von der strategischen Positionierung müssen jedoch alle Unternehmen an ihrer Wirtschaftlichkeit arbeiten. Nur so können sie sich ihre Optionen offen halten, die langfristigen Chancen zu nutzen, die der Markt ohne Zweifel für das Produkt PKV bietet.

War der Markt für private Krankenversicherungen in der Vergangenheit ein friedlicher Markt mit sehr guten Ergebnismöglichkeiten, so findet zurzeit ein Umbruch statt, der alle PKVen zwingt, über die strategische Neupositionierung nachzudenken. Die aufgezeigten Positionierungsansätze lassen sich dabei sicherlich noch durch weitere aggressivere Strategien wie die Öffnung der PKV-eigenen BKKs mit dem Ziel, alle Krankenversicherungen aus einer Hand anzubieten, ergänzen. Gleich welchen Weg eine PKV in Deutschland beschreitet, die Wachstumsmöglichkeiten in der Zukunft sind enorm und es gilt, durch geschicktes Gesundheitsmanagement oder auch optimiertes Asset-Management die kurzfristige Wettbewerbsfähigkeit sicherzustellen. Dies schafft einen enormen Optionswert: zukünftig eine große Zahl neuer Kunden in einem strukturell gewandelten deutschen Gesundheitsmarkt mit innovativen Krankenversicherungsprodukten zu bedienen.

Herausforderungen im Leistungs- und Gesundheitsmanagement privater Krankenversicherungen

Peter H. Kilian und Jochen Messemer

Der vorausgehende Beitrag hat die große Bedeutung des Leistungsmanagements für die PKV-Unternehmen bereits beleuchtet und die Verbesserungen grob beziffert, die durch ein konsequentes Leistungsmanagement erzielt werden können.

Daher ist es nur konsequent, wenn die privaten Krankenversicherungen (PKVen) große Anstrengungen unternehmen, um ein gezieltes, medizinisch begründetes Management der Leistungsausgaben einzuführen. Dafür gibt es keine Patentrezepte: Das Zauberwort »managed care« hat nach den Erfahrungen in den USA und der Schweiz mittlerweile einiges von seiner Magie eingebüßt, und auch die Ansätze aus der gesetzlichen Krankenversicherung (GKV) erweisen sich als nicht ohne Weiteres übertragbar. Ein einfaches Rezept gibt es somit nicht, vielmehr muss jede PKV ihren eigenen Weg finden. Der folgende Beitrag gibt dazu einige Denkanstöße.

Managed Care – ein entzaubertes Schlagwort?

Gegen Ende der achtziger Jahre wurde die Einführung von Managed Care in den USA fast euphorisch gefeiert – als neuer Weg zu einer deutlich kostengünstigeren, aber auch qualitativ besseren Versorgung. Tatsächlich ist es den neu etablierten Health Management Organizations (HMOs) auch in kurzer Zeit gelungen, zu deutlich niedrigeren Leistungsausgaben zu kommen als die bisher angebotenen Krankenversicherungsprodukte, die so genannten Einzelleistungsvergütungssysteme (»fee for service«).

Die Versicherten waren jedoch immer weniger zufrieden mit der praktizierten Art des Leistungsmanagements bei den klassischen HMOs: Die Kritik (auch in der öffentlichen Diskussion) richtete sich auf die administrative Eingriffsdichte (einschließlich des starken Anstiegs der Verwaltungskosten) sehr intensiv gemanagter HMOs, die Behandlungspfade sehr detailliert vorgaben, entweder über Präzertifizierung durch die Krankenversicherung oder durch die verpflichtende Inanspruchnahme von Primärärzten (Gatekeeper). Der Hauptvorwurf lautete, die Leistung werde nicht gemanagt, sondern schlicht verweigert.

Außerdem ist es den HMOs meist nicht gelungen, Managed-Care-Produkte profitabel auch für die »kränkeren« Versicherungspopulationen der staatlichen Krankenversicherungsmodelle Medicare/MediCaid anzubieten. Darin sehen viele Experten in den USA ein Indiz, dass die unbestrittenen Erfolge im Gesundheitsmanagement zumindest teilweise durch eine positive Risikoselektion erzielt wurden.

Diese Erfahrung bestätigt sich auch in der Schweiz, wo seit Mitte der neunziger Jahre Managed Care bzw. Netzwerkprodukte angeboten werden. Auch hier resultiert die deutlich niedrigere Leistungsinanspruchnahme teilweise aus der Risikolage der Kunden: Wer nur selten krank ist, findet Hilfe bei der dann fälligen Auswahl des Leistungserbringers eher attraktiv als z. B. chronisch Kranke, die auf ihr gewohntes Leistungserbringernetz bei ihrer medizinischen Versorgung nicht verzichten wollen.

Die Euphorie in den USA ist daher in den letzten Jahren abgeklungen und »klassische« HMO-Produkte sind wieder auf dem Rückzug. Stattdessen werden zunehmend Mischprodukte angeboten, die den Versicherten deutlich mehr Wahlmöglichkeiten bei den Leistungserbringern lassen (z. B. PPO-POS- oder auch Open-Access-Produkte). Aber auch der Kapitalmarkt spricht eine deutliche Sprache. Zwischen 1990 und 1995, als Erfolgsgeschichten wie United Health Care, aber auch Oxford die Analysten begeisterten, lag das Wachstum des Return to Shareholder, also der bereinigte Wertzuwachs von HMO-Aktien, mit 18% noch deutlich über den 14% der Standard & Poor's. Gegen Ende der neunziger Jahre trat eine Ernüchterung ein: Während die Aktienmärkte boomten, gingen die Aktienkurse der meisten US-Krankenversicherer und insbesondere der HMOs zurück.

Die Erfahrung der gesetzlichen Krankenversicherung: amerikanische Ansätze nur beschränkt übertragbar

Die führenden Krankenkassen im GKV-Markt setzen bereits seit Einführung der Wahlfreiheit 1993 die Instrumente des Leistungs- und Gesundheitsmanagements ein. Die GKV-Unternehmen, die sehr früh versuchten, die Managed-Care-Ansätze aus den USA nach Deutschland zu übertragen (teilweise sogar mit Unterstützung amerikanischer Unternehmen), machten anfänglich negative Erfahrungen.

- Die Leistungserbringer waren kaum bereit, sich auf Behandlungsleitfäden – einen der entscheidenden Bausteine im Gesundheitsmanagement – zu einigen.
- Beim Aufbau medizinischer Rechnungsprüfungsprogramme merkten die GKVen schnell, dass Anfangseffekte versickern, wenn die Leistungserbringer durch Upcoding-Strategien die angewandten Prüfelemente unwirksam machen.
- Im Fallmanagement musste ein erheblicher Aufwand betrieben werden, so dass insbesondere bei kleinen Kassen, deren Mitgliederschaft über viele Leistungserbringer fragmentiert ist, die administrativen Kosten den Nutzen deutlich überschritten.

Insgesamt mangelte es beinahe allen Versuchen, die Leistungserbringung zu qualitativ guten und gleichzeitig effizienten Leistungserbringern zu steuern, an möglichen Anreizen – so konnten weder die Versicherten zu einem veränderten Inanspruchnahmeverhalten noch die Leistungserbringer zur Kosteneffizienz bewegt werden.

		Potential in %*	Machbarkeit PKV	Machbarkeit GKV
Rechnungsprüfung	• Beanstandung fehlerhafter Rechnungen aller KH (BPflV) • Prüfung der Chefarzt-Liquidationen	1 - 3	●	●
Patientensteuerung/ Genehmigung	• Information der Versicherten und Ärzte über bevorzugte Krankenhäuser	1 - 2	◕	◔
Administratives Fallmanagement	• Administrative Betreuung des Einzelfalls während des stationären Aufenthalts • Befristung der Kostenübernahme	3 - 5	◑	●
Medizinisches Fall-/ Disease -Management	• Beeinflussung ärztlicher Therapie-entscheidungen	3 - 7	◑	◑
Fallkosten-/Fallzahl-verhandlungen	• Verhandlung von Fallpauschalen • Beeinflussung auffälliger Leistungserbringer	1 - 3	◔	◕
Netzwerksysteme/ Gatekeeper -Systeme	• Aufbau integrierter Versorgungsnetze	8 - 15	◔	●
Strukturverhandlungen	• Strategische Beeinflussung des Landeskrankenhausplans	?	◔	●

*In % der KH-Kosten, Potentiale klientenspezifisch und nur teilweise additiv
Quelle: McKinsey

● Hoch ◔ Gering

Abb. 1. Beispiel Krankenhaus: Ansatzpunkte von Gesundheitsmanagement

Die schiere Zahl verschiedener Ansätze zum Leistungs- und Gesundheitsmanagement erwies sich als weiteres Hemmnis. Sie erfordert eine sehr sorgfältige Selektion der Instrumente hinsichtlich ihres Potentials (zur Verbesserung der Versorgungsqualität und der möglichen Kosteneinsparung), aber auch ihrer Umsetzung. Viele GKVen haben in der Zeit der Einführung der Wahlfreiheit versucht, zu viele Elemente des Leistungs- und Gesundheitsmanagements gleichzeitig einzuführen.

Trotz dieser Anfangshindernisse konnten einige Unternehmen der GKV durchaus erhebliche Einspareffekte durch Leistungs- und Gesundheitsmanagement erzielen. Allerdings sind diese Effekte nicht in gleichem Umfang auf die PKV zu übertragen, wie dieser Überblick über ausgewählte Programme im Ausgabenbereich der stationären Leistungen verdeutlicht (Abb. 1).

Die Instrumente der Rechnungsprüfung bieten nach unserer Ansicht der PKV die gleichen Möglichkeiten wie der GKV, in sehr kurzer Zeit Einsparungen durchzusetzen. Hinsichtlich der Steuerung der Patienten hat die PKV sogar einen Vorteil auf Grund der sozioökonomischen Struktur und dem damit verbundenen Wunsch der Versicherten, über Leistungserbringer mehr zu wissen und selbst aktiv nach Alternativen zu suchen. Der Aufbau von Disease-Management-Programmen stellt PKV und GKV vor ähnliche Herausforderungen. Besonders schwierig zu übertragen sind jedoch die Erfolge der GKV in den Bereichen administratives Fallmanagement, Krankenhausverhandlungen und Aufbau von Netzwerk- bzw. Gatekeeper-Systemen auf Grund des dramatischen Größennachteils der PKV-Unternehmen.

Wie ein exzellentes Gesundheitsmanagement in der PKV aufgebaut werden kann

Wenngleich es kein einheitliches Vorgehen für die PKV-Unternehmen gibt, die Erfolge anderer zu wiederholen bzw. die Fehler anderer zu vermeiden, so gibt es doch einige Grundempfehlungen, die die Wahrscheinlichkeit, ein erfolgreiches Gesundheitsmanagement aufzubauen, deutlich erhöhen:
- klare zeitliche Strukturierung und Auswahl der wesentlichen, unternehmensspezifisch sinnvollen Programmelemente;
- Suche nach geeigneten Partnern für eine Zusammenarbeit im Gesundheitsmanagement;
- langfristige Absicherung des Gesundheitsmanagements über die gesamte Wertschöpfungskette hinweg.

Klare zeitliche Strukturierung der wesentlichen, unternehmensspezifisch sinnvollen Programmelemente

Wenn heute private Krankenversicherungen über den Aufbau des Gesundheitsmanagements nachdenken, stehen meist die schwierigsten Elemente des Gesundheitsmanagements im Mittelpunkt, z. B. Disease-Management-Programme. Gerade für solche Programme fehlt häufig das (medizinische) Know-how und die Erfahrung im Umgang mit Leistungserbringern, wenn es um mehr geht als die reine Leistungsabrechnung. Die Gefahr ist groß, dass diese Programme keinen messbaren Erfolg bringen – und damit die Bereitschaft der Entscheider, sich weiter mit Gesundheitsmanagement zu beschäftigen, schnell schwindet.

Die Programme des Leistungs- und Gesundheitsmanagements sollten daher in 3 Gruppen gegliedert werden:
- Programme, die sofort umgesetzt werden sollten und auf bereits bestehenden Fähigkeiten der Krankenversicherung aufbauen;
- Programme, die zwar sehr bald initiiert werden sollten, aber erst mittelfristig Einsparungen bringen bzw. für deren Durchführung notwendiges Know-how im Rahmen der Programme erst aufgebaut werden soll;
- Programme, die erst nach 1–2 Jahren Erfahrung im Leistungs- bzw. Gesundheitsmanagement gestartet werden sollten.

Das im Folgenden näher erläuterte Stufenkonzept muss je nach vorhandener Datendichte, -struktur und -qualität für die einzelne Krankenversicherung überprüft und angepasst werden. Für viele Programmelemente, z. B. die medizinische Rechnungsprüfung, kann auch bei schlechter Datenqualität mittels Analyse bereits abgerechneter Fälle (»closed file review«) schnell ein gutes Verständnis der wichtigsten Ansatzpunkte aufgebaut werden. Anders das Fallmanagement: Es erfordert eine schon relativ präzise, zeitnahe Beobachtung der Fälle, um auf Verhaltensänderungen der Krankenhäuser schnell reagieren zu können. Einführungsumfang und -tempo des Gesundheits- und Leistungsmanagements hängen außerdem von weiteren Faktoren ab, etwa dem vorhandenen (medizinischen) Know-how, der Management- bzw. Projekterfahrung, aber auch der Bereitschaft, sich zu einem Gesundheitsdienstleister zu entwickeln.

Programme, die sofort initiiert werden sollten

Vor allem in den Ausgabenbereichen Krankenhaus, Anschlussheilbehandlung (AHB) und Hilfsmittelversorgung sollten Leistungsmanagementprogramme sofort initiiert werden. Vorreiter in der GKV nutzen hier systematisch die Möglichkeiten der Vertragsverhandlung, Genehmigung und Rechnungsprüfung. Ihre erfolgreichen Ansätze lassen sich auch auf die PKV übertragen.

- Beim Management der *Krankenhausleistungen* steht die medizinische Rechnungsprüfung an erster Stelle. Die Krankenhausausgaben sind nicht nur auf Grund ihres absoluten Anteils von über 40% an allen Leistungsausgaben ein wichtiger Stellhebel, sondern sie eignen sich auch in besonderem Maße für den Aufbau eines (medizinischen) Rechnungsprüfungssystems. Denn erstens werden ca. 20–30% der Krankenhausausgaben nach der Bundespflegesatzverordnung abgerechnet; damit können die Erfahrungen der GKVen besonders gut übertragen werden. Zweitens sind die »Betroffenen« bei Kürzungen die Leistungserbringer, nicht die Versicherten. So rechnen viele PKVen bereits heute einen großen Teil der Leistungen mit den Krankenhäusern direkt ab. Selbst wenn dies nicht der Fall ist, führt die Höhe der Krankenhausrechnungen dazu, dass Versicherte sich in der Regel zuerst an ihre PKV zur Erstattung wenden, bevor sie die Rechnung bezahlen – auf diese Weise ist ebenfalls eine Intervention direkt beim Leistungserbringer möglich.
- Die Steuerung in ausgewählte Einrichtungen zur *Anschlussheilbehandlung* ist ein weiteres Element, das kurzfristig aufgebaut werden sollte. Als erster Schritt sollten mit den effizientesten und effektivsten Reha-Einrichtungen spezielle Verträge über die Leistungserbringung geschlossen werden. Trotz geringerer Marktanteile tragen PKV-Patienten überproportional zum Ergebnis von Reha-Kliniken bei; die Chancen, für Versicherte und PKV vorteilhafte Verträge mit den Top-Häusern abschließen zu können, sind daher nachweislich besonders gut. Die dann mögliche Steuerung in diese Einrichtungen hat noch eine durchaus erwünschte Nebenwirkung: Das Know-how der Patientensteuerung lässt sich in einem Leistungsbereich aufbauen, in dem nur eine begrenzte Anzahl von Versicherten betroffen ist. Hier kann dann getestet werden, inwieweit die Versicherten solche Umsteuerungsprogramme akzeptieren und mit welchen Kommunikationsprogrammen diese Akzeptanz erhöht werden kann.
- Im Bereich der *Hilfsmittel* bieten sich 2 Ansätze zur raschen Umsetzung an: Bei hochpreisigen Hilfsmitteln (z. B. Badewannen-/Treppenlifter, Rollstühle) lassen sich mittels einer bundesweiten Ausschreibung die Einkaufspreise stark reduzieren; außerdem wird eine bundesweite Versorgung durch wenige Hilfsmittellieferanten möglich. Bei den Massenverbrauchsgütern (z. B. Teststreifen für Blutzuckergeräte) können durch die Zusammenarbeit mit Versanddienstleistern die Kosten pro Stück ebenfalls erheblich gesenkt werden. Auch diese beiden Maßnahmen ermöglichen den Aufbau von Know-how für wichtige Aspekte des Gesundheitsmanagements.

Kurzfristig einführbare, aber erst mittelfristig wirksame (oder Know-how erfordernde) Programme

Ergänzend zum beschriebenen Sofortprogramm können einige weitere Elemente des Leistungsmanagements kurzfristig auf den Weg gebracht werden, deren Wirkung sich allerdings erst nach 1–2 Jahren dauerhaft einstellt.

- Im Bereich des *Krankenhauses* sollte ein *medizinisches Fallmanagement* initiiert werden. Die wichtigste (und schwierigste) Frage ist hierbei, welche Patientenpopulationen bzw. Erkrankungsarten in ein solches Fallmanagement aufgenommen werden sollen. Denn auf Grund der geringen Fallzahlen in Krankenhäusern ist es für einzelne PKVen kaum sinnvoll, ein spezifisches Fallmanagement für ein einzelnes Akuthaus aufzubauen.
  Die Einsparungen entstehen im Fallmanagement primär durch eine Verweildauerverkürzung im stationären Bereich. Jedoch entstehen zur Verkürzung des stationären Aufenthaltes teilweise erhebliche Folgekosten in anderen Ausgabenbereichen (z. B. Anschlussheilbehandlung, häusliche Sicherungs- bzw. Ersatzpflege). Daher bietet es sich an, Fallmanagement im ersten Schritt auf Basis von festen Leistungskombinationen einzuführen. Ein Beispiel ist hierbei die Vereinbarung von Komplexfallpauschalen für die kombinierten Leistungsbereiche stationäre Versorgung und Anschlussheilbehandlung, die viele Einrichtungen bereits anbieten. Zum einen lassen sich hier spezifische Versichertenpopulationen (z. B. chronische Herzinsuffizienz) relativ einfach identifizieren und zum anderen können die im Sofortprogramm gesammelten Erfahrungen der Umsteuerung in die AHB genutzt werden, um die relevanten Fallgruppen festzulegen. Auch die Messbarkeit des Qualitätssteigerungs- und des Einsparungseffekts sind gewährleistet.
  Ein weiteres Element des Gesundheitsmanagements im Krankenhaus ist die *Befristung von Krankenhausfällen.* Die Befristung hat in der GKV in jüngerer Vergangenheit zu sehr großen Einsparungen geführt. Dieses Vorgehen birgt allerdings ein deutlich höheres Risiko des Konflikts mit den Versicherten selbst, da die Krankenhäuser noch direkten Zugang zum Versicherten haben, der sich ja zur fraglichen Zeit in der (dann evtl. befristeten) Behandlung des Krankenhauses befindet. Es empfiehlt sich daher, Befristung mit Fallmanagement zu koppeln.
- Die *Erweiterung der Rechnungsprüfung* über die Krankenhausleistungen hinaus ist ein nahe liegender Schritt – hier steht gerade die PKV aber vor einigen Hindernissen, die nur durch einen erheblichen Aufwand in der Datenaufbereitung bzw. einer veränderten Kommunikation erfolgreich beseitigt werden können. Auch hier können durch gezielte Selektion von z. B. Facharztgruppen Prüfkriterien und -hierarchien aufgebaut werden. Diese sind dann hilfreich, wenn es gilt, (am Markt angebotene) Prüfsoftware den spezifischen Unternehmensbedürfnissen anzupassen. Daher sollten diese Programme im ersten Schritt in geringem Umfang pilotiert werden, um dieses Know-how aufzubauen.
- Die *Beeinflussung der Arzneimittelkosten* ist ein weiteres Programm, das zwar sofort initiiert werden kann, aber nur wenig »Sofortwirkung« zeigt. In der GKV wurden die größten Einsparerfolge durch gezielte Besuche von Vielver-

schreibern erzielt. Diese Programme sind jedoch sehr aufwendig und – wiederum auf Grund der geringen Versichertendichte – für die PKV nicht flächendeckend sinnvoll. Die PKVen können sich jedoch auf wenige Patientengruppen konzentrieren und die Ärzte gezielt ansprechen, die solche Patienten betreuen (z. B. Onkologen und Immunologen).

Programme, die erst nach 1–2 Jahren Erfahrung im Leistungs- bzw. Gesundheitsmanagement gestartet werden sollten

In dieser Kategorie finden sich ausgerechnet die Elemente des Leistungs- und Gesundheitsmanagements, die heute bei vielen PKVen im Mittelpunkt der Diskussion stehen: Das Disease-Management, das umfassende/integrative Management von Hochkostenpatienten, der Aufbau von integrierten Versorgungskonzepten (vgl. dazu Kap. »Integrierte Versorgung in Deutschland: potemkinsches Dorf oder Zukunft des Gesundheitswesens?«) und Arztnetzwerken sowie das Angebot von Gesundheitsdienstleistungen, die über das klassische Geschäftsfeld einer PKV weit hinausgehen. Nach unserer Einschätzung eignen sich solche Programme nicht für den ersten Einstieg in das Gesundheitsmanagement; PKVen sollten sie erst dann verwirklichen, wenn sie in den anderen, weniger »sensiblen« Feldern Erfahrungen gesammelt haben.

- Für den Aufbau eines *Disease-Managements* gibt es bisher, nach Erfahrungen aus den USA, nur sehr wenige Erfolgsbeispiele mit tatsächlich messbaren Einspareffekten. Entscheidend ist auch hier die richtige Auswahl der Erkrankungsart, die im Disease-Management betreut werden soll. Wie Analysen unserer US-amerikanischen Kollegen zeigen, eignen sich Erkrankungen, die einer hohen Prävalenz eines teuren Folgeeingriffs unterliegen, am besten für das Disease-Management, da die erzielbaren Einsparungen die Programm- und Betreuungskosten deutlich überschreiten. So konnten z. B. bei der chronischen Herzinsuffizenz deutlich bessere Ergebnisse erzielt werden als bei Diabetes.
- Die *Betreuung von Hochkostenpatienten* in speziellen Programmen erfordert eine sehr breite Kenntnis der verschiedenen Instrumente des Leistungs- und Gesundheitsmanagements. Das selektierende Merkmal ist nicht die Diagnose oder Erkrankungsart, sondern es sind die Kosten der Behandlung. Deshalb sind Hochkostenpatienten häufig multimorbide Patienten. Die Herausforderung ist also, verschiedene Leistungsangebote und ihre Wirksamkeit für die Therapie bestimmter Krankheitsbilder immer wieder gegeneinander abzuwägen. Kann die Akutversorgung ersetzt werden durch häusliche Krankenpflege oder durch die Zuordnung zu einer betreuenden Schwerpunktpraxis? Die Antwort auf diese Frage erfordert eine sehr genaue Kenntnis, wie die Instrumente des Gesundheitsmanagements bei verschiedenen Krankheitsbildern wirken. So mag für die Neueinstellung eines Diabetikers die Schwerpunktpraxis ausreichend sein; wenn bei demselben Patienten jedoch zur Verbesserung einer chronischen Herzinsuffizienz eine stationäre Betreuung günstiger und im Resultat besser ist, empfiehlt sich eher die Einweisung in eine auf beide Erkrankungsbilder vorbereitete Rehabilitationsklinik.

Zusammenarbeit mit Partnern in der privaten Krankenversicherung zum Aufbau eines erfolgreichen Gesundheitsmanagements

Gesundheitsmanagement im Alleingang oder mit Partnern – das ist eine Frage, die die Branche zurzeit bewegt. Einerseits ist das Gesundheitsmanagement einer der wichtigsten Ansatzpunkte zur Verbesserung der wirtschaftlichen Lage einer PKV und zugleich eines der wichtigsten Differenzierungsmerkmale im Wettbewerb um Versicherte. Andererseits bedeutet der Wandel eines Versicherungsunternehmens zum Gesundheitsdienstleister enorme Kosten, hohe Komplexität und oft einen Umbruch im Selbstverständnis.

Unternehmen, die die kritische Größe erreichen, werden das Gesundheitsmanagement als Wettbewerbsfaktor aufbauen – hierzu zählen DKV, Debeka, Vereinte und auch DBV Winterthur und AXA im internationalen Verbund. Der eigenständige Aufbau ist auch sinnvoll für Unternehmen mit einer klar regionalen Positionierung (z. B. die Bayerische Beamtenkrankenkasse), denen Gesundheits- und Leistungsmanagement ein besonders hohes Potential bietet.

Für Unternehmen, die deutlich weniger (Voll-)Versicherte betreuen, empfiehlt sich ein differenziertes Vorgehen in den oben beschriebenen 3 Stufen eines erfolgreichen Leistungs- und Gesundheitsmanagements. Die Elemente der ersten Stufe (Rechnungsprüfung, Einkauf, Hilfsmittel) sind sehr gut skalierbar und bieten sich für eine Zusammenarbeit mit anderen Versicherern an. Allerdings kann es durchaus vorkommen, dass die beteiligten Partner unterschiedliche Selektions- und Prüfkriterien verwenden, abhängig von der Morbiditätsstruktur ihrer Versicherten oder von regionalen Gegebenheiten.

Die Elemente der zweiten und dritten Stufe, vor allem das Fallmanagement, werden sich über die nächsten Jahre nach unserer Einschätzung als Bestandteil neuer (Managed-Care-)Produkte etablieren. Das zwingt dazu, Differenzierungsmöglichkeiten zum Wettbewerb aufzubauen – und verbietet somit eine Zusammenarbeit mit anderen PKV-Unternehmen. Andererseits ist gerade das Fallmanagement im Aufbau und in der Durchführung sehr aufwendig. Die Lösung könnte in einer Zusammenarbeit mit einem »Fallmanagement-Dienstleister« als unabhängigem Dritten liegen. Allerdings gibt es am deutschen Markt noch keine überzeugenden Anbieter eines solchen Servicepakets. Eine interessante Variante für PKV-Unternehmen könnte die Zusammenarbeit mit erfolgreichen *GKVen* sein, die umgekehrt am Aufbau neuer Geschäftsfelder interessiert sind. Zudem arbeiten zurzeit PKVen am Aufbau von Fallmanagementlösungen auf Basis des Internets bzw. von Call-Centern (in Zusammenarbeit mit Spezialkliniken); solche Lösungen sollen auch anderen PKV-Unternehmen angeboten werden.

Das Angebot an Dienstleistungen Dritter rund um das Gesundheitsmanagement nimmt im deutschen Markt zu. Neben der Möglichkeit, skalenabhängige Kostenvorteile zu nutzen, bietet das Angebot von Leistungen im Gesundheitsmanagement (wie z. B. die Patientensteuerung) über Dritte einen Argumentationsvorteil gegenüber den Versicherten: Denn sie trauen einem »neutralen« Dritten eher als ihrer privaten Krankenversicherung zu, wirklich die qualitativ besten medizinischen Leistungserbringer auszuwählen statt nur die Kosten zu senken.

Grundsätzlich spricht nichts dagegen, dass auch ein sich in seinem Selbstverständnis wandelnder PKV-Verband die Rolle eines »Dienstleisters« für die

Entwicklung und Abwicklung von Programmen zum Gesundheitsmanagement spielen kann. Der Verband könnte solche Programme in Zusammenarbeit mit ausgewählten Versicherern entwickeln und den verschiedenen Unternehmen dann gegen Servicegebühren anbieten. Allerdings sind solche Verbandslösungen in anderen Branchen nach unserer Erfahrung in der Regel wenig erfolgreich – vor allem ihre Umsetzung scheitert oft daran, dass Unternehmen zu wenig mitwirken und/oder keine echte Pilotierung in Unternehmen möglich ist.

Allerdings wird die heute geführte Diskussion und die erheblichen Vorteile, Gesundheitsmanagement aufbauen zu können, eine Folge haben: Die Fähigkeit, mit kritischer Unternehmensgröße Gesundheitsmanagement aufzubauen, wird zu einem der entscheidenden Beschleuniger bei der Konsolidierung der PKV-Branche werden!

Umfassender Ansatz über die gesamte Wertschöpfungskette der privaten Krankenversicherung

Gegenüber der GKV hat die PKV einen wesentlichen Vorteil: Die Versicherungsunternehmen der PKV können in der Wertschöpfungskette viel früher als in der GKV die medizinischen Leistungsausgaben beeinflussen. Die GKV muss sich praktisch auf ein Management der Leistungserbringung und Abrechnung am Ende der Wertschöpfungskette beschränken; die PKV hat dagegen auch schon bei der Produkt- und Tarifgestaltung, im Vertrieb und beim Vertragsabschluss wesentliche Einflussmöglichkeiten. Sie gilt es zu nutzen, denn hier liegt eine große Chance für die PKV.

Langfristig betrachtet ist das Potential der Tarifgestaltung und der Risikoeinstufung bei Vertragsabschluss sogar höher als beim Management der Leistungserbringung und Abrechnung. Die PKVen sollten deshalb das Gesundheits- und Leistungsmanagement nicht isoliert betrachten, sondern im Zusammenspiel mit der restlichen Wertschöpfungskette.

Nutzenorientierte Tarifgestaltung unter Berücksichtigung von Managed-Care-Elementen des Gesundheitsmanagements

Gerade die Freiheitsgrade bei der Gestaltung von Produkten bieten Möglichkeiten, das Gesundheitsmanagement bereits in den Produkten zu verankern. Sind typische Verfahren zum Gesundheitsmanagement (Managed-Care-Elemente) bereits in die Tarifbeschreibung einbezogen, so werden auch fundamentalere Eingriffe z. B. in der Beratung, Genehmigung und Abrechnung von Leistungen möglich. Derartige Tarife, die etwa die Steuerung über einen Hausarzt oder über Call-Center vorsehen, werden heute schon angeboten.

Uns erscheint das Vorgehen jedoch noch nicht ausreichend differenziert. Die Wirkung könnte deutlich gesteigert werden: Dazu müssten in einem ersten Schritt mittels Conjoint-Analyse die einzelnen Leistungsbausteine einschließlich alternativer Elemente des Gesundheitsmanagements auf einer nutzenbasierten Werteskala abgebildet werden. Daraus lassen sich die günstigen, notwendigen, optionalen und vermeidbaren Tarifbestandteile ableiten. Der Kunde könnte dann auch Wahlmöglichkeiten erhalten, etwa eine Zuzahlung bei der Leistungsinanspruchnahme dadurch zu vermeiden, dass er sich an einen Leistungserbringer wendet, den die Versicherung (oder deren Dienstleister) ihm vorschlägt.

Das durch Gesundheitsmanagement aufgebaute Know-how hilft darüber hinaus, Zuschläge besser zu kalkulieren. Verbesserte Leistungsdatenbanken erlauben zeitnahe, EDV-gestützte Analysen der Kostentrends, deren Ergebnisse direkt in Beitragstabellen umgesetzt werden können – auf diese Weise könnten trotz der strengen Anforderungen der Versicherungsaufsicht notwendige Beitragsanpassungen früher vorgenommen werden als heute.

Systemgestützte Risikozuschläge bei Vertragsabschluss

Die Möglichkeit, Risikozuschläge anzusetzen, ist ein wichtiger Vorteil der PKV gegenüber der GKV. Die Bedeutung der Risikozuschläge steht denn auch oft im Mittelpunkt der Diskussion über die Profitabilität des Neugeschäfts. Aber: Heute basieren im Marktdurchschnitt nur etwa 3% der Prämien auf Risikozuschlägen. Nach aktuellen Untersuchungen wären 9% der angemessene Anteil. Eine Ursache für dieses Missverhältnis ist, dass beinahe alle privaten Krankenversicherer die Entscheidung über Risikozuschläge mehr oder minder dem Vertriebsmitarbeiter überlassen: Er spricht mit potentiellen Kunden auch über ihre medizinische Vorgeschichte und ein Risikozuschlag und dessen Höhe sind häufig Verhandlungssache, wenn es um das Zustandekommen eines neuen Vertrags geht. Dabei beruht die Höhe des Zuschlags häufig auf Erfahrungen oder allenfalls Vergleichen zwischen Unternehmen.

Wer das Instrument der Risikozuschläge wirksam im Sinne des Leistungs- und Gesundheitsmanagements einsetzen möchte, muss es aus der Beliebigkeit herausführen:

- Dazu gehört zunächst eine *sorgfältige Erhebung der Risikofaktoren* – mit Hilfe gezielter Fragen nach Vorerkrankungen, nach dem Umfang der Inanspruchnahme von Leistungen und nach Fehlzeiten. Hier hilft das im Gesundheitsmanagement zusätzlich aufgebaute Know-how: So erlaubt z.B. die (ICD-basierte) Gruppierung sporttraumatischer Verletzungen Aussagen über die generelle individuelle Risikobereitschaft.
- Auch bei der *faktenbasierten Ableitung der Zuschlagshöhe* kommt die Lernkurve aus dem Gesundheitsmanagement zum Tragen: So kann etwa das aufgebaute Wissen über chronisch degenerative Rückenerkrankungen zur genaueren Kalkulation der Folgekosten und damit der Risikozuschläge dienen. Aktenanalysen und Kostenverläufe lassen sich ergänzend nutzen.
- Nur eine *EDV-gestützte Berechnung der Risikozuschläge* kann die vielfältigen Beziehungen der einzelnen Risikofaktoren systematisch abbilden. Schon wenn es gelingt, die verstärkende Wirkung mehrerer Risikofaktoren zu beziffern, bringt dies deutliche Verbesserungen – selbst wenn dabei prohibitiv hohe Risikozuschläge entstehen (ökonomisch betrachtet ist in einem solchen Fall ein nicht zu Stande gekommener Vertrag besser als Zugeständnisse beim Risikozuschlag).

- Die *konsequente Anwendung* ist schließlich der entscheidende letzte Schritt. Um die Mitarbeiter aus Vertrieb und Vertragsabteilung zu einer konsequenten Anwendung der Risikozuschläge zu bewegen, bedarf es eines klaren Bekenntnisses der Unternehmensleitung zu qualitativem, profitablem Wachstum (und *gegen* Neugeschäft um jeden Preis). Natürlich müssen in Konzernen mit mehreren Sparten die Deckungsbeiträge eines Versicherten gesamthaft betrachtet werden; aber ein Risikoabschlag in der Krankenversicherung sollte dann auch als Aufwand konzernübergreifend verrechnet werden.

Risikozuschläge dienen zunächst dem risikogerechten »pricing« der Versicherungsleistung. Ihr strategischer Nutzen kann aber darüber hinaus gehen: Die besondere Kompetenz zur Bewertung von Risiken kann *selbst* zum »strategischen Asset« werden; vor allem dann, wenn sie gekoppelt ist mit einer Kompetenz im medizinischen Leistungsmanagement.

Der Gesundheitsmarkt wandelt sich: Die stärkere Integration der Leistungen über die verschiedenen Erbringer hinweg ist nach unserer Ansicht ebenso unausweichlich wie eine stärkere private Finanzierung bestimmter Leistungselemente. Für viele private Krankenversicherer stellt sich die Frage, ob sie sich ebenfalls wandeln wollen: vom Anbieter von Versicherungsprodukten zum Gesundheitsdienstleister. Einige private Krankenversicherer, aber auch Krankenkassen haben diese Frage mit Ja beantwortet und beginnen sich im Markt als Gesundheitsdienstleister zu etablieren.

Die »Gewinnchancen« sind so groß, dass es sich aus unserer Sicht kaum ein Versicherer leisten kann, diesem »neuen Markt« völlig fern zu bleiben. Eine ganze Reihe von privaten Krankenversicherern werden beispielsweise Disease-Management oder Steuerungsprogramme für Versicherte anbieten, sei es in Eigenregie oder über Tochtergesellschaften. Die Pioniere in diesem Markt werden systembedingte Eintrittsbarrieren aufbauen können. Welche Elemente des Gesundheitsmanagements sich als dauerhaft vermarktungsfähig erweisen, ist noch offen. In jedem Fall wird aber die Kompetenz im Gesundheitsmanagement zum Erfolgsfaktor, der langfristig über Gewinner und Verlierer im PKV-Markt entscheidet.

Balanceakt Kapitalanlage – Chancen und Risiken für private Krankenversicherer

Martin C. Huber und Jörg Weber

Die Kapitalanlage ist einer der wichtigsten Faktoren für den Erfolg eines privaten Krankenversicherungsunternehmens. Bereits kleinste Verbesserungen der Rendite des Investmentportfolios führen zu einer deutlichen Steigerung der Erträge. Hiervon profitiert das private Krankenversicherungsunternehmen nicht nur direkt, d. h. durch seinen Anteil am Rohüberschuss, sondern auch indirekt durch die Möglichkeit, Beiträge zu senken bzw. Beitragserhöhungen zu vermeiden und somit seine Wettbewerbsfähigkeit zu steigern. Vor diesem Hintergrund ist es verständlich, dass die große Mehrheit der deutschen privaten Krankenversicherer versucht, den Rückgang der Anleihezinsen durch eine Steigerung des höher rentierenden Aktienanteils an ihren Anlageportfolios auszugleichen. Wie wir in diesem Artikel zeigen, kann jedoch die ebenfalls höhere Volatilität von Aktieninvestments z. T. existenzbedrohende Risiken mit sich bringen. Der grundsätzlich begrüßenswerte Ausbau der Aktienanlage sollte daher behutsam und nur unter laufender Kontrolle und Quantifizierung der mit ihm verbundenen Risiken erfolgen.

Management der Kapitalanlagen der privaten Krankenversicherer eher als »Anhängsel« betrachtet

Traditionell haben die deutschen privaten Krankenversicherer das Management ihrer Kapitalanlagen eher als »Anhängsel« des versicherungstechnischen Geschäfts denn als Kernkompetenz betrachtet. Diese untergeordnete Rolle wurde sowohl in der Personal- und Sachmittelausstattung der Kapitalanlageabteilungen deutlich als auch in der begrenzten Aufmerksamkeit, die dieser betrieblichen Funktion auf Topmanagementebene und in der öffentlichen Diskussion beigemessen wurde. In einem weit gehend regulierten Marktumfeld mit auskömmlichen Margen richtete sich das Hauptaugenmerk des Managements auf einen schlagkräftigen Vertrieb und ein effektives Kostenmanagement.

Seit der zweiten Hälfte der neunziger Jahre beginnt diese Situation sich allmählich zu verändern. Verstärkter Wettbewerb und höhere Kosten des Gesundheitswesens haben dazu geführt, dass der ordentliche Vorsteuerertrag zwischen 1995 und 1998 um 16% gesunken ist – in diesem schwierigen Marktumfeld wäre die private Krankenversicherung ohne die Erträge des Kapitalanlagebereichs defizitär.

Der Beitrag der Investmenterträge zum Rohüberschuss ist im selben Zeitraum um fast 10 Prozentpunkte gestiegen: von 57,6% auf 67,3%. Die Höhe des

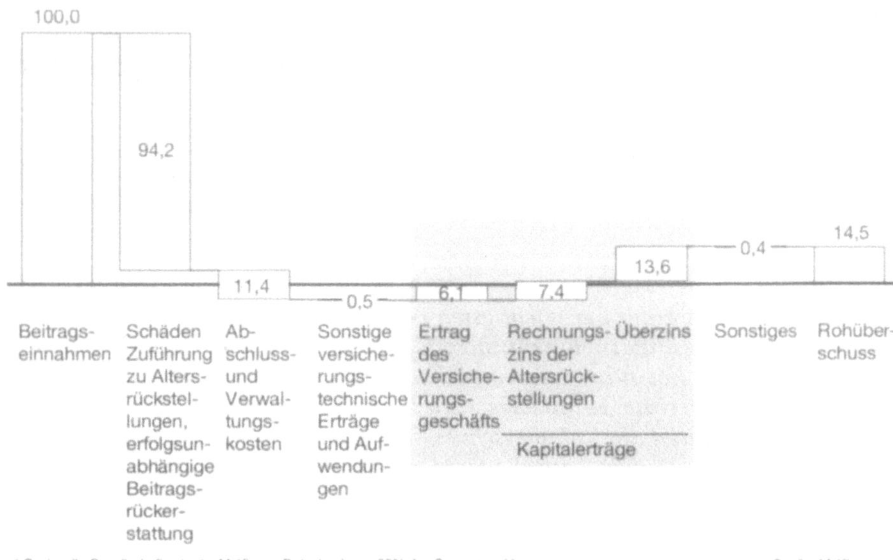

Abb. 1. Zusammensetzung Rohüberschuss, 1998* (in Prozent der Nettobeitragseinnahmen)

Gesamtergebnisses hängt daher zunehmend davon ab, in welchem Maße über den Rechnungszins auf die Altersrückstellungen hinausgehende Kapitalerträge erwirtschaftet werden können (Abb. 1).

Renditeniveau bei heutiger Portfoliostruktur in schwierigerem Kapitalmarktumfeld nicht zu halten

Zwischen 1995 und 1998 haben die deutschen privaten Krankenversicherungsunternehmen die ausgewiesene Buchwertrendite ihrer Kapitalanlagen kontinuierlich von 7,29% auf 7,79% erhöht und somit ihre Gesamtjahresergebnisse auf einem zufrieden stellenden Niveau halten können. Dabei kam ihnen die außergewöhnlich positive Kursentwicklung am Aktienmarkt zugute, die es ihnen erlaubte, hohe Kursgewinne zu realisieren, ohne den Bestand an Bewertungsreserven deutlich zu senken.

Grundsätzlich ist jedoch davon auszugehen, dass die hohen Kursgewinne der vergangenen Jahre an den Aktienmärkten eine Ausnahme sind und die realen Renditen sich mittelfristig wieder auf einem historisch durchschnittlichen Niveau einpendeln werden. Gleichzeitig, so nehmen die meisten Ökonomen an, wird die zukünftige Inflationsrate unter ihrem historischen Niveau liegen. Dies bedeutet, dass sich die absolute Marktwertrendite sowohl der Aktien als auch der festverzinslichen Kapitalanlagen der privaten Krankenversicherer in Zukunft unter den Erträgen bewegen wird, die in der Vergangenheit erwirtschaftet wurden. Es dürfte den privaten Krankenversicherern daher immer schwerer fallen, die für ein zufrieden stellendes Jahresergebnis notwendigen hohen Kapitalerträge zu erzielen.

Dank der bestehenden Bewertungsreserven kann die Buchrendite der Kapitalanlagen zwar kurzfristig über die am Kapitalmarkt zu erzielende Rendite erhöht werden, diesem Vorgehen sind jedoch enge Grenzen gesetzt. Seit 1995 ist es nicht mehr möglich, am Markt eine risikolose Verzinsung von 7,1% zu erzielen. Eine Marktwertrendite dieser Größe wäre jedoch erforderlich, um eine Buchverzinsung von 7,8% zu erreichen – das Niveau der 1998 durchschnittlich ausgewiesenen Buchrendite (bei etwa 10% stillen Reserven auf den Portfoliobuchwert entsprechen 7,1% des Marktwerts 7,8% des Buchwerts).

Die Differenz zwischen dem risikolosen Zins und der Zielverzinsung kann nun entweder durch die Auflösung stiller Reserven oder aber durch die Hinzunahme risikobehafteter und damit rentablerer Anlagen gedeckt werden. Beim augenblicklichen Zinsniveau und einer Buch-Zielverzinsung von 7,8% wären die durchschnittlichen stillen Reserven der privaten Krankenversicherer innerhalb weniger Jahre vollständig aufgebraucht. Daher ist es nicht verwunderlich, dass die meisten Unternehmen die Aktienanteile ihrer Kapitalanlageportfolios bereits erhöht haben oder dies zumindest erwägen. Wie jedoch Abbildung 2 verdeutlicht, würde es eines Aktienanteils von über 43% (auf Marktwertbasis) bedürfen, um eine erwartete Portfoliogesamtrendite von 7,1% zu erzielen. Eine solche Aktienquote mag mit den Beschränkungen des § 54a VAG gerade noch vereinbar sein (falls die Bewertungsreserven auf die Aktieninvestments konzentriert sind, können 43% der Marktwerte weniger als 35% der Buchwerte entsprechen), in jedem Fall bringt sie aber auf Grund der hohen Volatilität von Aktienanlagen beachtliche Risiken für das Versicherungsunternehmen mit sich.

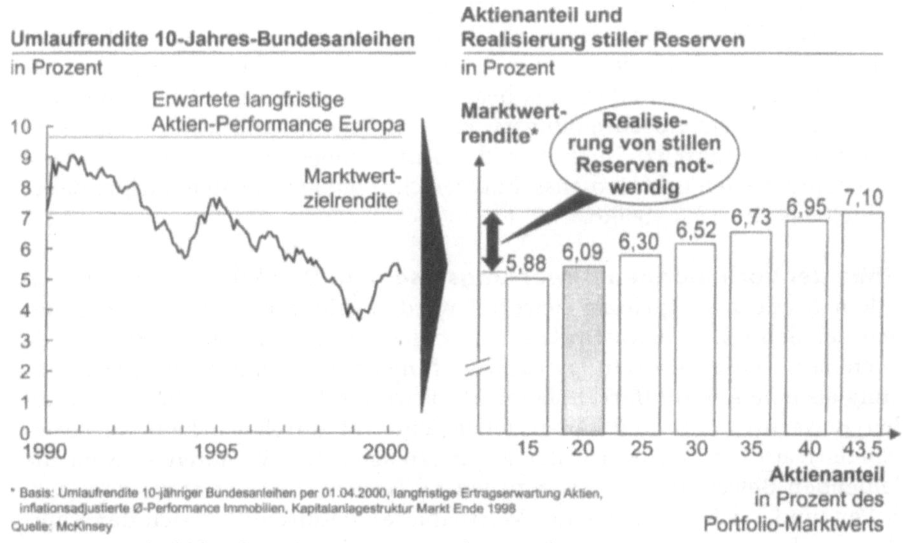

Abb. 2. Ertragslücke bei deutschen privaten Krankenversicherern

Erhöhung der Aktienquote mit teilweise erheblichem Shortfall-Risiko verbunden

Im Gegensatz zur gesetzlichen Krankenversicherung (GKV) müssen in der privaten Krankenversicherung (PKV) Altersrückstellungen gebildet werden. Bei der Berechnung der Höhe dieser Rückstellungen wird dem Zeitwert des Geldes Rechnung getragen, d. h. die entsprechenden Beträge sind mit dem Rechnungszins von 3,5% diskontiert. Folglich müssen Beitragseinnahmen und Kapitalerträge nicht nur ausreichen, um Kosten und Leistungen an die Versicherten zu decken, sondern darüber hinaus auch die kalkulierte Verzinsung der bestehenden Altersrückstellungen von 3,5% finanzieren. Da die jährlichen Kapitalerträge des Krankenversicherungsunternehmens nicht fix sind, sondern den Schwankungen der Kapitalmärkte unterliegen, besteht das Risiko, dass die buchmäßigen Kapitalerträge nicht ausreichen, um die rechnungsmäßige Verzinsung der Altersrückstellungen zu decken. Die Höhe dieses »Shortfall-Risikos« bestimmen im Wesentlichen 3 Faktoren:

Die Höhe der erwarteten Erträge des Kapitalanlageportfolios. Auf Grund des allgemeinen Rückgangs von Inflation und Zinsniveau während der vergangenen Jahre sind auch die absoluten Ertragserwartungen gesunken, was zu einer Erhöhung des Shortfall-Risikos führt, solange der Gesetzgeber die rechnungsmäßige Verzinsung der Altersrückstellungen nicht verändert.

Die Volatilität der Portfoliorendite. Sie gibt das Maß an, in dem die tatsächlichen Kapitalerträge vom erwarteten Wert abweichen. Je größer die Volatilität, desto höher die Chance eines extrem negativen Ausschlags der realisierten Rendite, der zu einem Shortfall führen kann. Der Ertrag von Aktien weist in der Regel eine höhere Volatilität auf als der von festverzinslichen Titeln. Die Erhöhung des Aktienanteils in den Anlageportfolios deutscher privater Krankenversicherer während der letzten Jahre hat somit ebenfalls tendenziell das Shortfall-Risiko vergrößert. Wird die Portfoliovolatilität auf Basis von Buchwerten betrachtet, was bei der Berechnung der oben definierten Shortfall-Wahrscheinlichkeit sinnvoll ist, muss allerdings beachtet werden, dass nicht börsengehandelte Anlagen keinem Abschreibungsrisiko unterliegen; Renditeausschläge sind also nach unten begrenzt. Je höher der Anteil ungehandelter Anlagen, wie Schuldscheindarlehen und Namensschuldverschreibungen, desto niedriger daher tendenziell das Shortfall-Risiko.

Die Höhe der vorhandenen Bewertungsreserven. Da Aktiva in Deutschland nach dem Niederstwertprinzip bewertet werden müssen, weisen die Kapitalanlagen der deutschen privaten Krankenversicherer z. T. ganz erhebliche stille Reserven auf. Diese Bewertungsreserven fungieren bei negativer Marktentwicklung als eine Art »Puffer«. Solange Marktwertverluste nicht über die bestehenden Bewertungsreserven hinausgehen, entsteht durch sie kein Abschreibungsbedarf auf die Buchwerte der Kapitalanlagen. Des Weiteren können die verbleibenden Bewertungsreserven zu jedem Zeitpunkt realisiert werden (z.B. durch Ver- und Rückkauf einzelner Wertpapiere); dadurch lässt sich das Kapitalanlageergebnis auf Buchwertbasis »künstlich« erhöhen. Das Shortfall-Risiko ist somit tendenziell umso kleiner, je höher der vorhandene Bestand an Bewertungsreserven ist.

Die erwartete Rendite und die Volatilität des Risikos hängen eng mit der Struktur des Kapitalanlageportfolios zusammen. Bezogen auf das Shortfall-Risiko heißt das: Ein höherer Anteil von Aktieninvestments erhöht zwar die erwartete Rendite, dieser Effekt wird jedoch in der Regel durch eine deutliche Steigerung der Volatilität überkompensiert (die erwartete Rendite von Aktien ist knapp doppelt so hoch wie die von festverzinslichen Titeln, ihre Volatilität beträgt jedoch rund das Vierfache). Vor diesem Hintergrund ist der in der PKV zu beobachtende Trend hin zu höheren Aktienquoten differenziert zu bewerten. Zwischen 1995 und 1998 nahm der Aktienanteil an den Kapitalanlagen kontinuierlich von im Durchschnitt 13,7 auf 20,3% zu. Während jedoch einige Unternehmen die vergleichsweise hohe Volatilität von Aktieninvestments leicht über ihren beträchtlichen Bestand an Bewertungsreserven oder über einen hohen Anteil von Kapitalanlagen ohne Abschreibungsrisiko abfedern können, führt sie bei Unternehmen ohne diese »Risikopuffer« zu teilweise bedenklichen Shortfall-Risiken.

Illustrieren lässt sich dieser Zusammenhang anhand einer Reihe anonymisierter Fallstudien deutscher privater Krankenversicherungsunternehmen, deren Anlagestrukturen auf Basis einiger Annahmen aus den Geschäftsberichten abgeleitet wurden.

Die errechneten Shortfall-Wahrscheinlichkeiten gehen von einem neutralen Risiko- und Kostenergebnis aus, d. h. sie sind als eher konservative Schätzungen zu betrachten (Abb. 3).

Das »durchschnittliche« deutsche private Krankenversicherungsunternehmen investierte Ende 1998 ca. 20% des Marktwerts seiner Kapitalanlagen direkt

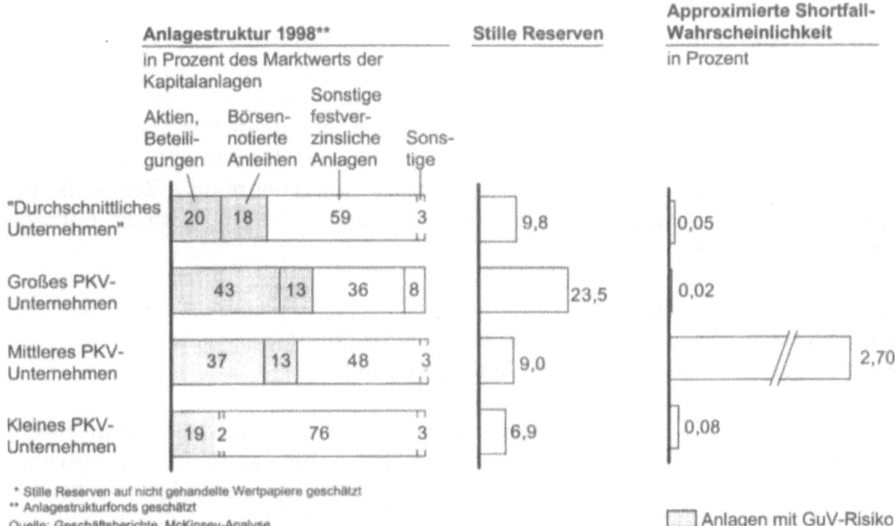

Abb. 3. Outside-in-Analyse: Shortfall-Risiko PKV – Markt und ausgewählte Beispielunternehmen

oder über Fonds in Aktien und Beteiligungen. Weitere knapp 60% waren in Schuldscheindarlehen, Namensschuldverschreibungen, Hypotheken und anderen festverzinslichen Anlagen investiert, die üblicherweise keinem Abschreibungsrisiko unterliegen. Gepaart mit ca. 10% Bewertungsreserven führt dieser hohe Anteil von Anlagen ohne Buchwertrisiko dazu, dass das Shortfall-Risiko für das »durchschnittliche« Krankenversicherungsunternehmen mit 0,05% auf einem durchaus akzeptablen Niveau liegt: Ein Shortfall-Risiko von 0,05% bedeutet, dass die Kapitalmärkte sich rechnerisch nur einmal alle 2000 Jahre so schlecht entwickeln, dass das Unternehmen trotz Mobilisierung aller stillen Reserven nicht in der Lage ist, die rechnungsmäßige Verzinsung der Altersrückstellungen aus den Kapitalerträgen zu bestreiten und daher sein Eigenkapital angreifen müsste.

Bei dem »großen Krankenversicherungsunternehmen« liegt das Shortfall-Risiko sogar noch niedriger als im Marktdurchschnitt. Dass das Unternehmen dieses niedrige Risikoniveau trotz einer extrem hohen Aktienquote und eines vergleichsweise geringen Anteils nicht börsengehandelter Anlagen erreicht, liegt an seinen hohen Beständen an Bewertungsreserven. Im Falle einer negativen Entwicklung der Kapitalmärkte könnte das Unternehmen diese stillen Reserven realisieren und somit die für die Dotation der Altersrückstellungen notwendige Buchrendite selbst dann erreichen, wenn die Kapitalanlagen auf Marktwertbasis tatsächlich einen Verlust erwirtschaften.

Wie wichtig es ist, bei einer Erhöhung der Aktienquote für ein ausreichendes »Polster« stiller Reserven zu sorgen, wird am Beispiel des »mittleren Krankenversicherungsunternehmens« deutlich. Obwohl es über einen größeren Anteil nicht börsengehandelter und damit auf Buchbasis risikofreier Anlagen verfügt als der große Versicherer, beträgt sein Shortfall-Risiko bedenklich hohe 2,7%. Rechnerisch liegt das Risiko bei etwa 1:37, dass das Unternehmen im Folgejahr nicht in der Lage sein wird, seine Altersrückstellungen aus dem Kapitalanlageergebnis zu dotieren. In diesem Fall würde die gesetzlich erforderliche Dotierung zu einem Bilanzverlust führen und könnte ggf. den Konkurs des Unternehmens bedeuten. Zurückzuführen ist diese durchaus reale Bedrohung auf die im Verhältnis zum hohen Ertragsrisiko viel zu geringen Bewertungsreserven.

Verfügt ein Unternehmen also nur über einen geringen Bestand an stillen Reserven, sollte der Anteil von Aktienanlagen am Gesamtportfolio begrenzt sein – wie im Falle des »kleinen Krankenversicherungsunternehmens«. Zur Senkung des Buchwertrisikos trägt in diesem Fall auch der hohe Anteil nicht börsennotierter Anlagen bei.

Kapitalanlagestrategie: neben langfristigen Entwicklungsperspektiven auch Optionen zur mittelfristigen Risikobegrenzung

Das Fazit lautet: In Zeiten sinkender versicherungstechnischer Margen und weiterhin stark steigender Gesundheitsausgaben sind hohe Kapitalerträge notwendig, um die Altersrückstellungen zu dotieren und ein positives Jahresergebnis zu erzielen. Da jedoch die Rendite festverzinslicher Anlagen in den neunziger Jahren deutlich zurückgegangen, der Rechnungszins auf die Altersrückstellun-

Abb. 4. Zusammenfassung »strategisches Dilemma«

gen aber gleich geblieben ist, kann das gewohnte Niveau des Kapitalanlageergebnisses nur gehalten werden, wenn der Anteil der rentableren Aktieninvestments am Gesamtportfolio zunimmt. Andererseits ist die Rendite von Aktienanlagen auch deutlich volatiler als die festverzinslicher Investments. Hieraus resultiert ein Risiko: Im Falle einer extrem schlechten Kapitalmarktperformance in einzelnen Jahren könnten die Kapitalerträge nicht ausreichen, um die gesetzlich erforderliche Dotierung der Altersrückstellungen zu gewährleisten; das Krankenversicherungsunternehmen könnte dadurch in eine wirtschaftliche Notlage geraten.

Besitzt das Unternehmen ausreichende stille Reserven auf seinen Kapitalanlagen, kann dieses Shortfall-Risiko wirksam abgefedert werden. Diejenigen Unternehmen aber, für dies nicht der Fall ist, befinden sich in einem »strategischen Dilemma« (Abb. 4):

Um die angestrebte Zielrendite zu erreichen, müsste der Aktienanteil erhöht werden, was jedoch auf Grund fehlender stiller Reserven schnell zu inakzeptablen Shortfall-Wahrscheinlichkeiten führt. Wird der Aktienanteil jedoch nicht erhöht, kann die buchmäßige Zielrendite nur durch Realisierung der vorhandenen Bewertungsreserven erreicht werden – und dies auch nur für einen begrenzten Zeitraum. Der Abbau von stillen Reserven führt aber seinerseits zu erhöhtem Shortfall-Risiko und verringert daher den Spielraum zum Aufbau des Aktienanteils noch weiter.

Unternehmen in dieser Lage müssen sorgfältig analysieren, wie hoch ihr augenblickliches Shortfall-Risiko bereits ist und wie viel Risiko sie zu akzeptieren bereit sind. Eine vorübergehende Erhöhung des Risikos kann ggf. die einzige Möglichkeit sein, aus dem »strategischen Dilemma« auszubrechen. Stellt das

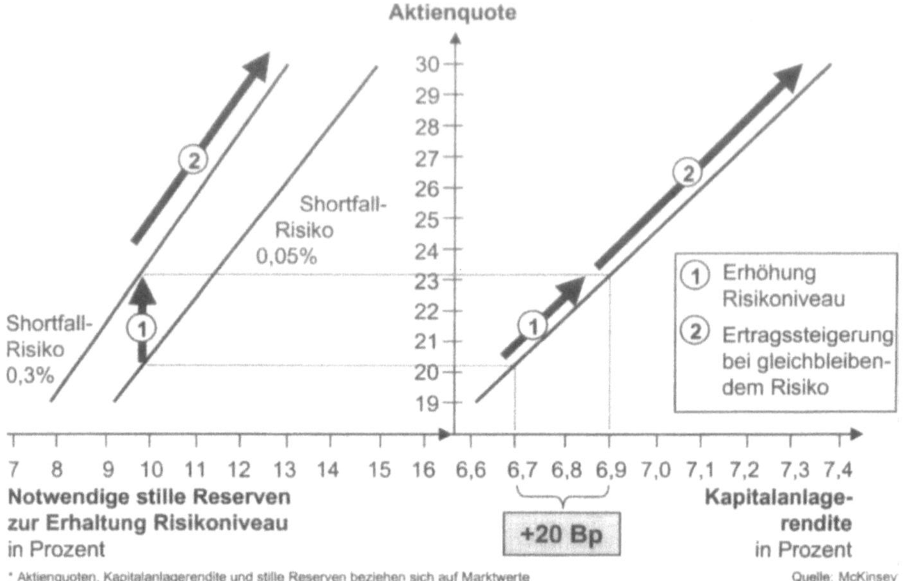

Abb. 5. Beispiel: kurz- und langfristige Erhöhung der Kapitalanlagerentabilität

Unternehmen wie im Beispiel in Abbildung 5 fest, dass sich das augenblickliche Shortfall-Risiko auf einem relativ niedrigen Niveau befindet (0,05% im Beispiel), so könnte es sich entscheiden, die Aktienquote kurzfristig so weit zu erhöhen, wie dies bei Akzeptanz eines maximalen Shortfall-Risikos (0,3% im Beispiel) gerade noch möglich ist.

Diese Veränderung der Portfoliostruktur würde den erwarteten Ertrag der Kapitalanlage kurzfristig erhöhen (im Beispiel um 20 Basispunkte). Die mit der kurzfristigen Erhöhung der Aktienquote verbundenen Änderungen in Risikoniveau und Ertragserwartung sind in Abbildung 5 durch die mit »1« bezeichneten Pfeile veranschaulicht. Die höhere Ertragserwartung würde es dem Unternehmen nun ggf. erlauben, seine Zielrendite zu erzielen und dabei seine stillen Reserven langsam aufzubauen. Wie in Abbildung 5 durch den Pfeil »2« verdeutlicht, kann in dem Maße, wie die Bewertungsreserven steigen, auch der Aktienanteil weiter erhöht werden, ohne dass das Shortfall-Risiko wächst. Bei Rückschlägen an den Kapitalmärkten müsste der Aufbau des Aktienanteils zwischenzeitlich ggf. gestoppt werden, langfristig führt jedoch der kontrollierte Ausbau der Aktienposition zu einer deutlichen Verbesserung der Rendite bei gleich bleibendem Shortfall-Risiko.

Das kritische Element im gerade skizzierten Prozess ist die Begrenzung des Risikos bei der einleitenden Erhöhung der erwarteten Portfoliorendite (Pfeil »1«). Das Unternehmen in dem in Abbildung 5 dargestellten Beispiel befindet sich in der vorteilhaften Situation, dass das ursprüngliche Risikoniveau so niedrig ist, dass noch ausreichend Spielraum für eine Erhöhung besteht. Im Falle von Krankenversicherungsunternehmen, bei denen dies nicht der Fall ist, muss eine

Lösung gefunden werden, um das mit der kurzfristigen Erhöhung des Aktienanteils verbundene Risiko abzufedern. Dieser »Risikopuffer« ist nur für eine begrenzte Zeit nötig, da die Steigerung der erwarteten Kapitalanlagerendite dem Unternehmen mittelfristig den Aufbau stiller Reserven erlauben sollte, die dann zu einer Rückführung des Shortfall-Risikos führen. Sobald das Risiko unter das Zielniveau gesunken ist, wird der zusätzliche Risikopuffer verzichtbar und zusätzliche stille Reserven können zum weiteren Aufbau des Aktienanteils verwendet werden.

Die Absicherung des kurzfristig entstehenden Risikos könnte grundsätzlich über Finanzderivate erfolgen. Allerdings ist diese Form der Risikoabsicherung meist nicht genau auf das Risikoprofil eines Versicherungsunternehmens ausgerichtet und daher in der Regel sehr teuer. Möchte man beispielsweise ein Portfolio deutscher Aktien gegen einen Kursverlust von mehr als 35% absichern, so sind hierfür trotz der geringen Wahrscheinlichkeit einer solchen Entwicklung zwischen 2 und 3% auf den abzusichernden Betrag zu zahlen. Durch diese Kosten der Absicherung würde der ursprüngliche Zweck der Erhöhung des Aktienanteils konterkariert, nämlich die Steigerung der erwarteten Rendite des Gesamtportfolios.

Eine Alternative zum »hedging« an den Kapitalmärkten könnte der Abschluss eines »Financial-Reinsurance-Vertrags« auf das Kapitalanlageergebnis sein. Durch einen Rahmenvertrag würde sich das Rückversicherungsunternehmen hierbei verpflichten, an den Erstversicherer im Falle eines Shortfalls seines Kapitalanlageergebnisses eine erfolgswirksame Zahlung zu leisten. Der Erstversicherer würde diese Zahlung in den Folgejahren (in denen sein Kapitalanlageergebnis dann wieder ausreichend ist) an den Rückversicherer zurückerstatten. Da die Preisfindung für einen »Financial-Reinsurance-Vertrag« der tatsächlichen Risikostruktur des Erstversicherers wesentlich genauer angepasst werden kann, vor allem aber, weil ein solcher Vertrag normalerweise keinen echten Risikotransfer, sondern nur eine »Diversifikation des Kapitalanlagerisikos über Zeit« umfasst, dürften seine Kosten wesentlich niedriger als die eines Finanzderivats sein. Gehört das Krankenversicherungsunternehmen zu einer Unternehmensgruppe, so könnte der Vertrag mit einer konzerneigenen Rückversicherungseinheit abgeschlossen werden. Da speziell die Sachversicherungssparten der deutschen Versicherungskonzerne häufig deutlich überkapitalisiert sind, wäre dies eine gute Möglichkeit, überschüssiges Risikokapital einer wirtschaftlichen Nutzung innerhalb der Gruppe zuzuführen. Alternativ könnte ein »Financial-Reinsurance-Vertrag« auch mit einer konzernfremden Rückversicherung abgeschlossen werden.

Beachtliches Ertragspotential durch Neuausrichtung der Kapitalanlagestrategie

Wenn es gelingt, das Shortfall-Risiko zu beherrschen – sei es durch den Abschluss eines »Financial-Reinsurance-Vertrags«, den Aufbau stiller Reserven oder die Erhöhung des Anteils von Anlagen ohne Abschreibungsrisiko –, dann birgt die Neuausrichtung der Kapitalanlagestrategie ein enormes Potential zur Verbesserung der Gesamtprofitabilität privater Krankenversicherer. Wie groß

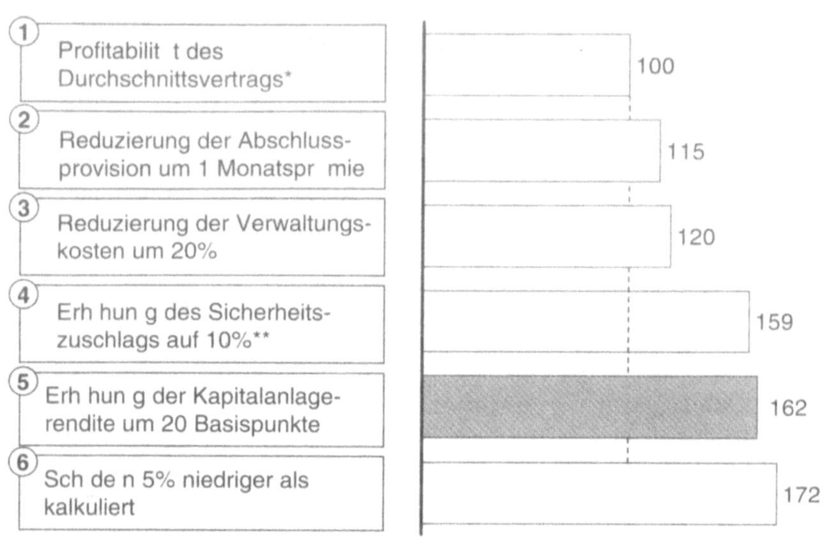

Abb. 6. Profitabilitätstreiber einer privaten Krankenvollversicherung (Barwert aller Cashflows während der Vertragslaufzeit in Prozent der ersten Jahresprämie, indiziert auf 100)

dieses Potential ist, wird deutlich, wenn man die Auswirkung einer Erhöhung der Kapitalanlagerendite mit den Auswirkungen einer Verbesserung verschiedener anderer versicherungstechnischer Hebel vergleicht:

Bereits bei einer Erhöhung der Kapitalanlageprofitabilität um 20 Basispunkte (0,2%) steigt der Barwert eines neu abgeschlossenen Vertrags für das Versicherungsunternehmen um fast zwei Drittel (Abb. 6).

Das Verbesserungspotential im Kapitalanlagebereich ist z. T. noch deutlich größer als die unterstellten 20 Basispunkte.

Tabelle 1. Verbesserungspotential bei Neuausrichtung, Anlagemanagement – Erfahrungswerte

	Häufig beobachtete Defizite	Verbesserungspotential
Strategische Asset-Allokation	Asset-Liability-Risiko kaum gemessen und optimiert	Bis 60+ Basispunkte
	Eigenkapital nicht voll genutzt	
	Asset-Klassen eingeschränkt (z. B. keine Bonitätsrisiken, keine internationalen Anlagen)	
Taktische Asset-Allokation	Spezialisierungsvorteile unzureichend genutzt	Bis 25 Basispunkte
	Unzureichende quantitative Unterstützung	
	Unsystematische Allokationsprozesse	
Einzeltitel-Auswahl	Selektionskriterien/Anlagestile nicht professionalisiert	Bis 15 Basispunkte
	Kaum systematisches Broker-Management	
Gesamt		Bis 100 Basispunkte

Tabelle 1 führt einige häufig zu beobachtende Defizite der Kapitalanlage in deutschen Versicherungsunternehmen auf und gibt einen Anhaltspunkt für das mögliche Verbesserungspotential. Obwohl dessen größter Teil im Bereich der strategischen Allokation liegt, zu der auch die Festlegung der Aktienquote gehört, weisen auch die taktische Allokation (Abweichung von der strategischen Allokation auf Grund von mittelfristiger Marktmeinung) und die Einzeltitelauswahl beachtliches Potential auf. Die Nutzung der Verbesserungsmöglichkeiten setzt u.a. voraus, dass der Anlageprozess deutlich stärker systematisiert und quantitativ unterstützt wird; notwendig sind zudem eine stärkere Professionalisierung und Spezialisierung sowie eine klare Erfolgsmessung und Berichterstattung. Unter Umständen sollten Möglichkeiten des Outsourcings geprüft werden, da die intern verfügbaren Kapazitäten und Kompetenzen speziell bei kleineren Gesellschaften meist nicht ausreichen, um eine positive nachhaltige Outperformance der jeweiligen Benchmarks möglich erscheinen zu lassen.

Im augenblicklich schwierigen Umfeld der Kapitalanlage unterliegen einzelne private Krankenversicherungsunternehmen einem teilweise erheblichen Risiko. Es sollte im Einzelfall quantifiziert und bewertet werden. Eine Analyse der Lösungsmöglichkeiten bildet die Grundlage, um sowohl eine langfristige Strategie für die Verbesserung der Kapitalanlagerentabilität zu erarbeiten als auch für ein Konzept zur Abfederung kurzfristiger Risiken zu finden. Wenn dies gelingt, ist die Kapitalanlage der wahrscheinlich größte Hebel zur Verbesserung der Unternehmensprofitabilität.

Der deutsche Reha-Markt: strategische Optionen für Träger und Betreiber

ALIN ADOMEIT, PETER H. KILIAN, JOCHEN MESSEMER, RAINER SALFELD und ALEXANDER SCHMID

Stärker noch als die Krankenhauslandschaft ist der Reha-Markt in Bewegung. Um DM 10 Mrd. pro Jahr geht es in Deutschland – das entspricht 10% der Krankenhauskosten. Gesetzgeber und Kostenträger haben den Reha-Markt ins Visier genommen. Neue medizinische Trends erfordern laufend die Anpassung der Reha-Angebote; die Kapazitätsüberhänge verstärken den Kostendruck und den Kampf um Patienten. Träger und Betreiber reagieren mit Kostensenkung, Konsolidierung und Konzentration. Wie sich die Situation im Markt heute darstellt und welche Optionen sich für Träger und Betreiber ergeben, beschreibt dieses Kapitel.

Stabilisierung des Reha-Bedarfs seit 1997

Im deutschen Reha-Markt setzt sich nach den Gesetzesinitiativen von 1996 und dem dramatischen Einbruch um 29% in 1997 jetzt im dritten Jahr in Folge eine leichte Erholung fort. Das bedeutet allerdings nicht, dass der Sturm vorüber ist. Mittel- bis langfristig wird sich die Nachfragelandschaft deutlich verändern.

Kapazitätsüberhänge, Kostendruck und Kampf um Patienten nach dramatischem Einbruch 1997

Die christlich-liberale Regierung leitete 1996 eine tief greifende Transformation des Reha-Marktes ein. Das Beitragsentlastungsgesetz hat die 3 wesentlichen Maßnahmen festgeschrieben: Die angestrebte Reha-Dauer wurde von 4 auf 3 Wochen reduziert, das Zeitintervall zwischen 2 Reha-Behandlungen von 3 auf 4 Jahre erhöht und die Zuzahlungen für Patienten verdoppelt. Die Krankenversicherungen sollten um knapp DM 1 Mrd. entlastet werden. Mit dem Wachstums- und Beschäftigungsförderungsgesetz wurde parallel dazu das Reha-Budget der Rentenversicherungsträger um über DM 2 Mrd. gekürzt.

Das Ergebnis dieser Gesetzesinitiatativen war dramatisch: Die Pflegetage gingen um insgesamt 29% zurück (Abb. 1). Das hatte 3 Konsequenzen:

- Der deutsche Reha-Markt hatte plötzlich Überkapazitäten von ca. 70.000 Betten. Bis heute ist die Überkapazität nur um etwa ein Drittel verringert worden. Familienbetriebe in privaten Kliniken müssen Betriebsverluste in Kauf nehmen und zehren von den Rücklagen aus den guten Jahren. Viele der Kliniken in öffentlich-rechtlicher Trägerschaft müssen stark subventioniert werden.

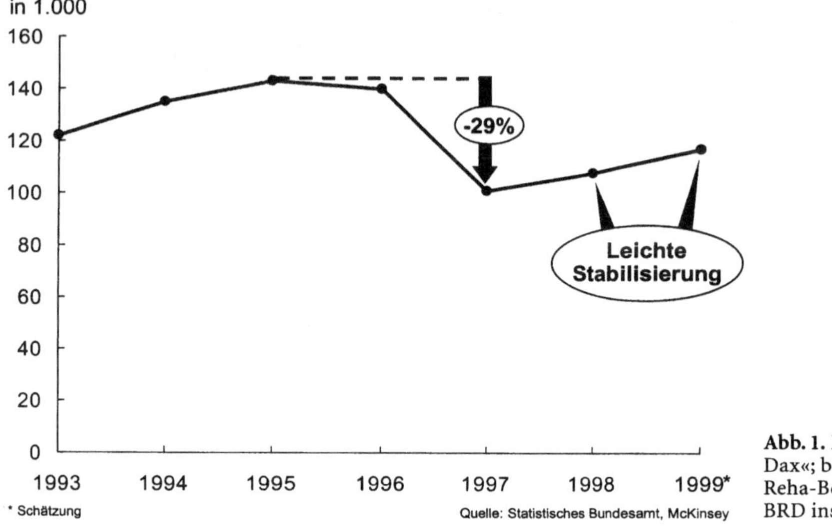

Abb. 1. Der »Reha-Dax«; belegte Reha-Betten, BRD insgesamt

- Während das Reha-Geschäft bis 1997 attraktive, teilweise zweistellige Renditen erlaubt hatte, wurde es nun mit einem Mal unprofitabel. Die geringere Auslastung der Kliniken ging auf Grund des hohen Fixkostenanteils in den Kliniken ohnehin schon zu Lasten der Wirtschaftlichkeit; zusätzlich nutzten die Kostenträger die Überkapazität im Markt, um niedrigere Fallpauschalen zu verhandeln. Beides zusammen erzeugt einen enormen Kostendruck. Lag beispielsweise der Pflegesatz für orthopädische Patienten noch 1997 bei DM 220–240 pro Tag, so werden heute z. T. Pflegesätze von DM 180 pro Tag angeboten.
- Die Rentenversicherungsträger zogen 1997 ihre Belegung zu einem erheblichen Teil aus den privaten Kliniken ab, um die eigenen Häuser zu füllen. Dadurch standen zeitweise über 50.000 Betten in privaten Reha-Kliniken leer. Gleichzeitig verstärkten auch die Kliniken der Rentenversicherungsträger ihre Bemühungen um fremde Kunden, um ihre Häuser bestmöglich auszulasten. Damit intensivierte sich der seit Jahren anhaltende Kampf um die Patienten noch mehr.

Kapazitätsüberhänge, Kostendruck und der Kampf um Patienten bleiben auch im Jahr 2000 noch die Treiber im deutschen Reha-Markt. Zwar hat sich die Gesamtsituation etwas verbessert, die notwendigen langfristigen Korrekturen sind jedoch bei weitem noch nicht eingetreten.

Mäßige Bedarfserholung seit 1997

In den letzten 2 Jahren ist die Zahl der Pflegetage wieder um etwa 10% pro Jahr gestiegen. Das hat zu einer spürbaren Entspannung der Lage geführt. Der – wenn auch begrenzte – Abbau der Überkapazität und eine gewisse Korrektur der zunächst wohl überzogenen Reaktionen der Ärzte, Versicherten und Träger tragen zu dieser Entspannung bei. Aber auch neue inhaltliche Trends zeichnen sich ab: der Trend zu integrierten Fallpauschalen, das Entstehen neuer komplexer Diagnosefelder und Richtungsänderungen in der Gesetzgebung durch die sozialdemokratisch-grüne Regierung.

- Seit Einführung der Bundespflegesatzverordnung 1995 gewinnen *Fallpauschalen und Sonderentgelte* an Bedeutung. Bis 2003 soll die Abrechnung weitestgehend auf diagnosebezogene Fallpauschalen (Diagnosis Related Groups, DRGs) umgestellt werden. Die Akutkrankenhäuser optimieren ihren Deckungsbeitrag und verlegen die Patienten so früh wie möglich in preiswertere Einrichtungen. Der Trend zur Früh-Reha eröffnet den Reha-Kliniken neue Chancen: Über integrierte Fallpauschalen und Komplexpauschalen werden sie nun z. T. von den Krankenhäusern bezahlt. Zum anderen wächst aber auch direkt der Bedarf an Anschlussheilbehandlungen (AHB) – insbesondere in der Kardiologie und der Orthopädie.
- Gleichzeitig entstehen *neue komplexe Diagnosefelder*. Insbesondere die neue intensivierte Therapie nach Schlaganfall hat zu einer erheblichen Zunahme der neurologischen Rehabilitation geführt. Entgegen dem allgemeinen Trend ist die Zahl der neurologischen Pflegetage von 1993–1998 um über 40% gestiegen. Die demografische Entwicklung und der Kostendruck insbesondere auf die Abteilungen der inneren Medizin und der Neurologie haben zudem die Geriatrie wachsen lassen. Die Rehabilitation folgt hier dem Auftrag, Pflegebedürftigkeit zu vermeiden.
- Und zusätzlich ist auf Grund des *Gesundheitsreformgesetzes 2000* mit einem Wiederanstieg der Pflegetage zu rechnen: Die Flexibilisierung der Verweildauern wird die Verkürzung von 4 auf 3 Wochen z. T. umkehren; die Zuzahlungen werden gesenkt und auch die ambulanten Zuzahlungen einbezogen.

Insgesamt ist damit zu rechnen, dass auch bis zum Ende der Legislaturperiode 2002 der Trend einer leichten Zunahme der Pflegetage anhalten wird. Mittel- bis langfristig stehen aber weitere grundsätzliche Strukturtransformationen bevor.

Verschiebungen der Nachfragestruktur zu erwarten

Die oberflächliche, rein summarische Betrachtung der Nachfrage darf nicht darüber hinwegtäuschen, dass sich die Struktur dieser Nachfrage drastisch verändern wird. Dies wird deutlich, wenn man die Einflussfaktoren im Markt – sowohl auf der Patienten- als auch auf der Kostenträgerseite – genauer betrachtet (Abb. 2).

Neue medizinische Entwicklungen. Sie werden auch in Zukunft die Nachfrage nach Rehabilitation stark beeinflussen. Für einige Indikationsgruppen wird die stationäre Reha-Indikation mittelfristig stark zurückgehen. Neben verbesserte medikamentöse und interventionelle Therapien treten neue teilstationäre und vermehrt ambulante Versorgungsformen. Dafür einige Beispiele:

- Ein optimiertes Vorgehen in Diagnostik und Therapie wird mittelfristig die Zahl der Coronarangiografien, PTCAs und ACVBs je Patient in Deutschland verringern. Der Kostendruck wird dann langfristig die Überkapazitäten an

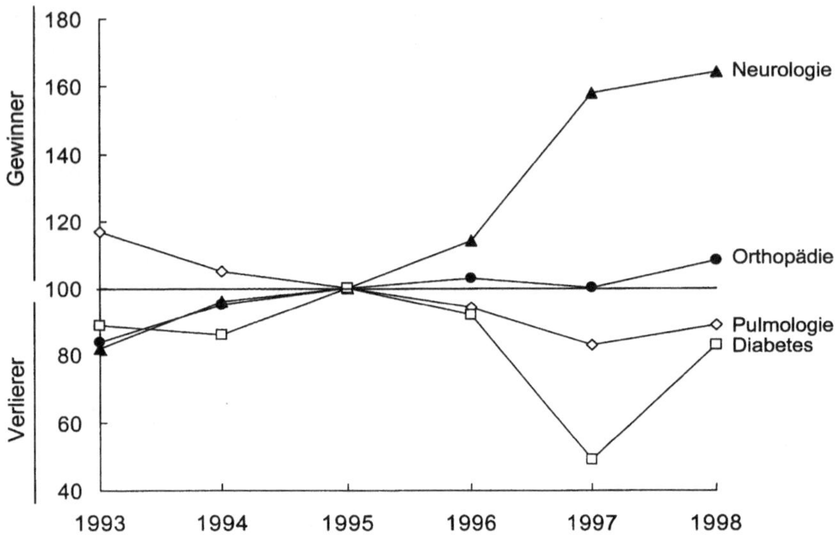

Abb. 2. Beispiele der Entwicklung einzelner Diagnosegrundgruppen

Kathetermessplätzen in Deutschland reduzieren. Mit dem zunehmend besseren Verständnis und der Standardisierung der Therapie nach Koronarangiografie und PTCA wird auch die Zahl stationärer AHBen nach diesen Interventionen zurückgehen; wohnortsnahe ambulante Reha-Angebote werden teilweise an deren Stelle treten.

- Die allgemeine Einführung der 3-Stufen-Therapie hat die Häufigkeit schwerer, rehabilitationsbedürftiger Verläufe bei Asthma- und COPD-Patienten deutlich verringert. Langfristig verbleiben nur die Patienten mit den schweren Funktionseinschränkungen. Zudem nimmt die Häufigkeit von Silikosen (als weiterer klassischer Indikationsgruppe) auf Grund verminderter beruflicher Exposition ab.
- Die PUVA-Therapie wird bald in allen größeren ambulanten Therapiezentren Deutschlands verfügbar sein. Damit entfällt eine Hauptindikation für die Psoriatiker zur Rehabilitation.
- Bei Adipositas und Diabetes werden Ärzte nur noch selten stationäre Reha-Aufenthalte verordnen. Die Überprüfung der Stoffwechselparameter, Ernährungsschulungen, viele Anpassungen der Medikation wurden in den vergangenen Jahren in den ambulanten Bereich verlagert. Aber nicht alle Patienten lassen sich in Schwerpunktpraxen einstellen. Dies hat zu einer gewissen Korrektur der *in extenso* betriebenen Verlagerung aus dem stationären in den ambulanten Bereich geführt. Langfristig wird sich aber voraussichtlich eine neue Versorgungsform etablieren: die teilstationäre wohnortnahe Betreuung. Sie kombiniert die Vorteile der größeren Intensität stationärer Therapien mit der Möglichkeit alltagsnaher ambulanter Versorgung.

Integrierte Angebote für häufige Diagnosen. Durch die Einführung von Fallpauschalen im Akutbereich ist der Bedarf an integrierten Angeboten für häufige Diagnosen mit standardisierbaren Therapieabläufen bereits stark gewachsen. Mit der Einführung der DRGs in den nächsten Jahren wird sich dieser Trend noch deutlich verstärken. 2 Beispiele, in denen sich dieser Trend heute schon abzeichnet:

- Die Fallpauschale für AHB nach Hüft-TEP in der Orthopädie kann den Transport in die Reha-Klinik, die Frühmobilisation, eine intensivierte Behandlung (z. B. mit medizinischer Trainingstherapie) beinhalten. Wird sie mit einer Verkürzung der durchschnittlichen Verweildauer verhandelt, lässt sich damit die Profitabilität der Reha-Klinik verbessern. Patienten profitieren von der intensivierten Therapie und brauchen nicht noch übers Wochenende im Krankenhaus zu bleiben, um so die Kosten der Behandlung zu decken.
- Die A- und B-Pauschalen und die durchschnittlichen Fallkosten der Reha werden von kardiologischen Klinikverbünden als komplette Leistung angeboten. Die frühzeitige Übernahme sichert der Reha-Klinik die Belegung und verbessert die Kostensituation des Akutkrankenhauses. Besonders vorteilhaft sind hier räumlich an das Akutkrankenhaus angegliederte Reha-Einrichtungen mit der Möglichkeit gemeinsamer Visiten. Der Patient profitiert so durch eine optimale Abstimmung von interventioneller und rehabilitativer Therapie.

Reha-Kliniken könnten sogar mit verschiedenen Akutkliniken oder Kostenträgern unterschiedliche Leistungspakete aushandeln. Patienten mit gleicher Grunderkrankung könnten dann durchaus in einer Reha-Klinik verschieden behandelt werden, je nachdem, aus welcher Klinik sie überwiesen wurden oder welcher Kostenträger dahinter steht.

Nachfragekonzentration der Kostenträger. Die Kostenträger werden ihre Nachfrage zunehmend auf wenige Kliniken mit fest vereinbarten Leistungspauschalen konzentrieren. Mit der Zusicherung hoher Belegungszahlen für bestimmte Reha-Kliniken drücken die Kostenträger dann bei den Verhandlungen auf die Preise und handeln besondere Leistungspakete aus. Die Kliniken profitieren ihrerseits von der Belegungszusage. Der Patient nimmt zwar eine Einschränkung seiner Wahlfreiheit in Kauf, erhält dafür aber gesicherte Qualität und zahlt niedrigere Beiträge. Eine solche Konzentration der Nachfrage setzt eine zunehmende Steuerung der Versicherten in die ausgewählten Kliniken voraus.

Kostendruck. Der Kostendruck im Gesundheitswesen beschränkt langfristig den Bedarf. Zwar haben die gesetzlichen Initiativen der jüngsten Vergangenheit den Bedarf eher stimuliert, doch kann dies nicht von Dauer sein. Der Kostendruck im Gesundheitswesen wird weiter zunehmen. Und damit müssen die Bewilligungen langfristig wieder begrenzt werden. Der Reha-Branche ist es bisher nicht gelungen, die volkswirtschaftliche Effizienz von Heilverfahren ausreichend zu beweisen. Punktuelle Untersuchungen in der Vergangenheit können über das bislang auffällig geringe Engagement der großen Rentenversicherungsträger in der Effizienzbewertung nicht hinwegtäuschen.

Während die Fallpauschalen eher zu einer Ausdehnung des Bedarfs führen, werden der Kostendruck und die Verlagerung in den ambulanten/teilstationären Bereich die Wachstumstendenz der letzten Jahre dämpfen. Langfristig wird der Bedarf sich voraussichtlich etwa auf dem Niveau der letzten 3 Jahre einpendeln, sich aber gleichzeitig deutlich anders als bisher verteilen.

Konsequenzen für Betreiber von Reha-Kliniken: Suche nach Wegen aus der Preisspirale

Auch wenn sich der Markt leicht erholt hat: Die Kapazitätsüberhänge bestehen weiter, der Kostendruck steigt und der Kampf um die Patienten tobt. Was also können die Reha-Kliniken tun? Sie müssen ihre Abläufe und Strukturen optimieren, sie müssen alle Effizienzpotentiale mobilisieren, um sich das Recht auf Überleben zu sichern. Aber diese »operative Optimierung« reicht nicht aus – auch eine ausgefeilte Strategie gehört zu den Erfolgsbedingungen: Eine Analyse der spezifischen Stärken und Schwächen ermöglicht eine individuelle Positionierung im Markt, die dann auch im Marketing umgesetzt werden muss.

Stufenweise Klinikoptimierung als Voraussetzung für Bestehen im Markt

Bei Pflegesätzen zwischen DM 180 und 230 pro Tag sind Höchstleistungen im Tagesbetrieb unabdingbar, will man das Gebot der Wirtschaftlichkeit mit dem Gebot der Qualität medizinischer Leistungen in Einklang bringen. Trotz vielfältiger Anstrengungen und herausragender Einzelbeispiele ist die Branche insgesamt vom Optimum noch weit entfernt. Die Gesamtoptimierung einer Klinik muss 3 Stufen umfassen: Die Schaffung effizienter Abläufe, die vollständige Auslastung der Infrastruktur und die Verwirklichung optimaler Betriebsgrößen mit einer moderaten Investitionsplanung sind Voraussetzung für ein Bestehen im Reha-Markt.

Optimierung der Abläufe. Die Optimierung der Abläufe im medizinischen und nicht medizinischen Bereich erfordert ein exaktes Verständnis der Kosten- und Leistungssituation der Klinik – viel zu leicht optimiert die Klinik sonst an den falschen (weil unwesentlichen) Hebeln. Auch wenn noch keine Kosten- und Leistungsrechnung durchgängig eingeführt ist, kann sich die Klinik innerhalb weniger Wochen einen aussagefähigen Überblick verschaffen. Leistungsstrukturierung, Leistungsstatistiken, Kernzeiten- und Aktenanalysen bilden die Basis, um aus einer Kostenstellenrechnung eine prozessbasierte Kostenträgerrechnung zu machen.

Interne Kostensätze von über DM 250 pro Tag sind heute nichts Ungewöhnliches – davon lassen sich durch Optimierung der Abläufe DM 20–50 proTag einsparen. Die Ansatzpunkte umfassen neben der klassischen Prozessoptimierung und der externen Vergabe einzelner Funktionen auch eine Neufestlegung des erforderlichen Leistungsumfangs und Kapazitätsanpassungen. Kreatives Insourcing kann eine nicht optimal ausgelastete Küche um bis zu DM 10 pro Tag billiger machen. Im medizinischen Bereich ist die Dokumentation dabei genauso ein Standardthema wie die Verminderung der im Hause vorgehaltenen diagnostischen Verfahren.

Dabei müssen die Investitionen so gering wie möglich gehalten werden, denn auch Abschreibungen und Kapitalzinsen belasten den Pflegesatz – bei einigen Kliniken mit bis zu DM 40 pro Tag.

Klinikauslastung. Sie hat nach wie vor fundamentale Bedeutung für Reha-Kliniken. Ein Anheben der Klinikbelegung von 80 auf über 95% kann den kostendeckenden Pflegesatz um DM 40 pro Tag verringern. Aktive Einweisungssteuerung durch Ärzte und Verwaltung ist entscheidend. Dabei reicht es nicht, Werbemaßnahmen allgemeiner Art durchzuführen. Vielmehr muss eine Reha-Klinik durch eine klare Positionierung und vertrauensvolle Zusammenarbeit versuchen, der natürliche Partner mindestens einer Akutklinik zu werden. Gemeinsame Behandlungsleitlinien zu erarbeiten, stärkt die Zusammenarbeit und nützt dem Patienten.

Optimierung der Betriebsgröße. Sie bildet die dritte essentielle Stufe, um die Wettbewerbsfähigkeit der Reha-Klinik zu verbessern. Hier geht es darum, unterkritisch große Einheiten aufzugeben – oder zu vergrößern. Eine Klinik mit 180 Betten ist deutlich schwieriger profitabel zu betreiben als eine mit 240 Betten. Stockt man ein 180-Betten-Haus um 60 Betten auf, so wirkt sich dies nur auf die Hälfte der Kosten aus, und diese steigen auch nicht um ein Drittel, sondern unterproportional. Die Wirkung auf den Pflegesatz kann DM 30 pro Tag ausmachen.

Gleichzeitig gibt es jedoch auch eine kritische Obergrenze: Diese hängt wesentlich von der Anzahl der Diagnosegrundgruppen einer Klinik ab. Daneben sind auch Sprungfunktionen im Personalbedarf der Verwaltung und der medizinischen Leitung zu berücksichtigen.

Insgesamt ist ein Zielpflegesatz von ca. DM 200 erreichbar – natürlich ist dies nur ein Durchschnittswert über alle Diagnosegruppen. Bei allem Kostendruck darf die medizinische Behandlungsqualität nicht vernachlässigt werden. Mit stationären Pflegesätzen von deutlich unter DM 200 lassen sich nur noch für ganz wenige Fallgruppen ausreichende Therapien gewährleisten. Wenn solche Pflegesätze dennoch heute am Markt angeboten werden, dann insbesondere deshalb, weil Korrelationen von therapeutischem Aufwand und Ergebnisqualität nicht in ausreichendem Maße nachgewiesen sind. Kostensenkung um jeden Preis gefährdet langfristig den Stellenwert der Rehabilitation. Und weitere Kostensenkungen (über die oben skizzierten Ansätze hinaus) sind im Konzept der stationären Reha kaum mehr möglich – dazu ist ein Übergang in neue ambulante oder teilstationäre Versorgungsformen erforderlich.

Spezifische Leistungsangebote wegweisend für künftigen Erfolg

Gerade weil die Ergebnisqualität so wenig transparent ist, tobt der Preiskampf. Natürlich wäre eine bessere Ergebnisqualität der größte Hebel, um der sich immer enger zuziehenden Preisspirale zu entkommen. Mit dem Nachweis langfristig verringerter Kosten für Arbeits-/Berufsunfähigkeit, Rente oder Pflege ließen sich leicht höhere Fallkosten in der Reha durchsetzen. Wer an dieser Stelle den Durchbruch schafft, wird langfristig gewinnen. Mögliche Untersucher haben aber Schwierigkeiten, Kooperationspartner und damit Patienten zu finden: Da ist die Angst vor negativen Ergebnissen, die für kontrollierte Studien notwendigen »Kontrollpatienten« wollen auf ihre »Kuren« nicht verzichten.

Solange geeignete Untersuchungen zur Ergebnisqualität von Rehabilitation ausstehen, erfordert der Kampf um die Patienten eine spezifische Positionierung des Preis-Leistung-Angebots. Folgende Kriterien dienen als Substitute: die Struktur- und Prozessqualität, die Spezialisierung auf Indikationen, Fallschwere, diagnostische oder therapeutische Verfahren, die medizinische Kompetenz, der Ruf der Chefärzte, die Therapieintensität und/oder die Dauer der Behandlung. So ist für viele Kostenträger die Ausstattung einer Klinik mit Einzelzimmern eine Vorbedingung für Belegungszusagen. Die Lage und das Ambiente sind für viele Patienten, besonders die privaten, von hoher Bedeutung. Die diagnostischen und therapeutischen Möglichkeiten und die reibungslose Organisation der Auf-/Übernahme von Patienten sind dagegen »Eintrittsvoraussetzungen« oder reichen bestenfalls aus, um bei der Auswahl unter preislich ähnlichen Kliniken bevorzugt zu werden.

Welcher Fallmix sich am besten für die einzelne Klinik eignet, lässt sich nur mit Hilfe einer strategischen Situationsanalyse herausfinden. Sie muss die erwähnten Kriterien einbeziehen, daneben aber auch den Bedarf und die regionale Konkurrenz – und sie muss diese Faktoren zu den Kosten in Beziehung setzen. Einige Fallgruppen können sich dabei als besonders (und unerwartet) teuer erweisen. Allein schon diese Transparenz ist von hohem Wert für die weitere strategische Positionierung der Klinik.

Entscheidend ist eine Einteilung der Fallgruppen im Hinblick auf den zu erwartenden Ressourceneinsatz. Einerseits haben bestimmte Fallgruppen unterschiedliche diagnostische und therapeutische Erfordernisse. So sind z. B. Diabetiker auf Grund des hohen Schulungs- und Monitoringaufwands deutlich teurer als andere gastroenterologische Erkrankungsgruppen. Andererseits lassen sich nach dem pflegerischen Aufwand spezifische Fallgruppen unterscheiden. Insgesamt führt dies oft zu anderen Gruppierungen als den typischen Diagnosegrundgruppen. So kann die Unterscheidung zwischen AHB und Heilverfahren wichtiger sein als die nach Lokalisationen oder die nach funktioneller Beeinträchtigung wichtiger als die nach der Genese.

Über alle diese Punkte haben die Kliniken gewöhnlich fest gefügte Vorstellungen – nur selten sind sie objektiviert, transparent und gemeinsam bewertet.

Auf der Basis einer solchen strategischen Situationsanalyse muss nun jede Klinik ihr spezifisches Preis-Leistung-Angebot formulieren: Mit unterschiedlicher Intensität der Behandlung lassen sich im Markt differenzierte Pflegesätze begründen oder auch für Reha-Kliniken Sonderentgelte verhandeln (z.B. für PT(C)As). So gibt es auch heute schon in der Orthopädie gesonderte Vereinbarungen von Krankenkassen mit Reha-Kliniken über »schwere« Fälle. Eine gewisse Verkürzung der Dauer der Behandlung wird von Kostenträgern und Patienten akzeptiert, wenn dadurch die Kosten zurückgehen, aber die Behandlungsintensität und Qualität nicht leidet.

Letztlich gilt es auch, über die Anzahl der Diagnosegrundgruppen in einem Haus zu entscheiden. Viele Verwaltungsleiter wünschen immer noch ein zweites oder gar drittes Standbein zu haben. Dies ist nur dann zukunftsträchtig, wenn wirklich ausreichend spezialisierte medizinische Kompetenz vorhanden ist. Ein 220-Betten-Haus mit Schwerpunkt Kardiologie und 25 Betten Orthopädie wird in Zukunft kaum noch von zentralen Belegungsstellen belegt werden.

Konsequenzen für Reha-Träger: Nutzen der Optionen für Qualitätssteigerung und Kostensenkung

Der Einfluss auf die Klinikwahl der Patienten und das bestehende Überangebot im Markt versetzt die Reha-Träger in eine starke Position. Einige haben begonnen, ihre Stärke gezielt einzusetzen. Ausgehend von einer Bedarfsanalyse steuern sie ihre Patienten in vorher ausgewählte Häuser.

Analyse des eigenen Bedarfs. Sie ist entscheidend für eine gezielte Ausnutzung der Marktmacht. So lassen sich größere, hinreichend homogene Patientengruppen identifizieren, bei denen eine Steuerung Erfolg versprechend ist. Je nach Reha-Träger treten dabei systematische Unterschiede gegenüber dem Bundesdurchschnitt auf. Neurologische Reha-Verfahren haben z. B. insgesamt sehr stark zugenommen und bilden heute nach den orthopädischen Patienten die zweitstärkste Indikationsgruppe. Betrachtet man jedoch nur die arbeitende Bevölkerung, steht diese Patientengruppe nur an fünfter Stelle.

Bündelung des Bedarfs. Durch eine Bündelung des Bedarfs auf wenige ausgewählte Reha-Kliniken können die Reha-Träger das Preis- und Leistungsgeschehen wesentlich beeinflussen. In gewissen Grenzen gehen geringere Preise dabei nicht zu Lasten der Qualität – schließlich machen die medizinischen Leistungen nur 50% des Pflegesatzes aus, die eigentlichen therapeutischen nur etwa die Hälfte davon. Mit Bündelungsstrategien lassen sich 10–20% der Kosten einsparen. Die Auswahl der präferierten Häuser kann über Ranglisten oder direkte Vertragsverhandlungen erfolgen.

- Schon mit Rang- oder Ausschlusslisten können Reha-Träger den Markt beeinflussen und Kosten sparen. Veränderungen im Belegungsverhalten bisheriger Hauptbeleger werden für einzelne Leistungserbringer rasch spürbar und können dann Ausgangspunkt von Verhandlungen werden.
- Bei direkten Verhandlungen bilden stabile Belegungszusagen den Anreiz für günstigere Konditionen oder für die Erbringung definierter Reha-Leistungen. Neue Vergütungsmodelle – z. B. pauschalierte Leistungsangebote – können ebenso Inhalt der Verhandlungen sein wie Vereinbarungen über innerhalb bestimmter Tagessätze behandelte Schweregrade oder über Zusatzleistungen. Die Nachhaltigkeit solcher Einsparungen ist allerdings – wie in anderen Bereichen des Leistungsmanagements – an ein effizientes Controlling gebunden, das Kosten und erbrachte Leistungen nachhält.

Gezielte Fallsteuerung. Reha-Träger können die Qualität der Leistungserbringung bei gleichzeitiger Kostensenkung nur sichern, wenn sie ihre Patienten konsequent durch gezielte – medizinisch gestützte – Fallsteuerung in die ausgewählten Kliniken bringen. Natürlich kann es dabei zu Interessenskonflikten kommen. Nicht verhandelbar ist die bedarfsgerechte medizinische Versorgung. Aber geschulte Fallmanager können durchaus in der Kommunikation mit dem Patienten dessen Bedürfnisse mit den Zielen des Reha-Trägers in Einklang bringen.

Die Marktposition nutzen, um gleichzeitig die Qualität zu verbessern und die Kosten zu senken – das ist eine Chance für alle Reha-Träger.

Weiter gehende Konsequenzen für beide: zunehmende Integration im zukünftigen Markt

In einem zukünftigen Markt wird die Reha-Klinik wohl kaum als isoliertes Versorgungselement weiter bestehen, wie es der klassischen Kurklinik früherer Jahre möglich war. Es wird verstärkt vertikal oder horizontal integrierte Versorgungsstrukturen geben.

Vertikale Integration: wachsende Konkurrenz durch ambulante und teilstationäre Einrichtungen

Das Gesundheitsreformgesetz 2000 zielt (u. a.) auf eine stärkere Verzahnung von ambulanter und stationärer Versorgung. Außerdem ermöglicht es die ambulante Reha außerhalb des § 111 SGB V auch in wohnortsnahen Einrichtungen, also auch in ambulanten Einrichtungen oder direkt in Akutkrankenhäusern. Bereits jetzt sind im Markt Tendenzen des stärkeren Zusammenwachsens von Elementen der Versorgung erkennbar. Dabei ergeben sich 3 Möglichkeiten, das Angebot auszuweiten:

Der Aufbau ambulanter Therapiezentren. Die Entwicklung diabetologischer oder allergologischer Schwerpunktpraxen hat bereits in den letzten Jahren zu einer Verlagerung aus dem stationären in den ambulanten Bereich geführt. Für die Orthopädie oder die Psychosomatik sind ähnliche Lösungen zu erwarten:
- in der Orthopädie für AHB bei Zustand nach TEP sowie für Heilverfahren bei chronischen Rückenschmerzen,
- in der Psychosomatik für tiefenpsychologische oder verhaltenstherapeutische Therapiekonzepte.

Dabei werden diese Einrichtungen künftig nicht nur durch das ambulante Budget der Krankenkassen finanziert werden, sondern auch im Rahmen rehabilitativer Maßnahmen.

Die Verstärkung des Angebots von ambulanter und teilstationärer Rehabilitation durch Reha-Kliniken. Für Reha-Kliniken sind solche Angebote häufig eine Möglichkeit, die eigenen Ressourcen besser auszulasten. Die Behandlungskonzepte sind hierbei stark an die Abläufe bei vollstationärer Behandlung angelehnt.

Die Integration postakuter Versorgung in das Leistungsangebot der Akutkrankenhäuser. Eine solche Versorgungsform bietet sich inhaltlich vor allem bei AHBs an, wenn die Rehabilitation möglichst früh und nahtlos an die Akutbehandlung anknüpfen soll – beispielsweise in der geriatrischen oder neurologischen Rehabilitation. Dabei werden zu stationären Angeboten, wie sie heute bereits bestehen, künftig auch teilstationäre bzw. ambulante Angebote kommen.

- In den letzten Jahren haben viele Akutkliniken bereits Abteilungen für stationäre geriatrische (Früh-)Rehabilitation eingerichtet. Für Akutkliniken bedeutete die Ausweitung des Arbeitsfelds in Richtung Reha aber oft auch eine Möglichkeit, die Auslastung zu stabilisieren und Abteilungsschließungen zu umgehen. Abteilungen im Grenzbereich zwischen Akut- und Reha-Medizin können leicht als Verschiebebahnhof für Patienten und zur Verschleierung überdurchschnittlich langer Krankenhausverweildauern missbraucht werden. Stationäre (Früh-)Reha im Akutkrankenhaus ist – sofern nicht im Rahmen von Fallpauschalen erbracht – für den Kostenträger dadurch meistens teurer als die Behandlung in einer Reha-Einrichtung.
- Auf Grund der neuen gesetzlichen Möglichkeiten bilden sich bereits erste Initiativen für teilstationäre und ambulante Rehabilitation an Akutkrankenhäusern heraus. Dabei kann ein bestehender Ambulanzbetrieb mit einer verstärkten Inanspruchnahme des Therapieangebots kombiniert werden.

Für den Träger sind die ambulanten und teilstationären Angebote meistens kostengünstiger – im Falle einer ambulanten Maßnahme fallen an Stelle der stationären Tagessätze nur die Kosten für die medizinische Behandlung und ggf. der Unterbringungszuschuss für den Versicherten an, so dass die Fallkosten weniger als 50% der Kosten für eine stationäre Maßnahme betragen können.

Empirische Daten über den therapeutischen Nutzen ambulanter im Vergleich zu stationärer Behandlung in den einzelnen Indikationen fehlen jedoch weit gehend, und der Vergleich der Qualität bzw. Kosteneffizienz der ambulanten Angebote erfordert genaues Hinsehen – nicht zuletzt, weil solche Angebote mit professionellem Marketing vermarktet werden. Zusätzlich ist die Spannweite der Strukturqualität und Behandlungsdichte bei den neu entstandenen ambulanten Einrichtungen extrem groß. Die Träger werden daher vom Anbieter Transparenz über die Leistungen einfordern und – wie bei der stationären Rehabilitation – eine Kooperation mit wenigen, ausgewählten Leistungserbringern anstreben.

In der Gesamtsicht des Gesundheitswesens wird die zunehmende vertikale Integration sicherlich zur Kostenreduktion und Qualitätssteigerung beitragen können.

Horizontale Integration: Druck zur Konsolidierung des eigenen Angebots für Träger und Betreiber

Ungeachtet der Mengenentwicklung im Reha-Markt haben die Kostenträger, die über eigene Kliniken verfügen, ihre Einrichtungen bisher in der Regel weitergeführt. Auf den Rückgang der Nachfrage haben sie mit verstärkter Steuerung der Patienten in die Eigenbetriebe reagiert. In Einzelfällen ist es auch zur Schließung von Betten oder Stationen in Kliniken gekommen; so sind suboptimale Betriebsgrößen entstanden, deren interne Kostensätze z.T. deutlich über den Wettbewerbspflegesätzen liegen – viele Träger subventionieren die eigenen Kliniken. Auch der andere Ertragshebel, das Leistungsangebot, hat sich als problematisch erwiesen: Manche Kostenträger haben ihr Leistungsangebot so weit beschnitten, dass der Rehabilitationsauftrag nur noch begrenzt erfüllt werden kann.

Inzwischen nimmt der Druck auf die Kostenträger zu, die Eigenbetriebe wettbewerbsfähig und damit in erster Linie wirtschaftlich zu führen: Schon heute hinterfragen die Aufsichtsbehörden zunehmend, warum die Leistungen nicht in anderen, kostengünstigeren Einrichtungen erbracht werden; und die geplante Organisationsreform der Rentenversicherung wird die häufig bestehende Doppelversorgung durch die heutigen Landesversicherungsanstalten (LVA) und die Bundesanstalt für Angestellte (BfA) grundsätzlich in Frage stellen. Damit steht eine weitere Neuordnung des Reha-Markts an: Die trägereigenen Klinken werden unmittelbar einer strategischen Neubewertung unterworfen werden; die Kliniken in privater Trägerschaft müssen sich neu um die verbleibenden Patienten bewerben.

Wer kostendeckend Rehabilitationsleistungen am Markt anbieten will, wird daher auf eine balancierte horizontale Konsolidierung setzen. Dies gilt insbesondere für das trägereigene Angebot der integrierten Träger und Betreiber wie BfA/LVAen. Schon heute sind die ersten Vorboten im Markt erkennbar:

- Erste Kostenträger leiten einen Betreiberwechsel von Eigenbetrieben ein und versuchen sich so von Überkapazität zu trennen.
- Private Betreibergesellschaften nutzen die günstige Situation und bauen ihr Angebot aus. Zwar haben die 15 größten Ketten im Reha-Markt zusammen noch immer weit unter 30% Marktanteil, sie wachsen aber überproportional. So ist der deutschen Orden auf Expansionskurs, genauso wie Sana oder auch Asklepios über Angebote (integrierter) Reha-Leistungen nachdenken.

Der Trend zur horizontalen Konsolidierung hat parallel zum Reha-Markt längst auch den allgemeinen Krankenhausmarkt erfasst. Langfristig ist davon auszugehen, dass der Marktanteil großer Ketten mit regionalen oder indikationsspezifischen Schwerpunkten deutlich zunehmen wird.

Erfolgskonzepte auf dem Weg in eine integrierte Zukunft

Für viele Reha-Kliniken ist horizontal oder vertikal nicht eine Frage des Entweder-Oder. Nur wenige werden auf beides verzichten und eine reine Nischenstrategie erfolgreich durchführen können. Insgesamt zeichnen sich 3 Erfolgskonzepte ab:

Die *»trägerorientierte Reha-Kette«* ist ein primär horizontal konsolidierter Zusammenschluss von Reha-Kliniken, die alle großen Indikationsgebiete mit ausgewogenen Leistungsangeboten bedient und mit den großen Reha-Trägern über große Kontingente verhandelt. Dabei ist das Angebot indikationsspezifisch insoweit vertikal integriert, als es die jeweiligen Indikationsgebiete grundsätzlich fordern. Die Stärke dieses Konzepts beruht auf Preis- und Servicevorteilen, die die Reha-Kette auf Grund der Synergien anbieten kann.

Der *»arztbezogene Lokalmatador«* wird als primär vertikal bestens integrierter Anbieter auftreten, der sich perfekt in ein konkretes regionales Leistungsangebot einfügt und genau die Anforderungen der zuweisenden Ärzte versteht und fortführt. Der Lokalmatador kann sich insbesondere dann gegen die Reha-Kette durchsetzen, wenn er durch eine bessere Integration des Behandlungsprozesses die Gesamtbehandlungskosten senkt.

Der *»überregionale Spezialist«* wird auf Grund einzigartiger rehabilitationsmedizinischer Kompetenz eine Nische besetzen. Damit dieses Konzept aufgeht, müssen gleich mehrere Faktoren zusammenkommen: die rehabilitative Leistung muss einen klar erkennbaren Mehrwert bieten, die Zusteuerung muss die geeigneten Patienten erkennen und dorthin übersenden, und die Leistung muss mit marktüblichen Kosten angeboten werden. Wie schwierig dieses Konzept ist, zeigt die Entwicklung der interventionellen angiologischen Rehabilitation in Deutschland.

Gerade angesichts der immer noch hohen Fragmentierung des Reha-Markts in Deutschland werden sich viele Kliniken in den nächsten Jahren für das eine oder andere Konzept entscheiden müssen. Die Mehrzahl der Kliniken wird sich dabei einer Reha-Kette anschließen oder ihre Stellung zum Lokalmatador auszubauen versuchen.

Der Reha-Markt steht in einem Transformationsprozess, der für den unbeteiligten Beobachter spannend, für die Beteiligten selbst aber existenzentscheidend ist. Der Ausgang ist noch lange nicht entschieden: Denn ob dieser Prozess für die einzelne Einrichtung, für den einzelnen Träger eher eine Chance oder ein Risiko ist, hängt weniger von der bisherigen Aufstellung ab als von der richtigen strategischen Positionierung – für alle Beteiligten bietet sich hier noch viel Raum für neue Lösungen.

Zentrale Schaltstellen im deutschen Gesundheitssystem – aktuelle Aufgaben der kassenärztlichen Vereinigungen

Finn Göldner und Rainer Salfeld

Die kassenärztlichen Vereinigungen (KVen) stehen im 70. Jahr ihres Bestehens am Scheideweg: Können sie eine treibende Reformkraft im deutschen Gesundheitswesen bleiben oder werden sie in einem sich ständig verändernden System an Bedeutung verlieren? Welche Schritte müssen die KVen unternehmen, um ihre Zukunft selbst gestalten zu können? EBM (einheitlicher Bewertungsmaßstab als Grundlage für die Vergütung der Kassenärzte), Arztnetze und neue Organisationsformen sind die wichtigsten Aufgaben für die nächsten Jahre.

Strukturelle Herausforderung der kassenärztlichen Vereinigungen

Die derzeitige Situation im deutschen Gesundheitswesen stellt für die KVen eine große Herausforderung dar. Das international als vorbildlich geltende deutsche System mit einem hohen Versorgungsstand für die gesamte Bevölkerung und freiem Zugang zu fast allen angebotenen ärztlichen Leistungen wird *in puncto* Finanzierbarkeit bedroht. Die Versichertenstruktur ändert sich auf Grund der zunehmenden Alterung der Bevölkerung bei gleichzeitig sinkender Lohnquote. Auf der anderen Seite hat die Zahl der Leistungserbringer in den vergangenen Jahren kontinuierlich zugenommen – bei einer zuvor ohnehin hohen Facharztdichte. Außerdem proliferiert das Leistungsangebot durch den medizinisch-technischen Fortschritt (oft unter abnehmendem Grenznutzen) bei einer zunehmenden Anspruchshaltung der Bevölkerung. All diese Faktoren zusammen drohen, dem System seine ökonomische Grundlage zu entziehen.

Bisherige Reformversuche gesetzlicher Art haben die strukturellen Probleme nur begrenzt gelöst. Zwar hat der Wettbewerb der Kassen die Kosten eingedämmt, doch bleiben große Effizienzreserven etwa durch eine Rückführung der Leistungsausweitung der letzten Jahre oder eine stärkere Integration von ambulanter und stationärer Versorgung weit gehend unausgeschöpft.

Wenn die KVen gegenwärtig zu schwach erscheinen, um fundamentale Reformen durchzusetzen, hat dies vor allem 2 Gründe: Die Außenwirkung der KVen ist wegen rücksichtsloser Durchsetzung von Partikularinteressen – teilweise unter Einschaltung von Staatsanwälten – massiv beeinträchtigt und die Durchsetzungskraft nach innen wird durch hoch komplexe Entscheidungsstrukturen nahezu gelähmt.

Die KVen müssen auf mehreren Ebenen handeln und verschiedene Schritte wagen. Zuvorderst müssen sie konsequent das Instrument des EBM nutzen, um die Mengensteigerung in der Abrechnung mit Einzelarztpraxen zu bändigen.

Die Zukunft gehört allerdings nicht der Einzelarztpraxis, sondern dem Arztnetz. Daher müssten die KVen dessen Bildung nicht nur befürworten, sondern es mit einem entsprechenden Abrechnungssystem in Koexistenz innerhalb des bestehenden KV-Systems unterstützen. Ob die KVen sich in einem nächsten Schritt dann sogar dazu entschließen, auch in das Management von Arztnetzen aktiver einzugreifen, bleibt eine der wesentlichen strategischen Entscheidungen der KVen für die Zukunft.

Erster Schritt: den einheitlichen Bewertungsmaßstab als Grundlage für die Vergütung der Kassenärzte konsequent nutzen

Die ureigene Aufgabe der KVen ist die Regelung der Vergütung ärztlicher Leistungen. Aber hierbei befindet sich sie sich in einer Zwickmühle. Die Kombination von kassenseitig ausgehandelten Kopfpauschalen mit Einzelleistungsvergütung mit der Einzelarztpraxis hat zu einem schädlichen Hamsterradeffekt geführt: Jeder einzelne Arzt versucht durch ein immer schnelleres Veranlassen von medizinischen Leistungen sich einen größeren Teil des Kuchens zu sichern, was zu einer fragwürdigen und im Labor besonders eklatanten Mengenausweitung bei gleichzeitigem Preisverfall für die Einzelleistung geführt hat. Weitere Beschleunigung bekommt das Rad durch die stark gewachsene Zahl der niedergelassenen Ärzteschaft und die wegen des technischen Fortschritts ohnehin wachsenden Leistungsangebote. Im Ergebnis hat daher ein Verteilungskampf innerhalb der Ärzteschaft begonnen. Dabei werden Partikularinteressen vertreten und es wird durch Scheingefechte vom eigentlichen Übel abgelenkt – bestens ersichtlich in der Hausarzt- vs. Facharzt-Debatte.

Erste Aufgabe der KVen muss daher sein, über eine Stärkung des EBM der Mengenausweitung durch Einzelleistungsvergütung für die Einzelarztpraxis einen Riegel vorzuschieben und die Ärzte von einer als willkürlich und von den wahren ärztlichen Aufgaben ablenkenden Vergütungsordnung zu befreien.

Erfolgreiches Beispiel Laborreform

Die KVen sind durchaus in der Lage, mit dem Instrument des EBM die beschriebenen Mengenentwicklungen in den Griff zu bekommen. Dies zeigt seit Sommer 1999 das verbesserte Vergütungssystem für den Laborbereich. Die zwischenzeitlich erhobenen Daten der kassenärztlichen Bundesvereinigung (KBV) sprechen eine deutliche Sprache: Der veranlasste Leistungsbedarf im Labor je Arzt (Menge x rechnerischer Punktzahl von 10 Pfennig) ist in den letzten beiden Quartalen des Jahres 1999 im Vergleich zum Vorjahr um ca. 40% zurückgegangen (Abb. 1).

Die KBV selbst wertet die Laborreform als großen Erfolg und überlegt, das neue Prozedere auf andere Gebiete wie die Radiologie zu übertragen. Die Ärzteschaft äußerte sich ebenfalls überwiegend positiv, oder wie die Ärztezeitung am

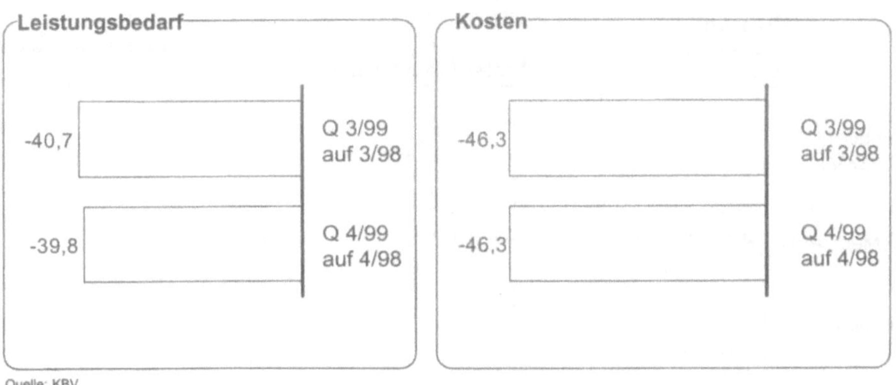

Abb. 1. Steigerungsraten im Labor je Arzt nach Durchführung der Laborreform (in Prozent)

2. März 2000 schrieb: »*Die Anleger investieren wieder in den medizinischen Sachverstand und das Geld wandert wieder in die Töpfe zurück, die manches Zweifelhafte finanzieren mussten*«.

Der Weg dorthin und die Konsequenzen für den Gesamt-EBM soll hier kurz beschrieben werden.

Vor der Laborreform

Die Menge der Leistungen im Speziallabor (Kapitel OIII des EBM) ist in Deutschland zwischen 1988 und 1996 mit durchschnittlich 12,5% pro Jahr deutlich schneller gestiegen als die sonstigen ärztlichen Leistungen, die lediglich um durchschnittlich 9,5% gewachsen sind (Abb. 2).

Bei einer näheren Betrachtung lässt sich dieser Anstieg im Wesentlichen auf eine Steigerung der Fallzahl und eine Steigerung der abgerechneten Parameter

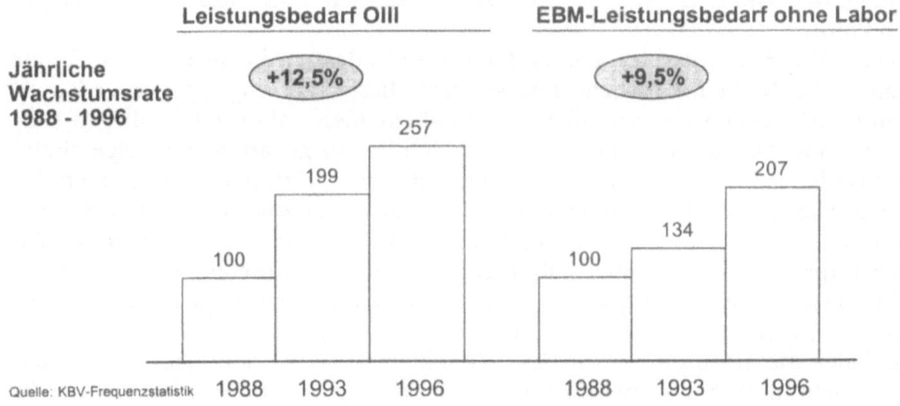

Abb. 2. Mengenentwicklung Laborleistungen im Vergleich zum EBM-System, 1988–1996

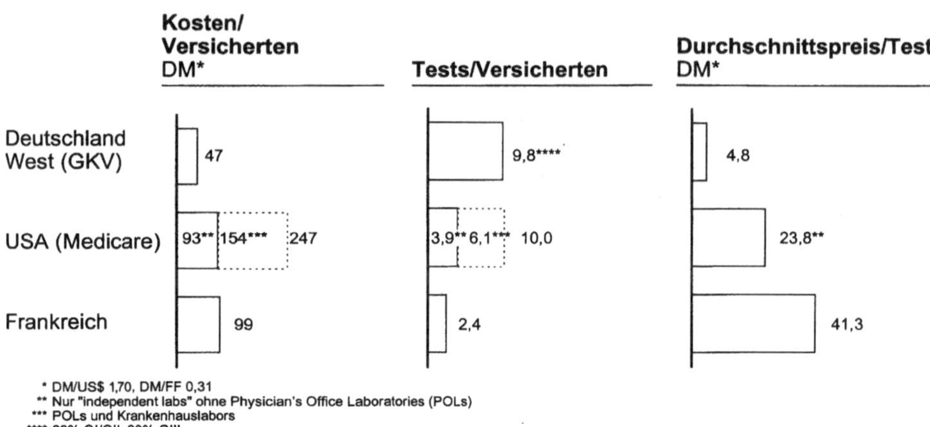

Abb. 3. Internationaler Vergleich der ambulanten Laborleistungen, Basis 1996

pro Fall zurückführen. Auch im internationalen Vergleich bestätigt sich das Bild einer hohen Menge bei gleichzeitig niedrigem Preisniveau. Wurde in Deutschland pro GKV-Versicherten für ambulante Laborleistungen in 1996 nur etwa halb so viel ausgegeben wie in Frankreich und den USA, lag Deutschland bei der Menge jedoch mehr als doppelt so hoch (Abb. 3).

Die KVen waren in einer prekären Situation: Aus einem nicht wachsenden Topf der ärztlichen Gesamtvergütung mussten immer mehr Laborleistungen beglichen werden. Bei einer Vergütung über Punktwerte führte dieses zu einem Teufelskreis, da Ärzte dem Punktwerteverfall mit mehr Laborleistungen begegneten. Die Laborärzte gerieten in dieser Situation durch ihre großen Sachkosten in Bedrängnis. Denn bei diesen handelt es sich aus KBV-Sicht um externe, an die Diagnostika-Industrie abzuführende Kosten, die der ärztlichen Vergütung verloren gehen. Da sie für Laborärzte aber höchst real sind, benötigen die Laborärzte gerade wegen des hohen Sachkostenanteils eine höhere Planungssicherheit, da sie mit weit schwankenden Punktwerten nur schwer leben können.

Die KVen reagierten, indem sie teilweise Mindestpunktwerte für das Labor stützten. Die Nicht-Laborärzte unterstützten diese Anstrengungen aber kaum. Warum auch sollten sie ihre oft besser verdienenden Laborärzte-Kollegen subventionieren? Dennoch waren fast alle Ärzte über so genannte Koppelgeschäfte in ein Geflecht mit den Laborärzten eingebunden – Leistungen im Rahmen des Allgemeinlabors (OI/II) nämlich darf jeder Arzt bis zu einer Grenzmenge selbst abrechnen, auch wenn diese in einer Laborgemeinschaft erbracht wurden. An Laborarztpraxen angegliederte Laborgemeinschaften eröffneten den angeschlossenen Ärzten einen attraktiven Verdienst: subventionierte niedrige Kosten für OI/II-Parameter im Tausch gegen mehr Überweisungen an das OIII-Labor, um dort Skaleneffekte zu nutzen. Insbesondere kleine und mittlere Laborarztpraxen fühlten sich durch diese Entwicklung hin zu überregional tätigen Laborketten in ihrer Existenz bedroht.

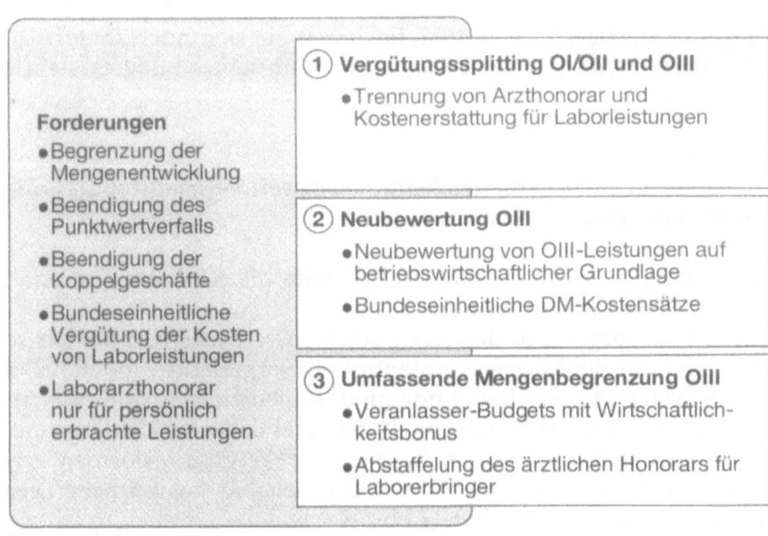

Abb. 4. Hauptkomponenten eines neuen Labor-EBM

Die Laborreform

Mit einem Reformpaket ging die KBV die Probleme an. Nachdem die Vertreterversammlung im Mai 1998 zugestimmt hatte, konnte es am 1. Juli 1999 in Kraft treten (Abb. 4).

Oberstes Ziel war eine deutliche Aufwertung der ärztlichen Leistung durch eine gesonderte Vergütung des ärztlichen Anteils – sowohl beim Laborarzt als auch beim Verordner von Laborleistungen.

Der Veranlasser sollte wieder für seine ärztliche Zeit in der Entscheidung über die Notwendigkeit einer Laboruntersuchung, deren Auswahl und Vorbereitung sowie für die Interpretation der Befunde entlohnt werden. Geregelt wird dies über eine fallbezogene Laborgrundgebühr, die ihm zusteht, ohne dass er technische Leistungen »auslösen« muss.

Auch der Laborarzt sollte in seiner ärztlichen Tätigkeit aufgewertet werden, indem ihm ebenfalls eine Grundpauschale je kurativ-ambulanten Fall unabhängig von der Menge der erbrachten Parameter zugestanden wird. Um die persönliche Erbringung ärztlicher Leistungen beim Laborarzt zu fördern, wurde eine Abstaffelung der laborärztlichen Grundpauschale eingeführt, die davon ausgeht, dass die ärztliche Leistung pro Fall sich bei steigender Fallzahl verringert.

Die technische Komponente wird bundeseinheitlich und nach betriebswirtschaftlich erhobenen Kostensätzen in DM vergütet.

Wie das Vergütungssplitting in einen ärztlichen und technischen Anteil sind die Anreize zur Mengenbegrenzung wesentliche Bestandteile des Gesamtkonzepts. Veranlassern von OIII-Leistungen steht, ähnlich wie bereits im OI/II-Bereich, ein Budget zur Verfügung. Laborärzte sollen ihren Veranlassern zeitnah und regelmäßig Bericht erstatten, inwieweit sie sich noch innerhalb ihres Budgets befinden. Bleibt der Veranlasser innerhalb seines Budgets, steht ihm zusätzlich noch ein Wirtschaftlichkeitsbonus zu.

Aufgaben für einen gesamteinheitlichen Bewertungsmaßstab als Grundlage für die Vergütung der Kassenärzte

Die Erfahrungen aus der Laborreform sollte die KBV nun anwenden, um den Gesamt-EBM weiterzuentwickeln.

Um die Versorgung in den Arztpraxen zu verbessern, muss das schon längst geplante und auf der Vertreterversammlung vorgestellte Modell für einen neuen EBM umgesetzt werden. Die Eindämmung medizinisch sinnloser, aber arbeits- und kostenintensiver Mengenausweitung muss dabei im Vordergrund stehen. Sie lässt sich durch die Wahl unterschiedlicher Vergütungsformen erreichen, die Einzelabrechnungen nur noch für nicht beliebig ausweitbare Leistungen im fachärztlichen Bereich erlauben (Abb. 5):

- Die *hausärztliche Grundversorgung* sollte mit *Basisleistungskomplexen* pro behandelten Patient und Quartal abgegolten werden. Eine Altersgewichtung und 3 Leistungskomplexe (akut, chronisch, psychosozial) können im Regelfall das Leistungsspektrum des niedergelassenen Hausarztes abdecken.
- Die *fachärztliche Grundversorgung* sollte durch *fachärztliche Leistungskomplexe* entlohnt werden. Ein entsprechendes Honorarmodell für Gynäkologen etwa würde die *diagnostischen* Leistungen eines Frauenarztes zu 5 detaillierten Leistungskomplexen zusammenfassen. Bei den *therapeutischen* Leistungen gäbe es eine Grundpauschale »Therapie« – sowie *Einzelleistungen* für alle darüber hinaus gehenden therapeutischen Maßnahmen.
- Die *fachärztliche Spezialversorgung* erfordert eine Kombination aus 2 Vergütungsformen: Nicht standardisierbare Leistungen sollten weiterhin sehr gezielt

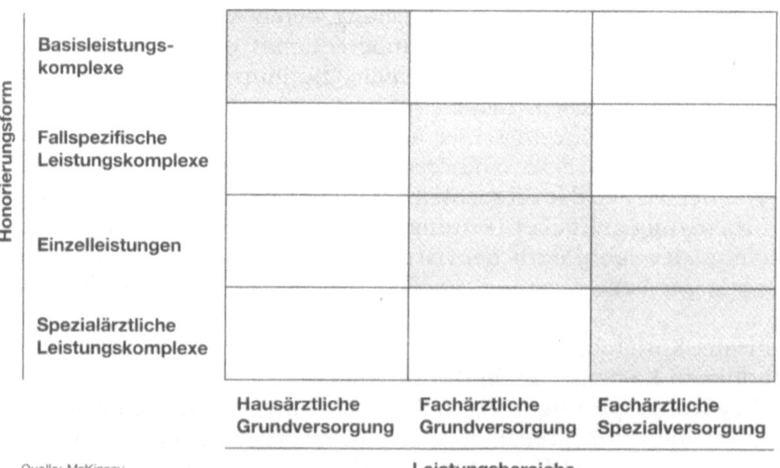

Abb. 5. Konzeption eines neuen EBM-Modells mit unterschiedlichen Vergütungsformen

– d. h. streng indiziert – pro Einzelleistung vergütet werden. Daneben lassen sich aber auch für diagnostische Leistungen und einige andere Bereiche wie ambulante Operationen detaillierte Leistungskomplexe bilden.

In einem solch einfachen und transparenten Vergütungsmodell besteht kaum Anreiz, die Mengen auszuweiten. Das Gehalt des Arztes sollte auf ähnlichem Niveau bleiben, ihm stünde aber mehr Zeit für die Sorge um seine Patienten zur Verfügung.

Warum aber ist ein solch einfaches und transparentes System bisher nicht umgesetzt worden? Grund dafür sind die beträchtlichen Herausforderungen sowohl technisch-operativer als auch politischer Art. Sie sind aber nicht unüberwindbar. Es ist möglich, betriebswirtschaftliche Kosten als Grundlage einer relativen Gewichtung zu erheben. Hilfsmittel könnte etwa das in den USA entwickelte RBRVS-System (Ressourcen-basiertes Bewertungssystem, »resource-based relative value scale«) sein. Dieses bewertet auf einer einheitlichen Skala über alle Fachgebiete hinweg die ärztlichen Leistungen nach den zur Erbringung notwendigen Ressourcen. In die Bewertung gehen sowohl der ärztliche Aufwand als auch die nach Fachgebiet sehr unterschiedlichen Praxis- und Ausbildungskosten ein. Da alle Leistungen in gleichen Einheiten bewertet werden, können sie auch beliebig zu Fall- oder Kopfpauschalen hochaggregiert werden und parallel zu den Einzelleistungsvergütungssystemen bestehen.

Dabei entsteht allerdings ein neues Problem, das die KVen bisher von einer solchen Reform abhält: Es wird bei einer systematischen Neubewertung des Gesamt-EBM notwendigerweise zu einer Verschiebung der Einkommen zwischen den einzelnen Fachgruppen kommen, die diese nicht klaglos hinnehmen werden. Dieses scheint die größte Hürde für eine Neubewertung des EBM zu sein. Nur Änderungen in der Organisation könnten diese Hürde überwinden, den politischen Einfluss der Partikulargruppen zurückdrängen und den Ärzten die Furcht nehmen, das gesamte System bräche auseinander.

Zweiter Schritt: Schaffung der Voraussetzungen zur Abrechnung mit Arztnetzen

Der durch den Gesetzgeber geförderte Wettbewerb unter den Leistungsanbietern hat zu einer Verunsicherung geführt: Welche Rolle spielen die KVen gegenüber den in großer Zahl entstehenden Arztnetzen? Wollen die KVen weiterhin ihren Einfluss geltend machen, sollten sie die aus Arztnetzen und Einzelpraxen bestehende neue Angebotsstruktur fördern. Sie werden dadurch zwar nicht verhindern, dass dann zunehmend auch Ärzte – wie übrigens auch Architekten, Anwälte oder Ingenieure – in einen Wettbewerb miteinander treten, der einigen vielleicht besser bekommt als anderen. Aber die KVen können so zumindest sicherstellen, dass der Wettbewerb über die *Qualität* und nicht über den *Preis* entschieden wird. Aus einem Preiskampf würden nur die Kassen als Sieger hervorgehen.

Entscheidet sich die Ärzteschaft für einen »gesunden« Wettbewerb, so begibt sie sich in eine einzigartige Position: Sie kann die Struktur des Systems mitgestalten. Bisher nämlich fehlt es den meisten Arztnetzen an echten ökonomischen Anreizen zur Effizienzverbesserung. Die Unterstützung der KVen und Kassen für

Arztnetze beschränkt sich oft auf zusätzliche Zahlungen an Netze, die zudem in ihrer Höhe nicht ausreichen, die Begeisterung unter den beteiligten Ärzten auf lange Sicht zu erhalten. Wenn Arztnetze aber eine echte Bedeutung haben sollen, muss über eine Kopfpauschalenabrechnung mit den KVen ein echter wirtschaftlicher Anreiz zur Effizienzverbesserung geliefert werden. Dies übertrüge zugleich die persönliche Verantwortung für die erbrachte Leistung an kleine Gruppen von Ärzten innerhalb der KV. Die Einzelarztpraxis wird dann (ähnlich wie bei den Anwaltskanzleien) an Bedeutung abnehmen und dem Zukunftsmodell Arztnetz weichen.

Die Arztnetze bieten eine Reihe von Vorteilen: qualifiziertere und schnellere Patientenversorgung, 10–30% günstigere Leistungserbringung durch Koordination, Wegfall überflüssiger »Mengenproduktion« und wesentlich bessere Verdienstmöglichkeiten für die beteiligten Ärzte. Vor allem steigern sie die Qualität, was dem Patienten direkt zugute kommt. Arztnetze sollten als Zukunftsmodell daher die volle Unterstützung der KVen genießen.

Die KVen sind durch ihre enge Beziehung zu der Ärzteschaft und ihre bundesweite Präsenz in der privilegierten Lage, die für Arztnetze notwendigen (und bisher völlig ungeklärten) Voraussetzungen für eine Abrechnung über Kopfpauschalen innerhalb der KV zu schaffen. In einem weiteren Schritt sollten dann die stationären Leistungen in die Kopfpauschale einbezogen werden.

Fragen zur Abrechnung mit Arztnetzen

Die Kernvoraussetzung für eine Abrechnung mit Arztnetzen ist die Vergütung über Kopfpauschalen. Nur diese kann die notwendigen Voraussetzungen für eine Effizienzverbesserung schaffen und die aus ökonomischer Sicht bisher relativ erfolglosen Pilotversuche mit Arztnetzen ablösen.

Wie aber soll eine Kopfpauschale für den ambulanten Bereich aussehen, die die unterschiedlichen Risiken der Versicherten berücksichtigt? Als Vorbild könnte ein Berechnungsmodus in Anlehnung an den Risikostrukturausgleich (RSA) dienen (wobei die notwendigen Daten zur Berechnung risikobereinigter Kostenprofile aus dem Abrechnungssystem der KVen zu erheben wären).

Dann muss die Netzzugehörigkeit klar definiert werden. Auch ohne ein echtes Einschreibemodell, das von den Versicherten kaum akzeptiert würde, bieten sich alternative Lösungen an: Anknüpfungspunkt könnte die ohnehin enge Verbindung zwischen Patienten und behandelnden Ärzten sein: 92% der Patienten bleiben ihrem Hausarzt über einen Zeitraum von zumindest 12 Monaten treu und könnten daher einem Arztnetz zugeordnet werden, wenn der Arzt sich diesem anschließt (Abb. 6).

Für alle übrigen Patienten wären geeignete Regeln über die Aufnahme in ein Arztnetz und das Wechseln zwischen Arztnetzen zu definieren. Zu klären ist darüber hinaus, wie die KVen eine weitere Selektion der Mitgliedsärzte durch das Netz mit dem gesetzlich verankerten Versorgungsauftrag verbinden können.

Was geschieht mit Leistungen, die außerhalb des Netzes in Anspruch genommenen werden? Was passiert beispielsweise, wenn ein Versicherter eines Münchner Netzes während seines Sylt-Urlaubs zum Arzt geht? Soll der Versicherte nicht

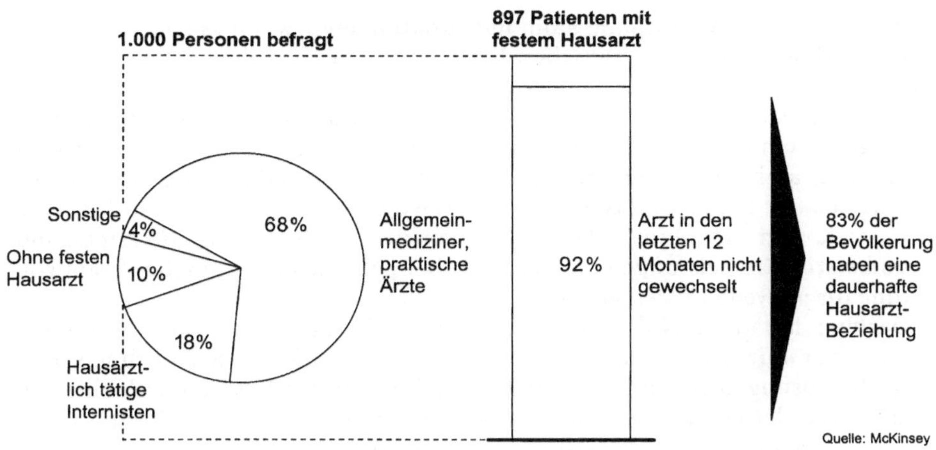

Abb. 6. Feste Arzt-Patienten-Bindung durch Stabilität des Arztnetzmodells (in Prozent)

grundsätzlich bei außerhalb des Netzes in Anspruch genommen Leistungen selbst zahlen, dann muss eine Querverrechnung mit dem Münchner Netz stattfinden und die Kopfpauschale um den entsprechenden Betrag gekürzt werden.

Hier zeigt sich deutlich der Vorteil des KV-Systems als Bereitsteller eines solchen Querverrechnungsmechanismus. Erstens haben die KVen Zugang zu bundesweit verfügbaren Daten der niedergelassenen Ärzte. Sie können mithin Bewegungen wie im geschilderten Fall abbilden. Zweitens praktizieren die KVen bereits einen ähnlichen Mechanismus beim Fremdkassenausgleich zwischen den einzelnen KVen.

Weiterentwicklung der Arztnetze zu voll integrierten Versorgungsformen

Unter allen am Gesundheitssystem Beteiligten besteht weit gehend Einvernehmen, dass der Aufbau einer voll integrierten Versorgung von Patienten von der ambulanten Diagnostik über eine möglicherweise teilweise stationäre Therapie bis hin zur ambulanten Nachsorge am zweckmäßigsten und effizientesten ist. Die Gesetze ermöglichen derzeit lediglich Pilotversuche und dürften kaum den erhofften Durchbruch bringen. Sie sind jedoch Schritte in die richtige Richtung. Diese muss nun durch die Integration der stationären Behandlung in die Arztnetze fortgesetzt werden. Die Arztnetze müssen allerdings nicht zwangsläufig selbst Krankenhäuser aufbauen oder übernehmen. Sie sollten jedoch grundsätzlich die Mittel verantworten dürfen, die im Gesundheitssystem durchschnittlich für die stationäre Behandlung von Patienten aufzubringen sind.

Neben der qualitativen Leistungsverbesserung sollten durch diese Lösung gleichzeitig erhebliche Kosten eingespart werden. Die Zahl der stationären Einweisungen innerhalb eines Arztnetzes liegen schätzungsweise um 20–40% niedriger als im heutigen System.

Damit aus Arztnetzen voll integrierte Versorgungsstrukturen werden können, müssen allerdings mehrere Voraussetzungen erfüllt sein:

- Eine integrierte Versorgung kann nur funktionieren, wenn es eine funktionierende Datenvernetzung zwischen Krankenhaus und niedergelassenen Ärzten gibt, die es erlaubt, auf die gleiche Patientendatei zuzugreifen.
- Die Übernahme der ambulanten *und* der stationären Kopfpauschale muss möglich sein (auch hier äquivalent zum RSA). Ansonsten nämlich käme es in den rein ambulanten Arztnetzen lediglich zu einer Verlagerung der Behandlung aus der Praxis in das Krankenhaus, wodurch gesamtwirtschaftlich sogar Zusatzkosten entstünden. Durch eine einzige Kopfpauschale für ambulante und stationäre Leistungen an das Netz aber geht die ökonomische Verantwortung für jedwede Kosten an das Arztnetz über.
- Darüber hinaus müssen die Krankenhäuser imstande sein, ihre Leistungen nicht nur mit den Kassen, sondern auch mit Arztnetzen abzurechnen. Eine solche Lösung aber müsste im Einverständnis mit den Kassen durch eine Veränderung der gesetzlichen Regelungen geschaffen werden. Gleichzeitig müssten die technischen und legislativen Voraussetzungen für eine Verminderung des Krankenhausbudgets in der Höhe geschaffen werden, in der Leistungen direkt mit Arztnetzen verrechnet werden. Ansonsten würden die Kassen dieselbe Leistung zweimal – über das Krankenhausbudget und direkt an das Arztnetz – bezahlen.

Die KVen befinden sich dabei in einer sehr guten Position. Sie können selbst die Integration des ambulanten mit dem stationären Sektor vorantreiben und damit für sich eine der ganz großen verbleibenden Effizienzreserven erschließen.

Weitere Schritte erforderlich

Die KVen stehen vor beträchtlichen Herausforderungen, die denen eines echten Gesundheitsunternehmens nicht unähnlich sind: strategische Positionierung im Wettbewerb der Anbieter, betriebswirtschaftliche Kostenrechnungen als Grundlage neuer Vergütungssysteme und Aufbau intelligenter IT-Strukturen zur Verrechnung der Kopfpauschalen. Die KVen müssen sich selbst fragen, ob sie diese Aufgaben in der existierenden organisatorischen Struktur lösen können.

Eine grundlegende Organisationsreform der KV könnte den Reformstau durch politisch motivierte Vertretung von Partikularinteressen auflösen und die politische Führung in die Lage versetzen, strategische Entscheidungen mit Wirkung auf die nächsten Jahre schnell zu treffen. Analog zur Professionalisierung der GKV könnte man operative Führung, Aufsicht und Vertretung der einzelnen ärztlichen Gruppierungen in den KVen stärker trennen. Die Selbstverwaltung hat sich bewährt, sie kann jedoch zukunftsorientiert weiterentwickelt werden.

Die neue Organisation käme damit der einer Kapitalgesellschaft recht nahe:

- Die bisherige Vertreterversammlung erhält die Befugnisse einer aktienrechtlichen Hauptversammlung. Sie wählt und entlastet den Vorstand. Einzelentscheidungen bedürfen nur dann ihrer Zustimmung, wenn sie von herausragender Bedeutung sind. Ob dieses Gremium Selbstverwaltungs- oder Aufsichtsrat heißt, sei dahingestellt.

- Eine handlungsfähige Teilgruppierung der Vertreterversammlung wahrt die Interessen der einzelnen Arztgruppierungen unterjährig gegenüber dem Vorstand.
- Ein *Vorstand* mit 3 oder auch mehr Mitgliedern führt das Tagesgeschäft und entscheidet in der Sache eigenständig. Er rechtfertigt seine Aktivitäten auf der jährlichen Vertreterversammlung.

EBM, Arztnetze und organisatorische Neuorientierung könnten die KVen nachhaltig stärken und eine gemeinsame Vision für eine dauerhafte Restrukturierung des deutschen Gesundheitssystems entstehen lassen. Ein Festhalten am Status quo wäre verfehlt. Wenn die KVen nicht die Restrukturierung des Gesundheitswesens vorantreiben, dann werden einzelne Gruppierungen der kollektiv vertretenen Ärzteschaft in ihrem Streben nach Autonomie obsiegen. Dies dürften in vorderster Linie Fachärzte wie etwa der Laborarzt sein, vor allem aber die neuen Arztnetze. Eine KV mit dem Stigma, einzig Vetorechte auszuüben, dürfte rasch in der Bedeutungslosigkeit versinken.

Insoweit steht die KV im 70. Jahr ihres Bestehens an einem Scheideweg: treibende Reformkraft des deutschen Gesundheitswesens oder welkes Blatt im Sturm der Erneuerung?

Strategische Partnerschaften – Lösung für den Mittelstand

Zoltan Bognar, Steffen Hehner und Nicolaus Henke

Mittelständische Anbieter (mit einem Jahresumsatz zwischen EUR 0,3 Mrd. und 3 Mrd.) haben einen hohen, aber sinkenden Anteil am weltweiten Pharmamarkt; in Deutschland erzielen die 10 größten Pharmaunternehmen einen kumulierten Marktanteil von knapp 30%, mehr als 1.000 Anbieter teilen sich die restlichen 70% des Markts. Die mittelständischen Pharmaunternehmen sind in Deutschland traditionell besonders stark vertreten, haben aber meist eine deutlich geringere Profitabilität als die Großkonzerne, die in den vergangenen Jahren durch so genannte Blockbuster (Medikamente mit weltweiten Jahresumsätzen von über EUR 1 Mrd.) hohe Renditen erzielten. Den forschenden mittelständischen Arzneimittelherstellern fehlen bei einem Jahresumsatz zwischen EUR 0,3 Mrd. und 3 Mrd. die erforderlichen Mittel, um hier gegenhalten zu können. Ihre Strategie lautet »think small«. Denn die Behandlung vieler Krankheiten ist auf Grund von geringen Patientenzahlen für die großen Unternehmen wirtschaftlich nicht attraktiv. Partnerschaften mit Großunternehmen, Biotechfirmen und gleichen Partnern können dem Mittelstand helfen, sich seine Nischen noch besser einzurichten. Wie weit er für diese Politik geeignet ist, kann nur eine systematische Standortbestimmung klären.

Neuorientierungen in der Erfolgsstrategie mittelständischer Pharmaunternehmen

In Deutschland gibt es mehr als 1.000 Arzneimittelhersteller, davon 10 unabhängige mittelständische Anbieter mit einem Jahresumsatz zwischen EUR 0,3 Mrd. und 3 Mrd. Ihre Etats für Forschung und Entwicklung sowie für Marketing und Vertrieb sind deutlich geringer als die ihrer großen Konkurrenten. Darunter leidet auch ihre Profitabilität. Während sich die Konzerne auf Blockbuster mit hohen Gewinnmargen konzentrieren können, lautet die Erfolgsstrategie des Mittelstandes Konzentration auf wenige therapeutische Gebiete.

Größe ist mithin auch in der Pharmaindustrie nicht alles. Die Philosophie »think small« führt hier ebenfalls zum Erfolg. So genannte Orphan-Krankheiten (engl. orphan = Waisenkind), also Krankheiten, die von den Arzneimittelherstellern lange Zeit nicht beachtet wurden wie seltene Erkrankungen einer kleinen Patientengruppe, stellen attraktive Nischenmärkte dar. Allein in Europa und Nordamerika sind von diesen 5.000 Krankheiten rund 40 Mio. Patienten betroffen; die jährlichen Behandlungskosten belaufen sich auf ca. EUR 10 Mrd. Zu den erfolgreichen Produkten der kleineren Anbieter gehört das Präparat Kongenate des amerikanischen Biotechnologieunternehmens Genentech. Solange Großunternehmen ihre Ziele über Blockbuster erreichen, haben die Mittelständler hier von ihnen keine Konkurrenz zu fürchten. Irgendwann werden sie sich den erfolgreichen Nischen zuwenden.

Weitere wichtige Strategien des Mittelstandes sind strategische Partnerschaften und Lizenzabkommen. Hier ergeben sich 3 tragfähige Kombinationen: Ein Mittelständler kann weitaus besser ertragsschwächere Medikamente eines Großkonzerns vorantreiben, weil sie in seinem Portfolio eine größere Rolle spielen. Andererseits kann nur ein Pharmariese einen Blockbuster am Markt einführen, da er über das notwendige Know-how und die finanziellen Mittel verfügt. Biotechunternehmen bieten dem Mittelstand die Chance, ihre technologische Basis zu verbreitern. Bei diesem Partnerschaftsmodell können die Mittelständler neue Produkte für eine kleinere Patientengruppe oder mit geringerem Umsatzpotential rascher am Markt etablieren. Der Mittelstand könnte schließlich untereinander durch Netze neue Märkte schneller und bestehende Märkte nachhaltiger erschließen.

Eine allgemeine Handlungsempfehlung lässt sich nicht geben. Jeder einzelne Mittelständler muss fortlaufend seinen Standort bestimmen: Seine Marktattraktivität, seine nur ihn auszeichnenden Fähigkeiten definieren und seinen finanziellen Freiraum festlegen. Die Schering AG ist diesen Weg in den vergangenen 10 Jahren erfolgreich gegangen. Ihr Mut wurde von den Kapitalmärkten honoriert – die Aktie entwickelte sich 2000 deutlich besser als der Dax.

Der Medizinmarkt: zwischen Konzernen und Mittelstand

In Deutschland gibt es mehr als 1.000 gesetzlich zugelassene Arzneimittelhersteller – von multinationalen Konzernen bis hin zu Apotheken, die Medikamente unter eigenem Namen verkaufen. Die 10 größten Marktteilnehmer erzielen einen kumulierten Marktanteil von fast 30%, allerdings liegt kein Einzelunternehmen über 5%. Die großen Konzerne sind die Profiteure des Markts. Grundlage dafür sind die Gewinne, die die Blockbuster den Pharmariesen Jahr für Jahr bescheren. Gleichzeitig können sich nur die Größten die äußerst kostspielige Einführung dieser Arzneimittel leisten.

In den vergangenen 15 Jahren haben sich die Kosten für die Einführung eines solchen Medikaments auf mehr als EUR 400 Mio. verdoppelt. Zwar stieg auch die Zahl der Medikamente mit weltweiten Umsätzen von jeweils über EUR 1 Mrd. – im Jahr 1993 gab es 11 solcher Blockbuster, 1999 waren es bereits 27. Doch auch die Marketing- und Vertriebskosten für die Blockbuster stiegen im gleichen Zeitraum um über 900%, nämlich von EUR 75 Mio. auf 700 Mio. Trotzdem erhöhte sich der Blockbuster-Anteil am weltweiten Gesamtumsatz der Pharmaindustrie zwischen 1991 und 1998 von 6% auf über 16%, bei den größten der Branche tragen diese Medikamente nach aktuellen Schätzungen sogar bis zu 50% zum Umsatz bei.

Welchen fundamentalen Beitrag diese Medikamente für die Profitabilität der Pharmariesen leisten, verdeutlichen aktuelle Untersuchungen: Bei ihnen besteht eine starke Korrelation zwischen dem Umsatzanteil der Blockbuster am Gesamtumsatz und der Umsatzrendite der jeweiligen Pharmasparte.

Diese Entwicklung wird durch die hohen Erwartungen der Kapitalmärkte an Wachstum und Profitabilität noch beschleunigt. Das Bestreben, möglichst schnell in möglichst vielen Märkten möglichst hohe Umsätze zu generieren, lässt insbesondere die Kosten für Marketing und Vertrieb immer weiter steigen. Zudem sind die Exklusivitätsperioden von innovativen Medikamenten in den letzten 30 Jahren viel kürzer geworden. War Inderal Ende der sechziger Jahre für lange Zeit der einzige Vertreter der so genannten β-Blocker, lagen zwischen der Markteinführung der beiden Rheumamedikamente Vioxx und Celebrex (Zyklooxygenase-2-Inhibitoren) nur wenige Wochen. Nach Ablauf des Patentschutzes verlieren die Großunternehmen einen erheblichen Teil ihrer Umsätze an Generikahersteller.

Die Konsequenzen dieser Entwicklung? Die großen Pharmaunternehmen schließen sich zu noch größeren zusammen. Ob Aventis, Novartis, Pfizer oder jüngst Glaxo SmithKline: Es entstehen Industriegiganten, in deren Pipelines Dutzende von Blockbuster-Kandidaten schlummern.

Rolle des Mittelstands

Der deutsche Arzneimittelmarkt ist dadurch charakterisiert, dass selbst bei konzernmäßiger Betrachtung die Marktanteile der einzelnen Unternehmensgruppen relativ gering sind. Die 10 größten Marktteilnehmer erzielen einen kumulierten Marktanteil von weniger als einem Drittel, allerdings überspringt kein Einzelunternehmen die 5%-Grenze. Unter den Unternehmen, die sich die restlichen zwei Drittel des Marktes teilen, befindet sich auch die Gruppe der pharmazeutischen Mittelständler. Die Profitabilität dieser Unternehmen ist im Vergleich zu den großen Konzernen meist deutlich geringer. Diese Beobachtung trifft gleichermaßen auf die mittelständischen Pharmaunternehmen in Japan und den Vereinigten Staaten zu (Abb. 1).

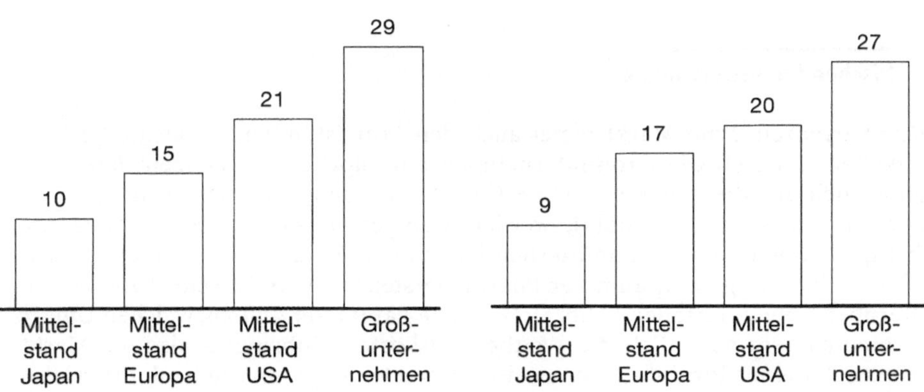

Abb. 1. Entwicklung der Umsatz- und Gesamtrendite von Mittelstand und Großunternehmen

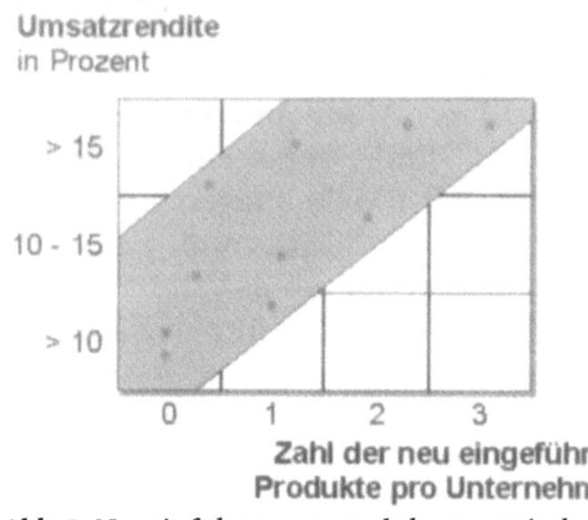

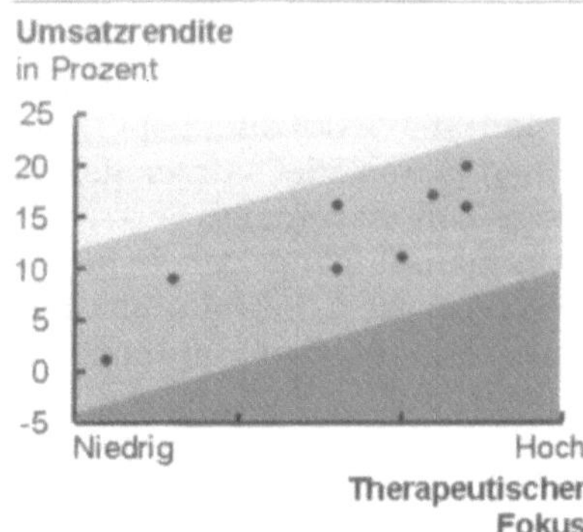

Abb. 2. Neueinführungen und therapeutischer Fokus

Die finanziellen Kennzahlen verdeutlichen die Problematik dieser Firmen. Die notwendigen finanziellen Mittel für einen Blockbuster aufzubringen hieße für den Mittelstand letztlich, alles auf eine Karte zu setzen. Entsprechend geringer sind die Budgets in den Bereichen Forschung und Entwicklung sowie Marketing und Vertrieb. Dies hat zur Konsequenz, dass es den Mittelständlern zumeist nicht gelingt, sich in Bereichen mit starker Präsenz der Großunternehmen einen signifikanten Marktanteil zu erobern. Gleichzeitig ist aber in der Pharmabranche eine möglichst hohe Zahl innovativer Produkte Garant für Profitabilität. Außerdem wichtig für die Profitabilität: ein hoher therapeutischer Fokus, also eine möglichst starke Konzentration auf einige wenige therapeutische Gebiete (Abb. 2).

Auch unter den Mittelständlern gelingt es Einzelnen, eine Art »Porsche-Rolle« einzunehmen: international aktive, wachstums- und ertragsstarke Unternehmen, die in der Lage sind, ihre Position im Konkurrenzkampf mit den Großen zu behaupten. Im Folgenden sollen die wesentlichen Faktoren herausgearbeitet werden, die den kleineren Spielern langfristig Unabhängigkeit und Profitabilität sichern können.

Nischen für Mittelständler

Der pharmazeutische Markt bietet auch den Mittelständlern strategische Möglichkeiten. Da sich die Großunternehmen auf Blockbuster konzentrieren und somit auch auf die therapeutischen Gebiete, die den höchsten Profit erwarten lassen (»disease profit pool«), werden weniger umsatzstarke Produkte und Therapiebereiche eher stiefmütterlich behandelt. Vor diesem Hintergrund lässt sich der Handlungsspielraum der Pharmahersteller anhand zweier Parameter in 4 Kernbereiche unterteilen (Abb. 3). Der erste Parameter gibt an, welchen Umsatz ein Medikament abzüglich der Wettbewerbskosten einbringt – also die Marktattraktivität eines Produkts. Der zweite Parameter zeigt an, wie hoch die relative Marktstärke eines Unternehmens ist. Von großer Bedeutung ist dabei die

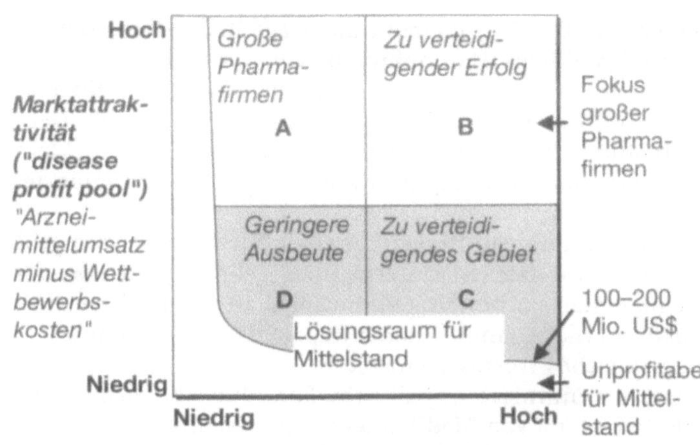

Abb. 3. Analyse unterschiedlicher Strategien

Schwelle, ab der die Ertragsmöglichkeiten für die Großunternehmen in einem günstigen Verhältnis zum notwendigen Aufwand stehen. Unter dieser befindet sich das »Spielfeld« für den Mittelstand: therapeutische Bereiche, in denen gegenwärtig die weltweiten Gesamtumsätze bei rund EUR 1 Mrd. liegen und in denen sich gleichzeitig die maximalen Einzelumsätze von Medikamenten auf Werte zwischen EUR 100 Mio. und 500 Mio. belaufen.

Bei vielen dieser therapeutischen Bereiche handelt es sich um Orphan-Krankheiten wie seltene genetische Erkrankungen, z. B. zystische Fibrose, neurodegenerative Erkrankungen wie Chorea Huntington (die häufigste Form des Syndroms »Veitstanz«) oder seltene Krebsformen und virale Infektionen. Heute werden mit Medikamenten für Orphan-Krankheiten weniger als EUR 5 Mrd. weltweit umgesetzt.

Der potentielle Markt für die Therapie derartiger Krankheiten wird bei diesen Zahlen gerne unterschätzt. Aber: Angesichts von etwa 5.000 verschiedenen Krankheiten dieses Typs und schätzungsweise 40 Mio. betroffenen Patienten allein in Europa und Nordamerika ergibt sich bei angenommenen jährlichen Behandlungskosten von EUR 5.000 pro Patient ein Marktvolumen von EUR 200 Mrd. Hinzu kommt, dass neu entwickelten Medikamenten für Orphan-Krankheiten in den USA und anderen Ländern besondere Vergünstigungen zuteil werden – als Folge des »orphan drug act« der amerikanischen Zulassungsbehörde FDA von 1984. Zusätzlich zu verringerten Steuersätzen und staatlichen Forschungsgeldern erleichtert dort ein erweiterter siebenjähriger Patenschutz gegen ähnliche Präparate (»me-toos«) den Mittelständlern ihr Engagement. In den Vereinigten Staaten stieg als direkte Folge die Zahl der Neuzulassungen von Medikamenten für Orphan-Krankheiten von 10 (Zeitraum zwischen 1973 und 1983) auf 193 an (für 1984–1994).

Dass eine solche Nischenstrategie auch ökonomisch erfolgreich sein kann, zeigt das Präparat Kogenate des amerikanischen Biotechnologieunternehmens

Genentech. Das Medikament dient zur Behandlung der sehr seltenen Form der »Bluterkrankheit« Hämophilie B , von der in den Industrienationen etwa 45.000 Patienten betroffen sind. Der jährliche Umsatz von Kogenate liegt bei etwa EUR 500 Mio., Genentechs Umsatzrendite bei über 30%. Der Grund für die hohe Profitabilität: niedrigere Kosten für klinische Studien (kleineres Patientenkollektiv) sowie für Marketing und Vertrieb (kleinere Zielmärkte, wenige spezialisierte Ärzte).

Die erfolgreiche Besetzung einer Nische wird maßgeblich davon abhängen, wie es dem einzelnen Unternehmen gelingt, die Herausforderungen der neuen Technologien zu bewältigen. Beispielhaft sei an dieser Stelle der Bereich Pharmakogenetik genannt (s. auch Kap. »Pharmacogenomics – Der Weg in ein neues medizinisches Wertesystem?«):

- Die Erkenntnisse aus diesem Forschungsbereich können Mittelständler zur Entwicklung von Medikamenten für bestimmte Subpopulationen eines größeren Patientenkollektivs heranziehen (»responder« <->«non-responder«).
- Entsprechend gezielt kann die Auswahl der Kandidaten für klinische Studien erfolgen.
- In Verbindung mit anderen wegweisenden Technologien wie E-Trials – die elektronische Erfassung und Auswertung von Studiendaten – oder kombinatorischer Chemie sind zwischen 15 und 20% geringere Kosten bei Forschung und Entwicklung möglich.

Die hohen Renditen bei den Nischenmedikamenten könnten mit solchen Technologien nochmals nachhaltig gesteigert werden. Gleichzeitig sind die Umsätze in der Nische limitiert. Für Großunternehmen besteht daher vorerst kein Anreiz zum Markteintritt.

Dies gilt allerdings nur so lange, wie es den Großen gelingt, ihre Wachstumsansprüche alleine mit ihren Blockbustern zu realisieren. Ist das einmal nicht mehr der Fall, werden auch die großen Konzerne ihre Aufmerksamkeit zunehmend kleineren Märkten zuwenden. Die beschriebene Schwelle könnte sich demzufolge nach unten verschieben und den »Spielraum« für Mittelständler immer mehr einengen. Erfolgsentscheidend für die kleineren Pharmahersteller ist daher der möglichst schnelle Aufbau einer starken Position in klar definierten, eng begrenzten Märkten.

Strategische Partnerschaften – Optionen für den Mittelstand

Der Aufbau einer starken Marktposition stellt hohe Anforderungen an die gesamte Organisation des Unternehmens. Zwar kann durch gezielte Maßnahmen im Marketing und Vertrieb die Wettbewerbsposition vorübergehend gestärkt werden – auch auf Basis des aktuellen Produktmixes und einer eventuellen Spezialisierung. Die Erschließung neuer Geschäftsfelder oder neuer Märkte allerdings erfordert Wissen und Fähigkeiten, die erst gezielt innerhalb des Unternehmens aufgebaut werden müssen.

Die Großunternehmen liefern Beispiele, wie strategische Optionen aussehen können, mit denen sich Wettbewerbsvorteile für die Zukunft sichern lassen und

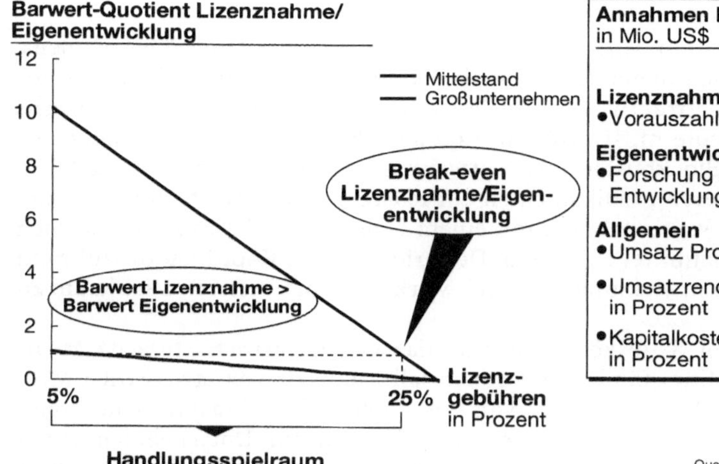

Annahmen Kosten u. Umsätze in Mio. US$	Mittelstand	GU**
Lizenznahme		
• Vorauszahlungen	20	80
Eigenentwicklung		
• Forschung und Entwicklung	250	350
Allgemein		
• Umsatz Produkt*	200	1.500
• Umsatzrendite in Prozent	30	30
• Kapitalkosten in Prozent	12	12

* 5 Jahre, dann 10% für 10 Jahre
** Großunternehmen
Quelle: McKinsey

Abb. 4. Modellrechnung

mit denen gleichzeitig das unternehmerische Risiko reduziert werden kann. Die Großen maximieren die Produktivität ihrer Portfolios durch eine Vielzahl strategischer Allianzen, Partnerschaften oder Minderheitsbeteiligungen auf allen Ebenen der Wertschöpfungskette. Den Maßstab bildet hier einmal mehr der US-Konzern Pfizer: Der Anteil der lizenzierten Produkte am Gesamtumsatz stieg von 0% im Jahr 1996 auf über 12% in 1999 an. Selbst das Scheitern einiger viel versprechender Eigenentwicklungen wurde dadurch überkompensiert, die Wettbewerbsposition in wesentlichen Therapiesegmenten deutlich gestärkt (Herz-Kreislauf-, rheumatoide Erkrankungen).

Im Vergleich zu den Großunternehmen ist der pharmazeutische Mittelstand weitaus seltener in Lizenzabkommen involviert. Zwischen 1996 und 1999 waren Mittelständler nur etwa halb so oft an Lizenzabkommen beteiligt wie große Konzerne. Bevorzugte Partner der mittelständischen Firmen: Unternehmen aus dem Biotechnologiesektor, gefolgt von anderen Mittelständlern.

Dabei sind die mittelständischen Unternehmen für Partnerschaften und hier insbesondere Lizenznahmen gut positioniert. Ein einfaches Modell zeigt, wie die zu erwartenden Einnahmen aus lizenzierten Produkten diejenigen aus vergleichbaren Eigenentwicklungen übertreffen (Abb. 4).

Mit Blick auf die generellen Wettbewerbsvorteile für Mittelständler in klar abgegrenzten therapeutischen Nischen liegt gerade in strategischen Partnerschaften enormes Potential. Für diese Partnerschaften ergeben sich im Wesentlichen 3 Kombinationen:

- Mittelständler – Großunternehmen
- Mittelständler – Biotechnologiefirma
- Mittelständler – Mittelständler.

Mittelständler – Großunternehmen

Nur selten lizenziert ein Mittelständler die Produkte eines Großunternehmens. Diese Form der Zusammenarbeit kann aber unter bestimmten Bedingungen für beide Partner sehr attraktiv sein. Im Portfolio eines großen Pharmakonzerns erlangen Medikamente mit Umsätzen unterhalb EUR 100–200 Mio. angesichts der Bedeutung der Blockbuster normalerweise nur geringe Aufmerksamkeit. Um mit ertragsschwächeren Medikamenten ein 10%iges Umsatzwachstum zu erzielen, müsste ein Großunternehmen mit einem Umsatz von EUR 10 Mrd. jährlich mehr als zehn Arzneimittel einführen. Der erforderliche Koordinationsaufwand für Forschung und Entwicklung sowie für Marketing und Vertrieb wäre kaum zu bewältigen!

Auf der anderen Seite könnte bereits das gleiche ertragsschwache Medikament für einen Mittelständler mit einem Jahresumsatz von etwa EUR 1 Mrd. ausreichen, um eine Wachstumsrate von 10% zu erreichen. Entsprechend höher wäre die Aufmerksamkeit, die diesem Medikament im Unternehmen zuteil würde. Von einer derartigen Kooperation profitiert auch der Seniorpartner »Großkonzern«, denn Vorauszahlungen und vergleichsweise hohe Lizenzgebühren – als Folge einer höheren Profitabilität der Mittelständler in therapeutischen Randgebieten – sichern dem Großunternehmen einen kontinuierlichen Cashflow, dessen diskontierter Barwert die Investitionskosten für Forschung und Entwicklung übersteigt. Auch kann der Großkonzern bei dieser Lösung seine Ressourcen voll auf seine Blockbuster konzentrieren. Ergo: Mittelständische Pharmaunternehmen sind die besseren Besitzer für umsatzschwächere Medikamente, da sie unter den genannten Voraussetzungen mehr Wert generieren können.

Umgekehrt müssen sich Mittelständler darüber im Klaren sein, dass ein von ihnen entwickelter potentieller Blockbuster in den Händen eines Großunternehmens leicht ein Vielfaches an Wert schaffen kann. Nur die Pharmariesen verfügen in der Regel über die notwendige Erfahrung und die Ressourcen, um aus einer viel versprechenden neuen Substanz einen Blockbuster werden zu lassen.

Mittelständler – Biotechnologiefirma

Die Pharmabranche hat sich durch den Markteintritt zahlreicher Biotechnologieunternehmen verändert. Viele dieser Unternehmen sind stark forschungsorientiert und verfügen nur über eine sehr geringe Anzahl an Medikamenten mit Marktreife oder in weit fortgeschrittenen Stadien der klinischen Prüfung – wenn überhaupt. Die finanziellen Möglichkeiten dieser Firmen sind begrenzt, ebenso die Erfahrung mit Marketing und Vertrieb. Wenn Biotechnologiefirmen Medikamente selbst vermarkten, sind sie deshalb nicht in der Lage, den Wert des Medikaments zu maximieren. Naturgemäß suchen sie für die Vermarktung potentieller Blockbuster die Hilfe starker Partner, zumeist die der Großkonzerne. Aber auch die Mittelständler könnten künftig als Partner für weniger umsatzstarke Medikamente der Biotechnologieunternehmen auftreten – besonders in den Bereichen Forschung und Entwicklung sowie Marketing und Vertrieb. Die potentiell höhere Profitabilität der Mittelständler in Verbindung mit einer starken Position in ausgewählten Nischenmärkten erlaubt höhere Lizenzzahlungen an die Lizenzgeber als möglicherweise im Falle einer Partnerschaft Biotechnologie – Großunternehmen. Zugleich eröffnet sich für Mittelständler durch Abkommen in sehr frühen Entwicklungsstadien die Chance, ihre technologische Basis auszuweiten.

Mittelständler – Mittelständler

Auch zwischen Mittelständlern werden in der Pharmabranche in Deutschland noch kaum strategische Allianzen geschlossen. Dabei bieten solche Partnerschaften ebenfalls vielfältige neue Perspektiven. Mögliche Ansatzpunkte können sein: eine Überlappung in therapeutischen Nischen oder komplementäre regionale Schwerpunkte und Technologien. Es ist beispielsweise vorstellbar, dass sich gleichzeitig mehrere Hersteller am Aufbau eines netzartigen Verbunds beteiligen. In einem ersten Schritt könnten – beispielsweise durch Über-Kreuz-Lizenzierungen einzelner Produkte – Synergien aus der zur Verfügung stehenden größeren Verkaufsmannschaft genutzt werden, um neue Märkte schneller oder große Märkte nachhaltiger zu erschließen.

Eine enge Zusammenarbeit in Forschung und Entwicklung würde zudem das unternehmerische Risiko für die einzelnen Firmen in diesem Bereich deutlich reduzieren. Mögliche Konsequenzen: bessere Produkte bzw. eine größere Anzahl von neuen Produkten, Senkung der Kosten. In Summe würden so Skalenvorteile der Großunternehmen zu einem nicht unerheblichen Maß auch für die Mittelständler zugänglich.

Ein solches Netz wäre eine völlig neue Form der strategischen Partnerschaft in der Pharmazeutik. Die beteiligten Unternehmen bringen wesentliche Teile ihres Produktportfolios in die Allianz ein und haben mithin ein vitales Interesse am Gelingen der Kooperation. Zudem gibt es keine Senior- und Juniorpartner, wie sie ansonsten für Pharmadeals typisch sind. Folglich besteht eine gleich verteilte wechselseitige Abhängigkeit im Sinne einer echten Partnerschaft.

Wie weit eine solche strategische Partnerschaft gehen kann, deuten die beiden US-Pharmariesen Merck und Schering-Plough an. Da der Patentschutz für ihre wichtigsten Blockbuster abläuft, haben sich beide zu einem spektakulären Schritt entschlossen. Durch die Kombination des Schering-Antiallergikums Clarithin mit Mercks Asthmamittel Singulair entsteht eine neuartiges synergistisch gegen Asthma und Allergie wirksames Arzneimittel. Dieses neue Medikament hat einen deutlich längeren Patentschutz als die Einzelsubstanzen. Ein möglicher Erfolg bedeutet für beide Unternehmen auch eine Verpflichtung: Weder Merck noch Schering können sich eine einseitige Beendigung des Engagements erlauben, da sie dadurch den Wert des Gesamtprojekts gefährden würden.

Innovation und Wachstum durch strategische Partnerschaften

Die Ausgangssituationen der mittelständischen Pharmaunternehmen in Deutschland und Europa sind höchst unterschiedlich. Deshalb die wichtigsten Kriterien für eine fortlaufende Standortbestimmung auf einen Blick:

Produktportfolio. Entlang der beschriebenen Achsen Marktattraktivität und relative Marktstärke gilt es, die eigenen Produkte zu klassifizieren, um daraus Kriterien und Handlungsoptionen für ein anhaltend erfolgreiches Bestehen in den jeweiligen Kernbereichen abzuleiten.

Differenzierende Fähigkeiten. Von fundamentaler Bedeutung für den einzuschlagenden Weg ist die Frage nach den einmaligen Fähigkeiten eines Unternehmens. Nur wenn diese Fähigkeiten weiter entwickelt werden, lassen sich Wettbewerbsvorteile auch für die Zukunft sichern. Zur Leistungsfähigkeit in Forschung und Entwicklung oder bei Marketing und Vertrieb in einzelnen Therapiebereichen zählen auch Adaptionsgrad und -geschwindigkeit neuer Technologien und schließlich die Attraktivität des Unternehmens für hoch qualifizierte Mitarbeiter.

Finanzielle Möglichkeiten. Die Finanzkraft liefert den notwendigen Treibstoff für das künftige Wachstum. Entscheidende Faktoren sind Barreserven und die Möglichkeit, finanzielle Mittel für Investitionen schnell zur Verfügung zu haben. Dies bestimmt den strategischen Freiheitsgrad eines Unternehmens. Viele der Mittelständler in Deutschland und Europa befinden sich im Gegensatz zu beinahe allen Großkonzernen vollständig oder zu großen Teilen in Familienbesitz oder unter familiärer Kontrolle. Die in den vergangenen Jahren bei Akquisitionen und Allianzen an Bedeutung gewinnende Währung »Aktie« steht diesen Unternehmen für Investitionen demnach nur in beschränktem Maße zur Verfügung.

Welche Diagnose lässt sich nun aus diesen Erkenntnissen ableiten? Einige Unternehmen werden feststellen, dass sie bereits auf einem guten Weg sind. Beispielhaft sei hier die Schering AG erwähnt. Der seit 1990 eingeschlagene Weg der Spezialisierung auf ausgewählte Therapiefelder hat zu einer überzeugenden Steigerung von Umsatz und Profitabilität geführt. Diese Entwicklung wurde von den Kapitalmärkten honoriert: Der Kursverlauf der Schering-Aktie schlug im Jahr 2000 den Deutschen Aktienindex deutlich.

Unabhängig von der Ausgangslage müssen sich letztlich alle Mittelständler den gleichen Herausforderungen für eine nachhaltig profitable Unternehmensentwicklung stellen. In einer ersten Wachstumsebene gilt es, die Wettbewerbsfähigkeit des derzeitigen Kerngeschäfts zu sichern – durch ständige Weiterentwicklung und Verbesserung. Partnerschaften wie der Aufbau eines Netzwerks mit anderen Mittelständlern können helfen, Marketing- und Vertriebsaktivitäten signifikant auszuweiten. Dies gilt für bereits am Markt befindliche Produkte oder für Produkte, die sich in einem fortgeschrittenen Stadium der klinischen Prüfung befinden. Gleichzeitig sollten für die Produkte von morgen die Weichen bereits in Richtung der strategischen Neuorientierung gestellt werden. Gezielte

Lizenznahmen und Allianzen können die strategische Konzentration auf bestimmte therapeutische Gebiete beschleunigen.

In weitaus stärkerem Maße gilt das für die Produkte von übermorgen. Das hohe Maß an strategischer Freiheit bei diesen präklinischen Präparaten eröffnet den Unternehmen einen großen Handlungsspielraum. Allianzen dienen hier dem Aufbau eines technologischen Vorsprungs und langfristig einer starken Wettbewerbsposition.

Die Frage nach möglichen Wertsteigerungen durch den Aufbau von Partnerschaften durchzieht alle Entwicklungsebenen wie ein roter Faden. Partnerschaften sind für den pharmazeutischen Mittelstand ein geeignetes strategisches Instrument, um Wachstum und Innovationskraft zu sichern.

Pharmacogenomics – der Weg in ein neues medizinisches Wertesystem?

Martin Berlin, Josef M.E. Leiter, Klaus Maleck und Alexander Moscho

»Noch zögern sie, selbst den Deckel abzuheben. Über kurz oder lang wird es einer jedoch tun. Deshalb müssen sie schauen, wie sie damit zurechtkommen.«

Was Adrian Hobden, der Präsident von Myriad Pharmaceuticals[1]*, Salt Lake City, so umschreibt, erinnert sehr an die Büchse der Pandora: verheißungsvoll und zugleich gefährlich!*

Die Rede ist von Pharmacogenomics. Immer häufiger greifen Fachkundige zu solchen oder ähnlichen Redewendungen, wenn es darum geht, diese neue pharmazeutische Disziplin einzuschätzen. Für fast alle Beteiligten des Gesundheitswesens verbinden sich mit ihr extreme Hoffnungen, aber auch große Befürchtungen.

Was verbirgt sich nun unter diesem Deckel? Welche Veränderungen und Folgewirkungen wird Pharmacogenomics für uns und das Gesundheitssystem im Speziellen mit sich bringen?

Pharmacogenomics – Chancen und Risiken einer neuen Wissenschaftsdisziplin

Pharmacogenomics (PG) ist auf dem besten Wege, sich als eigenständige Wissenschaftsdisziplin im Kontext der verschiedenen Ansätze der Genomforschung zu etablieren. Forschungsziel von PG ist es, die individuelle Empfänglichkeit von Patienten für die Wirkung von Medikamenten mit Hilfe von Erkenntnissen aus der Genomforschung besser zu verstehen. Aus Sicht der Wissenschaftler geht es dabei um die systematische Analyse und Beschreibung der genetisch bedingten Wirkungsmechanismen eines Medikaments im Stoffwechsel des Patienten. Im Mittelpunkt des Interesses stehen vor allem so genannte genetische *Polymorphismen,* die Genregulation und genetische Defekte. Gelingt es zu klären, welche Rolle sie im Einzelnen spielen, so würde dies das Verständnis unseres Genoms, der genetischen Kausalität von Krankheiten und des Medikamentenstoffwechsels, der Interaktion des Genoms mit der Umwelt sowie der Grundlagen und Konsequenzen genetischer Variabilität dramatisch erweitern.

[1] Myriad Pharmaceuticals Inc., Salt Lake City, ist spezialisiert auf die Erforschung von krankheitsrelevanten Genen und deren biologischen Pathways. Das Unternehmen brachte 1997 den ersten genomisch-diagnostischen Test für das Gen BRCA1 auf den Markt. BRCA1 ist verantwortlich für die genetische Disposition zu Brustkrebs.

Eigentlich erfüllt PG damit nur eine alte Grundforderung medizinischer Forschung, nämlich die genetische Individualität von Patienten bei der Entwicklung und Anwendung von Medikamenten konsequent zu berücksichtigen. Gleichwohl hat PG das Potential, unser gesamtes Gesundheitssystem, wie wir es heute kennen, zu revolutionieren.

Warum dem so ist, ist unschwer einzusehen: Im Zeitraum zwischen 1961 und 1992 mussten nicht weniger als 131 Medikamente weltweit aus dem Verkehr gezogen werden [1], auf Grund gravierender, nicht selten lebensbedrohlicher Nebenwirkungen. Allein in den USA sterben nach Schätzungen der IOM (US Institute of Medicine) jährlich ca. 200.000 Menschen an medikamentösen Vergiftungen, von denen ca. die Hälfte auf vermeidbare medizinische Irrtümer zurückgeführt werden können [2].

Durch konsequenten Einsatz von PG bei der Entwicklung und Anwendung von Medikamenten lässt sich mit relativ hoher Wahrscheinlichkeit ein Großteil dieser Nebenwirkungen vermeiden. Umgekehrt lässt sich das individuelle Risikoprofil eines jeden Patienten leichter identifizieren und graduelle Kontraindikationen leichter diagnostizieren. Zudem bieten sich Möglichkeiten, innerhalb klinischer Studien gescheiterte oder vom Markt zurückgezogene Wirkstoffe in sorgsam ausgewählten, pharmakogenetisch charakterisierten Patientengruppen gezielter und wirkungsvoller wieder einzusetzen.

Diese Fortschritte in Diagnose und Therapie sind jedoch nicht umsonst zu haben. Chancen und Risiken von PG sind im Einzelnen erst noch auszuloten.

Die *Patienten* können zu Recht individuell verordnete »Medikamente nach Maß« erwarten, möglicherweise aber um den Preis einer drohenden Mehrklassenmedizin.

Den *Ärzten* verspricht PG Quantensprünge in der Diagnose und damit deutlich bessere Heilungserfolge. Erkauft wird dies vielleicht mit dem Verlust von Kompetenzen und Zuständigkeiten: Denn wichtige Diagnoseschritte könnten künftig nicht mehr vom behandelnden Arzt ausgeführt werden, sondern nur von spezialisierten Gendiagnosezentren.

Für die *forschende Pharmaindustrie* zeichnet sich eine deutliche Reduzierung des Ausfallrisikos ab – verbunden mit einer Reduzierung der Entwicklungskosten. Andererseits wird es aber auch zu einer fortschreitenden Fragmentierung der Produkt-/Kundensegmente bis hin zum durchaus denkbaren »segment of one« kommen – verbunden mit einer Reduzierung der Umsätze.

Auch die *Krankenkassen* stehen vor großen Herausforderungen: Können sie eine Vorreiterrolle bei der Verwaltung und Erhebung von pharmakogenomischen Daten übernehmen – und somit mehr Einfluss auf den Patienten ausüben? Werden sie auch weiterhin auf die Möglichkeiten zur Patienten-/Kundenselektion auf Grund von genetischer Disposition verzichten?

Kurz: Die volkswirtschaftlichen und gesellschaftlichen Folgen der wissenschaftlichen Grundlagenforschung der letzten 10 Jahre, auf denen PG basiert, sind bislang nicht abschätzbar. Um die Chancen und Risiken der neuen Wissenschaftsdisziplin besser zu verstehen, ist es sinnvoll, zunächst die neuen Möglichkeiten zu betrachten, die sich mit PG verbinden.

Vor dem Paradigmenwechsel: neue Möglichkeiten in Forschung, Diagnostik und Therapie

Als Startschuss für die Entwicklung von Genomics kann die erste DNA-Sequenzierung (1977) durch Sanger sowie unabhängig davon durch Maxam und Gilbert betrachtet werden. 1986 wurde das Sanger-Verfahren des enzymatischen Kettenabbruchs automatisiert, 1995 wurde das erste Genom, das des pathogenen *Haemophilus-influenza*-Bakteriums, entschlüsselt, und nur gut ein Jahr später war mit dem Genom der Bäckerhefe das erste eukaryontische Genom bekannt. In schneller Folge reihten sich das Genom des ersten Vielzellers (*C. elegans*), das erste menschliche Chromosom und ein erster Entwurf des gesamten menschlichen Genoms ein ([3]; s. hierzu auch die Homepage der Firmeninformation von Celera Genomics).

Ermöglicht wurde die exponentielle Zunahme an Sequenzdaten – gegenwärtig sind mehr als 50 Genome bekannt, meist von Bakterien – durch die rasante Weiterentwicklung und Parallelisierung/Automatisierung der Sequenzierungstechnologie. Der größte Trumpf des Unternehmens PE Biosystems/Celera liegt beispielsweise in einer hoch modernen Systemunterstützung, die neben Supercomputern auch 300 der neuesten Hochleistungssequenzierer von Perkin-Elmer, Palo Alto, Calif., umfasst.

Anfang Juli 2000 wurde schließlich erstmals das gesamte Genom des Menschen entschlüsselt. In einer bis dahin für die Wissenschaft nicht gekannten Art und Weise wurde dieses Ereignis durch das weltweite Genomprojekt und vor allem durch Celera »vermarktet«. Allerdings fehlen derzeit noch die Informationen über die Funktion der meisten Sequenzen (Abb. 1).

Vom Geno- zum Phänotyp

Durch die rasante Zunahme an Sequenzdaten wird das traditionelle Vorgehen der Biologie gleichsam auf den Kopf gestellt: Das bisherige wissenschaftliche Vorgehen konzentrierte sich darauf, zunächst einen Phänotypen, z. B. die Ausprägung einer erblichen Krankheit, zu kennen und danach das verantwortliche Gen zu finden (»vom Phäno- zum Genotyp«). Nun werden ausgehend von der Genomsequenz Gene identifiziert und ihre normalen oder pathologischen Funktionen bestimmt.

Allerdings sind Sequenzdaten leider nicht selbsterklärend: Die Identifizierung von Genen aus den Sequenzrohdaten, einer schier endlosen Abfolge der 4 Basen – symbolisiert durch die Buchstaben A (Adenin), C (Cytosin), G (Guanin) und T (Thymin) – kann nicht ausschließlich am Computer durchgeführt werden, sondern erfordert immer auch experimentelle Absicherung.

Wenn die Präsenz eines Gens bewiesen wurde, muss außerdem noch seine Funktion entschlüsselt werden (»functional genomics«). Dazu müssen aus den Bausteinen des Gens, seinen Basen, die zugehörige Aminosäuresequenz und über diese das zugehörige kodierte Protein sowie dessen Struktur und Funktion bestimmt werden. Für eine systematische Pharmaforschung wird deshalb das automatisierte und parallelisierte Studium der Proteine immer wichtiger. *Proteo-*

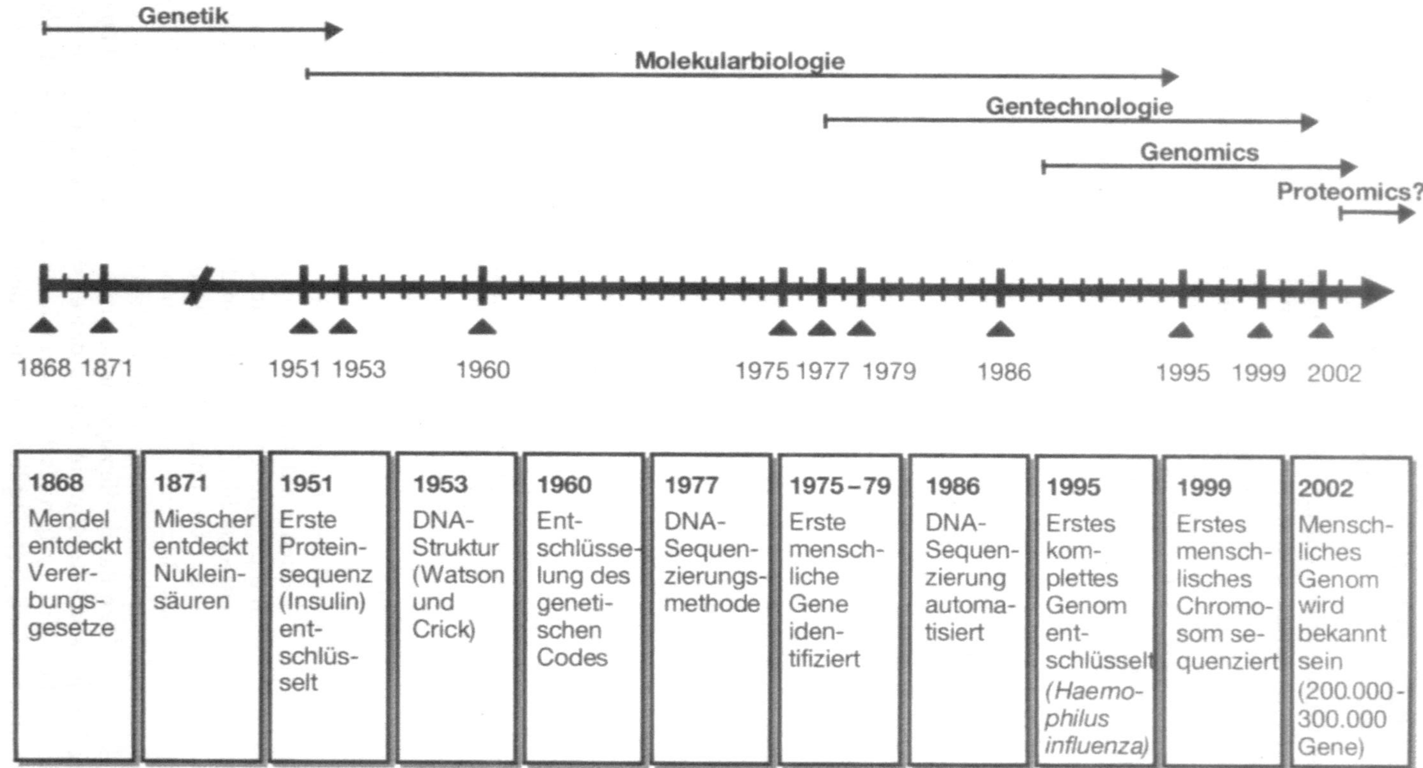

Abb. 1. Historischer Überblick der Entwicklung zu Pharmacogenomics

mics – d. h. das Studium der Gesamtheit der Proteine eines Organismus – kann schon heute als logische Ergänzung zu Genomics – dem Studium der Gesamtheit der Gene – angesehen werden.

Die Funktionsentschlüsselung ist derzeit als wichtigster Engpass anzusehen. Sie entscheidet über das Tempo der Genentschlüsselung. Eine Automatisierung der Funktionsentschlüsselung wird zunächst noch ein frommer Wunsch bleiben, solange es noch keine allgemein anwendbare Technik gibt. Automatisiert ist bisher lediglich eine indirekte Methode zur Genfunktionskorrelation, der DNA-Chip [4, 5]. DNA-Chips, auch DNA-Microarrays genannt, sind Festträgermatrizen mit einer hohen Dichte fixierter unterschiedlicher DNA-Pools. Diese erlauben nicht nur die Messung von Genaktivitäten, sondern möglicherweise auch die Detektion von Polymorphismen im Großmaßstab.

Katalogisierung der Polymorphismen

Das menschliche Genom ist mit ca. 3 Mrd. Basenpaaren außerordentlich groß und zudem sind die menschlichen Gene sehr komplex aufgebaut. Um trotzdem möglichst schnell Kandidatengene für bisher nicht kausal behandelte Krankheiten zu identifizieren, bedient sich die Pharmaforschung zunehmend der Mittel von PG. Dazu werden im großen Maßstab zunächst Mikroheterogenitäten, so genannte Single-Nucleotide-Polymorphismen (SNPs), im Genom auf Populationsebene identifiziert. Danach werden sie entweder genetisch zu Phänotypen, z. B. einer erblichen Krankheit, korreliert; man spricht dann von »non-coding SNPs«. Oder sie werden kausal einer krankheitsverursachenden Mutation zugeordnet: In diesem Fall spricht man von »coding SNP«, d. h. der Polymorphismus liegt im Gen und ist für den Gendefekt verantwortlich.

Je enger das Netz der identifizierten Polymorphismen im Genom geknüpft werden kann, umso genauer kann ein Genomabschnitt, der beispielsweise für die Unverträglichkeit eines Medikaments verantwortlich ist, eingegrenzt und identifiziert werden. Coding SNPs haben dabei den Vorteil, direkt ein Kandidatengen zu identifizieren und damit auch patentierbar zu sein. Unter günstigen Umständen kann bei ihnen sogar auf eine statistische Absicherung verzichtet werden, wie sie zur Korrelation von non-coding SNPs mit Kandidatengenen nötig ist.

Um SNPs effizient zu nutzen, muss man in der Regel imstande sein, eine große Population genetisch zu analysieren. Man benötigt immer eine große Anzahl (bis zu 1.000) genetischer Polymorphismen und eine genetisch definierte Population, um pharmakogenetisch Gene zu identifizieren. Längst hat der Ansturm von Biotech- und Pharmafirmen auf geeignete, in längerer Isolation lebende Populationen eingesetzt: So gehören beispielsweise die Bevölkerung Islands oder die Utaher Mormonen heute zu den genetisch am besten untersuchten Populationen der Welt. Gleichzeitig wächst die Anzahl entdeckter SNPs und damit auch die Auflösungsstärke auf die Details des Genoms und die Anzahl der kausalen Korrelationen mit einer Krankheit oder Medikamentenwirkung/-unverträglichkeit. Immer neue Methoden und insbesondere die fortschreitende Geschwindigkeit und Präzision der Sequenzierung bereiten die Basis für eine rasche und effiziente SNP-Entdeckung (Abb. 2).

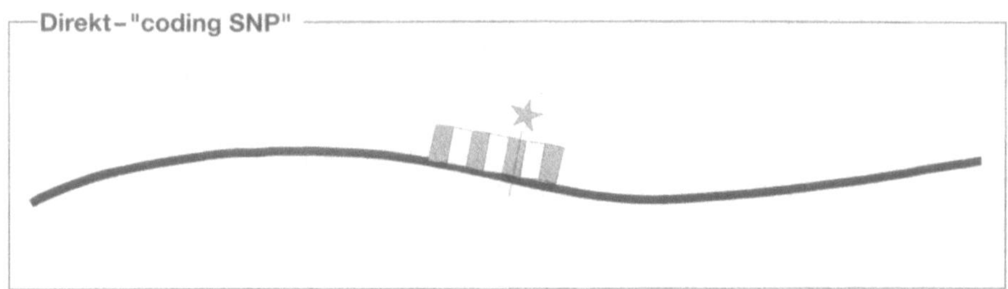

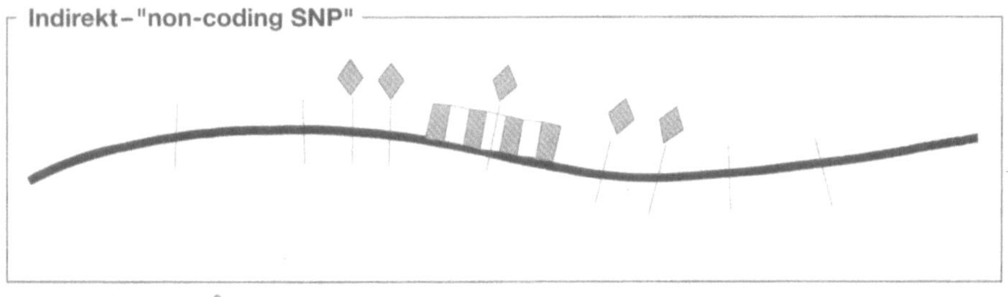

Abb. 2. Nachweis von Kandidatengenen mit Hilfe von SNP. (Collins et al. 1997 [7])

Die Zahl der Polymorphismen und insbesondere der kausalen Polymorphismen ist endlich und viele Pharmafirmen versuchen jetzt sich die wichtigsten SNPs patentrechtlich zu sichern: Im menschlichen Genom weisen ca. 1% aller Nukleotide Variationen zwischen 2 genetisch nicht eng verwandten Menschen auf. Neben größeren repetitiven Elementen sind es vor allem die SNPs, die wegen ihrer regelmäßigen Streuung über das gesamte Genom und ihrer leichten, routinemäßigen Nachweisbarkeit gesucht und in der Analytik der PG genutzt werden. Um diese Polymorphismen zu entdecken, haben sich mehrere große Pharmafirmen [6] zum SNP-Konsortium zusammengeschlossen. Etliche Start-up-Firmen haben sich zudem zum Ziel gesetzt, mit verschiedenen Methoden SNPs zu identifizieren. Dabei bedient man sich vorwiegend Polymerase-chain-reaction-(PCR-)basierender Techniken, die mit geringen DNA-Mengen auskommen und einfache Nachweismethoden anbieten. Der DNA-Chip soll in seiner Sensitivität so weit verbessert werden, dass er einzelne Nukleotidunterschiede signalisieren kann. Diese Methode könnte später auch zur leicht handhabbaren Diagnostik eingesetzt werden. Dazu ist es erforderlich, Marker für die wichtigsten genetischen Krankheiten und Medikamentenmetabolismen auf dem DNA-Chip zu verankern. Mit einem Tropfen Blut könnte damit in naher Zukunft das komplette »Genogramm« eines Menschen erstellt werden. Auf dieser Grundlage könnten auch die für ihn jeweils optimalen Medikamente bzw. deren spezifische Dosierung identifiziert werden.

Durch neue Technologien und erhöhte Nachfrage wird der Preis für den Nachweis eines neuen SNP voraussichtlich auf unter US$ 100 sinken [7]. Bei breit anwendbaren Tests sollte der Preis von Standarddiagnostik nochmals erheblich niedriger sein.

Vom Krankheitsmanagement zur Patiententherapie

Polymorphismen ermöglichen nicht nur die genetische Kartierung von krankheitsverursachenden Mutationen, sie lassen sich auch noch für andere Zwecke nutzen: Nach demselben Prinzip kann man auch *Allele* (d.h. Varianten eines Gens) kartografieren, die individuelle Reaktionen auf Medikamente beeinflussen bzw. verursachen.

Ein anschauliches Beispiel liefert das CYP2D6-Gen. In der menschlichen Population kommt es in mehreren Allelvarianten vor; es ist an der Metabolisierung von ca. 20% aller verschreibungspflichtigen Medikamente beteiligt und wirkt u. a. an der Metabolisierung von Erythromycin (einem Antibiotikum) mit. Patienten, denen die CYP2D6-Version des Gens Zytochrom-P-450 fehlt, sind nicht in der Lage, Erythromycin im Körper abzubauen. Bei starker Gabe von Erythromycin kommt es in den meisten Fällen zu einer toxischen Überkonzentration von Erythromycin in ihrer Blutbahn. In Zukunft wird PG in Kombination mit gendiagnostischen Methoden eine individuelle und risikoärmere antibiotische Behandlung solcher Patienten entsprechend ihrer genetischen Disposition erlauben.

Auf diese Weise schafft PG die wissenschaftliche Grundlage für eine Charakterisierung der Patienten anhand ihrer möglichen Reaktion auf Medikamente und kann somit den Wert eines Medikamentes steigern, da Unverträglichkeiten und Nebenwirkungen minimiert werden können.

Auf jeden Fall wird die Gendiagnostik künftig bei der Früherkennung und Behandlung von Krankheiten eine zentrale Rolle spielen. Die medikamentöse Therapie kann in Zukunft genau auf den einzelnen Patienten zugeschnitten werden, so dass sie bei nur minimalen Nebenwirkungen optimal anschlägt.

Neue Spielregeln und Rollen für alle Beteiligten?

Auf längere Sicht werden die neuen Möglichkeiten von PG für alle Beteiligten unseres Gesundheitssystems z. T. einschneidende Veränderungen mit sich bringen – für Patienten ebenso wie für Ärzte und Krankenhäuser, aber auch für die Pharmaindustrie und die Krankenversicherer. Vieles spricht dafür, dass sich neue Spielregeln für die Interaktion herausbilden werden und die einzelnen Parteien ihre spezifische Rolle und Selbstverständnis im Gesundheitssystem überprüfen müssen.

Im Folgenden möchten wir uns auf die schon heute absehbaren Veränderungen beschränken. Wir entwerfen jeweils ein Entwicklungsszenario für die verschiedenen Parteien und fassen die wichtigsten Konsequenzen/Trends thesenhaft zusammen.

Auswirkungen auf Patienten

Reizwörter wie »gläserner Patient« sind mit vielen Hoffnungen, aber auch signifikanten Ressentiments verbunden. Für die Betroffenen – und damit uns alle –

stellt sich die Frage, was sich für sie konkret verändern wird, wenn sie und andere – Ärzte, Krankenversicherungen, Arbeitgeber – ihre genetische Disposition kennen.

These I: Pharmakogenomische Analysen verbessern die medikamentösen Behandlungsmöglichkeiten für den einzelnen Patienten und erhöhen seine Lebensqualität
Grundsätzlich ist kein Medikament für jeden Patienten frei von Nebenwirkungen – auch wenn es sich in Verträglichkeitstests innerhalb der klinischen Entwicklung oder in Anwendungstests nach Markteinführung als unbedenklich erwies. Beispielsweise musste Glaxo Wellcome PLC vorübergehend die klinische Entwicklung von *Rezulin* einstellen, als in Europa einer von 60.000 Diabetes-Patienten nach Einnahme der neuen Wirkstoffgruppe an einer Lebervergiftung erkrankte. Roche musste beim Medikament *Ticlid* deutliche Marktanteilsverluste hinnehmen, weil erhebliche Nebenwirkungen auftraten. Das Novartis-Medikament *Clorazil* wird – trotz seiner hervorragenden Wirksamkeit – nur noch in letzter Instanz eingesetzt, weil einige Patienten mit seltenen, aber lebensbedrohlichen Komplikationen wie Agranulozytose reagierten. Die Einnahme von *Redux* führte bei einigen Nutzern zu Herzklappenproblemen, so dass AHP/Interneuron das Medikament vom Markt nehmen musste und sich nun Schadenersatzansprüchen in Millionenhöhe gegenübersieht.

Viele gravierende Nebenwirkungen können durch eine pharmakogenetische Analyse vermieden oder zumindest vermindert werden. Darüber hinaus muss das Augenmerk bei PG der *Prävention von Krankheiten gelten,* die sowohl durch die genetische Ausstattung als auch durch Umwelteinflüsse hervorgerufen werden. In diese Klasse fällt die Mehrzahl der Krankheiten. Denkbar ist z. B. die rechtzeitige Verordnung von speziellen Ernährungsdiäten oder die Vermeidung oder Forcierung von bestimmten Tätigkeiten, um der Krankheitsausbildung entgegenzuwirken. Die Prävention könnte in Kombination mit der Gendiagnose einen sehr großen Patientennutzen haben und sich dementsprechend schnell durchsetzen. Abzuwarten bleibt, inwieweit sich die Patienten freiwillig bereit erklären, einen Teil ihrer individuellen Freiheit vorausschauend aufzugeben.

Gemessen werden kann der Patientennutzen durch die Zahl der »quality adjusted life years«. Nicht nur länger leben, sondern sich länger gesund fühlen ist das Maß, nach dem PG sich messen lassen will, d. h. die Qualität des Älterwerdens ist wichtiger als die pure Anzahl der Jahre. Damit wird eine direkte Verbindung von Pharmacogenomics und Pharmacoeconomics, der Kosten-Nutzen-Analytik für Medikamente, hergestellt, da auch diese Disziplin den erhöhten Einsatz von Medikamenten und damit finanzieller Mittel als gerechtfertigt ansieht, wenn die Zahl der »quality adjusted life years« steigt.

Die größte Effektivität erzielt die pharmakogenomische Untersuchung von Unterschieden zwischen Medikamentenklassen in 3 Fällen:

- Bei weit auseinander liegenden Wirksamkeitsendpunkten, wie dies beispielsweise bei mikrovaskulären Komplikationen der Diabetiker beobachtet wird. Pharmakogenomische Tests können hier wichtige und näher liegende Surrogatendpunkte liefern.
- Bei zahlreichen ernsthaften Erkrankungen, wenn die medikamentöse Behandlung heute kranke und gesunde Zellen gleichermaßen zerstört. PG kann hier

helfen, Therapierichtlinien zu entwickeln, bei denen das Wirkung-Nebenwirkung-Verhältnis für Teilgruppen der Patienten besser ist. So haben Wissenschaftler kürzlich herausgefunden, dass rheumatische Arthritis bei bestimmten genetischen Patientengruppen mit einer einzigen Medikamentenklasse genauso gut therapiert werden kann wie mit einer hoch toxischen Wirkstoffkombination aus 3 Medikamenten.

- Als äußerst wirksam könnte sich PG drittens bei Behandlungen erweisen, bei denen es keine klaren Ja- oder Nein-Entscheidungen gibt. Ein Beispiel hierfür sind Antidepressiva, die ein sehr breites Spektrum an Reaktionen hervorrufen können. Selbst wenn ein Medikament anschlägt, können Arzt und Patient niemals sicher sein, ob es nicht doch ein noch wirksameres gäbe. Mit genetischen Tests ließe sich dies im Vorfeld herausfinden.

These II: Die individuelle genetische Disposition wird großen Einfluss auf medikamentöse Behandlungsmöglichkeiten und Versicherungsschutz des einzelnen Menschen haben

Heute gilt im Bereich der PKV der Ausschluss vom Versicherungsschutz bei bekannten Krankheiten. Zukünftig könnte diese Regelung ad absurdum geführt werden: Etwa dann, wenn von der Geburt an bekannt ist, dass der Betroffene mit einer Wahrscheinlichkeit von 60% an Diabetes erkranken oder mit 50 Jahren an Herzinfarkt sterben wird. Wird er deshalb eine persönliche Aufschlagprämie bezahlen müssen, entsprechend seiner genetischen Disposition? Oder wird er die Krankenversicherung nicht mehr frei wählen können? Für welchen Personenkreis wird seine Disposition offen gelegt? Und wird ihm evtl. nahe gelegt, seine Partnerwahl entsprechend seiner genetischen Ausstattung zu treffen? Fragen, über deren Antworten man derzeit nur spekulieren kann.

Konsequenz für den einzelnen Patienten könnte auch sein, dass es für ihn, da er zufällig einer genetischen Minorität mit einer spezifischen, seltenen Kombination von Polymorphismen zugehört, kein wirklich gutes Medikament mehr gibt. Seine Subpopulation ist möglicherweise nicht groß/kaufstark genug, um eine individualisierte, gruppengerechte Medikamentenentwicklung, trotz schwer wiegender Nebenwirkungen der bereits verfügbaren Medikamente, wirtschaftlich zu rechtfertigen.

Schon heute ist das Wirklichkeit für die Gruppe der Alzheimerpatienten mit dem genetischen Allel ApoE4 – immerhin 14% aller Alzheimerpatienten. Sie sprechen nicht auf die Therapie mit *Tacrine* an. Dennoch gibt es derzeit kein geeignetes Alternativmedikament für diese Gruppe – weder am Markt noch in der Entwicklung. Zu gering und unattraktiv erscheint dieses Submarkt-Segment für etablierte Anbieter.

Aber auch für kleinere Pharmaunternehmen und Biotechnologiefirmen wird es kritische Mindestmarktgrößen geben, unterhalb derer eine Medikamentenentwicklung ökonomisch keinen Sinn mehr macht: *Herceptin* von Genentech zielt auf etwa 30% aller Brustkrebserkrankungen. Nach Expertenmeinung stellt dies eine wirtschaftliche Größenordnung dar, die für Biotechunternehmen gerade noch als attraktiver Markt betrachtet werden kann. – Für große Pharmakonzerne, die DM 500 Mio. Umsatz pro Produkt machen müssen, um rentabel zu arbeiten, gilt dies längst nicht mehr.

Allerdings könnte in jenen Fällen, in denen eine eigenständige Medikamententenentwicklung nicht rentabel erscheint, das Wissen um vorhandene Unverträglichkeit zumindest genutzt werden, um Kombinationen von Medikamenten anzubieten, die Patientenschäden ausschließen und dennoch die gewünschte Wirkung erreichen.

Abschließend ist festzuhalten, dass pharmakogenetische Methoden bisher erst in relativ wenigen Bereichen zum Einsatz kommen. Zurzeit konzentrieren sich die Aktivitäten vor allem auf diese 4 Gebiete: neurologische und kardiovaskuläre Erkrankungen, Krebs und Osteoporose. Weitere für PG geeignete Bereiche scheinen Asthma, Bluthochdruck, Übergewicht und Diabetes zu sein. Hier handelt es sich um genetisch komplexe Krankheiten, die z. T. bisher schwer exakt zu diagnostizieren sind. Daneben ist bereits für den überwiegenden Teil dieser Gebiete nachgewiesen, dass genetische Variationen innerhalb der Bevölkerung für unterschiedliche Ausprägungsformen der einzelnen Krankheiten bzw. variierende Medikamentenreaktionen verantwortlich sind. Schließlich rechtfertigt auch die Größe der jeweiligen Märkte die aufwendige Suche nach genetischen Markern. Damit sind die wichtigsten Grundbedingungen für eine ökonomische und patientenorientierte pharmakogenomische Forschung in den genannten therapeutischen Gebieten erfüllt.

Auf jeden Fall bedarf es, um PG und die daraus resultierenden individuellen Patientendaten sinnvoll und ethisch verantwortlich zu nutzen, einer konsequenten Anwendung des Datenschutzes. Denkbar ist es, genotypische Informationen kompakt und verschlüsselt auf einer Chipkarte abzuspeichern, so dass sie für Unbefugte unzugänglich sind, für den behandelnden Arzt aber jederzeit zur Verfügung stehen.

Auswirkungen auf Pharmaindustrie

PG wird insbesondere die Forschungs- und Entwicklungslandschaft (F&E-Landschaft) in der Pharmaindustrie, aber auch die Branche selbst grundlegend verändern. PG wird dabei alle relevanten neuen Indikationsfelder erfassen. Spektakuläre Veränderungen dürften sich vor allem durch PG-basierte Diagnostika ergeben. Bei den Therapeutika werden sich die Effektivitätszugewinne nicht wie in der Vergangenheit auf bestimmte Medikamentengruppen konzentrieren, sondern bestimmte »Produkt-/Kundensegmente« erreichen.

Obwohl genetisch bedingte Unterschiede von Medikamentenwirkungen schon seit etwa 50 Jahren bekannt sind[1], setzte die groß angelegte industrielle Nutzung von PG erst im Juli 1997 mit der Bekanntgabe der Allianz zwischen Abbott und Genset ein[2]. Ziel dieser Partnerschaft ist die Entwicklung und Ver-

[1] Bereits 1950 wurde postuliert, dass adverse Medikamentenreaktionen durch genetische Unterschiede der Patienten verursacht sein könnten, die Enzymaktivitäten der betroffenen metabolischen Wege modulieren.

[2] Entsprechend der Etablierung des Begriffs »Pharmacogenomics« als Synonym für beide klassisch-wissenschaftlichen Begriffe »Pharmacogenomics« und »Pharmacogenetics« werden auch wir im weiteren Artikelverlauf nicht mehr zwischen beiden Begriffen unterscheiden.

marktung von diagnostischen Testsystemen, um die Reaktion eines Patienten auf einen Drug Candidate bzw. ein etabliertes therapeutisches Konzept vorhersagen zu können. Im Rahmen der Kooperation kaufte Abbott Genset-Anteile im Wert von US$ 20 Mio., finanzierte Entwicklungsprojekte und versprach für die Erreichung von Meilensteinen weitere US$ 22,5 Mio. [8]. Bereits ein Jahr später äußerte die Mehrheit von 13 Pharma-Executives in einer von Pfizer initiierten Umfrage, dass PG in der Zukunft wichtig für klinische Medikamentenentwicklung, Wettbewerbsvorteile bei der Vermarktung und die Verbindung von Diagnostika mit verschreibungspflichtigen Medikamenten sein wird. Alle 13 Executives bestätigten, dass ihre Unternehmen spätestens innerhalb der kommenden 5 Jahre mit der Sammlung von DNA in klinischen Studien beginnen würden, um Genotyp-Phänotyp-Zusammenhänge studieren zu können[1]. Nach aktuellen Schätzungen flossen bereits 1999 zwischen 10 und 20% der F&E-Budgets von Pharmaunternehmen in Genomics [9]. Befürworter von PG erwarten erste pharmakogenomisch entwickelte Medikamente bereits innerhalb der nächsten 5 Jahre.

Von 1997–1999 sind 28 Kooperationen hauptsächlich zwischen Pharmafirmen und Genomicsunternehmen geschlossen worden [10]. Hiervon betreffen 17 pharmakogenomische Anwendungen im Bereich der Medikamentenentwicklung – überwiegend in späten klinischen Phasen; 7 betreffen die Drug Discovery und 4 beziehen sich auf bereits vermarktete Pharmaka.

These I: PG wird der Pharmaentwicklung Effizienzgewinne ermöglichen

Differenzierter und schon heute klarer absehbar werden sich die Effizienzgewinne auf Grund von PG entwickeln. Wichtige Beispiele hierfür sind: Segmentierung von genomisch gewonnenen, potentiellen Drug Targets, effektive Priorisierungsmöglichkeiten von Drug Candidates, schnellere Therapeutikaentwicklung durch kürzere und auf weniger Patienten fokussierte klinische Studien sowie die »Wiederentdeckung« viel versprechender, jedoch in früheren klinischen Studien an Wirksamkeits- oder Toxikologieproblemen – verursacht durch heterogene Patientenpopulationen – gescheiterten Drug Candidates.

Insbesondere folgende Trends zeichnen sich hierbei in R&D (»research and development«) ab:

Massive Effizienzgewinne bei klinischen Studien in den Dimensionen Qualität, Zeit und Kosten. Wie wichtig diese Veränderungen aus einer ökonomischen Perspektive sein können, zeigt ein Blick auf den derzeitigen pharmazeutischen Entwicklungsaufwand: Während Zeiträumen von 11,5–15 Jahren werden durchschnittlich US$ 130–180 Mio. für klinische Studien bei der Entwicklung eines neuen Therapeutikums aus 5.000–10.000 möglichen Compounds ausgegeben (Schätzungen basierend auf [11, 12]). Für die vorgeschriebenen Wirksamkeitsstudien müssen bis zu 10.000 Patienten behandelt und untersucht werden, von denen u. U. nur 2.000 auf das Medikament ansprechen (Abb. 3).

[1] Umfrage von Pfizer Inc., New York, 1998.

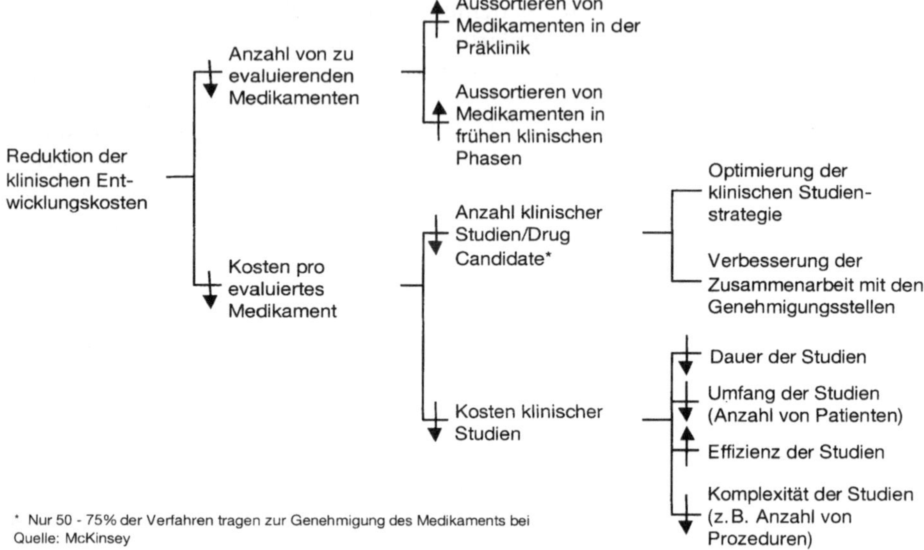

Abb. 3. Pharmacogenomics können klinische Entwicklungskosten reduzieren

Bedenkt man, dass allgemein nur etwa 50–75% der sehr aufwendigen klinischen Studien signifikante Beiträge zur Zulassung der betroffenen Medikamente leisten, so wird das Kosteneinsparungspotential deutlich. Bezogen auf die oben genannten Zahlen sind es grob geschätzt zwischen US$ 33 Mio. und US$ 135 Mio. pro Medikamentenentwicklung, die durch eine pharmakogenomische Fokussierung der klinischen Studien auf sinnvolle, hinreichend große Patientenpopulationen eingespart werden könnten. Einen detaillierten Überblick über die Optimierungsmöglichkeiten durch PG sowie eine exemplarische Kalkulation von Kosteneinsparungspotential gibt Abbildung 4. Auf dieser Basis ist verständlich, warum bereits heute die meisten Pharmakonzerne verfügbare pharmakogenomische Testsysteme, z.B. bei der Entwicklung von Alzheimermedikamenten (s. unten), verwenden [13].

Der definitive Nachweis, ob PG effektiver ist als die herkömmlichen Auswahlmethoden nach biochemischen Markern und epidemiologischen Kriterien (z.B. Raucher vs. Nichtraucher) steht jedoch noch aus. Mit steigender Anzahl pharmakogenetisch basierter klinischer Studien wird er in naher Zukunft erwartet.

Weiteres Kosteneinsparungspotential ergibt sich über die bessere Fokussierung klinischer Studien hinaus auch bei der Optimierung des Drug Target Screening im Vorfeld der klinischen Studien: Die durchschnittlichen Kosten je Wirkstoffkombination belaufen sich in Phase 1 auf etwa US$ 7 Mio., in Phase 3 schießen sie auf ca. US$ 43 Mio. hoch. Pharmaunternehmen können danach bei jedem Medikament, das bereits in Phase 1 statt erst in Phase 3 scheitert, etwa US$ 36 Mio. einsparen.

Bei allem Kosteneinsparungspotential sollte ein wichtiger Aspekt nicht vernachlässigt werden: Die für Pharmaentwicklungen notwendigen pharmako-

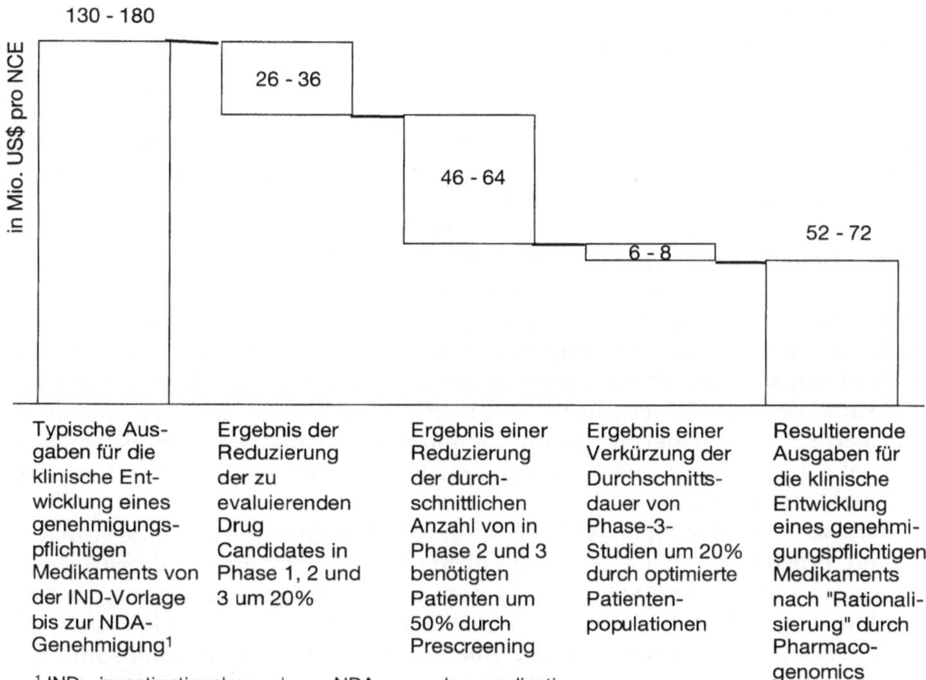

Abb. 4. Mögliche Auswirkungen von Pharmakogenomics auf die klinischen Entwicklungskosten [in Mio. US$ pro NCE (»new chemical entity«)]

genomischen Daten müssen zuerst einmal gesammelt werden! Da diese Datensammlungen Referenzmaterial sind, werden höchste Maßstäbe an ihre Qualität angelegt. Als Konsequenz werden pharmakogenomische Studien relativ teuer sein: So könnten pharmakogenomische Tests schätzungsweise mit etwa US$ 5–10 Mio. je zugelassenes Medikament zu Buche schlagen. Diese Größenordnung ergibt sich bei 50.000–100.000 Tests je zugelassenes Medikament bzw. jeweils 30–70 Tests an 1.500 Patienten und Kosten von US$ 100 je Test.

Ein weiterer Punkt ist, dass Regulationsbehörden wie die FDA[1] zurzeit prüfen, inwiefern sie pharmakogenomische Daten als Zulassungsvoraussetzungen für neue Medikamente fordern können bzw. sollen. Würden durch einen solchen Schritt klinische Studien zusätzlich verteuert werden, wird eine eigene Therapeutikaentwicklung für die meisten mittelständischen Biotechunternehmen nicht mehr in Frage kommen. Dies wiederum würde die Position von Pharmakonzernen bzw. Clinical Research Organizations (CROs) als Entwicklungspartner der Biotechnologieindustrie weiter stärken.

[1] Die amerikanische Food and Drug Administration hat bereits 2 Guidances herausgegeben, die die Bedeutung von genetischen Polymorphismen für das Studium des Metabolismus von Drug Candidates diskutieren.

These II: Die Geschäftsrisiken von Pharmakonzernen werden sich deutlich reduzieren

Das wirtschaftliche Risiko der Pharmaunternehmen endet nicht mit der erreichten Marktzulassung. Neben der Wirkungslosigkeit, die verschriebene Medikamente bei etwa 20% aller Patienten zeigen, sind Hersteller von Arzneimitteln immer wieder zum Handeln gezwungen, wenn ein kleiner Teil der Bevölkerung negativ auf ansonsten viel versprechende Medikamente reagiert.

Durch pharmakogenetische Diagnostik werden sich künftig viel versprechende Medikamente exakt auf Zielmärkte und Patientengruppen zugeschnitten (re)positionieren und ihr Ertragspotential sehr viel besser absichern lassen. Dabei wird es nicht nur darum gehen, Wirkungslosigkeit oder umsatzschädigende Nebenreaktionen in Subpopulationen zu vermeiden. Ökonomisch noch interessanter sind die Möglichkeiten, durch die objektiv höhere Wirksamkeit von Medikamenten in präziser gefassten, »maßgeschneiderten« Zielgruppen deutlich gesteigerte Produktpenetration und Compliance der Patienten zu erreichen. Statt der »sales blockbuster« könnten »margin blockbuster« völlig neue Geschäftspotentiale erschließen.

Welche Veränderungen sich hier für Marktsegmentierung und Umsatzplanung ergeben können, lässt sich am Beispiel von *Pravachol (Pravasin)* zeigen, einem Medikament von Bristol-Myers Squibb zur Verlangsamung der Progression von Arteriosklerose: Seit einigen Jahren ist bekannt, dass die Cholesterylestertransferase (CETP) eine zentrale Rolle im Metabolismus von High-Density-Lipoproteinen (HDL) spielt und bestimmte Mutationen des für sie kodierenden Gens (Polymorphismen) wahrscheinlich die Empfänglichkeit gegenüber Arteriosklerose beeinflussen. Nach der Markteinführung von Pravachol wurde im Rahmen einer pharmakogenomischen Untersuchung von 807 Männern festgestellt, dass das Medikament bei allen Patienten mit der Polymorphismus-Variante B2B2 – d.h. immerhin bei 16% aller getesteten Patienten – völlig wirkungslos blieb [14]. Wären diese Erkenntnisse rechtzeitig für eine »trennschärfere« Vermarktung des Medikaments verfügbar gewesen, so hätten, wie Simulationsrechnungen nahe legen, allein im Jahr 1997 Umsätze von über US$ 3 Mrd. realisiert werden können – d.h. mehr als das Zweifache des erzielten Ist-Umsatzes von US$ 1,4 Mrd. Bei einer Reduzierung der Zielgruppe um die 16% B2B2-Patienten hätte das verbleibende Restsegment mit einer um mindestens 30% höheren Penetrationsrate ausgeschöpft werden können – wodurch die entfallenen Verkäufe an B2B2-Patienten weit überkompensiert worden wären (Abb. 5).

Durch PG hätte sich auch das Debakel bei *Rezulin* vermeiden lassen. Dieses Medikament musste 1998 wegen des Verdachts, Leberschäden hervorzurufen, vorübergehend vom britischen Markt genommen werden; gleichzeitig wurde seine Zulassung in anderen europäischen Ländern ausgesetzt. Pharmakogenomische Tests hätten es dem Anbieter Glaxo Wellcome ermöglicht, die gefährdeten Patientengruppen vorab zu identifizieren und in dieser Population die Entwicklung der Leberwerte monatsweise zu kontrollieren bzw. in der Marktanwendung eine solche Kontrolle vorzuschreiben. Stattdessen musste das Unternehmen Umsatzeinbrüche von US$ 200 Mio. pro Jahr hinnehmen. Noch härter – allerdings auf einer ganz anderen Ebene – wurde Warner-Lambert, der Entwicklungs-

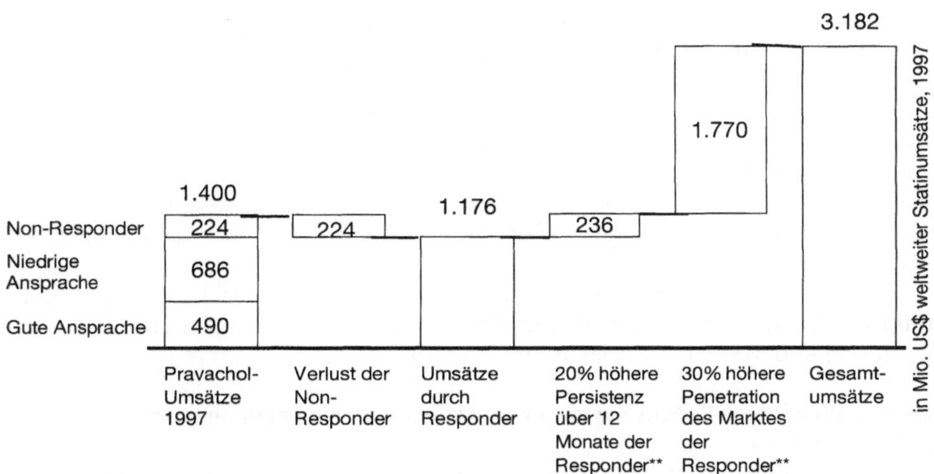

Abb. 5. Erwartete Einnahmen von Pravachol (Pravasin) basierend auf »Best-in-segment*-Positionierung« (in Mio. US$ weltweiter Statinumsätze, 1997)

partner von Glaxo, getroffen: Auf die ersten Berichte über mögliche Leberschäden hin fiel die Marktkapitalisierung des Unternehmens von US$ 38 Mrd. auf US$ 31 Mrd. – Warner-Lambert verlor damit an einem Tag etwa ein Fünftel seines Werts! [15].

These III: Blockbuster werden seltener und absatzschwächer

Derzeit entzweit die Diskussion, ob sinkende Patientenpopulationen wirklich durch die zu erwartende höhere Penetration der Zielsegmente kompensiert werden können, Befürworter und Gegner von PG am stärksten. Fest steht, dass die derzeitigen Grundsätze der pharmazeutischen Industrie in Frage gestellt werden: Wurden Medikamente in der Vergangenheit gegen Krankheiten entwickelt, so wird in Zukunft nicht mehr nur die Krankheit, sondern auch der individuelle Patient im Vordergrund stehen.

Durch die damit verbundene Neusegmentierung des Markts werden Blockbuster, die bisher bei 30–40% der Patienten einer großen Population wirksam sind, wohl zunehmend abgelöst von dedizierten Medikamenten, die 75–80% der Patienten in 4 oder 5 kleineren Populationen behandeln.

Allerdings ist derzeit nicht zu erwarten, dass traditionelle Blockbuster völlig verschwinden. In einigen therapeutischen Bereichen, in denen keine entsprechenden genetischen Variationen existieren, werden sie durchaus auch in einer »PG-Ära« weiter existieren.

Nach Einschätzung einiger Industriebeobachter könnte es sich für globale Pharmakonzerne sogar zunehmend als erfolgsentscheidend erweisen, solche Gebiete präzise aufzuspüren – auch und gerade mit Hilfe von PG. Damit wird nicht nur die Entwicklung von Medikamenten, sondern auch die Suche nach neuen Substanzen wesentlich durch eine tiefer gehende pharmakogenetische Forschung beeinflusst. Beispiele für eine solch frühe, explorative Anwendung von PG finden sich in den Bereichen Alzheimer[1] und Asthma[2].

Von PG könnten schließlich auch jene Pharmaunternehmen profitieren, die neue Medikamente in großen, besonders umkämpften Zielmärkten launchen wollen: Durch die Unterstützung ihres Pharmazeutikums mit entsprechenden pharmakogenomischen Daten könnten sie sich durch qualitative Überlegenheit erfolgreich in sorgfältig ausgewählten Segmenten des generell bedienten Marktes positionieren.

Allgemein gehen Pharmaanalysten davon aus, dass sich Therapeutikaumsätze durch eine entsprechende Verbindung mit PG im Durchschnitt um bis zu US$ 500 Mio. pro Jahr steigern lassen [9].

These IV: PG wird die Bedeutung von Kooperationen für die Pharmaindustrie weiter verstärken

Erst wenige Pharmaunternehmen haben bisher in großem Umfang in PG investiert – zu nennen sind hier insbesondere Novartis, Glaxo Wellcome, SmithKline-Beecham und Roche[3]. Für diese Unternehmen besteht hierzu ein erheblicher wirtschaftlicher Anreiz, da sie für PG auf ihre bereits in der Vergangenheit aufgebauten Genom-Datenbanken zurückgreifen können. Dies gilt übrigens auch für einige Biotechnologieunternehmen wie Celera Genetics, Millennium Pharmaceuticals und Incyte Pharmaceuticals.

Die anderen Pharma- und Biotechnologieunternehmen müssen sich fragen, in welchem Maße sie jetzt in PG investieren sollen. Zurzeit ist nach wie vor unklar, ob PG-Vorreiter einen dauerhaften Wettbewerbsvorteil erlangen können oder nur einen Vorsprung von 2–3 Jahren. Doch selbst dieser Vorsprung könnte bereits ausreichen, um einen relevanten Wettbewerbsvorteil zu erarbeiten und später im Markt zu realisieren. Als Mindestanforderung sollten die Pharmaunternehmen die technischen und regulatorischen Entwicklungen im Bereich der PG genau verfolgen, das interne Know-how ihren Anforderungen gemäß aufbauen und ihre Strategien darauf ausrichten. PG wird den gesamten Prozess und die Wirtschaftlichkeit der Medikamentenentwicklung ebenso wie der Markteinführung nachhaltig verändern. Daher ist es eigentlich nur noch eine Frage der Zeit, bis die meisten Pharma- und Biotechnologieunternehmen auf diesen Zug aufspringen.

Wer am Ende »Gewinner« oder »Verlierer« sein wird, wird wohl entscheidend von der Fähigkeit der einzelnen Marktteilnehmer abhängen, neue Kooperationsformen mit den jeweiligen Key Playern aufzubauen und Gewinn bringend zu managen. Die zukünftige Pharmaforschung wird entscheidend durch Netz-

[1] Homozygotie der ApoE4-Variante entscheidet über Wirksamkeit von Tacrine, Parke-Davis bzw. die Nebenwirkungen. Etwa ein Viertel aller Alzheimerpatienten profitieren von einer Tacrine-Therapie, bei etwa einem Viertel der Patienten treten schwer wiegende Nebenwirkungen auf.

[2] Einfluss des ALOX5-Gens auf die Wirksamkeit von Abbotts ABT-761.

[3] Novartis etablierte für US$ 250 Mio. ein eigenes genomisches Institut. Glaxo Wellcome budgetierte US$ 47 Mio. für eine Genomics-Abteilung und verdoppelte seine Forschungsmannschaft. SmithKline-Beecham kaufte für US$ 125 Mio. genetische Sequenzen von Human Genome Sciences, erhöhte seine Bioinformatics-Mannschaft von 2 auf 70. Mittlerweile basieren bereits 25% seines Drug-Discovery-Programms auf Genomics [16].

werke geprägt sein, in denen sich die besten Teilnehmer der Netzwerke als Gewinner einer veränderten Pharmaindustrie herauskristallisieren werden. Solange die meisten Pharmaunternehmen überhaupt nicht oder nur in begrenztem Umfang in PG investiert haben, gibt es große Freiräume zur Ausgestaltung strategischer Partnerschaften und Allianzen. Diese Gelegenheit gilt es jetzt zu nutzen.

Vor allem globale Pharmaunternehmen stehen hier vor großen Herausforderungen. Denn künftig werden für ihr gesamtes Produktportfolio – von der Wirkstoffkombination bis zum zugelassenen Medikament – jeweils umfassende pharmakogenomische Datenerhebungen erforderlich werden; zudem dürften sich pharmakogenomische Marktsegmentierungen immer mehr als *conditio sine qua non* für die erfolgreiche Produktvermarktung erweisen. Um unter diesen Bedingungen zu bestehen, werden die Unternehmen Wege finden müssen, ihre Umsätze aus eingeführten Produkten zu maximieren, mehr und vor allem stärker dedizierte Produkte zu entwickeln sowie die Entwicklungszeiten und -kosten zu minimieren. Ein Programm, das die gesamte Wertschöpfungskette der Pharmaunternehmen umfasst und das allein mit internen Ressourcen kaum noch realisierbar ist.

Gerade die Notwendigkeit, maßgeschneiderte Gesamtkonzepte für Therapien zu entwickeln, dürfte die Einzelunternehmen überfordern: Neben Weltklassefähigkeiten auf traditionellen Gebieten wie Chemie, Screening und klinischen Studien werden künftig auch hervorragende Kenntnisse in den Bereichen Genomics und klinische Diagnostik erforderlich sein. Deshalb erscheinen weder reine Pharmaunternehmen noch reine Genomicsunternehmen als die bestmöglichen Anbieter der neuen Anwendungen.

Als Lösung bieten sich Kooperationen und die Bildung komplexerer Netzwerke, in welcher Form auch immer, geradezu an; der Bedarf an solchen PG-getriebenen Kooperationen und Vernetzungen dürfte entsprechend rapide ansteigen. Auf längere Sicht werden wahrscheinlich nur noch flexible, umfassende Netzwerke erfolgreich am Markt agieren können, in denen die auf ihren Spezialgebieten jeweils besten Spieler zusammengefasst sind. In diesem Szenario würden Kooperationsbereitschaft und -fähigkeit – und damit insbesondere die internen institutionellen Fähigkeiten zum Management solcher Allianznetzwerke über Erfolg und Misserfolg der einzelnen Unternehmen entscheiden [17].

Entwicklungen in diese Richtung zeichnen sich heute bereits ab, allerdings sind die Vorgehensweisen der einzelnen Pharmaunternehmen durchaus unterschiedlich: So kreierte Rhône-Poulenc Rorer zum Zweck der Spezialisierung Gencell, ein Netzwerk von 14 lose assoziierten Unternehmen. Novartis erklärte kürzlich, dass es verstärkt Forschungsallianzen mit akademischen Einrichtungen etablieren wird. Andere Pharmacos setzen auf direkte Joint Ventures mit Genomicsunternehmen. Ein Beispiel dafür ist Diadexus LLC., Santa Clara, ein pharmakogenomisches Joint Venture von SmithKline-Beecham und Incyte Pharmaceuticals Inc.

Insgesamt lassen sich unter den Biotechunternehmen 3 Gruppen unterscheiden, die aus Sicht der Pharmaunternehmen interessante Partner für Kooperationen sein könnten: Tool Provider, Genomicsunternehmen und »echte« PG-Firmen.

Tool Provider. Sie verfügen jeweils über eine signifikante proprietäre Technologieplattform für pharmakogenomische Analysen. Beispielhaft ist hier Affymetrix, ein Unternehmen, das DNA-Chips zur Messung von Genexpressionsprofilen herstellt und in Auftragsarbeit Expressionsprofile erstellt. Die DNA-Chips von Affymetrix sind am besten geeignet, auch hoch parallele SNPs zu detektieren.

Genomicsunternehmen. Sie sind zumeist nur partiell integrierte Forschungsfirmen, die neue Gene, Genfunktionen und SNPs suchen. Sie verstehen sich primär als Verkäufer von Informationen – wie sie auch für pharmakogenomische Anwendungen wichtig sind. Beispiele sind Incyte Genomics, Millennium Pharmaceuticals, PE Biosystems/Celera, Genset.

»Echte« PG-Unternehmen. Diese konzentrieren sich schließlich einzig auf PG-Aktivitäten. Dabei ergeben sich verschiedene Geschäftsmodelle: Compound-Management (in Entwicklung oder auf dem Markt befindlicher Substanzen), pharmakogenetische Unterstützung der klinischen Entwicklung von Medikamenten, Entwicklung proprietärer PG-Diagnose-Tests und reine Sequenzierungsdienstleistungen. Dabei suchen und verbinden sie Phäno- und Genotypinformationen in Datenbanken oder bieten anderen Firmen solche Analysen als Serviceleistungen an. Kunden dieser Firmen sind zumeist die großen Pharmaunternehmen und CROs, die entsprechende Dienstleistungen benötigen oder das entsprechende Know-how innerhalb eines Joint Venture aufbauen wollen. Aktuelle Beispiele sind hier deCode, Eurona, Gemini, Genaissance, Variagenics und Oxagen; diese Unternehmen konzentrieren sich vor allem auf die Erstellung von Datenbanken und die Entdeckung pharmazeutisch relevanter Phäno-Genotyp-Interaktionen/-Abhängigkeiten. Über diese Serviceleistungen können sie dann eines der oben genannten Geschäftsfelder aufbauen. Andere Firmen wie Algene, Rapigene, Variagenics und Axys bieten dagegen reine Serviceleistungen an und konzentrieren sich damit auf das letztgenannte Geschäftsmodell. Inwieweit jedoch dieses Geschäftsmodell langfristig lebensfähig ist, bleibt abzuwarten.

Zwischen den 3 Gruppen untereinander und im Zusammenspiel mit den Pharmacos und CROs bestehen z. T. lebhafte M&A-Aktivitäten (»mergers and acquisitions«) und die Bildung von Joint Ventures. Einzelfirmen fusionieren zu integrierten Unternehmen, um ihre Produkt-/Servicepalette zu vervollständigen oder einfach einen besseren Marktzugang zu erhalten.

Auch der umgekehrte Weg ist möglich: So hat Millennium Pharmaceuticals mit Millennium Predictive Medicine inzwischen eine eigene PG-Tochter (aus)gegründet. Auf diese Weise kann das Unternehmen Rechte an Diagnostika – aus pharmazeutischen Kooperationen u. a. mit Hoffmann-LaRoche, Pfizer, Eli Lilly, Astra AB, und American Home Products – gezielt nutzen und weitervermarkten. Sollte PG zur erwarteten Erfolgsstory werden, dürften viele der auf Genomics spezialisierten Biotechunternehmen diesem Beispiel folgen und pharmakogenomische Töchter ausgründen.

Letztlich wird neben der Fähigkeit, Beiträge aus Netzwerken, externen Kooperationen und interne Leistungen *effektiv* zu integrieren, insbesondere das *effiziente* Zusammenführen von Genomics, klassischen pharmazeutischen Kernkompetenzen und Diagnostik über den Markterfolg im internationalen Wettbewerb entscheiden. Die Integration zum Diagnostik-Pharmakonzern wird zumindest virtuell vollzogen werden. Gegenüber diesem neuen flexiblen Anbietertyp werden auch traditionelle Pharmaunternehmen mit ihrer klassischen, vollintegrierten Entwicklungs- und Vermarktungsstrategie, die die notwendige Flexibilität für einen grundlegenden Organisationswechsel erschwert, versuchen müssen, ihren Platz im Markt für Medikamente mit breiten Zielgruppen zu erhalten, um nicht an Bedeutung zu verlieren.

Auswirkungen auf Ärzte/Krankenhaus

These I: Die Ärzte werden über höhere Patientenzufriedenheit/-retention von den neuen gendiagnostischen Möglichkeiten profitieren

Vor allem in den jüngeren, eher mit dem medizinischen Fortschritt vertrauten Patientengruppen stellte EMNID (1999) eine relativ hohe Unzufriedenheit mit Qualität und Umfang hausärztlicher Beratung fest: Immerhin 27,2% der 14- bis 19-Jährigen äußerten sich negativ, im Vergleich zu lediglich 8,5% in der Gruppe der über 60-Jährigen. Einer anderen Umfrage zufolge bemängeln 60% der Bundesbürger die (allzu) schnelle Abfertigung beim Arzt und würden sich mehr persönliche Zuwendung wünschen [18].

Pharmakogenomische Serviceleistungen, etwa Tests auf individuelle Verträglichkeit vor dem Verschreiben eines Medikaments, könnten helfen, die Patientenzufriedenheit gezielt zu verbessern. Überdies können solche gendiagnostischen Anwendungen, als Routineverfahren etabliert und mit minimalem Aufwand durchzuführen, lukrative Zusatzeinnahmen für Ärzte generieren.

Damit profitiert der niedergelassene Arzt vom erhöhten Informationsbedarf in unserer Gesellschaft. Wie Umfrageergebnisse zeigen, sind wir hierfür auch bereit zu zahlen – in der Hoffnung, durch Präventivmaßnahmen die eigene Gesundheit zu sichern sowie Therapieleistungen und deren volkswirtschaftliche Folgekosten zu reduzieren. Für den Arzt kommen dadurch auf der Diagnoseseite deutlich mehr neue Leistungen hinzu, als auf der Therapieseite entfallen. Da er nämlich bei chronischen Erkrankungen im Regelfall begrenzt involviert ist, wird er auch von Einsparungen in der Therapie nur vergleichsweise wenig betroffen sein.

Zugleich wäre es denkbar, dass die verbesserten Diagnosemöglichkeiten dem Hausarzt zu neuer Glaubwürdigkeit bei den Patienten verhelfen und seine Position gegenüber den Fachärzten stärken. Wie eine Umfrage aus dem Jahr 1997 zeigt, halten im Durchschnitt nur 28% der Patienten den Hausarzt für glaubwürdiger als den Facharzt. In der Gruppe der 30- bis 39-Jährigen sind es sogar nur 18%[1]. Würden Patienten erkennen, dass auch ihr Hausarzt mit Hilfe neuer gendiagnostischer Methoden mehr Verschreibungssicherheit bieten kann, würde er wieder zur echten Alternative zum Facharzt.

---

[1] Repräsentative Befragung von 50.000 Patienten durch Riegl & Partner Mitte 1997.

These II: PG schafft eine Umbruchsituation für die praktische Medizin. Auf Diagnostik spezialisierte Ärzte werden am Ende die Therapieverantwortung übernehmen
Welche Herausforderungen durch die neuen Diagnose- und Therapiekonzepte auf die praktische Medizin/medizinische Infrastruktur zukommen, lässt sich bereits heute am Beispiel des Schlaganfalls demonstrieren. Hier muss das Medikament innerhalb von 3–4 Stunden nach dem Anfall verabreicht werden; nur so kann es optimale therapeutische Wirkung entfalten.

Erste Hürde ist das Verhalten der Beteiligten vor Ort: Sie sollten aufgeklärt genug sein, um bei Anzeichen des Schlaganfalls sofort den Notarzt zu rufen – und nicht erst den Hausarzt zu konsultieren. *Zweite Hürde* ist das Krankenhaus: Dort muss alles vorbereitet sein, um schnellstmöglich zu ermitteln, ob es sich um Ischämie oder Hämorrhagie handelt. Im Falle der Ischämie gilt es dann, unverzüglich die medikamentöse Behandlung einzuleiten.

Wie sieht es nun in der Realität aus? Hochwirksame Medikamente wie TPA (»tissue plasminogen activator«) sind in den meisten Krankenhäusern heute verfügbar. Was meist jedoch fehlt, ist eine ausreichende Infrastruktur für Intensivmedizin, um einen wirklich ununterbrochenen Behandlungsverlauf für den Patienten sicherzustellen – und ohne sie können auch die innovativsten Medikamente nur wenig bewirken.

Wie in unserem Beispiel brauchen wir auch für die Gendiagnostik eine entsprechende Verhaltensänderung und Effizienzsteigerung auf Seiten der Beteiligten und eine angemessene neue Infrastruktur.

Vieles spricht dafür, dass forschende Ärzte und medizinisch ausgebildete Molekularbiologen am Ende das neue Feld der Gendiagnostik bestellen werden. Der niedergelassene Arzt dagegen wird wahrscheinlich auch in Zukunft nicht in der Lage sein, ein »Genogramm« seiner Patienten zu erstellen. Zumindest vorerst dürfte der finanzielle und zeitliche Aufwand zu groß sein, um auf Ebene der Arztpraxen die erforderliche Schulung und Infrastruktur sicherzustellen. Es ist aber auch denkbar, dass eine deutliche Vereinfachung der Prozedur dem Arzt verlorene Diagnoseschritte und -kompetenz in Zukunft wieder zurückbringen könnte.

Für eine Übergangszeit ist es allerdings wahrscheinlicher, dass der Hausarzt, wenn er ein nach pharmakogenomischen Methoden entwickeltes Medikament verordnen will, auch in eigener Person den erforderlichen, vom Hersteller mitgelieferten Gentest durchführt. Ein solcher Test muss nicht kompliziert sein; eine einfache Farbreaktion könnte z. B. anzeigen, welche der 2 oder 3 alternativen Medikationen indiziert ist. Vergleichbare Tests wie dieser werden heute bereits in der Landwirtschaft benutzt, um Schädlinge früh und korrekt zu identifizieren.

Spezialisierte PG-Diagnosezentren einzurichten, empfiehlt sich erst zu einem späteren Zeitpunkt, wenn ausreichend Diagnosevolumen gegeben ist und auch schwierigere Tests durchzuführen sind. Solche Zentren könnten an größere Krankenhäuser angeschlossen sein, als kommunale Einrichtungen existieren oder aber als Servicezentren von der Pharmaindustrie geführt werden. Vor dem Aufbau dieser Zentren sollte auf jeden Fall eine grundlegende Präventivgendiagnostik eingeführt werden, die ohne Erhebung physiologischer Daten die (kommerziell) wichtigsten genetischen Dispositionen des Patienten frühzeitig erfasst, so dass vordeterminierte Krankheiten erkannt und ggf. vermieden oder eingeschränkt werden können.

These III: Die neu verfügbaren Informationen setzen Mediziner einem erhöhten Weiterbildungs- und Konkurrenzdruck aus

Schon heute können die Ärzte die medizinische Informationsflut nicht mehr bewältigen; bis zu 1.000 medizinische Studien werden täglich publiziert. Um sich in Gendiagnostik einzuarbeiten, reicht es für den Arzt nicht aus, nur die gängige Fachliteratur zu studieren. Der Arzt muss auch imstande sein, die zusätzliche Informationsflut, die bei der Anwendung der neuen Technik täglich anfällt, effizient zu verarbeiten.

PG bedeutet primär die Generierung einer Vielzahl neuer Daten[1]. Diese müssen natürlich von einem Fachmann aufbereitet, interpretiert und in eine kommunikativ passende Form gebracht werden, denn nur so lassen sie sich sinnvoll nutzen. Denkbar ist, dass die Rohdaten direkt vom Spezialisten interpretiert werden und der Arzt nur noch die Schlussfolgerungen ziehen muss: Statt Allelfrequenzen und Markernamen würde er die Information über die wahrscheinlichste genetische Ausstattung des Patienten bekommen. Daraus könnte er dann mit Hilfe von anpassungsfähiger Software die beste Medikation ableiten.

Aber selbst in diesem besonders günstigen Fall müsste der Mediziner sich mit den neuen Methoden vertraut machen und in leistungsfähige Hardware, Software und sichere Datenspeicherplätze investieren. Bedeutend komplexer wird die Gendiagnostik für den Arzt, wenn er die statistische Aufarbeitung oder gar die molekularbiologischen Experimente selbst durchführen wollte. Arztverbundnetze, große Arztpraxen oder Krankenhäuser sind ihm gegenüber hier deutlich im Vorteil. Wie bei den Pharmacos ist auch auf der Ärzteseite somit die Bildung von Netzwerken von außerordentlicher Bedeutung.

Zu erwarten ist deshalb, dass sich auch hier über kurz oder lang eine neue mittelständische Serviceindustrie entwickelt. Am wahrscheinlichsten ist, dass Laborärzte, die über die erforderlichen Kernfähigkeiten und Praxisressourcen verfügen, sich auf die Durchführung und Auswertung von Gendiagnosen spezialisieren und ihre Serviceleistungen den niedergelassenen Ärzten kommerziell anbieten werden.

Der ärztliche »Know-how-Wettbewerb« wird noch weiter verschärft durch den zunehmend besseren Informationsstand der Patienten. PG hat auch alle Voraussetzungen, um auf die Hitliste der »Internet-Medizin« zu gelangen. Erste Web-Seiten beschäftigen sich bereits dediziert mit dem Thema. Beispielhaft sind hier die Seiten von DNA Sciences (www.dna.com), PPD Inc., AdoctorInYourHouse.com und PPGx Inc., einem PG-Joint-Venture von PPD und Axys Pharmaceuticals, sowie WebMD Practice (Genzyme Genetics und Healtheon) zu nennen [19]. Ziel dieser Kooperationen ist es, Verbraucher und Fachleute des Gesundheitswesens über wichtige Entwicklungen der PG aufzuklären. Auf Dauer könnten solche Aktivitäten ähnlich erfolgreich sein wie die DTC-Kampagnen von

[1] Pro Patient sollten für ein Genogramm mindestens 10.000 Datenpunkte erhoben werden, um zu einem statistisch aussagekräftigen Ergebnis zu gelangen.

Pharmaunternehmen. Viele Patienten würden dann ihre Ärzte gezielt aufsuchen, mit dem expliziten Wunsch nach einer Therapie auf PG-Basis! Darüber hinaus werden diese Web-Portale aber auch die Bestellung von pharmakogenomischen Tests und die Abfrage von Testresultaten erlauben.

These IV: Das derzeitige medizinische Informations- und Dokumentationssystem wird den Anforderungen von PG nicht annähernd gerecht

Der Trend zu PG schafft auch enorme Belastungen für den Datenaustausch zwischen Diagnose, Verordnung und Arzneimittelausgabe. Bedenkt man, dass etwa »40–60 Schritte nötig sind, bevor ein Medikament aus dem Kopf des Arztes im Körper des Patienten ankommt«, wie David Lawrence, der CEO (Chief Executive Officer) von Kaiser Permanente, einmal lakonisch feststellte, so wird ein riesiges Fehlerpotential erkennbar. Schon heute liegt die Fehlerrate insgesamt sehr hoch: Beispielsweise attestiert eine US-Studie (1997) dem Albany Hospital in New York mehr als 11.000 Fehlverschreibungen von Pharmaka über 9 Jahre [20]. Noch beunruhigender ist, dass die Fehlerrate dabei proportional mit der zunehmenden medizinischen Komplexität angestiegen ist – von 522 (1987) auf 2.115 (1995).

Soll die Proliferation der Fehler im Datenaustausch nicht alle therapeutischen Vorteile von PG zunichte machen, so müssen entscheidende Veränderungen im Informations- und Dokumentationssystem unseres Gesundheitswesens vorgenommen werden: Vermutlich könnte nur ein teambasierter Ansatz Fehlverschreibungen und unangemessene Therapievariationen verhindern. Schwierig wird aber die Durchsetzung des Teamprinzips – solche Teams müssten sowohl klinische Labore, Ärzte als auch Apotheker und evtl. auch den Patienten umfassen.

Auswirkungen auf Krankenversicherungen

Die gesamte Genomforschung und insbesondere der Zweig der PG wird signifikante Auswirkungen auf die Krankenversicherungen haben. Die wesentlichsten Auswirkungen sind die Neudefinition des Rollenverständnisses, die Analyse der finanziellen Konsequenzen und die Neugestaltung des Verhältnisses der Krankenkassen zu den Patienten/Kunden. Bezüglich des Rollenverständnisses müssen sich die Krankenversicherungen darüber klar werden, ob sie ihren Fokus auf der Seite der Patienten oder auf der ihrer gesunden Versicherten bzw. Aktionäre sehen und inwieweit es hier zu Interessenkonflikten kommt. Die finanziellen Fragestellungen umfassen die Anpassung der Beitragssätze auf der Basis pharmakogenetischer Daten und die Entstehung einer Zweiklassengesellschaft auf der Seite der Patienten/Versicherten. Des Weiteren ist es für die Krankenversicherung von entscheidender Bedeutung, wie sie ihr zukünftiges Verhältnis zu den Patienten/Versicherten gestaltet, insbesondere hinsichtlich einer neutralen Beratung und einem Vorsorgemanagement.

These I: Krankenversicherungen werden von PG profitieren, da Therapien wesentlich risikoärmer und effizienter gestaltet werden können

Experten veranschlagen – für das Vergleichsjahr 1994 – Kosten, die durch falsch eingenommene Medikamente in den USA entstehen, von US$ 76,6 Mrd.; sie liegen damit über den Kosten der verschriebenen Pharmaka mit US$ 73 Mrd. [21]. In Deutschland werden beide Kostenblöcke im Wesentlichen von Krankenkassen getragen. Könnten die Kassen auch nur den ersten Block nachhaltig reduzieren, so wären damit die derzeitigen Finanzprobleme unseres Gesundheitswesens weit gehend gelöst – ein möglicher Ansatzpunkt hierzu könnte PG sein.

Medikamentöse Therapien werden bisher ausgehend von den Symptomen einer Krankheit festgelegt (z. B. die Einnahme von β-Blockern bei Bluthochdruck). Zu erwarten ist, dass neue Therapieformen, die stärker ursachenorientiert sind und bei den genetischen Dispositionen ansetzen, deutlich effektiver wirken. Ein mögliches erstes Erfolgsbeispiel könnte *Herceptin* von Genentech sein. Es soll nur für Brustkrebsarten Anwendung finden, bei denen das HER-2-Protein überexprimiert wird.

Insgesamt sind die finanziellen Folgen einer breit angelegten Einführung von PG jedoch aus Sicht der Krankenkassen derzeit nur äußerst schwer abzuschätzen: Einerseits müssen sie zusätzlich für einen neuen Service aufkommen, der gerade in der Anfangsphase extrem aufwendig ist; allein DNA-Chips für alle Bundesbürger zur Verfügung zu stellen, wird einen zweistelligen Milliardenbetrag kosten – bei derzeit noch ungeklärter Finanzierung. Andererseits dürfte jede wirksame Präventivmaßnahme auf längere Sicht ihre Kosten wieder voll einspielen – durch den Wegfall der sonst erforderlichen Behandlungskosten. Damit stellt sich wieder die immer aktuelle Frage der Finanzierung des Gesundheitssystems und dessen Gestaltung. Es liegt deshalb nahe, den höheren Ausgaben für Grundleistungen und dem jetzt besser vermeidbaren Risiko einer Erkrankung durch eine entsprechende Anpassung der Beitragsstruktur Rechnung zu tragen – und hier steckt »der Teufel im Detail«. Therapiemisserfolge und Verschreibung unwirksamer Medikamente lassen sich durch PG minimieren. Die Krankenkassen könnten sogar für bestimmte Medikamente die Anwendung von Gentests zwingend vorschreiben, um die Gesamtbehandlungskosten zu reduzieren.

Beispielsweise ist wie oben beschrieben seit 1995 bekannt, dass ca. die 14% aller Alzheimerpatienten, die das Allel ApoE4 besitzen, auf keine Therapie mit dem teuren, ohnehin nicht allzu wirksamen *Tacrine* (Handelsname *Cognex*, von Parke-Davis/Warner-Lambert) ansprechen. Schon ein einfacher Gentest vorab könnte die Krankenkassen vor den Kosten einer medizinisch völlig sinnlosen Therapie bewahren, die zudem durch Nebenwirkungen noch hohe Folgekosten verursacht. Dass dieser Gentest noch immer nicht verfügbar ist, dürfte wohl auch daran liegen, dass es bis heute noch kein bewährtes Alternativmedikament für diese Patientengruppe gibt[1]. Und wer möchte diesen Kranken schon den einzigen Hoffnungsschimmer nehmen, zumal immer wieder selbst Plazebo-Studien erstaunliche Behandlungserfolge bei Alzheimer zeigen?

---

[1] Zzt. gibt es nur ein weiteres Alzheimermedikament, Aricept von Pfizer, und es ist nicht klar, ob dieses Vorteile gegenüber Cognex bietet.

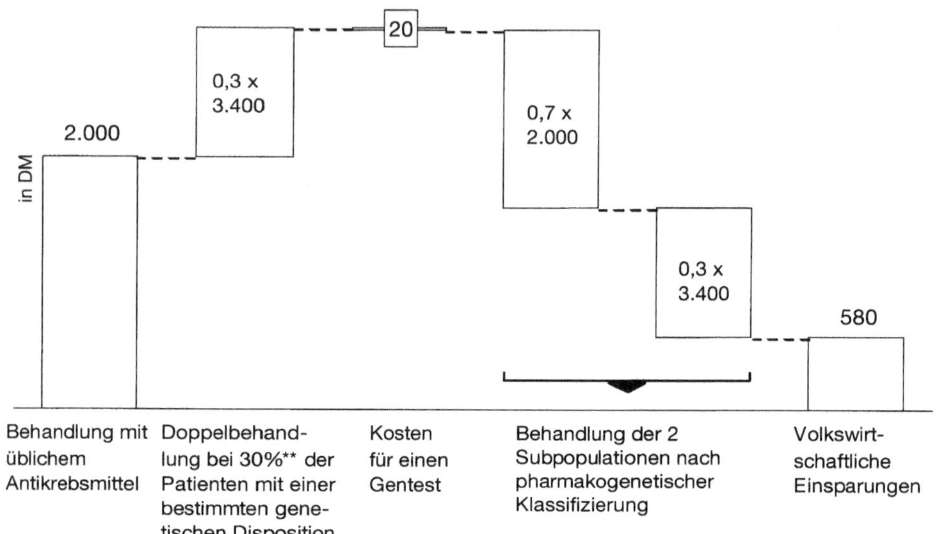

Abb. 6. Medikamentöse Kosteneinsparungen durch eine pharmakogenomische Präindikation bei Brustkrebspatientinnen* am Beispiel Taxol/Herceptin (in DM)

Aus rein ökonomischer Sicht ließe sich der Einsatz eines solchen Gentests leicht rechtfertigen, wie ein einfaches Rechenbeispiel zeigt: Ein Gentest für ein bestimmtes Enzym, das bei 30% der Population vorhanden ist und eine heftige Nebenwirkung bei einem bestimmten Medikament hervorruft, kostet pro Patient nicht mehr als DM 15–20. Wenn die allgemein angewendete Medikation DM 2.000 kostet, die Alternativmedikation DM 34.000, so ergeben sich ohne Gentest durchschnittliche Behandlungskosten von DM 3.000. Bei Einsatz des Tests reduzieren sich die durchschnittlichen Behandlungskosten um knapp 20% oder DM 580 pro Patient (Abb. 6).

These II: Krankenversicherungen werden die neuen gendiagnostischen Methoden zur Risikoselektion ihrer Versicherten nutzen

Krankenkassen haben immer auch ethische Verantwortung zu tragen. Durch PG könnten sie in ein für sie unlösbares Dilemma zwischen ethischer Verantwortung und der Verpflichtung zu ökonomischem Handeln geraten: Wie soll sich eine Krankenkasse verhalten, die seit dem ersten Gentest eines versicherten Kindes weiß, dass dieses mit großer Wahrscheinlichkeit im Alter von 30 Jahren an multipler Sklerose erkranken wird – mit Behandlungskosten von jährlich über DM 100.000? Und das für mindestens eine ganze Dekade. Hier stellt sich die wesentliche Frage der Neudefinition des Verhältnisses der Krankenkassen zu den Patienten/Versicherten, insbesondere hinsichtlich der Beratung und des Vorsorgemanagements.

Wird als Folge von PG die soziale Grundidee der Vorsorgeversicherung reduziert auf Rudimente wie (unvorhersehbare) Unfälle und Infektionskrankheiten? Wird es für genetische Krankheiten keine Abdeckung mehr geben, da sie vorhersehbar sind und keine Versicherungsrisiken im eigentlichen Sinne mehr darstellen? Soll für latente, d.h. im Genom verankerte, Krankheiten künftig der Versicherungsschutz einschränkbar sein?

In diesem Fall hätten die Krankenkassen genügend Motive, flächendeckende Gentests einzuführen und genetische Prädispositionen aufzudecken, bevor sie dafür bezahlen müssen. Eine Absicherung gegen solche Krankheiten wäre dann allenfalls noch über dedizierte, extrem teure Risikoversicherungen möglich. Der bereits begonnene Weg ins Zweiklassengesundheitssystem wäre unumgänglich vorgezeichnet – für Patienten mit günstiger Genstruktur auf der einen sowie für Patienten mit ungünstiger Genstruktur auf der anderen Seite.

Die Krankenversicherer könnten sich zunehmend zu einer Instanz entwickeln, die auf Lebensstil, möglicherweise auch Berufswahl ihrer Versicherten einwirken können. So könnte selbst der freie Wechsel der Versicherung bald nur noch frommer Wunsch einzelner Ökonomen sein.

Erfahrungen aus der Vergangenheit lassen vermuten, dass Versicherer die neuen Daten gerne zu ihrem Vorteil einsetzen: So ging die versicherungstechnische Diskriminierung in den USA so weit, dass zeitweise keine männlichen Floristen und Friseure versichert wurden, da die Kassen von einem überproportionalen Anteil Homosexueller und damit einem insgesamt deutlich erhöhten Aids-Risiko ausgingen. Genetische Daten würden hier als zusätzliche wissenschaftliche Absicherung der Risikoselektion benutzt.

Mit Blick auf solche möglichen Entwicklungen haben die USA bereits beim Start des Human Genome Project (1990) erste Vorkehrungen getroffen. 3–5% des Gesamtprojektbudgets waren von vorneherein für Untersuchungen der »Ethical, Legal and Social Implications« (ELSI) des wachsenden genetischen Know-hows vorgesehen.

In Deutschland kann die Lösung dieser Probleme nicht von einer der Parteien des Gesundheitssystems alleine kommen. Unter den Regeln des Grundgesetzes[1] muss der Gesetzgeber in solchen Situationen regulierend eingreifen, um soziale Ausgrenzung zu unterbinden.

Pharmacogenomics wird Auswirkungen auf alle Bereiche des Gesundheitssystems zeigen. Neben dem Potential für viele Verbesserungen demonstriert unser Ausblick gleichzeitig auch eine Reihe bedeutender Herausforderungen. Profitieren könnten beispielsweise Patienten durch gezieltere, nebenwirkungsfreiere Behandlungsmöglichkeiten, Pharmaunternehmen von Effizienzgewinnen und reduzierbaren Geschäftsrisiken, Ärzte von einer erhöhten Patientenzufriedenheit und -retention und schließlich die Krankenversicherungen von risikoärmeren, effizienteren Therapiekonzepten.

Problematisch dagegen erscheinen u. a. die Gefahr der Risikoselektion für Menschen mit bestimmten genetischen Dispositionen oder die potentiell kleineren Marktsegmente für Pharmaunternehmen.

[1] Artikel 1, 3 und 29.

Literatur

1. Wilmes F, Schroth P (2000) Kampf um die Gene. Capital 11: 48-68
2. Anon (2000) US Medical error figures disputed. World Pharmaceutical News, PJB Publications 2561: 15
3. Dunham I, Shimizu B, Roe BA et al., (1999) The DNA sequence of human chromosome 22. Nature 402 (6761): 489-495
4. Anon (1999) The shipping forecast. Nature Genetics 21 Supplements (1)
5. Braxton S, Bedilion J (1998) The integration of microarray information in the drug development process. Curr Opin Biotechnol 9: 643–649
6. Marshall E (1999) Drug firms to create public database of genetic mutations. Science 284: 406–407
7. Collins FS, Guyer MS, Chakravarti A (1997) Variations on a theme: cataloging human DNA sequence variation. Science 278 (5343): 1580–1581
8. Glaser V (1998) Pharmacogenomics. Genetic Engineering News 18 No.1: 1
9. Anon (1998) An Industrial Revolution in R&D., PricewaterhouseCoopers, Pharma 2005
10. Anon (1999) Fast growth forecast for pharmacogenomics. Pharma Market Letter 26: 17
11. DiMasi et al., (1991) The cost of innovation in the pharmaceutical industry. J Health Econom 10: 107–142
12. Cavalla D, Flack JD, Jennings R (eds) (1997) Modern strategy for preclinical pharmaceutical R&D: towards the ritual research company. Wiley & Sons, Chichester
13. Rubenstein K (1999) Pharmacogenomics. Impact on drug discovery. Advancetech Monitor Report, Boston
14. Kuivenhoven JA, Jukema JW, Zwinderman XU et al., (1988) The role of a common variant of the cholesterol transfer protein in the progression of coronary atherosclerosis. N Engl J Med 338: 86–93
15. Anon (1997) Drug companies' target practice. The Economist 342, No. 7998
16. Enriquez J (1998) Genomics and the world's economy. Science 281: 925–926
17. Moscho A, Hodits R, Janus F et al., (2000) Deals that make sense. Nature Biotechnology 18 (7): 719-722
18. Wasem J, Güther B (Hrsg) (1998) Das Gesundheitssysstem in Deutschland: Einstellungen und Erwartungen der Bevölkerung. Eine Bestandsaufnahme. Delphi-Verlag
19. Anon (2000) Genzyme genetics in online deal with WebMD. Scrip No. 2561: S 13
20. Lesar TS, Lomaestro EB, Pohl H (1997) Medication-prescribing errors in a teaching hospital. A nine year experience. Arch Intern Med 157: 1569–1576
21. Johnson JA, Bootman JL (1995) Drug related morbidity and mortality. A cost-of-illness model. Arch Intern Med 155: 1949–1956

Der Markt für Medizinprodukte: im Spannungsfeld zwischen Innovation und Regulierung

FINN GÖLDNER, STEFFEN HEHNER, MECHTHILD KÖNIG, RAINER SALFELD und GILBERT WENZEL

Wer sich mit dem deutschen Gesundheitssystem beschäftigt, stößt notwendigerweise bald auch auf das Gebiet der Medizinprodukte. Vom Einmalhandschuh für die Krankenschwester über den programmierbaren Herzschrittmacher bis hin zum CT-Gerät für die Klinik sind Medizinprodukte in der Gesundheitslandschaft allgegenwärtig. Obwohl sie oft im Schatten der Pharmakotherapie stehen, sind Medizinprodukte sowohl für Diagnose und Therapie in der modernen Medizin als auch als Wirtschaftsfaktor für die deutsche Industrie von hoher Bedeutung. Und nicht zuletzt sind sie natürlich auch ein Kostenfaktor für die Versicherungsträger.

Dieser Beitrag beleuchtet die Markttrends und die Herausforderungen für die Anbieter, sich in einem veränderten Umfeld zu behaupten.

Die aktuelle Situation auf dem Medizinproduktemarkt

Deutschland ist der größte Markt für Medizinprodukte in Europa und mit geschätzten Gesamtausgaben von rund US$ 12 Mrd. nach den USA (US$ 66 Mrd.) und Japan (US$ 21 Mrd.) der drittgrößte nationale Markt der Welt. Der deutsche Markt wächst jährlich um 5% und liegt damit knapp unter dem Wachstum des US-amerikanischen Markts von 7%; beide hinken freilich den Zuwachsraten der so genannten Emerging Markets deutlich hinterher.

Der Anteil der Medizinprodukte am weltweiten Gesamtumsatz im Gesundheitssektor wird sich laut Schätzungen in den nächsten 5 Jahren von 17 auf etwa 25% erhöhen. Für den Gesamtmarkt der Medizinprodukte wird dann ein Umsatzvolumen von US$ 260 Mrd. vorhergesagt. Bei einer prognostizierten Wachstumsrate von 5% erreicht der gesamteuropäische Markt im Jahr 2005 ein Volumen von rund US$ 50 Mrd., wovon ca. US$ 18 Mrd. auf den deutschen Markt entfallen werden.

Der Markt für Medizinprodukte lässt sich in 3 Segmente gliedern (Abb. 1)

Etwa 79% des gesamten Umsatzes werden mit *medizinischen Produkten und Hilfsmitteln* erzielt; hierzu gehören elektromedizinische Geräte, medizinische Ausrüstungen und Hilfsmittel sowie chirurgische und medizinische Instrumente. Das zweitgrößte Segment mit einem Anteil von 13% bilden die *In-vitro-Diagnostika.* Sie sind dieser Sparte erst seit der europaweiten Harmonisierung des Medizinprodukterechts Ende der neunziger Jahre zuzurechnen. An dritter Stelle mit 8% folgt schließlich der Markt für *diagnostische bildgebende Verfahren.*

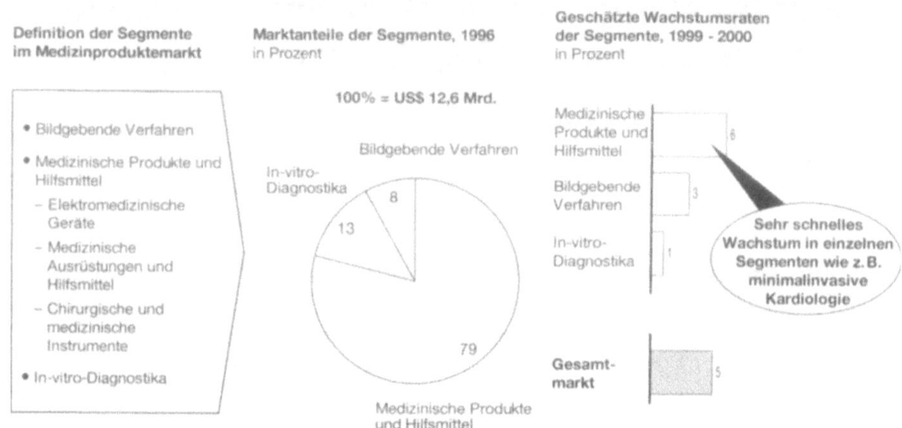

Quelle: Theta Report, Marketline, Medical & Healthcare Marketplace 1998/99, McKinsey

Abb. 1. Der Medizinproduktemarkt in Deutschland

Vergleicht man die Wachstumsraten der einzelnen Segmente, so fällt auf, dass der größte Einzelmarkt, die medizinischen Produkte und Hilfsmittel, mit geschätzten 6% schneller wächst als der Gesamtmarkt. Grund hierfür sind überproportional hohe Zuwachsraten in einzelnen Subsegmenten, beispielsweise der minimalinvasiven Kardiologie.

Die *Angebotsseite* des Medizinproduktemarkts war bislang weltweit sehr stark fragmentiert, durchläuft inzwischen aber einen Konzentrationsprozess. Anbieter mit Produktportfolios, die verschiedene therapeutische Bereiche abdecken, und hoch spezialisierte Anbieter, die selektiv einzelne Nischen besetzen, sind in etwa gleich stark vertreten. Noch immer bleiben 63% aller deutschen Medizinproduktehersteller mit ihrem Jahresumsatz unter DM 1 Mio. Bei diesen Unternehmen handelt es sich um Start-ups, etablierte Mittelständler mit Nischenpositionen oder Firmen mit vorwiegend lokaler Bedeutung.

Dominiert wird der Weltmarkt jedoch von multinationalen Konzernen wie Johnson & Johnson, Baxter oder General Electric Medical Systems. Einige der größten Medizintechnikhersteller sind in Deutschland beheimatet, so etwa Siemens als Weltmarktführer für diagnostische bildgebende Verfahren oder Fresenius als Marktführer auf dem Gebiet der Dialyse. Die Exportquote deutscher Medizintechnikunternehmen liegt insgesamt bei über 60%. Damit hat die Medizinprodukteindustrie in Deutschland eine weltweit führende Rolle mit bedeutendem Arbeitsplatzpotential. Sie hat große Bedeutung für den Erhalt der Innovationskraft der deutschen Wirtschaft, denn sie repräsentiert eine Querschnittstechnologie zwischen der medizinischen Forschung, der Biotechnologie und traditionell in Deutschland stark vertretenen Technologien wie der Materialforschung, der Optik und der Elektronik. Rund zwei Drittel der gesamten Nachfrage im deutschen Medizinproduktemarkt werden Schätzungen zufolge gegenwärtig durch Importe bedient, wovon etwa 27% aus den USA stammen.

Auf der *Nachfrageseite* ist der Krankenhaussektor in Deutschland, wie in anderen Ländern auch, der bedeutendste Wirtschaftsfaktor sowohl für die Medizinprodukteindustrie als auch für das Gesundheitswesen insgesamt. In diesen Sektor flossen 1997 von den Ausgaben für die »Erhaltung und Wiederherstellung der Gesundheit« in Höhe von insgesamt DM 517 Mrd. allein DM 137,6 Mrd., das sind rund 27%. Hiervon entfallen im Jahr 2000 ungefähr DM 15 Mrd. auf medizinische Produkte und Medizintechnik, etwa DM 10 Mrd. teilen sich sonstige Bereiche wie Apotheken und der ambulante Sektor.

Das Gros der Gesamtausgaben von DM 25–28 Mrd. trägt direkt oder indirekt (über die Finanzierung der Krankenhäuser und kassenärztlichen Vereinigung) die gesetzliche Krankenversicherung (GKV). Deren Aufwendungen haben sich in den letzten 10 Jahren mehr als verdoppelt und werden in diesem Jahr DM 300 Mrd. übersteigen – womit die GKV-Ausgaben fast 8% des Bruttoinlandsprodukts ausmachen. Die Umsatzentwicklung der deutschen Medizinprodukte-hersteller in den neunziger Jahren lag deutlich unter der Ausgabenentwicklung der gesetzlichen Krankenversicherung.

Der Medizinproduktemarkt unter veränderten Rahmenbedingungen

Der Markt für Medizinprodukte war seit jeher angesiedelt im gesundheitspolitischen Spannungsfeld zwischen staatlicher Regulation und marktwirtschaftlichen Mechanismen. Zurzeit herrscht vor allem auf der Nachfrageseite große Verunsicherung, denn eine Reihe wesentlicher Rahmenbedingungen im deutschen Gesundheitswesen haben sich radikal verändert: in der Gesetzgebung, im Leistungsmanagement der Kostenträger, in der Regelung des Marktzugangs und in der Bündelung von Marktmacht (Abb. 2).

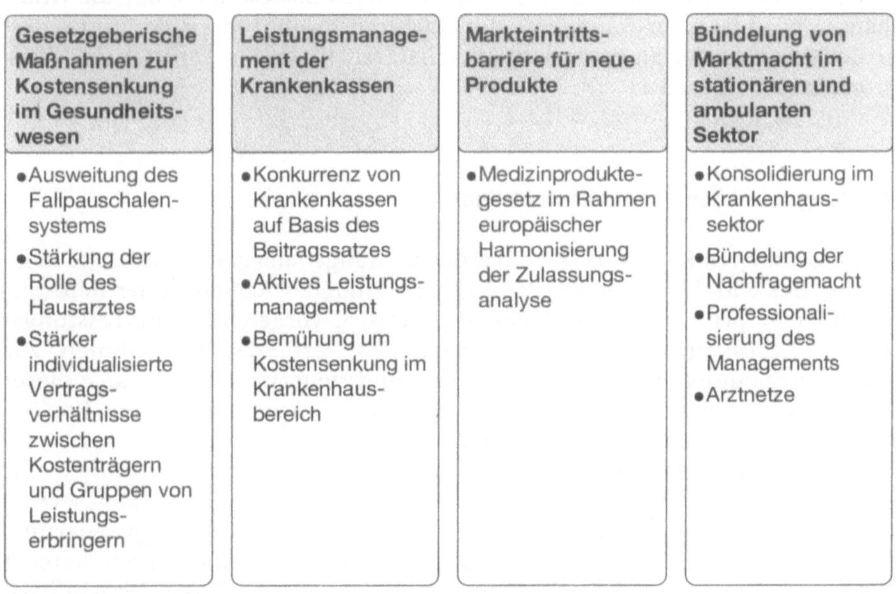

Abb. 2. Radikale Veränderungen im deutschen Gesundheitsmarkt

Gesetzgeberische Maßnahmen zur Kostensenkung im Gesundheitswesen

Angesichts der eingangs beschriebenen Ausgabenentwicklung im Gesundheitswesen und insbesondere bei der GKV stehen Bund, Länder und Gemeinden vor der schwierigen Aufgabe, die Kosten des überwiegend öffentlich finanzierten Gesundheitswesens zu begrenzen. Zahlreiche Gesetzesänderungen zielen dabei auf eine Beschränkung der Ausgaben im Krankenhaussektor. Wirtschaftlichkeitsreserven der Krankenhäuser sollen dadurch freigesetzt werden, dass medizinisch leistungsgerechte Budgets an die Stelle der an Selbstkostendeckung orientierten Budgets treten. Hiermit verfolgt der Gesetzgeber das Ziel, die knappen finanziellen Ressourcen leistungsgerecht zwischen den Leistungserbringern umzuverteilen.

In den durch Kontrahierungs- und Fortschreibungszwänge geprägten Vertragsverhältnissen zwischen Kostenträgern und Leistungserbringern sollen – durch mehr Markt – grundlegende Wettbewerbsmechanismen mehr und mehr greifen. Wesentlicher Erfolgsfaktor ist dabei die Einführung eines therapiebezogenen, pauschalierten Entgeltsystems: Auf der Basis vorgegebener Punktzahlen und jährlich neu festzulegender Punktwerte für Sach- und Personalkostenanteile werden bestimmte therapeutische Maßnahmen pauschal erlöst, und zwar unabhängig von der Kostenstruktur des einzelnen Krankenhauses. Mit Hilfe dieser Fallpauschalen konnte die Verweildauer von Patienten mit den pauschalierten Diagnosen bereits deutlich verkürzt werden.

Insgesamt ermöglichen die neuen gesetzlichen Rahmenbedingungen stärker individualisierte Vertragsverhältnisse zwischen den Kostenträgern und Gruppen von Leistungserbringern. Die Konsequenzen liegen auf der Hand: Der stetig wachsende Kostendruck auf die Leistungserbringer, insbesondere auf die Krankenhäuser, wird zu einer Bündelung der Nachfragemacht führen, um zumindest einen Teil der geforderten Wirtschaftlichkeitsreserven auf die Anbieter für Medizinprodukte umzulegen.

Leistungsmanagement der Kostenträger

Für die gesetzlichen Krankenkassen hat das Leistungsmanagement höchste Priorität, denn das entscheidende Wettbewerbskriterium der Kassen ist der Beitragssatz und nicht primär das weit gehend gesetzlich vorgeschriebene Leistungsspektrum. Konsequentes Leistungsmanagement verbindet Maßnahmen zur Leistungsvermeidung mit solchen zur Leistungssteuerung. Der Fokus dieser Maßnahmen liegt wiederum auf dem Krankenhaussektor als größtem Kostenblock für die deutschen Krankenversicherer.

Systematische Leistungsvermeidung mittels einer Genehmigungspflicht für zahlreiche Heil- und Hilfsmittel wirkt sich unmittelbar auf die abgesetzten Mengen im Medizinproduktemarkt aus. Der Trend zur Leistungssteuerung, beispielsweise durch Verlagerung von Leistungen in den ambulanten Bereich oder durch Direktvertrieb von Medizinprodukten durch die Kassen, beeinflusst zudem die Margen der Hersteller (Preiseffekt). Es ist absehbar, dass sich dieser

Trend noch verstärken wird. Neue Einkaufs- und Vertriebsmodelle, integriertes Patientenmanagement (insbesondere von so genannten Härtefällen) und die Beratung der Leistungserbringer im ambulanten Sektor sind wichtige Hebel zur Kostensenkung durch die Kostenträger in der GKV – und haben weit reichende Konsequenzen für alle 3 Sektoren des Medizinproduktemarkts in Deutschland.

Markteintrittsbarrieren für neue Produkte

Im Zuge der europaweiten Harmonisierung wurde auch ein Medizinproduktegesetz verabschiedet, das die Anforderungen an das Inverkehrbringen und die Inbetriebnahme von Medizinprodukten vereinheitlichen soll. Das Gesetz legt nicht nur medizinische und technische Anforderungen fest, sondern fordert auch den Nachweis der Wirksamkeit, der biologischen Sicherheit und sicherheitstechnischen Unbedenklichkeit durch klinische Studien. Dies verteuert die Einführung neuer Produkte und setzt sie somit unter größeren Erfolgszwang. Zusätzlich erhöht werden die Anforderungen dadurch, dass für eine Aufnahme neuer Behandlungsformen in den Leistungskatalog der Kostenträger zunehmend auch Wirtschaftlichkeitsnachweise erbracht werden müssen.

Bündelung von Marktmacht im stationären wie ambulanten Sektor

Der wachsende Kostendruck im Krankenhaussektor und der durch Überkapazitäten bedingte Wettbewerb der Krankenhäuser um Patienten haben einen Prozess der Konsolidierung und der Professionalisierung des Managements ausgelöst. Insbesondere Krankenhausketten wie z.B. Asklepios, Sana, HELIOS und Rhön-Kliniken gelingt es, Kostenmanagement und Konzentration der Nachfragemacht mit hohen medizinischen Qualitätsstandards zu vereinen. Dieser Prozess wird sich in den nächsten Jahren fortsetzen. Die Bündelung der Nachfrage durch den Zusammenschluss der Krankenhäuser zu Einkaufsgemeinschaften unterschiedlichster Strukturen wird auch die Preise im Medizinproduktemarkt drücken, und zwar vor allem im Massengeschäft der Heil- und Hilfsmittel.

Im ambulanten Sektor sind so genannte Arztnetze im Begriff, einen ähnlichen Prozess in Gang zu setzen. Als Folge individueller Vertragsgestaltung mit voller Budgetverantwortung für die Leistungserbringer wird auch dieser Sektor zunehmend durch marktwirtschaftliche Mechanismen geprägt.

Die neuen Rahmenbedingungen als Chance für die Medizinprodukteindustrie

Trotz des schwierigeren gesundheitspolitischen Umfelds, in dem sich die Medizinprodukteindustrie bewegt, ist der Ausblick für die Branche positiv. Chancen eröffnen sich für die Hersteller von Medizinprodukten auf einer ganzen Reihe von Feldern – nicht zuletzt auf solchen, die durch die neuen Rahmenbedingungen erst entstanden sind.

Chancen durch eine günstige Marktentwicklung

Zunächst sprechen gleich mehrere gesellschaftliche und technologische Trends dafür, dass der Gesundheitsmarkt wachsen wird.

Demografische Entwicklung. Während des zurückliegenden Jahrhunderts ist die Lebenserwartung von unter 50 Jahren auf im Durchschnitt 80 Jahre bei Frauen und 73 Jahre bei Männern angestiegen. Entsprechend hat sich die Nachfrage nach medizinischen Leistungen durch alte Menschen erhöht.

Verändertes Gesundheitsbewusstsein und Stärkung der Rolle des Patienten (»patient empowerment«). Lebensqualität und subjektives Wohlbefinden werden immer wichtiger. Die Patienten erwarten Aufklärung und Information. Das Internet bietet eine nie da gewesene Fülle von Informationen, die jedermann zugänglich und unabhängig vom Arzt ist.

Rasante Beschleunigung des medizinischen Fortschritts. Ein Schwerpunkt der medizinischen Forschung ist die frühzeitige Diagnose und Behandlung von Krankheiten, die sonst schwierig zu behandeln wären. Darüber hinaus sind immer mehr Krankheiten therapierbar. Hier eröffnen vor allem neue Technologien wie die Gentherapie ungeahnte Möglichkeiten.

Chancen in der Positionierung gegenüber Kostenträgern und Leistungserbringern

Ungeachtet dieser positiven Trends zwingen die gesellschaftspolitischen Rahmenbedingungen sowie die sich wandelnden Anforderungen der Kunden und übrigen Akteure im Gesundheitssystem die Medizinproduktehersteller dazu, sich anzupassen und neue Wege zu beschreiten. Vor allem müssen sie den Wertbeitrag der Medizintechnologie für Kostenträger wie Leistungserbringer unter den sich verändernden Rahmenbedingungen klar definieren. Gerade denjenigen Unternehmen, die die rahmenpolitischen Veränderungen nicht nur verstehen, sondern gezielt nutzen, bieten sich neue Chancen im Wettbewerb – über Beiträge zur Qualitätsverbesserung der Behandlung, zur Kostendämpfung und zur Prozesserleichterung.

Beiträge zur Qualitätsverbesserung der medizinischen Behandlung

Das Wachstum des Medizinproduktemarkts in den westlichen Industrienationen basiert heute vor allem auf technologischen Produktinnovationen wie z. B. Schrittmacher oder Defibrillatoren mit immer kürzeren Produktzyklen (Abb. 3).

Erfolgreiche Hersteller begegnen den hohen Entwicklungskosten und den immer kürzeren Produktzyklen durch Allianzen, um einen konstanten Produktefluss zu gewährleisten. So stammten 1998/99 mehr als 40% der von Medtronic, dem Weltmarktführer bei Schrittmachern und Defibrillatoren, neu eingeführten Produkte aus fremden Forschungslaboratorien (Abb. 4).

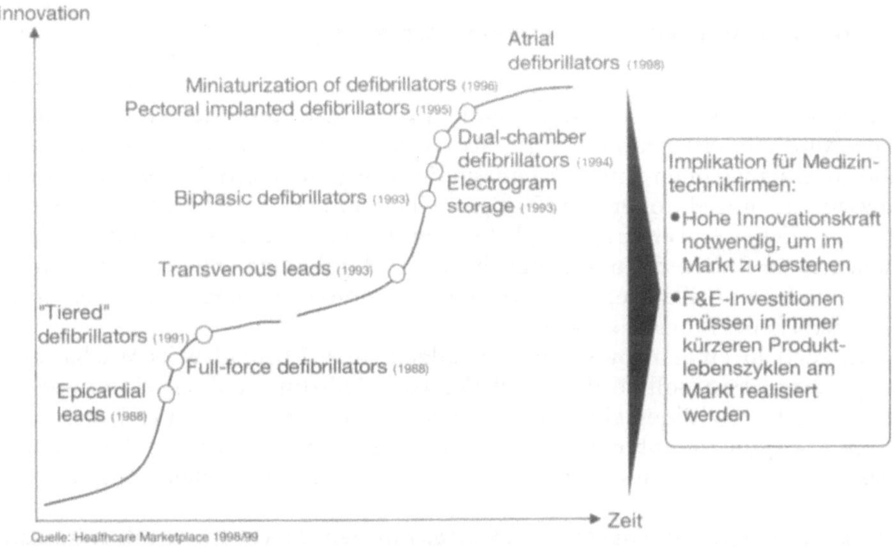

Abb. 3. Kurze Produktlebenszyklen in der Medizintechnologie. Illustration am Beispiel implantierbare Defibrillatoren

Zur Amortisierung der Entwicklungskosten ist eine schnelle Penetration der wichtigsten Märkte notwendig – auch dies kann durch die Bildung von weltweiten Vertriebsallianzen erreicht werden.

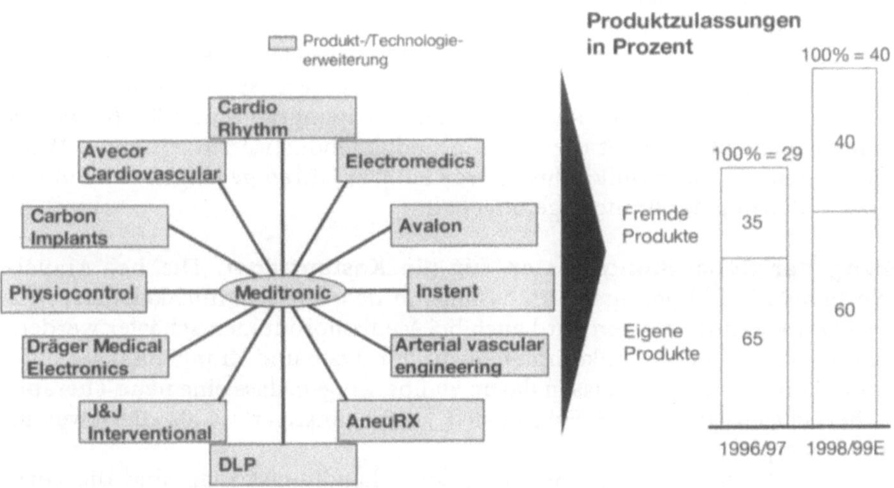

Abb. 4. Sicherstellung des kontinuierlichen Produkteflusses durch Allianzen bei Medtronic, 1996–1999

Beiträge zur Kostendämpfung im Gesundheitswesen

Produktneueinführungen haben es immer schwerer, in den Leistungskatalog der gesetzlichen Krankenkassen aufgenommen zu werden, denn neue Behandlungsansätze sind zumeist deutlich teurer als konventionelle. Darum sollten Anbieter schon in einem frühen Entwicklungsstadium beginnen, durch Kosten-Nutzen-Analysen die mittel- oder langfristige Wirtschaftlichkeit der Therapie nachzuweisen. Neue Anwendungsmöglichkeiten können auch den Produktzyklus verlängern. So finden die ursprünglich für die Kardiologie entwickelten Schrittmacher und Defibrillatoren mittlerweile Anwendung bei neurologischen Indikationen (z. B. bei Morbus Parkinson).

Um auch in einer Atmosphäre des allgemeinen Kostendrucks Wachstumschancen zu nutzen, sollten die Hersteller von Medizinprodukten eine doppelte Strategie verfolgen: Einerseits müssen sie eigene Effizienzreserven voll ausschöpfen, um preisgünstig anbieten zu können; andererseits müssen sie den Kostenträgern ein überzeugendes Wirtschaftlichkeitsversprechen machen können.

Niedrigere Preise für bessere Produkte. Auf dem Markt für Großgeräte kam es in den Bereichen Ultraschall, Röntgen, Magnetresonanztomographie (MRT), Computer- und Kernspintomographie in den letzten Jahren weltweit zu einem Preisverfall von durchschnittlich 7% pro Jahr. Dieser Preisverfall, der sich vermutlich fortsetzen wird, wurde u. a. von den Leistungserbringern ausgelöst: durch den Zusammenschluss von Krankenhäusern zu Einkaufsverbunden sowie durch die Privatisierung bzw. Börsennotierung von immer mehr Krankenhausgesellschaften (z. B. Rhön-Kliniken). Das Bestreben dieser Häuser, Gewinn bringend zu wirtschaften, setzt die Hersteller zunehmend unter Druck. Außerdem haben sich die Geräte unterschiedlicher Hersteller in den letzten Jahren qualitativ einander sehr angenähert, so dass die Bereitschaft abnimmt, einen höheren Preis für ein bestimmtes Fabrikat zu zahlen.

Auf diese Veränderungen reagieren erfolgreiche Hersteller mit radikalem Kostenmanagement: konsequentes Outsourcing, weitere Standardisierung von Herstellungsprozessen sowie Reduktion der Fertigungskomplexität. *In puncto* Kostenmanagement vollzieht die Medizinprodukteindustrie zurzeit einen Wandel, durch den die Elektronikindustrie vor einigen Jahren gegangen ist und der zur Konsolidierung der Branche geführt hat.

Senkung der Behandlungskosten für die Kostenträger. Die bei Arzneimitteln bereits heftig geführte Diskussion um den Wirtschaftlichkeitsnachweis von Produktneueinführungen wird auch bei Medizinprodukten schärfer werden. In Zukunft wird es darauf ankommen, nicht nur Ärzte und Krankenhäuser, sondern vor allem die Krankenkassen davon zu überzeugen, dass eine neue Therapie unter Berücksichtigung aller Folgekosten kostengünstiger ist als die jeweilige Standardtherapie.

Ein gutes Beispiel für eine Senkung der Behandlungskosten sind die Fortschritte bei den bildgebenden Verfahren und der minimalinvasiven Chirurgie, die insbesondere die Kardiologie verändert haben. Die neu entwickelten koronaren Stents zur Erweiterung und Stabilisierung von Blutgefäßen und Arterien können dem Herzinfarkt vorbeugen und zur Behandlung von Aneurysmen eingesetzt werden. So hat z.B. die Firma Medtronic kürzlich ein Stent-graft-System zur Behandlung des abdominalen Aortenaneurysma (AAA) eingeführt, und vermarktet es als ein Produkt mit besonders günstigem Kosten-Nutzen-Verhältnis, da stationäre Behandlungstage im Vergleich zur konventionellen Therapie eingespart werden können.

Beiträge zur Prozesserleichterung für Leistungserbringer

Auch im Medizinproduktegeschäft geht es letztlich darum, den Kunden (hier vor allem den Krankenhäusern) ein überlegenes Nutzenversprechen zu geben, das weit über die Frage des Preises hinausgehen muss. Gerade die Medizintechnologie kann wesentlich zur Optimierung der krankenhausinternen Prozesse beitragen, womit wiederum die Kostenbasis und damit die Profitabilität des Krankenhauses verbessert wird.

In den letzten Jahren hat bei den Großgeräten vor allem der Service als Wertversprechen an Bedeutung gewonnen. Serviceverträge, die heute beim Kauf eines Großgeräts in der Regel mit abgeschlossen werden, machen einen wachsenden Umsatzanteil aus. General Electric, der weltweit führende Hersteller von medizinischen Großgeräten, erzielt im Servicebereich mittlerweile einen deutlich höheren Umsatz als mit dem Verkauf der Geräte selbst. Wurde der Servicevertrag noch vor ein paar Jahren gleichsam nebenbei ausgehandelt, sind die Kunden heute sehr viel kritischer und anspruchsvoller. Vor allem privat geführte Häuser fordern eine transparente Kostenrechnung, um Angebote vergleichen zu können.

Die Krankenhäuser und Arztpraxen erwarten heute nicht nur eine regelmäßige Wartung der Geräte durch einen Techniker, sondern auch das Angebot einer 24-Stunden-Hotline. Ständige Erreichbarkeit und Hilfe innerhalb kürzester Zeit sind entscheidende Kaufkriterien. Durch die Verbreitung des Internets ist Online-Hilfe keine Zukunftsvision mehr, sie wird den Techniker vor Ort mehr und mehr ablösen. In den USA erwarten die Kunden ein noch breiteres Serviceangebot. Entsprechend haben sich Dienstleistungsunternehmen etabliert, die auf den Service von medizinischen Großgeräten spezialisiert sind; sie werden entweder vom Hersteller oder vom Kunden direkt beauftragt. Andere Dienstleister bieten die Finanzierung solcher Großgeräte an oder übernehmen sogar den kompletten Betrieb der Geräte. Die Entwicklung hin zu Mehrwertdienstleistungen ist in Deutschland ebenfalls vorgezeichnet, so dass der Servicebereich auch für die Medizinproduktehersteller ein viel versprechender Wachstumsmarkt ist.

Selbst im Teilmarkt der so genanten Gebrauchsgüter (»commodities«), der unter starkem Preisdruck der Einkaufsverbünde steht, müssen sich Anbieter durch mehr profilieren als lediglich niedrige Preise. Ein Beispiel für die erfolgreiche Ausrichtung an Kundenbedürfnissen liefert Allegiance, größter Anbieter medizinischer Gebrauchsmaterialien in den USA. Durch konsequentes Kostenmanagement kann Allegiance niedrige Preise direkt an den Kunden weitergeben. Darüber hinaus verfügt Allegiance über eine exzellente Logistik und Warenmanagementsysteme für Krankenhäuser, womit deren Lagerhaltung erheblich reduziert wird.

Die Zukunft: eine Branche im Umbruch

Wie wird sich nun die gesamte Medizinprodukteindustrie unter den beschriebenen Einflüssen verändern? Schon heute sind viele Trends zu beobachten, die einen (wenn auch spekulativen) Ausblick in die Zukunft der Industrie erlauben. Im Bereich der bildgebenden Verfahren gibt es in den Entwicklungsländern eine potentiell riesige und *bisher nicht bediente Nachfrage* z. B. nach billigen Standardröntgengeräten, die den etablierten Herstellern ungeahnte Wachstumschancen ermöglichen, sie aber auch einer Bedrohung durch neue Anbieter vor allem aus Südostasien aussetzen.

In allen Bereichen der Medizintechnik werden *neue Technologien* alte Märkte bedrohen und neue schaffen. Vielleicht wird durch eine weitere Miniaturisierung der lang gehegte Traum von einer echten Point-of-Care-Diagnostik dann doch noch Wirklichkeit und die industriellen Labors ablösen. Vielleicht fällt die Schwelle zwischen Diagnostik und Therapie durch gezieltere pharmakogenomische Tests, die zu einer weiteren Annäherung der Diagnostika- an die Pharmaindustrie führen werden (ganz nach dem Beispiel des Mergers Boehringer-Mannheim/Roche); und vielleicht werden durch bessere Biomaterialien weitere Verbesserungen in chirurgischen Verfahren möglich, die den Trend zu einer weniger invasiven und somit sanfteren Chirurgie weitertreiben werden. Vielleicht werden es aber auch die Lifestyle-Trends sein, die die Technologie der Zukunft bestimmen (als Beispiel seien hier nur die Knochendichtemessungen genannt).

Zwei *Industrietrends* aber, eine zunehmende Konsolidierung in der Industrie und eine Stärkung der Macht von Patienten und Einkäufern durch E-Commerce, halten wir für besonders wichtig und wollen sie daher einer genaueren und beispielhaften Betrachtung unterziehen.

Zunehmende Konsolidierung in der Industrie

Bereits heute ist die Industrie von einer starken Konsolidierungswelle erfasst. Das Finanzvolumen sämtlicher Akquisitionen und Zusammenschlüsse in der Medizinprodukteindustrie nahm in den USA zwischen 1991 und 1996 von US$ 0,6 Mrd. auf US$ 7,7 Mrd. zu. In den nächsten Jahren wird sich dieser Trend fortsetzen.

Immer kürzere Produktlebenszyklen erhöhen den Druck auf die Hersteller, immer neue Produkte auf den Markt zu bringen – und dies zwingt etablierte Technologieunternehmen dazu, sich technische Innovationen bei kleinen Startups einzukaufen. Erfolgreiche Unternehmen wie Boston Scientific und Medtronic haben diese Fähigkeit zu einer strategischen Kernkompetenz ausgebaut und leben (ähnlich wie Intel) davon, durch zahlreiche Akquisitionen dem Wettbewerb technologisch immer einen Schritt voraus zu sein.

Für die großen Unternehmen bei den bildgebenden Verfahren ist dies eine erhebliche Herausforderung. In der Ultraschalldiagnostik haben sich die führenden Anbieter (Siemens, GE, Philips, Toshiba und Hitachi) keine exklusive Dominanz des Markts aufbauen können, wie es in den anderen Bereichen (Computertomographie, Röntgen und »magnetic resonance imaging«, MRI) der Fall war. Stattdessen hat sich eine Gruppe von kleinen erfolgreichen Firmen herausgebildet. Nach der Akquisition von ATL durch Philips und der von Diasonics durch GE Medical Systems erhielt Acuson als einziger unabhängiger Kandidat für eine weitere Fusion kürzlich ein Übernahmeangebot von Siemens Medizintechnik. In der Zukunft könnte es damit zu einer stärkeren Differenzierung unter den großen Anbietern im Bereich bildgebender Verfahren kommen. Dies verbessert weiter die Position derjenigen Unternehmen, die den Ausbau ihrer institutionellen »Akquisitionsfähigkeiten« ernst nehmen und als Chance begreifen.

Der Konsolidierungstrend wird aber auch getrieben von einer immer noch sehr stark fragmentierten Anbieterseite auf vielen therapeutischen Gebieten. Die orthopädische Industrie hat hier bereits demonstriert, wie eine Restrukturierung der Industrie aussehen könnte: Durch zahlreiche Akquisitionen kontrollierten die 10 größten Unternehmen 1997 immerhin 76% des gesamten Markts. Die übrigen Unternehmen, die sich die restlichen 24% des Markts teilen, müssen entweder als Übernahmekandidaten attraktiv sein oder einen Platz als unabhängiger Nischenanbieter behaupten können – sonst werden sie längerfristig nicht überlebensfähig sein. Eine ähnliche Entwicklung für andere therapeutische Gebiete ist vorgezeichnet.

Ein weiterer Faktor bei der Konsolidierung ist der nach wie vor spürbare Trend zur Fokussierung auf Kerngeschäfte bei Konglomeraten. Alle großen Anbieter im Bereich der bildgebenden Verfahren und viele Anbieter von Medizinprodukten sind Teile von Konglomeraten. Unter verstärktem Druck der Aktionäre müssen die Medizintechniksparten beweisen, dass sie im Konglomerat besser aufgehoben sind als in einer unabhängigen Position. Das dies nicht immer der Fall ist, zeigen die erfolgreichen Divestitionen von Ohmeda (ehemals BOC), Howmedica (ehemals Pfizer), Agilent (ehemals Hewlett-Packard) und Sirona (ehemals Siemens Dentaltechnik).

Wer letzten Endes als Gewinner aus dem Konsolidierungswettbewerb hervorgehen wird, lässt sich nicht vorhersagen. Dennoch gibt es eine Reihe von Kriterien, die Voraussetzung für einen der vorderen Plätze sind:

Sicherung eines Innovationsvorsprungs. Innovationskraft ist ein wesentlicher immaterieller Vermögenswert in den technologielastigen Segmenten des Markts für Medizinprodukte. Sie ist nicht nur Garant für die Erfolgssicherung im Kerngeschäft, sondern auch Motor für die Erschließung neuer Märkte und Geschäftsfelder. Marktführer wie Medtronic sichern ihren technologischen Vorsprung einerseits durch hohe Investitionen in die eigenen Produktpipeline, andererseits aber auch durch gezielte Allianzen und Akquisitionen. Wesentliche Ziele dieser Strategie sind der Fokus auf die wachstums- und ertragsstärksten Märkte, die Entwicklung neuer Anwendungsbereiche für bestehende Produkte sowie vorausschauende Lösungen für eine bislang »unentdeckte« Nachfrage im klinischen Bereich.

Überlegenes Wertversprechen. Hier kommt es darauf an, für den Kunden einen Mehrwert zu schaffen, der weit über einen niedrigen Anschaffungspreis hinausgeht. An den Kundenwunsch individuell angepasste Produkte und Services im Bereich der Hightech-Medizinprodukte und ein breites Produktportfolio im Massengeschäft (»one-stop shopping partner«) zählen ebenso dazu wie Hilfe bei Fragen der Finanzierung und Verwaltung von Investitionsgütern.

Erfolgreiche Produktneueinführungen. Der Erfolg von Produktneueinführungen ist immer mehr bedroht – durch geringe qualitative Unterschiede zwischen den Angeboten der Marktführer, dadurch bedingten hohen Preisdruck und immer kürzere Produktlebenszyklen. Es gilt, möglichst schnell in den wichtigsten Märkten eine starke Position aufzubauen, um mit den neuen Produkten Standards zu schaffen. Ein Vorbild für viele Hightech-Produkte könnte die »Blockbuster-Mentalität« erfolgreicher Pharmafirmen sein, die Meinungsbildner und Ärzte frühzeitig bei der Durchführung der klinischen Studien einbeziehen, die schnellstmögliche Zulassung der Produkte sicherstellen, strategische Partnerschaften für einzelne Märkte knüpfen und schließlich ihre wichtigsten Produkte in allen wichtigen Märkten simultan einführen.

Die Internet-Revolution in der Medizinprodukteindustrie

Die zunehmende Verbreitung des E-Commerce eröffnet auch den Medizinprodukteherstellern neue Möglichkeiten zur Kostensenkung. Gerade für den Bereich der elektronischen Komponenten gibt es im Internet bereits viele etablierte Plattformen (z. B. FastParts.com), doch werden sich ähnlich wie in der Automobilindustrie zunehmend industriespezifische Lösungen der etablierten Unternehmen durchsetzen.

Auf der anderen Seite gewährt das Internet den Kunden eine erhöhte Transparenz; das stärkt deren Verhandlungsposition. Der Markt für Medizinprodukte hat hier bereits deutliche Akzente gesetzt – mit zahlreichen mittlerweile bekannten Anbietern wie z. B. Medibuy.com, einer Online-Einkaufsplattform für Medizinprodukte, und neoforma.com, einer Auktionsplattform für neue und gebrauchte Medizingeräte. Erfolgreiche Medizinprodukteunternehmen werden, um den Kontakt zum Kunden nicht zu verlieren, mit einer offensiven Internetvertriebsstrategie reagieren, wie es GE Medical Systems mit ihrer voll transaktionsfähigen Verkaufslösung im Internet bereits vormacht.

Schließlich eröffnet das Internet auch für die Medizinprodukte noch völlig neue Märkte. Neue Produkte, die E- oder M-Commerce-Anwendungen mit traditioneller Diagnostik verbinden, sind nicht nur möglich, sondern sogar schnell realisierbar: Beispielsweise könnte der Patient über das Internet seine Blutwerte direkt an einen behandelnden Arzt weiterleiten, der im Notfall über das Mobiltelefon den Patienten lokalisiert und die Behandlung einleitet. Erfolgreiche Diagnostikaunternehmen der Zukunft werden durch eine geschickte Partnerwahl unter Internetserviceanbietern völlig neue Produkte entwickeln, die dem Patienten eine größere Kontrolle über seine Gesundheit ermöglichen.

Deterministische Aussagen über die Industriestruktur der (selbst nahen) Zukunft verbieten sich in einer Branche mit einem derartig hohen technischen Innovationsgrad, einer im Konsolidierungsprozess bereits bewiesenen Agilität der Beteiligten und einer enormen Kreativität der neuen Wettbewerber vor allem im E-Commerce. Die Hersteller bleiben unter Ergebnisdruck, bedingt durch kürzere Produktlebenszyklen und mehr Transparenz für den Kunden. Welche Lösungen sie finden, bleibt abzuwarten – eines scheint sicher: Die Branche wird in wenigen Jahren fundamental anders aussehen als heute.

Erfolgreiche Deregulierung im Schweizer Gesundheitswesen

KLAUS BÖCKER, CLAUDIO FESER und PHILIPP RICKENBACHER

In der Schweiz hat in den vergangenen Jahren eine umfangreiche Deregulierung des Gesundheitswesens stattgefunden. Das heutige Versicherungssystem beruht auf 3 Pfeilern: Eine obligatorische Basisversicherung garantiert der gesamten Bevölkerung eine qualitativ hoch stehende medizinische Grundversorgung, Krankenpflege-Zusatzversicherungen decken auf freiwilliger Basis weitere Risiken und Leistungen ab und Tagegeldversicherungen stellen die Lohnfortzahlung im Krankheitsfall sicher. Die Deregulierung förderte bei vielen Versicherten das Preisbewusstsein. Die Versicherer waren gezwungen, möglichst rasch ihre Wettbewerbsfähigkeit auf verschiedenen Ebenen zu steigern. Eine nicht unwesentliche Rolle spielen hierbei die so genannten Gatekeeper-Modelle. Einigen erfolgreichen Krankenversicherern gelang es, durch diese und andere Anstrengungen ihre relative Prämienposition im Wettbewerb zu verbessern. Dennoch ist heute erneut eine Reform des Gesundheitssystems im Gespräch, weil das eigentliche Ziel der ersten Initiative – eine nachhaltige Kostendämpfung – noch nicht erreicht ist.

Ansätze zur Kostendämpfung

In den vergangenen 30 Jahren stieg in allen hoch entwickelten Staaten der Welt der Anteil des Bruttosozialprodukts, der vom jeweiligen Gesundheitssystem verschlungen wurde, kontinuierlich an. Doch nirgends in dem Ausmaß wie in der Schweiz in den späten achtziger und frühen neunziger Jahren.

Mittlerweile geben die 7,1 Mio. Schweizer Bürger knapp CHF 40 Mrd. für ihre Gesundheit aus. Dieser Betrag setzt sich zu rund 48% aus indirekten Zahlungen in Form von Krankenkassenprämien, zu 25% aus Eigenleistungen der Versicherten und zu 27% aus staatlichen Mitteln zusammen. Gemessen an diesen Basiszahlen ist das Schweizer Gesundheitssystem das zweitteuerste der Welt hinter dem der USA.

1996 unternahm der Schweizer Gesetzgeber einen richtungsweisenden Versuch, die Kostenexplosion in den Griff zu bekommen: Das »neue Krankenversicherungsgesetz« (nKVG) sollte auf der einen Seite die Solidarität mittels einer obligatorischen, einheitlichen Grundversicherung absichern und sogar stärken und auf der anderen Seite den Wettbewerb unter den Krankenversicherungen fördern mit der Absicht, so den Kostenanstieg im Gesundheitswesen einzudämmen.

Die Schweizer Krankenversicherer stellten sich rasch auf die neue Situation ein und nutzten die Gelegenheit zu umfangreichen Modernisierungen: Sie erweiterten ihr Produktangebot, steigerten die Qualität ihrer Dienstleistungen und verbesserten insbesondere ihre Kundenbetreuung. Daneben bauten sie neuartige, alternative Versorgungsmodelle (Gatekeeper) auf. Doch das eigentliche Ziel, eine nachhaltige Verringerung der Gesundheitsausgaben, konnte bisher nicht erreicht werden.

Um dorthin zu gelangen, müssen die Schweizer Krankenversicherer sich stärker auf die Kostenreduktion im Leistungs- und Verwaltungsbereich konzentrieren und noch schneller Managed-Care-Kompetenzen aufbauen. Auch sollten sie ihren unternehmerischen Freiraum aggressiver nutzen. Dadurch könnten sie zusammen mit den politischen Akteuren und den Leistungserbringern die Akzeptanz für noch mehr Wettbewerb im Schweizer Gesundheitswesen fördern.

Die Reform des Schweizer Gesundheitswesens

Eine starke Ausweitung der Leistungen führte bereits Ende der achtziger Jahre zu einer deutlichen Kostenzunahme. Dem sollte ab dem 1. Januar 1996 das nKVG entgegenwirken. Dies sollte über 2 Hebel geschehen: Einerseits wollte man den Solidargedanken stärken, andererseits den Wettbewerb fördern und damit gleichzeitig den Kostenanstieg verlangsamen.

Dazu führte der Gesetzgeber neben einer obligatorischen, qualitativ hoch stehenden Grundversicherung für die gesamte Bevölkerung einen so genannten Risikoausgleich zwischen Krankenkassen ein. Bei den Prämien verzichtete er auf eine Altersstaffelung, erlaubte aber eine Minderung für Versicherte in bescheidenen wirtschaftlichen Verhältnissen.

Gezielte dirigistische Maßnahmen auf kantonaler Ebene, etwa bei der Spitalplanung, sollten helfen, den Kostenanstieg einzudämmen. Die Einführung der vollen Freizügigkeit in der Grundversicherung steigerte den Wettbewerb unter den Krankenkassen. Denn nun konnte jeder Versicherte uneingeschränkt seine Versicherung wechseln. Zusätzlich wurde das Zusatzversicherungsgeschäft dereguliert und für Nicht-Krankenversicherer geöffnet.

Alternative Versicherungsmodelle verschärften zudem den Wettbewerb zwischen den Leistungserbringern. Bei solchen Managed-Care-Modellen schränken Versicherte bzw. Patienten freiwillig ihre Wahlfreiheit des Leistungserbringers ein. Die Modelle ermöglichen somit Krankenversicherern, ihre Versicherten zu – aus ihrer Sicht – qualitativ hoch stehenden und dabei kostengünstigen Leistungserbringern zu steuern.

Das Gatekeeper-Modell ist hierfür ein Beispiel. In diesem Fall verpflichten sich Versicherte, bei Krankheit immer zuerst den Hausarzt aufzusuchen. Dieser entscheidet über die Therapie und über Überweisungen an andere Leistungserbringer wie Spezialisten und Krankenhäuser. (Zur Funktionsweise und den Erfahrungen mit Gatekeeper-Modellen vgl. Anhang.)

Die Voraussetzungen für das Gatekeeper-Versorgungsmodell waren bereits 1990 vom Schweizer Bundesrat geschaffen worden: Eine Verordnungsänderung bildete die rechtliche Grundlage für die versuchsweise Einführung von Versicherungen mit eingeschränkter Wahlfreiheit des Leistungserbringers (Verordnung V). Diese Versicherungen wurden vorerst befristet bis Ende 1995 zugelassen, dann aber im neuen Krankenversicherungsgesetz dauerhaft verankert.

Struktur der Krankenversicherungen

Das Schweizer System kennt 3 Arten von Versicherungen, die das Krankheitsrisiko der Bürger finanziell abdecken: die Krankenpflegeversicherung (Grundversicherung), die Krankenpflege-Zusatzversicherungen und die Tagegeldversicherungen.

Krankenpflegeversicherung. Die Krankenpflegeversicherung ist die obligatorische Basisversicherung. Sie soll eine qualitativ hoch stehende medizinische Grundversorgung für die gesamte Bevölkerung sicherstellen. Leistungen, Beitragssätze und Underwriting (Verbot der Risikoselektion) sind durch das nKVG straff reglementiert und unterstehen der Aufsicht durch das Bundesamt für Sozialversicherungen (BSV). Das Geschäftssystem der Grundversicherung sieht eine Rückführung der erwirtschafteten Profite an die Versicherten vor, sei dies in Form einer Prämienreduktion oder -stabilisierung oder durch Bildung von zweckgebundenen Reserven.

Krankenpflege-Zusatzversicherungen. Die Krankenpflege-Zusatzversicherungen decken auf freiwilliger Basis zusätzliche Risiken und Leistungen ab, die nicht in der Grundversicherung berücksichtigt sind. Am weitesten verbreitet sind in der Schweiz Spital-Zusatzversicherungen. Sie ermöglichen dem Versicherten die ausschließliche Behandlung durch einen Chefarzt sowie die Unterbringung in einem Ein- oder Zweibettzimmer. Der Leistungsumfang von Zusatzversicherungen ist frei verhandelbar und wird wie alle anderen privaten Versicherungen allein durch das Versicherungs-Vertragsgesetz (VVG) geregelt.

Tagegeldversicherungen. Der dritte Pfeiler des Systems sind die obligatorischen und freiwilligen so genannten Tagegeldversicherungen. Ähnlich den deutschen Krankenhaustagegeldversicherungen decken sie die Lohnfortzahlung bei Krankheit ab.

Finanzierung der Krankenversicherung

Die Finanzierung der Krankenversicherung erfolgt auch beim nKVG auf 2 Schienen: indirekt über Krankenkassenprämien und staatliche Beiträge aus Steuern sowie direkt über Zahlungen der Haushalte.

Die Prämien in der Grundversicherung berechnen sich dabei nach Geschlecht des Versicherten und seinem Wohnort, nicht jedoch nach seinem Alter. Anders in der Zusatzversicherung: Die Prämien beruhen hier auf dem individuellen Risiko eines Versicherten unter Berücksichtigung von Alter, gesundheitsschädigenden Gewohnheiten und Krankengeschichte. Diese lassen sich durch individuelle Leistungsausschlüsse senken.

Eine Quersubventionierung von Grund- und Zusatzversicherung ist dabei gesetzlich untersagt.

Im Sinne des Solidaritätsgedankens besteht in der obligatorischen Grundversicherung ein Risikoausgleich zwischen den Krankenkassen. Dadurch ist eine vollständige Freizügigkeit gewährleistet und eine einheitliche Erwachsenenprämie überhaupt erst möglich. Der Schweizer Risikoausgleich verfolgt ähnliche Ziele wie der deutsche Risikostrukturausgleich (vgl. Kap. » Prügelknabe Risikostrukturausgleich – seine Funktion und seine Zukunft«). Er soll die Kosten der Krankenversicherer abfangen, deren Versicherte überdurchschnittlich Ältere oder überproportional Frauen sind. Entsprechend bemisst sich der Risikoausgleich nach Alter und Geschlecht der Versicherten – allerdings nicht nach der Leistungshistorie des Einzelnen.

Staatliche Beiträge werden sowohl in Form von Prämienverbilligungen an Versicherte mit niedrigen Einkommen als auch als Subventionen im Spitalbereich entrichtet. Letztere beziehen sich nur auf den stationären Bereich, wo die Kantone bis zu 50% der Kosten zu tragen haben. Den ambulanten Bereich tragen allein die Krankenversicherer.

Organisation der Versicherer

Im nKVG ist die Trennung von Grund- und Zusatzversicherung verankert. Dies erlaubt somit auch, die Versicherungsträger rechtlich zu trennen. Gewinne aus der Zusatzversicherung dürfen ebenfalls abgeführt werden. Diese Flexibilisierung sollte den Krankenkassen mehr Spielraum auf dem Kapitalmarkt verleihen. Bisher hatten sie als Vereine oder wechselseitig geführte Krankenkassen dazu keine Gelegenheit. Den Privatversicherern eröffnete das nKVG ein neues Geschäftsfeld: Zusatzversicherungen als lukratives »for profit business«.

Aufgaben für die Krankenversicherer

Die 1996 neu geordnete Marktstruktur brachte den Schweizern im Gesundheitswesen Transparenz und Wechselmöglichkeiten. Schnell entwickelte sich bei vielen Versicherungsnehmern ein bisher nicht gekanntes Preisbewusstsein – und die Bereitschaft, den Krankenversicherer zu wechseln, stieg rapide.

Gerade für die Krankenversicherer mit zunehmend schlechter Risikostruktur galt es in dieser Zeit der Veränderung, möglichst rasch ihre Wettbewerbsfähigkeit auf verschiedenen Ebenen zu steigern. Sie mussten sich in einem neuen Markt ohne Referenzgrößen neu positionieren; sie waren gezwungen, konkurrenzfähige Expertise auf bis dahin unbekannten Gebieten aufzubauen. Daneben mussten sie auch ihr angestammtes Geschäftssystem fundamental und rasch umstellen: Ihre Marktpositionierung, das Produktangebot, der Vertrieb und – nicht zuletzt – das Kostenmanagement standen in Frage.

Die neue Marktpositionierung der Krankenversicherer musste den fundamentalen Wandel von einst administrativen, »halbstaatlichen« Krankenkassen zu modernen, kundenorientierten Unternehmungen vollziehen. Das durch die neue

Gesetzgebung angefachte Bedürfnis der Kunden nach Sicherheit beantworteten sie mit »Familie« und »Gesundheit«. Beide Themen sind noch heute die zentralen - und teilweise identischen - Marketingaussagen der meisten großen Krankenversicherer. Das Differenzierungspotential ist somit noch nicht ausgereizt.

Im Bereich des Produktangebots, und insbesondere in der Zusatzversicherung, waren die Versicherer gefordert, profitable Marktsegmente zu identifizieren und neue Vertragsoptionen frühzeitig und für sich Gewinn bringend zu nutzen. Es entstand eine Fülle von Produkten für alle möglichen Segmente wie Familienangebote, Zusatzversicherungen für Kinder oder selbst Wellness-Programme. Daneben entwickelten die Anbieter zahlreiche Spezialtarife: gekoppelt an Eigenleistungen (Franchise), Hausarztmodelle (Gatekeeper) oder Inanspruchnahme von Leistungen bei Vertragsleistungserbringern.

Diese Vielfalt ist aus Sicht der Kunden positiv. Allerdings wird das Angebot für sie auch komplexer. Dies erfordert weitere Anstrengungen, damit die Tarife transparent und vergleichbar bleiben.

Der Vertrieb erfuhr in den vergangenen Jahren ebenfalls eine regelrechte Umorientierung. Die stark administrative Tätigkeit wich neuen Aufgaben: Kundenberatung, Akquisition und effektive Umsetzung von Werbestrategien bei Privat- und Firmenkunden zählen seitdem zu den Kernaufgaben einer Versicherungsagentur. Dieser Wandel ist noch nicht abgeschlossen.

Auch Verwaltungs- und Leistungskosten wurden unter die Lupe genommen. Die Schlagworte sind hier: Automatisierung und Professionalisierung der Leistungsabrechnung, Einführung von Fallmanagement, Ausgestaltung selektiver Verträge mit kosteneffektiven Leistungsanbietern und Aufbau von Gatekeeper-Netzen nach amerikanischem Vorbild. Einige erfolgreichere Krankenversicherer haben dadurch seit 1996 ihre relative Prämienposition im Wettbewerb stark verbessert.

Trotz dieser - für Versicherte und Patienten - durchaus positiven Entwicklungen hat das nKVG bisher keine Kostendämpfung im Gesundheitswesen über marktwirtschaftliche Mechanismen erreicht. Entgegen den Erwartungen führte der Wettbewerb zwischen den Versicherern zu keinem höheren Druck auf die Leistungserbringer. Die Anzahl der Leistungen und die Ausgaben nehmen weiterhin zu.

Es gibt dafür viele Erklärungsmöglichkeiten. Zum einen ist die Penetration von Managed-Care-Modellen nach wie vor zu gering, um effektiv auf die Kostenentwicklung Einfluss nehmen zu können. Zudem zeigen viele solcher in kürzester Zeit entwickelten Modelle »Kinderkrankheiten«. Ihrer Wirksamkeit stehen heute manche Beobachter kritisch gegenüber. Zum anderen: Waren die Erwartungen an solche Modelle und an die Krankenversicherer als ihre Betreiber nicht zu hoch gesteckt? Denn bei der Entwicklung solcher Managed-Care-Modelle sind oft medizinische und technische Kompetenzen gefragt, die von Krankenversicherern nur selten rasch aufgebaut werden können.

Reform der Reform?

Die Krankenversicherung steht heute, 4 Jahre nach Einführung des nKVG, im Brennpunkt des öffentlichen Interesses in der Schweiz. Die politische Debatte über mögliche Reformen umfasst das gesamte Spektrum von weiterer Deregulierung und mehr Wettbewerb bis hin zur Verstaatlichung der Grundversicherung. In abgemilderter Form hat diese Diskussion auch in die Vorschläge zur Teilrevision des nKVG Eingang gefunden.

So soll für eine Frist die Bedürfnisklausel auf den ambulanten Bereich ausgedehnt werden. Damit will der Gesetzgeber mit dirigistischen Mitteln hier die Mengenausweitung bremsen. Gleichzeitig soll der Kontrahierungszwang zwischen Krankenversicherern und Leistungserbringern in der Grundversicherung aufgehoben werden. Damit erhielten Krankenversicherer weiteren unternehmerischen Spielraum, den Wettbewerb unter den Leistungserbringern auszubauen.

Weiteres zentrales Vorhaben ist die Neugestaltung der Spitalfinanzierung. Diesem kommt besondere Bedeutung zu, sind doch die Spitale größter Kostenpunkt im Gesundheitswesen. Grundsätzlich soll die »dirigistische« Natur der Spitalfinanzierung beibehalten werden. Allerdings sollen eine höhere Effektivität bei der kantonalen Spitalplanung und weitere Anreize die Kosten senken. Kernelemente sind die allgemeine Verankerung der finanziellen Beteiligung der Kantone an Spitalaufenthalten, die Verknüpfung von Leistung und Vergütung in der Spitalfinanzierung (durch Fall- oder Abteilungspauschalen), die Mitfinanzierung der Investitionskosten durch Krankenversicherer sowie der Einbezug des teilstationären Bereichs in die Spitalplanung und Finanzierung durch die Kantone.

Auch die Abrechungspraxis für Leistungserbringer im ambulanten und teilstationären Bereich steht in der Diskussion. Der Leistungserbringer stellt für seine Behandlung eine Rechnung entsprechend der zwischen ihm und den Krankenversicherern verhandelten Tarife. Diese zeigen heute große regionale Unterschiede und verringern damit die Kostentransparenz. Im Sommer 2000 haben sich Krankenversicherer und Ärzte auf einen gesamtschweizerischen Tarif geeinigt, der den Krankenversicherern neue Möglichkeiten im Bereich der Kostenkontrolle eröffnet. Zukunftsweisend ist dabei auch, dass sich die Vertragsparteien für einen elektronischen Versand der Rechnungsdaten ausgesprochen haben.

Die Vernehmlassungsverfahren (gesetzliches Konsultationsverfahren mit parlamentarischen Kommissionen und Spitzenverbänden) waren und sind zu allen Revisionspunkten überaus kontrovers und sehr stark von den jeweiligen finanziellen Interessen der Beteiligten geprägt.

Welche Möglichkeiten haben die Krankenversicherer selbst, um die notwendigen Veränderungen im Interesse ihrer wichtigsten Stakeholder – der Versicherten – zu katalysieren und den Zielen des nKVG zum Durchbruch zu verhelfen? Dazu gehört einerseits die aktive Beteiligung an der politischen Debatte, andererseits jedoch auch die konsequente Umsetzung von Maßnahmen im eigenen Einflussbereich.

Die Krankenversicherer müssen auch weiterhin strikt ihre Kosten kontrollieren und effektiv reduzieren. Eine weitere Professionalisierung der Leistungsabrechnung, insbesondere bei mittelgroßen und kleineren Versicherern, die

Weiterentwicklung von Fallmanagement sowie die Weiterentwicklung von Kosten senkenden Managed-Care-Modellen sind vordringlich. Des Weiteren wird die Glaubwürdigkeit der Krankenversicherer auch daran gemessen, dass sie die Ausgaben für die Verwaltung mindern oder zumindest stabilisieren können. Sie müssen Skaleneffekte schaffen und nutzen – etwa durch Kooperationen im Technologie- oder Prozessbereich. Auch eine Konsolidierung der kleinen oder mittelgroßen Anbieter ist denkbar und sinnvoll.

Die Schweizer Krankenversicherer werden sich all diesen Aufgaben erfolgreich stellen – das belegt ihr konsequentes Handeln in den vergangenen Jahren. Die Kostenentwicklung im Gesundheitswesen fordert sie erneut. Nur wenn sie wieder so schnell handeln, wird ihr wirtschaftliches Denken von den Versicherten akzeptiert. Nur dann behalten sie den politischen Rückhalt, um die Grundgedanken des nKVG vollständig umsetzen zu können.

Anhang: Gatekeeper-Modelle

Die Gatekeeper-Modelle sollten helfen, die Anreize zur Mengenausweitung zu durchbrechen. Bei diesem Ansatz erhalten die Patienten einen Prämienrabatt von 15–20%; im Gegenzug verpflichten sie sich, im Krankheitsfall zuerst ihren Hausarzt aufzusuchen. Dieser wiederum steht unter Vertrag mit Krankenversicherern und hat über seine Bezahlung keinen Anreiz zur Mengenausweitung – weder bei selbst erbrachten Leistungen noch bei Leistungen, die »Sekundärversorger« wie Spezialisten oder Krankenhäuser erbringen. Die Vergütung des Gatekeepers erfolgt entweder durch eine Versichertenpauschale oder durch Einzelleistungsverrechnung. Diese wird mit einem Bonus/Malus ergänzt, der von der Kostenentwicklung bei den behandelten Patienten abhängt. Dabei werden neben eigenen Leistungen auch die der »Sekundärversorger« berücksichtigt, die ja der Gatekeeper durch seine Überweisungen direkt oder indirekt mitbestimmt.

Bereits Ende 1995 – also noch vor dem nKVG – waren 32.000 Personen in einem Gatekeeper-Modell versichert. Nur 2 Jahre später war die Anzahl der Versicherten auf über 320.000 angestiegen. Zu diesem Zeitpunkt hatten sich in der Schweiz rund 120, z. T. recht unterschiedliche, Gatekeeper-Netze und -Praxen gebildet.

Zwei Typen von Gatekeeper-Modellen

Grundsätzlich lassen sich die Gatekeeper-Modelle in der Schweiz in 2 Typen einteilen: das »Staff-Modell HMO« (kurz HMO) und die »individual practice association« (IPA).

Bei HMOs handelt es sich um Gruppenpraxen, die meist in den Ballungsgebieten der Schweiz (Zürich, Basel, Bern usw.) angesiedelt sind und in der Regel größeren Krankenversicherern gehören. Die jeweils 2–10 Ärzte sind Angestellte der Praxen. In der Schweiz bestehen heute rund 30 solcher Gruppenpraxen; ihre Patienten erhalten Prämienrabatte von knapp 20%.

Bei IPAs schließen sich niedergelassene Ärzte in eigener Praxis zu einer »virtuellen Gruppenpraxis« oder einem Ärztenetz zusammen. Sie sind über einen IPA-Vertrag mit einem oder mehreren Krankenversicherern verbunden. Dieser Vertrag regelt die Modalitäten der Ärzteentschädigung (Capitation, Teil-Capitation oder andere Formen). Es gibt ca. 90 z. T. recht unterschiedliche IPA-Netze in der Schweiz. Der Prämiennachlass für Versicherte beträgt in der Regel 10–15%.

Positive Erfahrungen

Trotz anfänglicher Skepsis der Öffentlichkeit und offener Gegenwehr einzelner Interessengruppen von Leistungserbringern sind die Erfahrungen mit Gatekeeper-Modellen bislang positiv. Die meisten haben nach eigener Auskunft Einsparungen realisiert, wenn auch in recht unterschiedlichem Maße. Die (risikobereinigten) Kosteneinsparungen bei HMOs betragen im Normalfall 30–35%, bei IPAs 10–25%. Gründe hierfür sind die niedrige Hospitalisationsrate, die kurzen stationären Aufenthalte sowie der niedrige Medikamentenkonsum.

Die Qualität der medizinischen Versorgung ist allen verfügbaren Untersuchungen[1] zufolge auf unverändert hohem Niveau:

- Die Patientenzufriedenheit ist bei HMO-Patienten genauso hoch wie bei Patienten mit traditioneller medizinischer Versorgung. Untersucht wurden die Kriterien allgemeine Zufriedenheit, fachliche/technische Qualität, zwischenmenschliche Beziehungen, Kommunikation, Konsultationsdauer, Zugang/Erreichbarkeit/Annehmlichkeit sowie Kostenbewusstsein. Einzig beim Kriterium Zugang/Erreichbarkeit/Annehmlichkeit zeigte sich ein statistisch signifikanter Unterschied zwischen HMOs und herkömmlichen Modellen.
- Medizinische Standards werden bei den HMOs eingehalten. Dies bestätigen Patientenbefragungen, die zu Präventivuntersuchungen bei den Patienten der analysierten HMOs durchgeführt wurden (u. a. Blutdruckmessungen regelmäßig alle 1–3 Jahre, jährlicher Krebsabstrich ab Aufnahme sexueller Aktivität, Mumps-Masern-Röteln-Impfung für Kinder unter 5 Jahren usw.).

Neuerdings treten auch Ärzte als Betreiber von Gatekeeper-Modellen am Markt auf. In Zürich startete 1998 beispielsweise die erste HMO im Besitz von Ärzten, die MediX – auch ein Beleg für die positiven Erfahrungen.

Gatekeeper-Modelle weiterentwickeln

In den vergangenen Jahren haben viele große Krankenversicherer die Gatekeeper-Entwicklung stark gefördert. Dadurch wollten sie die Prämien für ihre

[1] Im Behandlungsergebnis ergeben sich keine nennenswerten Unterschiede zwischen HMOs und traditionellen Versorgungsmodellen. Dies bestätigte eine Studie von Prof. Dr. Conen vom Kantonsspital Aarau. Untersucht wurde, ob Unterschiede im Ergebnis der Behandlung von arterieller Hypertonie (Bluthochdruck) zwischen den untersuchten HMOs und 12 traditionellen Hausarztpraxen bestehen. Hypertonie kommt oft in Hausarztpraxen vor und lässt sich meist erfolgreich behandeln. Daher diente diese Krankheit als Untersuchungsgegenstand [1].

eigenen - preissensitiveren - Versicherten senken. Oft schlossen sie dabei mit Ärzten IPA-Verträge, die für den Arzt keinen oder einen nur geringen Anreiz zur Kosteneinsparung enthielten.

Mittlerweile haben Gatekeeper-Modelle starke Bedeutung erlangt. Allein beim Marktführer Helsana machen die Gatekeeper-Versicherten über 12% des gesamten Bestands aus. Stehen den Rabatten der Krankenversicherer an ihre Beitragszahler jedoch keine Einsparungen gegenüber, belasten diese wenig kostendämpfenden Modelle das Budget von Krankenversicherern signifikant. Aus diesem Grund konzentrieren sich die Krankenversicherer in jüngster Zeit darauf, schlecht funktionierende Gatekeeper-Modelle zu verbessern, einige gar zu schließen und neue nur dann zu eröffnen, wenn die Voraussetzungen - insbesondere im Bereich der Entschädigung der Gatekeeper-Leistungen (in der Regel Capitation) - gegeben sind. Jüngste Beispiele für dieses wirtschaftliche Handeln sind die CSS, die 1999 ihre HMO-Modelle aufgegeben hat, und die SanaCare-Gruppe, die sich 2000 aus Basel-Stadt zurückgezogen hat. Das Wachstum wird sich in den nächsten Jahren verlangsamen.

Andererseits müssen die Krankenversicherer das »Schweizer Gatekeeper-Modell« inhaltlich weiterentwickeln. Intensivere Qualitätszirkel, Investitionen im Informatikbereich und verbesserte medizinische Standardprotokolle sind die dringlichsten Aufgaben. Die Krankenversicherer werden ihre Managed-Care-Kompetenzen weiter ausbauen müssen.

Literatur

1. Die Hausarztbefragung als Instrument des Qualitätsmanagements. Dissertation von Dr. D. H. Grgic, Aarau, Februar 2000, S. 76ff.

Die Zukunft des niederländischen Gesundheitssystems

Klaus Böcker, Rene Kuijten und Bas Leerink

In fast allen hoch entwickelten Ländern der Welt prägt das Schlagwort Kostendämpfung die öffentliche Diskussion über das Gesundheitswesen. So auch in den Niederlanden. Doch hier äußern auch immer mehr Bürger ihre zunehmende Unzufriedenheit über die Folgen des jahrelangen Sparens und fordern mehr Mitsprache bei ihrer medizinischen Versorgung. Qualität und die Verfügbarkeit der medizinischen Leistung stehen für sie im Vordergrund, nicht der Preis. Dies verlangt von den Hausärzten, die mit ihren Praxen in den Niederlanden als zentrale Anlaufstelle im Gesundheitssystem fungieren, sich zunehmend in Arztnetzen zusammenzuschließen. Denn nur so können sie ihr Angebot verbessern, gleichzeitig die engen Budgets der Krankenkassen einhalten und ihr eigenes wirtschaftliches Risiko minimieren. Doch Angebot und Nachfrage klaffen immer weiter auseinander, und der Personalnotstand in den medizinischen Pflegeberufen weitet sich aus. Wie ein wirklich nachfrageorientiertes Gesundheitssystem aussehen könnte, haben 3 ausgewiesene niederländische Gesundheitsexperten zusammen mit 2 der Autoren in Klausurtagungen der Max-Geldens-Stiftung erarbeitet.

Mehr Qualität statt Kostenbewusstsein

Auch die Niederlande leisten sich eine Gesundheitsversorgung auf sehr hohem Niveau: Jeder Bürger hat Zugang zum System und die Kosten sind verhältnismäßig niedriger als in den europäischen Nachbarstaaten.

Gegenwärtig begrenzt der niederländische Gesetzgeber sowohl den Leistungsumfang der Gesundheitsversorgung als auch die Kapazität des Systems. Aber die Kosten sind keineswegs die vordringlichste Sorge der niederländischen Öffentlichkeit, die in zunehmendem Maße über die stetig wachsende Lücke zwischen Angebot und Nachfrage für immer mehr Diagnoseverfahren und Therapien beunruhigt ist, genau wie durch die Knappheit von Plätzen in Pflegeheimen bzw. für die Langzeitpflege, in erster Linie verursacht durch die demografische Entwicklung.

Besser, nicht billiger soll die Versorgung werden, die Wartelisten kürzer und die Bediensteten im Gesundheitswesen freundlicher. Darüber hinaus steigt der Anteil gut informierter Konsumenten, die zunehmend Verantwortung für sie betreffende medizinische Entscheidungen übernehmen wollen, um so die Qualität der Behandlung und deren Erfolgsaussichten für sich positiv beeinflussen zu können. Dieser moderne aufgeklärte Patient hofft nicht demütig auf die bestmögliche und modernste Behandlung, sondern fordert sie selbstbewusst ein, bevor er sich über die Kosten Gedanken macht. Und dieser neue Patient beansprucht auch fast immer das Neueste, das die Fortschrittsmedizin bieten kann.

Als Konsequenz daraus zeichnet sich unter den niederländischen Hausärzten eine zunehmende Bereitschaft ab, sich an Versorgungsnetzen zu beteiligen, um so die Qualität ihres Angebots zu erhöhen, die Kosten einzugrenzen sowie finanzielle Risiken auf mehr Schultern zu verteilen. Solche Arztnetze treten zunehmend in Konkurrenz um die Gunst der wählerischen Klientel. Dies wiederum führt unausweichlich zu mehr Transparenz bezüglich der Qualität der angebotenen medizinischen Leistung sowie zu einer Stärkung des Servicegedankens und zu verstärktem Kosten senkenden preislichen Wettbewerb.

Es entstehen also erstmalig Anreize für die Ärzteschaft, auf überflüssige und veraltete Leistungen zu verzichten. Dadurch werden Kräfte und finanzielle Mittel frei für die Ausgestaltung neuartiger kundenorientierter Leistungsangebote. Diese könnten eingesetzt werden, um das überregulierte niederländische Gesundheitssystem aufzubrechen und unzeitgemäße gesetzliche Hemmnisse aus dem Weg zu räumen. Die Evolution des Systems würde beschleunigt, die Anreize zu hoch qualitativer aber effizienterer Leistung sukzessive verstärkt.

Das Krankenversicherungssystem der Niederlande

Etwa 60% der niederländischen Bevölkerung sind Pflichtmitglieder in einer der öffentlichen Krankenkassen (Ziekenfonds), während private Krankenversicherungen die restlichen ca. 40% der Niederländer abdecken. Die Krankenkassen sind »nicht staatlich« und operieren größtenteils auf regionaler Ebene. Die Beiträge werden von den Arbeitgebern vom Lohn und den Gehältern abgezogen und, ähnlich wie in Deutschland, zur Hälfte von den Arbeitgebern und den Arbeitnehmern getragen. Die nationale Dachorganisation der Krankenkassen, der so genannte Krankenkassenrat (Ziekenfondsraad), ist eine unabhängige, überparteiliche Organisation, die den Gesundheitsminister in Sachen Leistungsumfang und Beitragssatz berät. Die privaten Krankenversicherungen werden von kommerziellen sowie nicht kommerziellen Versicherern getragen. Die Beitragssätze richten sich bei ihnen nach dem Alter, dem Versicherungsumfang, Selbstkostenanteilen und vielen anderen individuellen Aspekten.

Darüber hinaus gibt es einen obligatorischen Krankheitsversicherungsplan für die ganze Bevölkerung, die so genannten Algemene Wet Bijzondere Ziektekostenverzekering (AWBZ). Sie deckt Risiken wie Aufenthalte in psychiatrischen Krankenhäusern, ambulante, psychiatrische und psychotherapeutische Behandlung, gemeindenahe Pflegeangebote und häusliche Krankenpflege ab. Die AWBZ finanziert sich aus Steuereinnahmen. In den Gesundheitsreformen der vergangenen Jahre wurde der Leistungsumfang dieser staatlichen »Zusatz-Versicherung« stetig erhöht.

Die gesamten Gesundheitskosten für die Niederlande werden für das Jahr 2000 auf etwa EUR 34 Mrd. geschätzt, wovon 38% über die AWBZ abgedeckt sind, 37% durch die Krankenkassen, 14% durch private Versicherungen, 4% durch Steuereinnahmen und 7% durch Eigenleistung der Versicherten.

Die Richtlinien für die niederländische Gesundheitspolitik bestimmt der Minister für Gesundheit, Wohlfahrt und Sport. Ein ihm berichtender Staatssekretär ist direkt verantwortlich für die AWBZ. Der Einfluss von Interessen- bzw. Lobbygruppen ist in den Niederlanden sehr stark. Deshalb sind alle Veränderungen nur durch umfangreiche Verhandlungen und Konsens oder Kompromisse zu erzielen. Die Planung von Krankenhäusern und Pflegeheimen, beide in den Niederlanden nicht profitorientiert, obliegt den 12 Provinzen und nicht den Krankenkassen. Die Aufsicht über das öffentliche Gesundheitswesen wird von den Städten und Landkreisen wahrgenommen.

Organisation der Primärversorgung

Die Primärversorgung gewährleisten in den Niederlanden die Hausärzte, Gemeindeschwestern, Haushaltshilfen, Hebammen, Physiotherapeuten, Zahnärzte, Apotheker und Sozialarbeiter. Den allgemeinmedizinischen Hausärzten kommt die wichtigste Rolle im System zu: Sie sind die erste Anlaufstelle, wenn es um die Nachfrage nach Gesundheitsleistungen geht. Trotz freier Arztwahl ist jeder Bürger bei einem Hausarzt registriert. Ein typischer niederländischer allgemeinmedizinischer Hausarzt ist unabhängig, Besitzer seiner Praxisräume und beschäftigt normalerweise eine Sprechstundenhilfe. Die Registrierung als Hausarzt erfordert die Absolvierung eines 3-jährigen Trainingsprogramms. Die Registrierung muss darüber hinaus alle 5 Jahre erneuert werden.

In den Niederlanden gibt es zurzeit knapp 7.000 *Hausärzte*. Das entspricht einem Hausarzt für etwa 2.240 Einwohner (1998). Davon arbeiten 48% in einer Einzelpraxis, 32% betreiben Partnerschaften mit anderen Praxen und nur etwa 20% arbeiten in einer Gemeinschaftspraxis. Etwa die Hälfte der Hausärzte in diesen Gemeinschaftspraxen sind in so genannten Gesundheitszentren tätig, die meistens von privaten Stiftungen oder gemeinnützigen Gesellschaften betrieben werden.

Für die ersten 1.600 bei ihm eingeschriebenen gesetzlich krankenversicherten Patienten erhält der Hausarzt eine feste Kopfpauschale, für alle Patienten darüber hinaus bekommt er nur einen reduzierten Satz. Die Gesamtzahlung der Krankenkassen an den Hausarzt wird ergänzt durch Zuschläge für seine Pensionsbeiträge, die Kosten der Praxis und einem Betrag zur Einkommenssicherung. Die Kopfpauschalen für die Krankenversicherten und die abrechenbaren Kosten für privat Versicherte werden in regelmäßigen Abständen zwischen dem Hausärzteverband (LHV) und der Vereinigung der Gesundheitsversicherer (ZN) ausgehandelt und bedürfen der Zustimmung durch das Ministerium für Gesundheit, Wohlfahrt und Sport. Privat versicherte Patienten zahlen den Hausarzt direkt für erbrachte Leistung und bekommen von ihrer Krankenversicherung nach Abzug der vertraglich geregelten Zuzahlung eine entsprechende Rückerstattung. Die unterschiedlichen Einkommen der Hausärzte rühren aus dem Verhältnis von Kassenpatienten zu den privat Versicherten her. Dieses variiert sehr stark von Region zu Region.

Neben den Hausärzten tragen in den Niederlanden etwa 11.000 *Gemeindeschwestern* und *Pfleger* die Hauptlast der ambulanten Grundversorgung. Sie arbeiten für etwa 60 verschiedene, unabhängige Privatunternehmen bzw. Stiftungen, die sich hauptsächlich aus Steuergeldern finanzieren. Diese Pflegeunternehmen bieten meist auch andere Dienste wie Schwangerenbetreuung, Mutter-und-Kind-Kliniken und Heimpflege an. Obwohl die meisten Leistungen der Gemeindeschwestern durch Hausärzte verordnet werden, kann sich ein Bürger bei Bedarf auch direkt an die Gemeindeschwestern wenden. Allerdings muss er dann gewisse Zuzahlungen leisten.

In jüngster Zeit werden überall in den Niederlanden bestehende Angebote für häusliche Krankenpflege in die Gemeindeschwesterdienste integriert. Dieses bot sich an, da beide Leistungen aus demselben Topf finanziert werden. Häusliche Krankenpflege ist für die Versicherten direkt zugänglich. Die Inanspruchnahme wird durch feste Regeln und Kriterien determiniert und erfordert einkommensabhängige Zuzahlungen.

Die Basisbetreuung von Schwangeren und die Geburtshilfe wird in den Niederlanden von *Hebammen* gesteuert. Mehr als ein Drittel aller Entbindungen geschehen zu Hause. In den meisten Fällen ist dabei nur eine Hebamme zugegen. Insgesamt gibt es in den Niederlanden etwa 1.400 Hebammen, wovon etwa 70% als unabhängige Dienstleister auftreten (1998). Während vor 15 Jahren noch 75% der Hebammen selbstständig arbeiteten, waren es 1998 nur noch 15%. Die Bezahlung der Hebammen in den Niederlanden erfolgt auf einer Einzelleistungsvergütungsbasis.

Physiotherapeuten gehören in den Niederlanden auch zur Primärversorgung, können aber nur bei Überweisung in Anspruch genommen werden. In den letzten 20 Jahren ist die Anzahl niedergelassener Physiotherapeuten auf 15.000 gestiegen, von denen etwa drei Viertel in der Primärversorgung tätig sind. Die meisten von ihnen arbeiten in unabhängigen Privatpraxen. Physiotherapeutische Behandlung für Krankenkassenpatienten ist seitens der Krankenkassen genehmigungspflichtig. Privatpatienten werden hingegen nach einem Einzelleistungsvergütungsschema abgerechnet.

Auf Grund der fragmentierten Struktur der Primärversorgung in den Niederlanden hat es immer wieder Probleme gegeben, die Behandlungen durch verschiedene Leistungserbringer an einem Patienten miteinander zu koordinieren. Seit den siebziger Jahren haben deshalb Regierungen sukzessive versucht, die Grundvoraussetzungen für Teamarbeit zu verbessern. Infolgedessen gibt es mittlerweile etwa 140 Gesundheitszentren, in denen durchschnittlich 3–4 Hausärzte sowie 3–4 Gemeindeschwestern, 1 oder 2 Sozialarbeiter und einige Physiotherapeuten unter einem Dach zusammenarbeiten. Außerdem sind in den letzten Jahren im Rahmen von Modellversuchen verschiedene Behandlungsformen in den ambulanten Sektor verlagert worden, z. B. durch eine Erweiterung der Kapazitäten für häusliche Krankenpflege von älteren Menschen und unheilbar Kranken.

Sekundärversorgung

Die Sekundärversorgung in den Niederlanden wird durch 120 allgemeine Krankenhäuser, 8 Universitätskliniken und 36 Spezialkliniken wahrgenommen. Hinzu kommen noch psychiatrische Krankenhäuser, Institutionen für geistig Behinderte und Pflegeheime. Etwa 50 der Krankenhäuser dienen als Lehrkrankenhäuser. Für 1.000 Einwohner werden 11,4 Betten in Allgemeinkrankenhäusern und 4,3 Betten in Akutkrankenhäusern vorgehalten. Seit den achtziger Jahren werden einerseits Betten abgebaut, andererseits die Kapazitäten besonders leistungsfähiger bzw. erfolgreicher Krankenhäuser erweitert. Parallel dazu sind die Kapazitäten von Tageskliniken und Kurzzeitkliniken ausgebaut worden, und diese erbringen heute deutlich mehr diagnostische Leistungen für die Hausärzte als etwa vor 10 Jahren.

Grundsätzlich arbeiten Fachärzte in den Niederlanden ausschließlich in Krankenhäusern. Dennoch sind etwa zwei Drittel selbstständig. Meist arbeiten sie als Freiberufler, in Partnerschaften, beschäftigen selbst das von ihnen benötigte Personal und mieten sich Krankenhauskapazitäten und Räumlichkeiten nach Bedarf. Insgesamt gab es 1997 14.362 Fachärzte, also etwa einen Facharzt auf 1.079 Einwohner. Zusätzlich arbeiten in den Krankenhäusern natürlich auch eine ganze Reihe nicht spezialisierter Ärzte. Viele von ihnen warten darauf, ein spezifisches Facharztausbildungsprogramm zu beginnen. Fachärzte werden in den Niederlanden nach dem Einzelvergütungsprinzip bezahlt.

Bisherige Reformbemühungen

Die bisherigen Reformbemühungen waren eher eine Feinjustierung als eine wirkliche Veränderung. Nachdem die Regierungen zunächst versucht hatten, die starke Regulierung des Systems in Einzelbereichen aufzubrechen, gelang in den vergangenen Jahren die Einführung einer Basisversicherung. In einigen Landesteilen hat sich versuchsweise auch ein individualisiertes Budget bewährt, bei dem chronisch Kranke oder ihre Angehörigen selbst über die Verwendung entscheiden können. Vordringlichste Aufgabe in jüngster Vergangenheit ist allerdings die Reduzierung von Wartezeiten, die in manchen Fachgebieten die Toleranzgrenze der Bevölkerung deutlich überschreiten.

Deregulierung

Viele Teile des niederländischen Sozialsystems wurden in den sechziger und siebziger Jahren entwickelt. Sie sind gekennzeichnet durch umfangreiche Regulierung. Doch seit Mitte der achtziger Jahre versuchen die Regierungen zunehmend, die Folgen dieser Durchregulierung zu erfassen, um die Effizienz des Gesundheitssystems zu erhöhen und die steigenden Kosten einzudämmen (Abb. 1). Ein daraus erwachsender Trend führt weg von der Planwirtschaft hin zur Selbstregulierung, aufbauend auf Markt- und Wettbewerbsprinzipien.

Zu den wichtigsten Veränderungen der neunziger Jahre zählt die Verlagerung von Risiken aus dem Staatshaushalt hin zu den Krankenkassen. Begleitet wurden diese Bemühungen von Wahlfreiheit für die Krankenkassenversicherten und von direkten Beiträgen des Versicherten an die Kasse. Die Beitragssätze werden nun direkt von den Krankenkassen festgelegt – in Abhängigkeit von den Leistungsausgaben – und die bedarfsabhängige, offene Finanzierung wurde ersetzt durch eine Pro-Kopf-Budgetierung der Krankenkassen mit lediglich einem Korrektur-

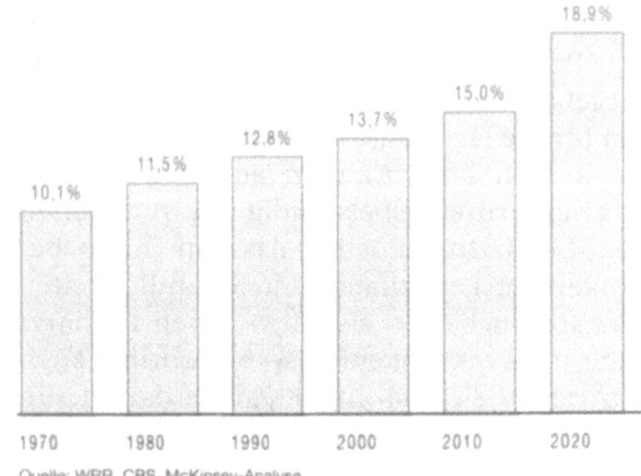

Altersgruppenspezifische Kostenverteilung im niederländischen Gesundheitssystem (NLG)

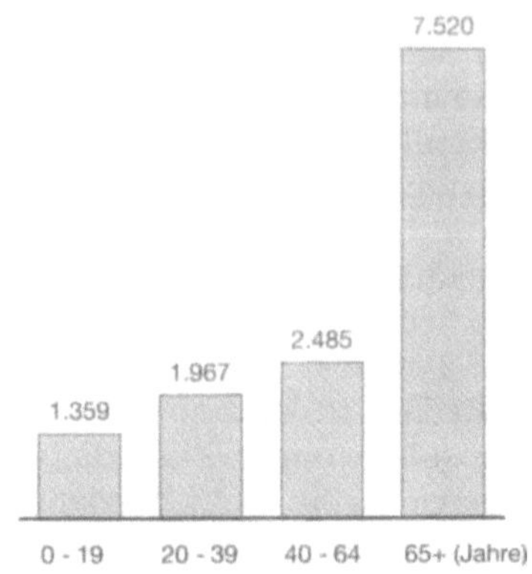

Abb. 1. Kostentreibender Effekt der demografischen Entwicklung noch längst nicht auf dem Höchststand

faktor für Alter, Geschlecht, regionale Unterschiede und dem prozentualen Anteil von behinderten Versicherten. Ergänzend können die Krankenkassen seitdem ihren Versicherten Zusatzversicherungen für Leistungen anbieten, die nicht mehr zur Regelversorgung gehören, wie z. B. komplizierte Zahnbehandlungen, zusätzliche Physiotherapie, Alternativmedizin usw.

Diese gesetzlichen Veränderungen haben die Krankenkassen in vielerlei Hinsicht von administrativen Körperschaften in echte Krankenversicherungen verwandelt. Darüber hinaus haben sie zu einer signifikanten Konsolidierung zwischen Krankenkassen und privaten Krankenversicherungen geführt. Seit 1982 existiert auch für die Krankenhäuser ein doppeltes Budgetierungssystem: Einerseits müssen sie unter Aufsicht der Krankenkassen ihr Leistungsangebot planen, andererseits sind sie gezwungen, mit den regional stärksten Krankenkassen über ein Globalbudget zu verhandeln.

Schrittweise Einführung einer Basisversicherung

Seit 1992 existieren Pläne, ein steuerfinanziertes Versicherungssystem einzuführen, das etwa 85% der Gesundheitskosten abdeckt und 15% der Leistungen ausklammert. Diese müssten dann privat zusatzversichert werden. Ein erster Schritt in diese Richtung war die Ausgliederung der Arzneimittelkosten aus der Krankenkassenverantwortung und deren Übertragung an die AWBZ. Dieses Modell wurde jedoch 1996 bereits wieder verworfen. Weitere Maßnahmen liegen derzeit noch auf Eis. Fast alle politischen Parteien in den Niederlanden unterstützen den Gedanken einer Basisversicherung für alle Bürger, sind jedoch uneinig über die Finanzierung: Die Sozialdemokraten setzen beispielsweise auf einkommensabhängige Beitragssätze, die Liberalen hingegen auf einen festen

Beitrag für jeden Bürger. Große Uneinigkeit herrscht bei der Frage, welche Leistungen im Detail von der Basisversicherung abgedeckt werden sollten. Hierzu hat die Gesundheitsministerin, Els Borst-Eilers, für das Frühjahr 2001 einen Gesetzentwurf angekündigt.

Individualisierte Budgets

Ein anderes Konzept sieht vor, chronisch Kranken oder behinderten Bürgern ein individuelles Budget zuzubilligen. Diese Regelung gilt bereits etwa für die Eltern körperlich oder geistig behinderter Kinder. Sie können im Rahmen des bewilligten Budgets selbst entscheiden, welche Gesundheitsleistungen sie für ihr Kind einkaufen. Dieses Konzept findet zwar in der niederländischen Bevölkerung eine breite Zustimmung, aber die bürokratischen Hindernisse bei den unterschiedlichen Antragsverfahren haben dazu geführt, dass vielerorts die vorhandenen Budgets nicht ausgeschöpft wurden. Zu den strengen Kritikern dieses Konzepts zählt die AWBZ, da sich fast alle Verwalter individualisierter Budgets hauptsächlich für private Leistungserbringer entscheiden und nicht mehr ausreichend die vorgehaltenen ambulanten Kapazitäten der AWBZ (z.B. häusliche Krankenpflege) in Anspruch nehmen.

Verkürzung von Wartelisten

Die zentrale Planung von Gesundheitsleistungen und Preisen hat z.T. zu unakzeptabel langen Wartezeiten für bestimmte Leistungen geführt (Abb. 2).

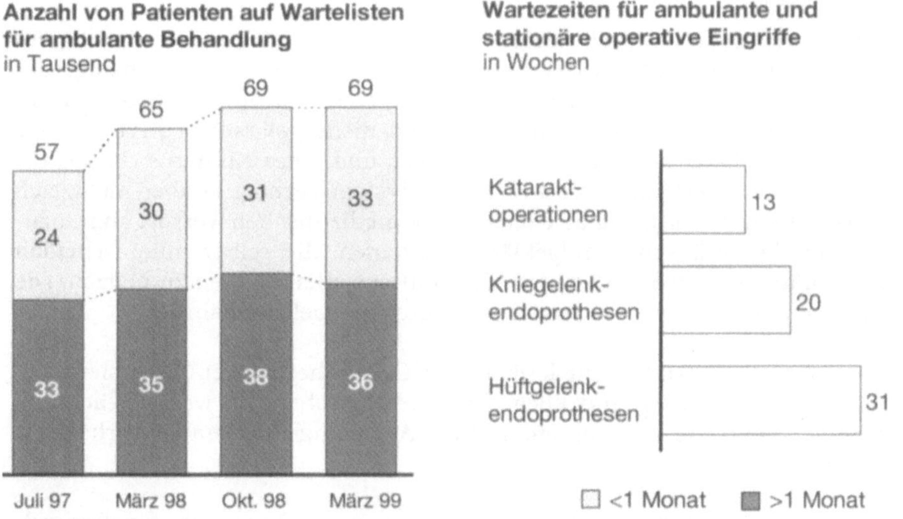

Abb. 2. Zunehmende Wartezeiten im niederländischen Gesundheitssystem

Besonders betroffen hiervon sind Pflegeheime, häusliche Krankenpflege, Augenoperationen, Hüftgelenkendoprothetik und Kernspintomographie. Die Kapazitätsengpässe sind künstlich herbeigeführt. Denn die Operationssäle stehen freitagnachmittags leer, weil Krankenhäuser und Fachärzte nur ein festgelegtes Budget bekommen, etwa für die Anzahl von Hüftgelenksprothesen, die sie in einem Jahr einsetzen dürfen. Auch wenn das Krankenhaus bzw. die Fachärzte außerordentlich effizient arbeiten und etwa 50% mehr Patienten in einem Jahr behandeln, werden ihnen Kosten hierfür nicht erstattet. Versicherer können sich ihrerseits kaum dazu durchringen, das Budget eines leistungsstarken Krankenhauses zu erhöhen, da sie keine Informationen über die Qualität und Produktivität des Hauses haben. Außerdem ist es ihnen nicht möglich, das Budget von leistungsschwachen Krankenhäusern simultan zu reduzieren.

Die Versicherer bemühen sich aber, zusätzliche Kapazitäten für bestimmte Leistungen einzukaufen, z.T. sogar im Ausland. Einige Versicherungen bieten inzwischen sogar garantierte Höchstwartezeiten für bestimmte Leistungen an. Das Problem der Wartezeiten ist politisch sehr brisant. Auch die euphemistische Umbenennung in Zugangszeiten konnte daran nur wenig ändern. Als Notmaßnahme wurde kürzlich vom Gesundheitsministerium eine Sondereinheit gebildet, um für insgesamt NLG 2 Mrd. zusätzliche Krankenhauskapazität außerhalb der üblichen Arbeitszeit (z.B. am Wochenende, freitagnachmittags oder abends) zu günstigen Konditionen einzukaufen und leistungsfähigen Krankenhäusern die Möglichkeit zu einer Mengenausweitung zu eröffnen. Obwohl dieses Verfahren die Zugangszeiten bzw. Wartezeiten z. T. deutlich verkürzen konnte, wurden dadurch nicht die fundamentalen Probleme des niederländischen Gesundheitssystems angegangen.

Das Gesundheitssystem ist bedroht

Bisher baut das niederländische Gesundheitssystem primär auf Regulierung des Angebots. Dies geschieht mittels festgelegter Abkaufquoten, Begrenzung der Bettenzahl und Aufnahmekapazitäten, festgelegter Investitionsbudgets und der Budgetierung von Krankenversicherungen und niedergelassenen Ärzten sowie mittels strenger Niederlassungsbeschränkungen und eines Numerus clausus für Medizinstudenten. Das stark durchregulierte System vermag es aber nicht, sich an das Verschwinden sektoraler Grenzen der medizinischen Versorgung anzupassen oder den Wünschen aufgeklärter Patienten, die selber mitentscheiden möchten, adäquat gerecht zu werden. Es droht aus allen Nähten zu platzen. Die Zukunftsperspektiven des Systems werden durch 4 Aspekte gefährdet:

Erhalt der Gesundheit. Das niederländische Gesundheitssystem fokussiert vornehmlich die Behandlung und Pflege kranker Menschen. Zu wenig Beachtung findet immer noch die Vorbeugung und die Änderung ungesunder Verhaltensweisen.

Grenzen verschwinden. Krankenversicherungen müssen auch für Gesundheitsleistungen an ihre Versicherten in anderen EU-Staaten aufkommen. Was in den Nachbarländern angeboten wird, lässt sich nicht lange in den Niederlanden zurückhalten. Und der internationale Informationsaustausch wird immer besser.

Auch andere Grenzen lösen sich rapide auf: Die Biotechnologie, insbesondere die Genforschung, schafft ungeahnte neue medizinische Möglichkeiten jenseits der traditionellen Fachbereiche. Auch die Grenzen zwischen dem ambulanten und dem stationären Sektor verschwimmen.

Das Gesundheitssystem lässt sich nicht mehr nach alten Schablonen kategorisieren. Die Akteure müssen lernen, ohne klare Grenzen zurechtzukommen.

Zu wenig Menschlichkeit und Kooperation unter den Ärzten. Die Bürger werden immer unzufriedener mit ihrem Gesundheitssystem. Nicht nur die langen Wartelisten geben Anlass zu Beschwerden. Wartezeiten, unvollständige Informationen und mangelnde Menschlichkeit seitens der Behandler tragen zur Ausbreitung von Missmut und Ärger bei. Aber auch die Leistungserbringer stehen unter großem Druck: Die Arbeitsbelastung (besonders durch Verwaltungsaufgaben) wächst, Burn-out-Syndrome bei Mitarbeitern nehmen zu und das Personal in medizinischen Einrichtungen wechselt immer häufiger den Arbeitsplatz. Wird auf Dauer das Personal ausreichen, um alle anstehenden Aufgaben zu bewältigen? (Abb. 3)

Zu viel Gewicht wird auf Kosteneindämmung und zu wenig auf Qualität und Service gelegt. Auch die Weiterbildung von niedergelassenen Ärzten und Pflegepersonal kommt viel zu kurz. Die Gehälter in der Pflege und in medizinisch-technischen Berufen sind niedrig. Und die Zusammenarbeit zwischen den Hausärzten ist unzureichend institutionalisiert.

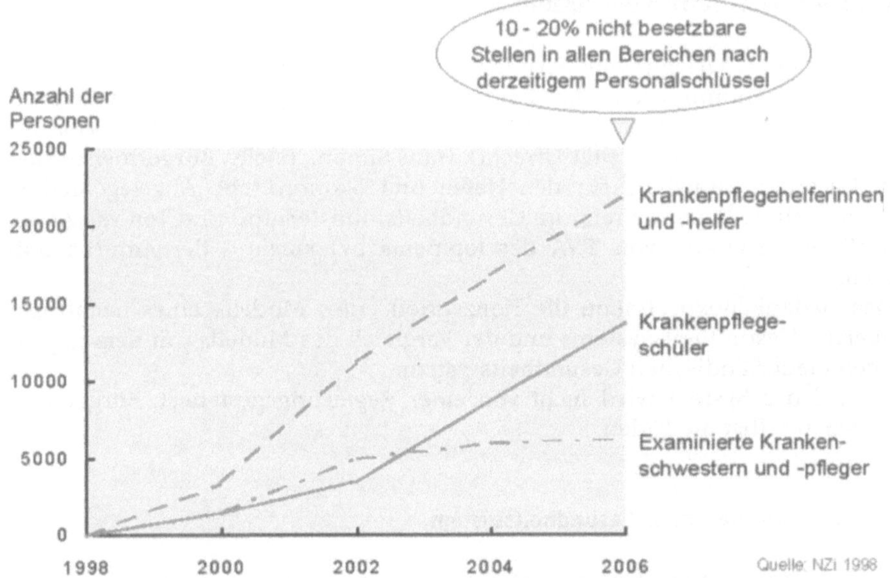

Abb. 3. Prognostizierte Zunahme der Personalengpässe in der Krankenpflege

Das Vertrauensverhältnis zwischen den Allgemeinärzten und ihren Kunden ist brüchig. Die Patienten misstrauen den Motiven ihrer Hausärzte und fühlen sich oft unzureichend in die Entscheidungsprozesse über ihre eigene Gesundheit miteinbezogen.

Unflexibles Management. Die starke zentrale Regulierung und die Einschränkungen des Angebots führen zu Inflexibilität und zur Zerstörung neuer Initiativen.

Die Richtung der Regierungspolitik ist unklar. Einerseits wird eifrig dereguliert, andererseits werden ständig neue Regeln aufgestellt. Viel Energie geht in die Ausräumung völlig unnötiger Friktionen.

In vielen Fällen besteht praktisch keine Interaktion zwischen den Krankenversicherungen, Ärzten, Apothekern, Krankenhäusern, Behandlungs- und Pflegeeinrichtungen und dem Staat.

Dazu vergrößert sich die Lücke zwischen den Erwartungen der Bürger und dem tatsächlichen Angebot. In nicht allzu ferner Zukunft wird die Lücke zwischen Angebot und Nachfrage so weit auseinander klaffen, dass es nicht mehr ausreicht, die Feinjustierungen des Systems zu korrigieren. Ein weit gehend zentralisiertes, regulativ sehr eingeschränktes und angebotsgesteuertes System wird den Herausforderungen der Zukunft nicht gerecht werden können. Die Spannungen innerhalb des jetzigen Systems werden in der Zukunft nicht mehr kontrollierbar sein. Eine radikale Umgestaltung des Gesundheitssystems ist vonnöten, die eine neue Richtung vorgibt und die qualitäts- und leistungsorientierten Mitwirkende innerhalb des Systems näher zueinander führt.

Wie könnte das System der Zukunft aussehen?

Die folgenden Überlegungen beruhen auf den Ergebnissen einiger Klausurtagungen der renommierten Max-Geldens-Stiftung für gesellschaftliche Erneuerung, an denen Jan Sixma (Vorsitzender Gezondheidsraad und Professor für Hämatologie an der Universität Utrecht), Hans Simons (stellv. Bürgermeister der Stadt Rotterdam, Ratsherr für den Hafen und ökonomische Angelegenheiten sowie ehemaliger Staatssekretär im Gesundheitsministerium) und Ton van Asseldonk (Strategieberater von TVA developments bv) sowie 2 der Autoren teilnahmen.

Das Gedankenexperiment: die Konzeption eines Modells eines nachfragegesteuerten Gesundheitssystems und der Vergleich des Modells mit dem gegenwärtigen niederländischen Gesundheitssystem.

Ein solches System wird nicht von einer Regierung gesteuert. Bürger und Ärzte ziehen selbst die Fäden.

Ein selbstregulierendes Gesundheitssystem

Ein selbstregulierendes Gesundheitssystem muss sich kontinuierlich an die Nachfrage anpassen. Es zielt auf hohe Produktivität und baut unnötige Verwaltungen und Planungsbürokratien ab. Der Bürger ist der entscheidende, die Nachfrage bestimmende Akteur im System.

Jeder Bürger ist heute schon für die eigene Gesundheit verantwortlich. Aber diese Verantwortung muss ihm neu bewusst gemacht werden. Er kann mit der richtigen professionellen Unterstützung selbst entscheiden, welche Leistungen er von wem bezieht. Allerdings benötigt er hierzu die Wahlfreiheit, zuverlässige Informationen und Entscheidungshilfen sowie natürlich die verfügbaren finanziellen Mittel.

Ein Bürger muss z. B. wählen können, wer sein Hausarzt sein soll. Und er muss ihn jederzeit wechseln dürfen. Die Möglichkeit des Kunden, im Gesundheitssystem »mit den Füßen« abzustimmen, setzt die Leistungserbringer unter Druck, hoch qualitative Behandlungen und Informationen anzubieten.

Damit der Bürger die Behandlung und seinen Behandler überhaupt frei wählen kann, benötigt er zuverlässige und gut aufbereitete Informationen über medizinische, statistische und ökonomische Aspekte seiner individuellen Situation und die Behandlungsoptionen. Zur Auswahl des jeweils besten Arztes in einer medizinischen Notlage benötigt der moderne mündige Patient qualitative und quantitative Vergleiche der Leistungsbreite und natürlich auch der Behandlungsergebnisse. Ein Kranker oder seine Angehörigen sollten daher Zugriff auf Informationen aus regelmäßig durchzuführenden, systematischen Kundenzufriedenheitsfragebögen sowie auf Bewertungen der Ärzte durch Pflegedienste, Mitarbeiter und Fachärzte haben.

Ein neuer Berufszweig von »Behandlungs- und Versorgungsberatern« könnte hier durch Informationsaufbereitung und Rat mit seinem Service Mehrwert generieren. Krankenhäusern und Ärzten bliebe keine andere Wahl, als ihre Daten in standardisierter Form für Vergleiche zur Verfügung zu stellen. Auch könnte Trägerverbänden und Institutionen im Gesundheitswesen eine wesentlich umfangreichere Datenbeschaffungs- und Bereitstellungspflicht auferlegt werden als bisher.

Finanzierung

Die Kosten im niederländischen Gesundheitssystem variieren sehr stark. Von 2 Patienten mit derselben Diagnose hat einer mitunter ein stärker ausgeprägtes Krankheitsbild und benötigt deshalb eine intensivere Behandlung. Der größte Vorzug des heutigen Systems ist, dass jeder – unabhängig vom Einkommen und seinen individuellen Fallkosten – gleichen Zugang zur erforderlichen Behandlung bzw. Versorgungsleistung hat. Dieses Element sollte auch in jedem »verbesserten System« enthalten sein. Der Zugang zu medizinischer Versorgung darf nicht von den finanziellen Möglichkeiten eines Bürgers, seiner körperlichen Verfassung oder etwa von seiner lebenslangen Mitgliedschaft in einer Versorgungsgemeinschaft abhängen.

Natürlich bleibt es innerhalb des Verantwortungsbereichs der Politik, festzulegen, welches die adäquaten Therapiestandards sind und wie viel Geld für sie eingesetzt wird. Bislang müssen die Bürger das Geld für die Grundversicherung (Basiskrankenversicherung) über ihre Krankenversicherungsbeiträge aufbringen, das die Gesundheitsbehörden in Abhängigkeit von demografischen Faktoren, dem Gesundheitszustand und dem Versorgungsbedarf verteilen. In einem optimierten nachfrageorientierten Gesundheitssystem wird das Versorgungsbudget jedes einzelnen Krankenversicherten der Praxis, bei der er registriert ist, zur Verfügung gestellt.

Augenblicklich steuert der Hausarzt bereits die Diagnostik und Behandlung, also das Versorgungsniveau seiner Patienten. In einem nächsten Schritt sollte der Hausarzt im Rahmen seiner Gatekeeper-Funktion mehr finanzielle Verantwortung für die Weiterbehandlung seiner Patienten übertragen bekommen. Dadurch wäre er gezwungen, enger mit den Kollegen in seinem Umfeld zusammenzuarbeiten, um ein gutes Preis-Leistung-Verhältnis anbieten zu können und um seine finanziellen Risiken möglichst breitflächig zu verteilen.

In einem nachfragegesteuerten System könnten auch mit ihrer individuellen Krankheit erfahrene Patienten oder ihre Familien innerhalb gewisser Grenzen Budgetverantwortung übernehmen und in Abhängigkeit von ihren Erfahrungen selbst die erforderlichen Leistungen einkaufen. Einige Versuche in diese Richtung wurden bereits in den Niederlanden unternommen: Dort können Patienten die Selbstverwaltung ihres persönlichen Budgets bei der AWBZ beantragen und bei Zustimmung auch führen. Trotz einiger Anfangsschwierigkeiten – z. B. durch die aufwendige und langsame Bürokratie, den Mangel an Vereinheitlichung und Informationsmaterialien und den sehr eingegrenzten Berechtigtenkreis – erfreut sich dieses neue Prinzip, selbst an der Basis Versorgungsleistungen einkaufen zu können, einer wachsenden Beliebtheit.

Bürger, die mehr wünschen als nur eine Grundabsicherung ihres eventuellen medizinischen Behandlungsbedarfs, können sich über Zusatzversicherungen weiter absichern. Das Spektrum solcher Zusatzversicherungen könnte sehr viel breiter gefasst sein als bisher und umfangreichere Leistungen beinhalten, etwa bessere Hotelleistungen im Krankenhaus, kostenlose jährliche Vorsorgeuntersuchungen, Anti-Raucher-Kurse sowie ein reichhaltiges Fitness- und Gesunderhaltungsangebot. In diesem Bereich bietet das niederländische Gesundheitssystem deutliches Wachstumspotential. Es ließen sich auch noch weitere Zusatzversicherungsgruppentarife für bestimmte Berufe oder etwa für Bewohner von Pensionärsheimen oder Mitarbeiter von Kirchen entwickeln.

Zusammenfassend kann festgestellt werden, dass auf der Basis der jetzigen gesellschaftlichen Übereinkunft bezüglich der Wahlfreiheit, des Rechts auf neutrale Information und eines gesetzlich definierten Grundversorgungsbudgets für jedermann das niederländische Gesundheitssystem *in puncto* Bedarfs- bzw. Nachfrageorientierung durchaus noch weiter ausbaufähig erscheint.

Die wichtigsten Elemente aus dem nachfragegesteuerten Modellsystem könnten folgendermaßen umgesetzt werden.

Hausärzte mit Budgetverantwortung

Prinzipiell ist es in den Niederlanden allgemein akzeptiert, sich bei einem niedergelassenen Hausarzt zu registrieren, der dann den Zugriff auf weitere Leistungen des Systems steuert. Es gibt keinen Grund, von dieser Praxis abzurücken. Trotzdem könnte nicht nur die Position des Bürgers, sondern auch die des Hausarztes deutlich gestärkt werden.

Der Hausarzt sollte in seiner Praxis in vollem Umfang über die inhaltlichen medizinischen sowie die finanziellen Aspekte einer Behandlung Bescheid wissen und dem Patienten bei allen Entscheidungen beratend zur Seite stehen. Er sollte dem Patienten genau erklären können, welche Optionen zur Verfügung stehen und bei darüber hinausgehendem Bedarf rechtzeitig zu einer Mitgliedschaft in einer Zusatzkrankenversicherung raten.

Der Wettbewerb würde dadurch härter. Aber ein guter Hausarzt hätte nichts zu befürchten. Die schnelle, freundliche und fachlich hoch qualitative Abwägung zwischen Kosten und Nutzen von Diagnostik und Behandlungsverfahren würde zu einem integralen Bestandteil guter hausärztlicher Basisarbeit. Ein erfolgreicher Arzt müsste in der Lage sein, seine Patienten zu überzeugen, auf sinnlose Leistungen zu verzichten. Auf der anderen Seite würde jeder gute Arzt natürlich regelmäßig Zufriedenheitsuntersuchungen seiner Patienten in Auftrag geben und sich an den Ergebnissen orientieren. Guter Service und gute Ergebnisse wären in einem idealisierten nachfragegesteuerten Gesundheitssystem die beste Werbung für einen Arzt.

In diesem nachfragegesteuerten System entscheidet jetzt der Bürger bzw. Patient in Abstimmung mit seinem Hausarzt über die Therapie. Nicht mehr Krankenhäuser und Fachärzte regeln den Markt in erster Linie über das Angebot, sondern wirklich die Betroffenen definieren mit ihren Hausärzten die Nachfrage und steuern so das System.

Neue Dienstleistungen und neue Märkte

Leistungsvergleiche zwischen einzelnen Ärzten sowie zwischen medizinischen Einrichtungen jeder Art werden einen hohen Stellenwert bekommen. Infolgedessen könnten sich auch innerhalb von Hausarztpraxen gewisse Hierarchien herausbilden – etwa Assistenzärzte, assoziierte erfahrene Ärzte sowie Praxisbesitzer bzw. Partner. Die schlechtesten Praktiker würden keinen Anschluss finden und aus dem Geschäft verdrängt, der Kunde aber qualitätsmäßig profitieren. Unter den Hausärzten gäbe es Gewinner und Verlierer in den herkömmlichen Arbeitsbereichen – aber auch eine ganze Reihe zukunftsträchtiger neuer Tätigkeitsbereiche und Berufsfelder, besonders in der medizinischen Qualitätskontrolle, Statistik und Datenverarbeitung.

Internationale Erfahrungen

In einigen hoch entwickelten Gesundheitssystemen werden bereits Erfahrungen mit Hausarztpraxen gesammelt, die Patientenbudgets verwalten:

In *Großbritannien* mutete man anfangs den einzelnen budgetverwaltenden Ärzten eine zu hohe Beteiligung am individuellen Risiko ihrer Patienten zu, die keine Rückversicherung zu akzeptablen Marktkonditionen übernehmen wollte. Mittlerweile konnte dieser Fehler weit gehend korrigiert werden. Mehr als 50.000 Hausärzte haben sich bereits zu Primärversorgungsgruppen (»primary care groups and trusts«) mit je etwa 5–100 assoziierten Praxen zusammengeschlossen, die als Rechtskörperschaft Budgetverantwortung übernehmen und so eventuelle Lasten auf viele Kollegen verteilen. Aber dabei musste auch die Wahlfreiheit der Bürger eingeschränkt werden. Denn es gibt vielerorts nur noch ein großes Arztnetz, in das die Bürger eintreten können. Der Wettbewerb hat durch die Praxiskettenbildung eher abgenommen. Dadurch könnte mittelfristig die Qualität der erbrachten Leistungen zurückgehen.

In der *Schweiz* zeigt sich eine Tendenz weg vom krankenversicherungsgesteuerten hin zum hausarztverwalteten System. Erste integrierte Versorgungsnetze sind entstanden, die sich im Besitz der mitwirkenden Hausärzte befinden (MediX, Wintimed) und pauschale Versorgungsaufträge für Versicherte unterschiedlicher Krankenkassen übernehmen.

In den *USA* ist derzeit ein Änderungsprozess im Gang. Die versicherungskontrollierten Arztnetze versagen immer mehr im Markt. US-Bürger haben für die fortlaufenden Kostensenkungs- und Sparprogramme und für die in Kauf genommenen Einschränkungen ihrer Wahlfreiheit keinen adäquaten Gegenwert zurückbekommen. Zurzeit wenden sich viele Amerikaner integrierten Versorgungsnetzen zu, die viele Entscheidungsfreiräume lassen und in denen Hausärzte Budgetverantwortung übernehmen.

Die Beispiele aus Großbritannien, der Schweiz und den USA belegen insgesamt, dass dezentrale Budgetverantwortung in qualitätsorientierten Risikogemeinschaften (Arztnetzen, integrierten Versorgungsnetzen) zur Bedarfsfokussierung eines Systems beiträgt und nicht die Wahlfreiheit in unzumutbarem Maße einschränken muss.

Bewertung eines nachfragebasierten Versorgungssystems

Es sollten 3 Kernfragen beantwortet werden, um die Verbesserungen für das niederländische Gesundheitssystem zu beurteilen:
- Wird die Versorgung effektiver?
- Erhöht sich die Effizienz des Systems?
- Werden Leistungen und Lasten gerechter verteilt?

In einem nachfrageorientierten System trägt der Bürger wieder mehr Verantwortung für die eigene Gesundheitsversorgung. Er bekommt die nötigen (standardisierten) Leistungsvergleichsstatistiken, um sich qualifiziert für einen Hausarzt entscheiden zu können. Dieses hilft dann im Einzelfall, die beste verfügbare Diagnostik, Therapie oder Versorgung einzukaufen.

Der Hausarzt ist nicht verpflichtet, sich in seiner Verordnungsfreiheit auf die innerhalb seines Arztnetzes verfügbaren Leistungen bzw. Produkte zu beschränken. Er kann auch alle externen Therapieangebote erwägen, prüfen lassen und ggf. verordnen. So werden sich die besten Verfahrensweisen ausweiten, sofern sich ihre Vorzüge mit Qualitätsstatistiken erfassen lassen.

Im Regelfall sollte aber der Hausarzt seinen Patienten die Vorgehensalternativen unterbreiten und mit ihnen Inhalt, Verfügbarkeit, Vorgehensweise und Kosten abwägen. Der Hausarzt wird deutlich mehr Anreize bekommen, um bei Gesundheitserhaltung und Vorbeugung positiv auf seine Patienten einzuwirken – und er wird finanziell teilweise von ihrem Wohlverhalten abhängig sein.

Arztnetze werden sich wahrscheinlich deutlich mehr auf bestimmte Zielgruppen, wie etwa ältere Menschen, spezialisieren, um durch Bündeln von Angeboten mehr Versorgungsqualität zu niedrigeren Preisen zu erzielen. Schlechte Ärzte werden nach und nach aus der Versorgung verdrängt.

Kostenbegrenzung

Im optimierten nachfragegesteuerten Gesundheitssystem erhält der Hausarzt die individuellen Versorgungsbudgets für die bei ihm gemeldeten Personen sozusagen als Einkommen. Somit sind Effizienzfragen direkt ins Sprechzimmer des Arztes verlagert. Allerdings sollten sich Arztpraxenkollektive selbst gegen finanzielle Risiken ihres Patientenportfolios absichern, wenn nicht eine Art Risikostrukturausgleich für Arztpraxen bzw. Praxisgruppen geschaffen wird.

Das Budget für die pflegerische Versorgung könnte von spezialisierten Pflegediensten, Verwandten oder vom Patienten selbst verwaltet werden.

Fachärzte werden regelmäßig von den Hausärzten bezüglich ihrer Kosteneffektivität beurteilt; diese Pflichtstatistiken sollten öffentlich zugänglich sein und sich über ihren Einfluss auf die Zuweisungszahlen direkt auf das Einkommen der Fachärzte auswirken.

Ein selbstregulierendes System funktioniert auch deshalb besonders ökonomisch, weil es fortlaufend Innovationszyklen durchmacht. Erfahrungen aus anderen Industrien belegen: Wo Kernprozesse regelmäßig an die Kundenbedürfnisse angepasst und kontinuierlich umgestaltet werden, lässt sich die Leistungsfähigkeit bei gleich bleibenden Kosten oft erheblich steigern. Ein nachfragegesteuertes, ständig an die Kunden angepasstes System müsste effizienter sein als das derzeitige. Kräfte, die bisher für punktuelles Management und Regulierungsaufgaben eingesetzt wurden, könnten sinnvoller eingeteilt werden, etwa um neue Aufgaben – z. B. in der Qualitätskontrolle – mitzugestalten.

Die Übertragung von Budgetverantwortung auf die Hausärzte wird sich günstig auf die Kosten des Gesamtsystems auswirken. Aber der Spardruck auf den einzelnen Arzt ergibt sich vornehmlich aus der relativen Kostenposition seines Arztnetzes im Vergleich zu konkurrierenden und benachbarten Arztnetzen. Es wird wichtig sein, dass Hausärzte z. B. in ländlichen Gegenden Wahlmöglichkeiten zwischen mehreren Arztnetzen haben.

Gewährleistung von Gerechtigkeitsgrundsätzen

Ein Gesundheitssystem kann nur so gerecht sein, wie es die Politik bestimmt. Denn nicht Ärzte oder Krankenkassenfunktionäre, sondern Politiker regeln, welche Leistungen Teil der Grundversorgung sein sollen – und zwar nicht nur nach medizinischen Gesichtspunkten, sondern auch nach Verfügbarkeit. Jeder Bürger hat dann Anspruch auf eine Grundversorgung auf diesem garantierten Niveau.

Bei den Zusatzversicherungen wird es eine größere Produktvielfalt geben. Manche werden eher extravagante Leistungen beinhalten, etwa die kosmetisch-chirurgische Beseitigung von Altersschäden der Haut und des Bindegewebes, andere werden bessere Hotelleistungen in Krankenhäusern oder mehr Servicekomfort bieten. Solche bewusst gewählten Ungleichheiten gibt es in dem jetzigen Gesundheitssystem der Niederlande zur Genüge. Aber sie haben keinen negativen Einfluss auf die Lebenserwartung der Bürger oder ihre Sicherheit, z. B. nach einem Unfall bestmöglich versorgt zu werden (Abb. 4).

Nicht jedem Bürger wird es gelingen, in einem nachfrageorientierten System die auf ihn selbst entfallende Verantwortung zu tragen und mit der Vielfalt an Informationen und Angeboten zurechtzukommen. Solchen Bürgern muss ein Gesundheitsmakler zur Seite stehen, der ihre Interessen zuverlässig und zu

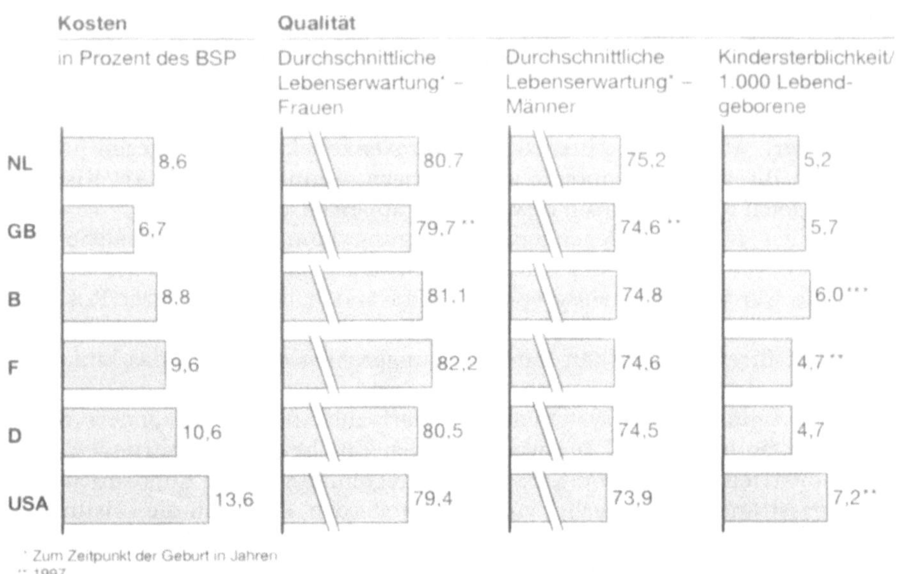

Abb. 4. Relatives Kosten- und Qualitätsniveau im internationalen Vergleich

einem erschwinglichen Preis wahrnehmen und die Betroffenen bei finanziell relevanten Entscheidungen durch das Versorgungssystem leiten kann.

Kriterien für die Zukunft

Das nachfragegesteuerte System soll nicht nur die Probleme des alten Systems überwinden. Es soll an Stelle der Schadensbeseitigung die Gesunderhaltung in den Vordergrund rücken, in ein Europa ohne Grenzen passen, in Sachen Menschlichkeit vorbildlich funktionieren – und derart steuerbar sein, dass keine Engpässe auftreten oder gar Wartelisten erforderlich werden.

Schritte zu einer besseren Versorgung

Der Bürger wird in einem nachfrageorientierten System besser informiert und aufgeklärt sowie immer die Möglichkeit haben, sich persönlich beraten zu lassen. Das noch stark verbreitete Unterlegenheitsgefühl gegenüber den Ärzten und der Verwaltung des Gesundheitssystems wird nachlassen, der Staat sich von einigen seiner bisherigen Aufgaben zurückziehen und jeder Bürger mehr Verantwortung übernehmen müssen. Der Schwerpunkt der Pflichtversicherung wird auf Gesunderhaltung und schneller Wiederherstellung liegen. Besonders Präventionsmaßnahmen, die rasch zu Einsparungen führen oder spürbar die Versorgungsqualität verbessern, werden in Hülle und Fülle angeboten. Wenn sich allerdings zeigt, dass effektive Prävention nur auf lange Sicht Entlastungen bringt, muss der Staat weiterhin in diesem Bereich seine Gestalter- und Reguliererrolle behalten.

Verschwindende Grenzen

In nachfragegesteuerten Gesundheitssystemen müssen der Umfang der Grundversorgung und das dafür verfügbare Budget definiert werden. Zusätzliche Grenzen müssen aber nicht abgesteckt werden. Ein Arztnetz ist durchaus in der Lage, vieles in einer eigenen Satzung festzulegen. Dann liegt es am Kunden, sich daran zu orientieren und einen Leistungsanbieter seines Vertrauens zu suchen. Versorgungsnetze können auch beliebig mit alternativen Heilern, Privatkliniken oder etwa ausländischen Krankenhäusern zusammenarbeiten. Die Netzärzte entscheiden selbst, wie sie am besten mit den finanziellen Ressourcen ihrer Schutzbefohlenen umgehen. Zusatzversicherungen und Zuzahlungen erweitern die Optionspalette. Die lähmende Bürokratie im niederländischen Gesundheitssystem könnte größtenteils abgebaut werden. Bei der Festlegung technologischer Forschungsschwerpunkte hat ein nachfrageorientiertes System keine Vorteile gegenüber dem herkömmlichen System: Der Staat muss weiterhin Grundsatzfragen beantworten und Forschungsgelder investieren.

Die menschliche Note

Der weit gehend auf Kostenreduktion gerichtete Blickwinkel des Systems würde sich erheblich erweitern. Qualität, Service und Ausrichtung der Behandlungsansätze an der Nachfrage werden belohnt. Ärzte mit einer besonders menschlichen Komponente in ihrer Arbeit bekommen gute Bewertungen in den Kundenzufriedenheitsbarometern. Die wichtigsten Entscheidungen können wieder direkt zwischen Arzt und Patient ausgehandelt werden, ohne Genehmigungspflichten oder Ähnliches. Die Verantwortungen sind klarer als bisher abgesteckt. Und der größte Teil liegt bei den Nachfragenden: den Patienten und ihren Hausärzten.

Die Gesundheit soll wieder als eigenbeeinflussbares Privileg gelten und nicht mehr als Zustand nach maximal in Anspruch genommenen Versorgungsleistungen. Unzufriedene Patienten haben immer die Möglichkeit, in ein anderes Arztnetz oder zu einem anderen Arzt zu wechseln.

Die Krankenversicherungen und der Gesetzgeber stehen in einem nachfrageorientierten Idealsystem weit gehend im Hintergrund. Der Gesetzgeber entscheidet, wie schon beschrieben, lediglich den Leistungsumfang und das Budget der Grundversicherung, die Krankenversicherungen kaufen Leistungen für das Basis- und Zusatzversicherungsgeschäft – gemäß ihres Wertversprechens – so günstig wie möglich auf dem freien Markt.

Flexibilität in der Verwaltung

In einem nachfrageorientierten Gesundheitssystem sind geringere Friktionen zu erwarten, da Verwaltungs- und Regierungsintervention auf ein Minimum beschränkt sind. Sicherlich bliebe aber eine rudimentäre Verwaltung zur Budgetkontrolle und zur Überwachung der Einhaltung von Qualitätsstandards. Andere Verwaltungen, die sich mit der Gestaltung von Preisen, mit Kostenabbau oder Einschränkungen verschiedenster Art beschäftigen, würden überflüssig. Den üblichen Regulierungsaktivismus bei der Einführung neuer Produkte und Prozesse im Gesundheitssystem würde es ebenfalls nicht mehr geben.

Das niederländische Gesundheitssystem wird durch die in den Symposien erarbeiteten Vorschläge insgesamt besser und transparenter. Gesundheitserhaltung und Qualitätsmedizin wären die wichtigsten Schlagwörter in diesem nachfrageorientierten Gesundheitssystem.

Eine Neuausrichtung des Gesundheitssystems der Niederlande auf mehr Nachfrageorientierung würde helfen, viele überflüssige politische Diskussionen zu beenden, einen eigenen Kurs für den Gesundheitssektor zu finden und das Vertrauen unter den Partizipierenden zu stärken.

Durch Zunahme des Wettbewerbs gibt es gewolltermaßen auch Verlierer unter den Leistungserbringern. Andererseits eröffnen sich nachfrageorientiert interessante Wachstumsmöglichkeiten und neue Tätigkeitsfelder.

Anhang

Situation und Rolle der Akteure in einem idealen nachfrageorientierten Gesundheitssystem

Akteure	Rolle
Bürger	Sie sind nicht mehr abhängig von staatlichen Maßnahmen, erhalten Eigenverantwortung und Autonomie zurück und werden von ihren Hausärzten angehalten, gesund zu bleiben. Sie bekommen bessere Informationen und Qualitätsvergleiche der Ärzte und Leistungserbringer in ihrer Region. Sie entscheiden in Absprache mit ihren Ärzten, welche Behandlung am besten geeignet ist. Bürger haben das Recht, jederzeit ihren Hausarzt zu wechseln.
Hausärzte (organisiert in Arztnetzen)	Sie sind die wichtigste Achse des nachfragegesteuerten Gesundheitssystems. Ihre neue Rolle beinhaltet viele Aufgaben des Staates und der Krankenversicherungen. Hausärzte müssen lernen, mit modernen aufgeklärten Patienten umzugehen, die in ihren gesundheitlichen Belangen mitentscheiden möchten. Dabei werden sie durch Netzkollegen unterstützt und arbeiten mit abgestimmten und allgemein anerkannten Therapieleitlinien.
Gesundheitsmakler	Die Rolle des Gesundheitsmaklers ist neu. Er versorgt Patienten mit Informationen und berät bei der Auswahl von Hausärzten bzw. Arztnetzen.
Fachärzte	Sie werden an Krankenhäuser oder Arztnetze gebunden. Ihr Erfolg ist entscheidend abhängig von den Beurteilungen und Zuweisungen ihrer niedergelassenen Hausarztkollegen.
Krankenhäuser	Sie werden auf bisher angestammte Budgets verzichten müssen. Ihre Einnahmen stammen aus Arztnetzen, die bei ihnen Leistungen einkaufen. Diese treten aber auch als virtuelle Krankenhäuser in Konkurrenz zu ihnen, weil sie Leistungen aus dem klassischen stationären Geschäft herauslösen. Die Nachfrage nach Krankenhäusern hängt in nicht unerheblichem Maße von den publik gemachten Behandlungsergebnissen ab.
Ambulante Behandlungseinrichtungen	Ambulatorien verlieren sicherlich einen großen Teil ihres bisherigen Stellenwerts, da schon kleine Arztnetze eigene ambulante Behandlungseinrichtungen betreiben werden.
Privatkliniken	Sie werden sich nicht mehr maßgeblich von anderen Krankenhäusern unterscheiden. Sie können selbst bestimmen, ob sie ihre Leistungen an Arztnetze verkaufen oder ob sie für Patienten mit Zusatzversicherung Angebote konzipieren.
Krankenversicherungen	Sie werden keine Risiken mehr aus dem Bereich der Grundversicherungen zusätzlich übernehmen, sondern diese den Arztnetzen überlassen. Die Krankenversicherungen werden ver-

	stärkt auf das Zusatzversicherungsgeschäft setzen. Des Weiteren könnten sie den Arztnetzen gewisse große Risiken abnehmen oder deren Verwaltung übernehmen.
Staat	Er bleibt der oberste Qualitätswächter und bestimmt, wie viel Geld für Gesundheit ausgegeben wird. Auch übernimmt er die Rolle des obersten Inspektors und Kontrolleurs von veröffentlichungspflichtigen Daten. Dazu entscheidet er, in welche neuen Technologien investiert wird und beaufsichtigt die öffentlichen Gesundheitsämter bei ihren Aufgaben im Rahmen der Gesundheitsüberwachung.
Ständeorganisation der Ärzteschaft	Sie wird vermehrt die Diskussionen moderieren müssen, was nützliche bzw. unnütze Untersuchungsverfahren und Behandlungen sind. Sie könnte auch treibende Kraft bei der Einführung allgemein akzeptierter Therapieleitlinien werden und eine wichtige Aufgabe bei der Sammlung und Auswertung von Qualitätsdaten aus Arztpraxen übernehmen.